安藤昇

侠気と弾丸の全生涯

大下英治
Ohshita Eiji

さくら舎

はじめに

わたしは、映画俳優安藤昇《あんどうのぼる》のファンであった。東映任俠映画の鶴田浩二《つるたこうじ》、高倉健《たかくらけん》主演の映画を見続けていたが、安藤昇が登場すると、とたんに画面に緊張が走り、リアリティが増した。若き日に台湾人に左頬《ひだりほほ》を切られたトレードマークにもなっている傷跡が、いっそうナマナマしく光る。獣めいた恐ろしさを秘めている眼も、共演するヤクザ役の俳優たちがいかに睨《にら》みをきかせても、かなうものではなかった。かといって、どこかインテリの影を感じさせた。

その安藤昇は、役者になる前に安藤組の親分として暴れまわっているころ、子分の千葉一弘《ちばかずひろ》に、蜂須賀夫人に借りた金を払わず居直っている横井英樹《よこいひでき》社長を撃たせた。

その横井社長は、のちホテル『ニュージャパン』の経営者となる。ところが、ホテルは大火災を起こし、三十三人もの死者を出した。それから五十五日後、当時『週刊文春』のいわゆるトップ屋であったわたしは、同誌に《横井英樹の〝悪の経営学〟》を連載した。その反論の場として、横井社長に彼が経営する東洋郵船社長室でインタビューした。昭和五十七年四月十五日号に、《あれから五十五日横井英樹に長時間仰天インタビュー「サラリーマンにボクの気持ちがわかってたまるか」》を載せた。

その一連の取材で、わたしは安藤さんに初めて会った。安藤さんは、左頬の傷を歪めながら、横井社長を罵《ののし》った。

「こういう事件を起こし、多くの犠牲者を出すんだったら、いっそ横井を襲撃させたとき、殺しときゃよかったな」

わたしは、それ以来、安藤さんと親しくなり、何度か飲んだ。

わたしは、その記事を書いた一年後に『週刊文春』から独立し、作家として一本立ちをする。その直前に『小説電通』をはじめ四冊の本を上梓《じょうし》していたので、初の出版記念会を開いた。

そのパーティーに安藤さんは顔を出してくれ、挨拶のスピーチまでしてくれた。そのパーティーには、三田和夫さんも出席してくれた。三田さんは、『読売新聞』の記者時代、「横井襲撃事件」で逃亡していた安藤組の小笠原郁夫を匿い、いいタイミングで自首させスクープにしようとたくらんだものの、タイミングがずれ、犯人隠避罪で逮捕された。読売新聞社を解雇され、自ら『正論新聞』を発行していた。三田さんと安藤さんもその事件以来ということで、懐かしそうに話し合っていた。

わたしは、俳優安藤昇だけでなく、安藤組を率いて、暴れまわったころの安藤さんにも興味を抱き、『小説安藤組』を書くことにした。

学生ヤクザから出発した安藤さんの修羅の人生を取材しながら思った。

〈既成のヤクザとは、ずいぶん違うな〉

わたしは、稲川角二《いながわかくじ》（のち聖城《せいじょう》）率いる稲川会をモデルにした『修羅《しゅら》の群れ』を書き、東映で映画化もされていた。いっぽう、愚連隊の安藤組は、立ち居振る舞いからしておよそ稲川会のような既成のヤクザらしくはない、なんともダンディであった。

「雪駄《せった》履くなら、流行のコードバンの靴を履け」「ちゃらちゃら歩くなら、外車乗りまわせ」

「匕首《あいくち》ちらつかせるなら、ハジキを忍ばせておけ」「ダボシャツ着るなら、ネクタイ締めろ」

「入れ墨など入れるな。痛いだけだ」「指など詰めてどうする。鼻クソもほじれなくなるだけだ」

安藤さんの口利きで、横井英樹社長を撃った千葉一弘さんにも取材できた。千葉さんは、安藤組で一番射撃の腕が良かった。安藤さんは、千葉さんにブローニング三十二口径のピストルを渡し、言ったという。

「横井というのはカニみたいな顔をした奴だ」

写真はないので、そう表現したのだ。そして、千葉さんは釘を刺された。

「殺すな。心臓は左にあるから、左腕は狙うな。かならず右腕を狙え」

千葉さんは横井社長の会社に乗り込むや、四人のうちカニのような顔の横井社長の右腕を狙って、ピストルの引き金を引き絞った。が、横井社長がしゃがみ、左肩に当たり、体内に弾が残ってしまった。

それから、指名手配を受けた安藤組長をはじめ、幹部たちの逃亡劇が始まる。

安藤さんは、逃亡中、愛人のほとんどが警察《サツ》に眼をつけられているので、まだサツに発覚していない女のもとに身を隠すことにした。佐久間良子《さくまよしこ》と東映のニューフェイス同期であった山口洋子《やまぐちようこ》であった。

三日後、山口洋子と別れるとき、彼女が打ち明けた。

「わたし、女優として大成しそうにないから、近く銀座に出て、お店を開こうと思うの」

彼女はその二年後、芸能界を引退し、銀座にクラブ『姫』を開店する。やがて作詞家、直木賞作家にもなった。

安藤さんは逮捕され、栃木刑務所で六年間服役する。

その間、安藤組の本拠地ともいうべき渋谷は稲川会に攻め込まれる。

安藤不在の間、石井福造、花形敬、志賀日出也、千葉一弘、花田瑛一、大塚稔、山下哲、小笠原郁夫、西原健吾、須崎清、三本菅啓二、森田雅、熊沢進、田中眞一、矢島武信、安部譲二さんらが攻めてくる他の組との戦いに明け暮れた。

彼らのうち、殺された花形敬、西原健吾以外はほとんど取材することができた。それぞれに修羅があり、青春があった。

さらに安藤組を攻めた稲川会の中原隆さんにも取材できた。

「横井襲撃事件」で小笠原郁夫を匿ったことで人生を狂わされた正論新聞社社長の三田和夫さんにも取材できた。

なお、わたしは『修羅の群れ』で稲川聖城総裁を描いていたこともあり、稲川総裁からも話を聞けた。稲川総裁は、安藤さんを「安ちゃん」と親しみを込めて、語った。

「安ちゃんが好きだったから、安ちゃんが出所したとき、ウチの組の大幹部に、と誘った。しかし、それは実現しなかった」

安藤さんとすれば、自分が刑務所《ムショ》に入っている間、幹部が稲川会の連中に襲われ、殺された幹部もいる。それなのに、自分だけが稲川会の大幹部におさまることは許せなかったのであろう。

安藤さんは、安藤組の解散を選んだ。万が一、稲川会幹部におさまっていたら、安藤さんは伝説の人物にはならなかったかもしれない。

安藤さんは、安藤組解散後、俳優としても男の光を放ちつづけた。

わたしは、その後も安藤さんについて三冊描きつづけた。安藤さんが亡くなるまでともに飲みつづけたが、左頬の傷を歪め、静かに微笑むその姿は、老いてもなお、男の気骨と色気を漂わせつづけていた。

最後に、令和二年の十月と十一月の二カ月間、石原慎太郎《いしはらしんたろう》さんから毎週のように電話がかかってきた。わたしの安藤さんについて描いた作品を読み、興味を抱いたからと安藤さんについて細かく訊かれた。

ただし、安藤さんを書こうとしているとはおっしゃらなかった。が、令和三年の五月、突然、石原さんの『あるヤクザの生涯　安藤昇伝』が上梓された。

わたしから話を細かく訊いた、とは書かれていたが、わたしはなにより、石原さんが安藤昇さんを世に問うたことが嬉しかった。

わたしが好きだった男安藤昇の生き様を、あらためて若い人にも知っていただきたい。

【目次】安藤昇　侠気と弾丸の全生涯

はじめに　1

第1章　修羅《しゅら》の群れ　11

切られた頰《ほほ》／特攻志願、伏龍《ふくりゅう》隊へ／新宿の帝王、加納貢／花形敬と石井福造／石井、安藤の舎弟に／花形、安藤の舎弟に／暴れ者たちと女たち／花札とコイコイ／花形のジミー殺し／千葉一弘、渋谷のぼっちゃん／志賀日出也、山手の不良／渋谷円山町の細木数子一族／洗面器一杯の喀血《かっけつ》／小笠原郁夫、天才的博才／開成中学の不良／東京大空襲と敗戦／「本物の男がいる」

第2章　力道山vs安藤組の暗闘　73

横井英樹と安藤組との初関わり／安藤組躍進の基盤づくり／関東の四大賭場の一つを形成／渋谷のテキ屋武田組との闘争／大塚稔の組入りと紛争の発端／力道山への攻撃開始／東富士の仲立ちからの和解

第3章　血みどろの狂気　106

〝東富士証言〟で全員釈放／花形の中に眠るライオン覚醒《かくせい》／石井の新たな恋の出逢い／燃えあ

がった恋の顚末《てんまつ》／花形の狂気の根　〝喧嘩《けんか》上等〟／花形を殺《や》るしかない！／花形への銃撃／左腹貫通からの遁走《とんそう》／「花形は生きていた……」／復讐《ふくしゅう》の鬼と化した花形／事態収拾に動く安藤／安藤の和解策と石井の保釈／花形の根底にある優しさ／スタンドバー開店日の安藤逃亡

第4章　横井英樹銃撃　167

〝古いヤクザ体質〟脱却の野望／横井英樹の返済行使の依頼／横井がらみのアジビラ撒布《さんぷ》／傲《ごう》岸《がん》と嘲笑《ちょうしょう》の横井の流儀／横井への怒り爆発／横井を「撃て！」／三十二口径ブローニングのシナリオ／ヒットマン千葉の銃口の向き

第5章　華麗なる逃亡　210

吉凶あざなう第一夜の賭場／渋谷の顔役大宮福之助と千葉／衝撃の横井事件第一報／山口洋子のアパートにて／五島慶太への反撃脅迫／捜査迷走——小笠原指名手配／狭まる包囲網に反転攻勢／逃避行中の愛人との邂逅《かいこう》／殺人未遂容疑への切り替えと全国指名手配／読売三田記者、小笠原に接触／犯人隠避の危険と野心／劇的な安藤逮捕の瞬間

第6章　「横井事件」結審　273

安藤逮捕からの余波／逃亡者の翳《かげ》を消す大月の親分／「自首」と「逮捕」の狭間／読売記者逮捕の「大変な予断」／留置場内への〝電話〟／千葉への「未必の故意」の適用／揺れ動く横井事

件裁判の背景／右翼からの動きと横井の破産宣告／判決言い渡し

第7章　凶星墜つ　309

残光の組に苛立《いらだ》つ花形／組存続への足掻《あが》き／渋谷を狙う各組織の蠢《うごめ》き／稲川会岸悦郎と台頭する三本菅啓二／のっぴきならぬ東声会との喧嘩／花形殺害のほのめかし／東声会、花形を刺殺!!

第8章　最後の血の抗争　345

稲川・安藤の親密さと裏腹に……／安藤出所での動き／三本杉一家との死闘／三本杉一家急襲の逆王手／不調談判「渋谷から出て行け！」／グループ長西原健吾射殺

第9章　安藤組解散　378

安藤の解散決意の焦点《ポイント》／「解散式」次第／第二期東興業の胎動／武道家森田雅の誇り／〝戦う人間〟をやめない男の果て／矢島武信は小金井一家へ

第10章　破天荒な俳優転身　412

組解散後の二つの動き／安藤主演『血と掟』大ヒット／生き方の証明「男の顔は履歴書」／安

藤開店のレストラン・バーでの人間模様／掟破りの東映移籍と菅原文太ブレイク／監督にも示す反骨

第11章　愛に生き愛に死す　444

瑳峨三智子との愛と別れ／〝歌手〟談義／ダンディーな「優雅さ」とオスの色気「荒々しさ」／唐十郎《からじゅうろう》との「拳銃事件」譚《たん》／防災「ガスボーマスク」発明／〝ツキ場〟の理論を明かす

第12章　終わりなく輝く「伝説」　471

散ってゆく第二期東興業の残照／一致する修羅の親子と「筋道」／安藤と横井の交わり続く光と影／安藤と稲川総裁再会の周辺／「伝説のヤクザ」を慕う／永遠の「安藤昇伝説」へ

安藤昇　侠気と弾丸の全生涯

第1章　修羅《しゅら》の群れ

切られた頬《ほほ》

昭和二十四年（一九四九年）春、安藤昇《あんどうのぼる》にとって、二度とカタギに戻れなくなる事件が起きる。

安藤は、その日、銀座みゆき通りの交差点を渡った。

道路を渡っているとき、向こうから来る男に呼びとめられた。

「安藤さん」

三国人連盟のバッジを背広の襟《えり》にこれ見よがしにつけている蔡という男である。安藤は、その男の顔を知っていた。

安藤も、ああ、と一応は軽く挨拶をした。しかし、安藤の挨拶の仕方が横柄な感じだったので、蔡にはよくわからなかったらしい。

安藤が、蔡に丁重な挨拶をしなかったのは、理由がある。彼らの戦後の横暴さに、むかっ腹を立てていた。特権を利用して、隠匿物資の摘発をおこなう。それも、強盗同様に押し入ったりしていた。

電車の中で、平然と酒を飲み、女にからむ。さらに、身動きもできないほどの満員電車なのに、座席を一人でぶんどり、大の字に寝ころんだりしている。

もちろん、彼らにも言い分があった。日本の軍隊に戦時中、いじめにいじめられていた。その重石《おもし》が、敗戦とともに取れた。彼らもそれまでの屈辱を晴らす意味もあり、暴れまくっていたのであった。

しかし、現実には、眼の前で彼らにひどい目にあっている同胞を見過ごすわけにはいかなかった。安藤は、彼らの横暴さを目にするたびに、歯向かい、叩きのめしてきた。

安藤は、そのまま通り過ぎようとした。

ところが、蔡が背後からやって来て、因縁をつけた。

「安藤さん、おれが挨拶したのに、どうして挨拶しないんだ」

安藤が、このとき、「じつは、おれも挨拶したんだよ」といえば、ことなきを得た。が、心の底にわだかまっている彼らの横暴さへの憎しみがあった。

安藤は、蔡を睨《にら》み据えて言った。

「それがどうした！　この野郎……」

そういったときには、安藤の左手は蔡の襟首を摑まえていた。左の襟首を摑まえるのは得意であった。同時に安藤の右拳《みぎこぶし》が、蔡の顔面に叩きこまれた。蔡の体は、吹き飛んだ。

安藤は、その当時右手に包帯を巻いていた。海軍時代から患っていた疥癬《かいせん》のせいである。その手に巻いた包帯が、安藤にとっては、かえってさいわいしていた。

包帯が膿《うみ》で固まり、武器になった。相手の顔にパンチを入れ、当たった瞬間、ねじるようにすると、顔が切れる。倒れた蔡の顔も、切れていた。

安藤は、さらに蔡に飛びかかった。左襟首を摑むや、右拳をもう一発顔面に叩きこもうとした。

蔡が哀願した。

「待ってくれ！　上衣を脱がさせてくれ」

安藤は思った。

〈サシでやる気だな……〉

安藤は、堂々とサシで勝負をしようという蔡の根性を見直した。

「よし、脱げ！」

安藤は、襟首を摑んでいた左手を離した。

蔡は、背広を脱ぎ始めた。そのとき蔡は、背広のポケットに忍ばせていたジャックナイフを、ひそかに取り出していた。

蔡の体は、安藤に対して斜めに向いていた。そのため、安藤の眼には、蔡がジャックナイフを取り出した側が死角になった。

安藤の眼に、きらりとジャックナイフの刃が映った。その瞬間、安藤は、左頰《ひだりほほ》に冷気を感じた。数秒遅れて、丸太で殴られたような激痛が走った。頰が、ぱっと開いた。押さえると、生温かい血が、どっとあふれ出た。

「ちくしょう、やりやがったな！」

安藤は、武器になるものを、あたりに探した。焼煉瓦《やきれんが》が転がっていた。右手で、焼煉瓦を拾った。

蔡めがけて思いきり投げつけた。

蔡は、背を見せ、走った。安藤は、追った。

〈殺してやる……〉

蔡は、右手にジャックナイフを握ったまま、銀座の路地から路地を逃げた。

安藤は、傷口を押さえながら追いつづけた。左頰がゆるんだ感じで、どうしてもいまひとつ体に力が入らない。安藤のせっかくの背広やズボンは、血まみれであった。一升もの血をかぶった感じである。

二人の姿を見た者は、

「きゃあ！」

と悲鳴をあげて、左右に散った。

しかし、安藤は、蔡を捕まえる前に、ＭＰ二人と日本警官の三人に捕まってしまった。

そのままＭＰのジープで、新橋《しんばし》の十仁《じゅうじん》病院に連れて行かれた。十仁病院は、美容整形病院である。

いざ手術に入ると、安藤は、梅澤文雄院長に怒鳴った。

「おい、麻酔なんて、打たなくていいぞ！」

安藤は、海軍時代、麻酔を打って傷口を縫うと、あとで傷口がきたなくなる、と聞いていた。

梅澤院長が、念を押した。

「そのかわり、痛いぞ」

「おれがいいと言ってるんだ！　早くやれ！」

「しゃべるな！」

傷口があまり深く、開きすぎている。中の肉をまず縫い合わせなくてはいけない。

それから、表側の傷口を縫うことになった。

麻酔をしていないので、曲がった針をひっかけられるたびに、頬に、荷物をひっかける手鉤《てかぎ》を打ちこまれたように痛い。

安藤は、苦痛にうめきながら、梅澤院長にへらず口を叩いた。

「きれいに縫えよ！　このやぶ医者め！」

「黙ってろ！　うるさすぎて、縫えねえじゃないか！」

喧嘩《けんか》のようなやりとりが一時間半もつづき、手術がようやく終わった。

表側を、二十三針縫った。

中縫いを入れると、三十針も縫った。

手術が終わって、看護婦が安藤の頬の血をきれいに拭った。

安藤は、看護婦に頼んだ。

「鏡を見せてくれ」

看護婦が、鏡を持ってきた。

安藤は、切られた左頬を、鏡に映して見た。ゾッとした。左頬に、耳の下から口の近くまで、赤黒い百足《むかで》が足を広げて張りついているようであった。

安藤は、慄然《りつぜん》とした。

〈これで、もう二度と、カタギの世界には戻れない〉

安藤は、一生入れ墨を入れる気はなかった。が、安藤にとっての今回の頬の傷は、他人に入れられた入れ墨のようなものである。生涯拭うことはできない。

安藤は、鏡の中の不気味な傷を睨みつけながら、呪いをこめてつぶやいた。

「やつを、かならず、殺してやる……」

安藤は、逃げまわる蔡をついに捕まえ、半殺しの目に合わせた。蔡は、それを機にカタギとなる。

のちに安藤は引退して映画俳優になったとき、評論家の大宅《おおや》壮一《そういち》と対談する。大宅は、安藤の左頬の傷痕を見ながら『男の顔は履歴書』と色紙を書いた。その傷は、安藤のトレードマークにさえなる。

特攻志願、伏龍《ふくりゅう》隊へ

昭和二十年六月、安藤昇は、その期の第一回特攻に志願した。

十五歳で感化院に入れられ、十八歳で少年院に収監されるなど荒れた少年時代を送っていたが、予科練の試験に合格し、恩赦で退院。三重海軍航空隊に入隊後、海軍飛行予科練習生へ配属。特攻志願に合格し、いよいよ実戦部隊として横須賀《よこすか》久里浜《くりはま》の秘一〇九部隊に配属された。別名『伏龍《ふくりゅう》隊』とも言った。

安藤ら隊員にも、この部隊がどのような性質のものか、どのような兵器をもって敵に当たるのか、まったく知らされなかった。

ただはっきりしているのは、確実に死が近づいてきていることであった。

安藤は、しかし、信じきっていた。

〈日本は、かならず勝つ〉

自分は、その前に散華《さんげ》し、勝利の日をこの眼で見ることはできない。が、靖国神社に奉られ、靖国の森で、生き残った母や父たちから、勝利の日の報《しら》せを受けることがかならずできる。

やがて訓練に入り、『伏龍隊』の意味が理解できた。

安藤は、潜水服に潜水帽をかむり、波打ち際に潜った。竹竿の先に爆雷をつけ、上陸してくる敵の船艇を待った。

船艇が近づいてくると、下から竹竿を突き上げ、爆破させる。もちろん、自分も死ぬが、船艇に乗っている敵兵百人も死ぬ。一人で、武装した敵兵百人が殺せる。

もっとも、すでに特攻機すらほとんどなくなっているこの時期、このような原始的な特攻法しか残されていなかった。

つまり、安藤たち隊員が海に伏せた龍というわけである。

安藤たちは、特別訓練に入った。横須賀久里浜の砂浜の松原に建てられたバラック建ての兵舎に閉じ込められての訓練であった。

秘密漏洩《ひみつろうえい》を恐れ、一歩の外出も許されなかった。

潜水帽に潜水服というまるでロボットのような姿をした安藤らの群れは、いっせいに海の底に身を沈めた。命がけの訓練であった。

訓練が終わっても、海から上がって来ない仲間もいた。

潜水帽内の酸素を、鼻から吸い、息を管に吹きつけるように吐く。炭酸ガスとなった吐いた息は、管を伝わって、背中の清浄函に入る。そこで、炭酸ガスは酸素に還元され、ふたたび潜水帽の中に送りこまれる。それを繰り返すことにより、一時間でも潜っていられる。しかし、ひとたびその呼吸法を間違えると、ガス中毒を起こしていい気持ちになり、死んでしまう。

　呼吸法は正確にできても、清浄函を、岩角にぶつけたり、大きな魚に突つかれると、爆発を起こす。清浄函のなかには、苛性《かせい》ソーダが入っている。呼吸をすると熱を持つから、常に海水で冷却していなければ爆発してしまう。そのため、きわめて薄いスズ板でできている。破れて浸水すれば、苛性ソーダが爆発を起こし、顔面火傷《やけど》する。即死である。

　全身焼けただれた無残な姿になって引き上げられる者がいる。

　なかには、海底から、ついに上がって来ない戦友もいた。安藤たちは、そのようなとき、いつまでもいつまでも、静かに凪《な》いでいる海を眺めつづけた。そうしていると、いまにもその戦友が、ポッカリと海坊主のように、丸い潜水帽の頭を浮かせる気がしたのである。

　八月八日の真夜中、安藤らは、バラック建ての兵舎で叩き起こされた。

「敵部隊が、相模湾に現われた！」

　安藤は、窓の外に眼を放った。真っ赤な盆のような月が出ていた。いいようもなく不気味であった。

〈いよいよ、来たか……〉

　熱い興奮をおぼえた。この日のために、特別訓練をつづけてきたのだ。伏龍として働くときがきたのだ。

　特攻命令が出ると、上官が言った。

「おまえたち、いよいよ御国のために生命を捧げるときがきた。両親や兄弟に遺言を書いておけ。みごとに散華したのちには、かならず遺言は届けてやる」

　まわりでは、悲愴な顔をして遺言を書き始めた。

　安藤も、筆をとった。しかし、くどくどと心境を書く気にはなれなかった。辞世の句を一首だけ書いた。

《国のため　捧ぐる命惜しからず　空に散らすも　海に散らすも》

人間、一度は死ぬのだ。同じ死ぬなら、そのあたりで野垂れ死にするより、御国のために命を捧げるべきだ、と信じていた。覚悟はできている。

安藤は、その辞世の句を手箱に入れた。

浜辺に出て、異様に赤い月明かりの下で、水盃《みずさかずき》を交わした。

安藤は、ぐいと呑み込みながら思った。

〈十九年の短い命だったが、好き放題暴れてきた。それなりに、おもしろい人生だった……〉

ところが、三十分くらいあと、敵が相模湾に上陸してきた、という情報が誤報であったことがわかった。

安藤は、肩すかしを食った気持ちになり、気抜けした。

しかし、すぐに思い直した。

〈今回はたまたま誤報だったが、明日にもアメリカ軍は本土に上陸してくるかもしれない〉

八月十五日、安藤は、午前中の訓練中、足の異様に長い、大きな蛸《たこ》を捕った。

浜辺に上がると、テントの陰に紐を張り、そこに蛸の足をくくりつけ頭を下にしてぶら下げてきた。

安藤は、テントの下の日陰で、ついうとうととした。いつの間にか寝入ってしまった。

どのくらい時間が経ったであろうか。顔が焼けつくように暑いので眼を覚ました。あたりが、異様に静かである。聞こえるのは、浜辺に押し寄せる波の音だけであった。

〈おかしいな。みんな訓練しているはずなのに、そろって何処《どこ》へ行ったんだろう〉

安藤は、一瞬、夢を見ているのかと思った。が、眼を凝らしてテントのなかを見た。朝の訓練中に捕った大蛸が、紐にぶら下がっている。干されてちょうど食べごろになっていた。夢ではない。

と、部隊の者たちが、下を向き、泣きながらテントに帰ってくる。安藤は思った。

〈誰か、死んだのかな……〉

安藤は、帰ってきた一人を摑まえて訊いた。

いま一度念を押した。

安藤には、日本が敗れたということが、どうしても信じられなかった。

「負けた？」

「日本が、負けた」

「何があったんだ」

「本当か」

「ああ、先ほどラジオで陛下直々の放送があり、日本が敗れたことを……」

そういいながら、ふたたびしゃくりあげて泣き始めた。

そのうち、青年将校が安藤らに呼びかけた。

「おい、われわれは、まだ負けてはいない。天城山《あまぎさん》にこもって、米軍を迎え撃とうではないか！」

安藤も、このままおめおめと負けを認めるのは癪《しゃく》であった。

「よし、武器を集めよう！」

隊内にある武器をすべて集めた。手榴弾《しゅりゅうだん》が三百発、陸戦隊の突撃用自動小銃二百連発五丁、小銃十数丁、それに拳銃が集まった。日本刀は、各自が所有していた。

安藤ははずんでいた。

「天城山なら、鹿も猪もいる。最後の一兵まで徹底して戦い、アメリカ兵にひと泡吹かせてやろうぜ！」

ところが、青年将校の決起計画を知った隊長が、止めた。

「おまえらは、畏《おそ》れ多くも、天皇陛下の御心《みこころ》に逆らうのか！」

陛下を出されては、それ以上逆らえない。天城山作戦は、取り止めになった。

安藤たちは自棄《やけ》になり、持っていた手榴弾の安全ピンを外し、海に投げた。

すさまじい音がして、水柱が立った。

そのあとに、魚がプクプクッと浮いてきた。

安藤たちは、その魚を捕り、浜辺で刺身にした。

あるだけの酒を持ってきて、酒盛りをした。

狂ったように飲み、軍歌を歌いつづけた。

明日から自分たちがどう生きていけばよいのか、安藤にはわからなかった。ただ、日本が敗れてしまったのだという実感が飲むほどに伝わってきた。

安藤は、横須賀から藤沢《ふじさわ》近くの新長後《しんちょうご》に帰った。満州から引き揚げていた両親たちは、東京から疎開し、そこに移り住んでいた。

安藤は、二カ月間、大家から借りた小さな畑でジャガイモを植えたりしてぼんやりと過ごした。

この間、アメリカの進駐政策は、着々と進められていた。

八月三十日には、連合国軍最高司令官マッカーサーが、厚木飛行場に到着した。

マッカーサーは、上着無しのカーキ色の服に、黒眼鏡、大きなコーンパイプを手にし、第一声を発した。

「メルボルンから東京まで、長い道のりだった……」

新宿の帝王、加納貢

安藤は、二カ月のんびりと過ごすと、体のなかの熱い血が滾《たぎ》り始めた。

〈加納は、無事に生きているのだろうか〉

安藤は、「新宿の帝王」と呼ばれる兄弟分の加納貢を捜して、新宿、渋谷、銀座を歩きまわった。

下北沢《しもきたざわ》の喫茶店『カーネーション』で、ようやく加納と会うことができた。

「加納、生きていたのか……」

「安藤、おまえ、特攻隊で死んだとばかり思っていたぞ」

安藤は、戦前に比べ、陽焼けしてすっかり逞しくなった加納と肩を叩き合いながら、おたがいの無事をよろこびあった。

「加納、いつ復員したんだい」

「一カ月ばかり前さ」

「陸軍かい、海軍かい」

「おれは陸軍だけど、終戦間際に鉄砲なくしちまって、もう少しで重営倉《じゅうえいそう》さ。終戦で、助かったってわけさ」

「おまえが生きていてくれて、うれしいぜ」

その日から、安藤は、東北沢のアパートに住みつくことになった。三畳と六畳の部屋には、いつも十人くらいの仲間が寝起きするようになった。

昭和二十一年二月、安藤は法政大学予科に入学した。間もなく愚連隊『下北沢グループ』を形成した。

安藤は、昭和二十三年二月、学費未納で法政大学を除籍となった。

昭和二十四年初め、銀座三丁目に洋品店『ハリウッド』を出した、裏ではアメリカへの輸出用の生地を横流しして儲けた。

花形敬と石井福造

昭和二十五年（一九五〇年）一月、安藤は、渋谷・宇田川町《うだがわちょう》にスタンドバー『アトム』を出した。

安藤は、「銀座警察」と呼ばれた、浦上一家の顔役高橋輝男と兄弟分の縁を結んだ。高橋は、安藤より三つ年上であった。銀座に『高橋事務所』を構え、事業にも手を広げた新しいタイプのヤクザであった。

安藤も、昭和二十七年七月、渋谷区宇田川町に『東興業《あずまこうぎょう》』を設立した。一般的には、「安藤組」と呼ばれ、インテリヤクザとして名を馳《は》せた。

のち安藤組幹部となる花形敬《はながたけい》は、昭和五年、小田急線経堂《きょうどう》駅に近い東京市世田谷区（現・東京都世田谷区）船橋町の旧家に生まれた。

父親の正三は、当時では珍しく米国シアトルに留学し、そのまま現地でキャデラックディーラーになるなど国際派ビジネスマンだった。が、大正末期に排日運動が高まり、帰国を余儀なくされていた。

花形家は一巡するのに半時間はかかるという宅地の中に、テニスコートを持ち、門番まで住まわせていたという。

昭和十八年、花形敬は、経堂国民学校から世田谷区で唯一の進学校である旧制千歳中学校に進学した。一年一組で仮副級長を命じられた。旧制千歳中学校時代、ラグビーに打ち込んだ。

昭和二十年、花形敬は軍需工場に勤労動員された。

終戦後、花形敬は喧嘩三昧《ざんまい》の日々を送るようになった。警察より、GI、つまり米兵などとの喧嘩が、旧制千歳中学校に報告された。

その花形と安藤組時代、運命的な葛藤を強いられることになるのが、のち住吉連合常任相談役になる石井福造である。

石井福造は、昭和三年十二月に世田谷区用賀《ようが》の農家に生まれた。安藤昇より三歳年下である。

子供のときから、浪曲に惚れこんだ。特に広沢虎造《ひろさわとらぞう》が好きで、『石松と三十石船道中』などのレコードに聞き惚れた。

昭和十二年に北支事変が起こったころには、わざわざ浅草まで広沢虎造の実演を聞きに行ったほどである。

そのうち、浪曲の清水次郎長《しみずのじろちょう》や大政《おおまさ》、小政《こまさ》、森の石松、あるいは国定忠治《くにさだちゅうじ》などの俠客と自分を重ね合わせはじめた。

〈よし、おれも、ヤクザになろう〉

石井は、当時不良学生の間で流行っていたいわゆるペテン帽をかぶって中学に通い始めた。

自分の顔の利く土地ならいいが、知らない土地にペテン帽をかぶっていけば、学校の行き帰りに、一日三回は喧嘩を売られた。

当時は、一対一、いわゆるサシでの喧嘩であった。石井も喧嘩を重ねることによって、腕を磨き、度胸をつけていった。

戦争中は、戦闘帽までペテン帽にしてかぶった。帽子の鍔《つば》を真上に向けて付け替えた。

ゲートルも、三寸巻きといって、下から二十センチくらいしか巻かない。そうして、上からズボンを下ろしていた。

駅を降りると、電車に乗っている学生が、改札口の外にいっせいに並ぶ。

そのなかの最上級生が、号令をかける。

「気をつけ！　番号！」

それからそろって、学校まで登校する。

しかし、石井のような不良学生は、他の不良学生に目をつけられ、

「おい、おまえ、ちょっとこい！」

と駅の裏に連れていかれる。

サシで喧嘩をし、勝ったほうが、負けた者に言う。

「おいおまえ、いい帽子かぶっているな。よこせよ、この野郎！」

帽子を奪う。

戦時中は、区役所で運動の検査をしていた。水泳、俵担ぎ、徒競走、懸垂……など十種目あり、その能力によって、初級、中級、上級の認定バッジがもらえた。一つの種目の能力が欠けても、初級バッジはもらえない。価値のあるものであった。

喧嘩に勝つと、そのバッジにも眼をつける。

「おい、てめえ、いいバッジ持ってるじゃねえか。上級か。おれによこせ！」

バッジだけでなく、金も奪った。

いくらもない金まで奪われてしまうのだから、喧嘩の腕を磨くしかない。

石井も、実戦で喧嘩の腕を磨いていった。石井は、喧嘩に明け暮れて、三つもの中学を退学になった。

昭和二十一年一月には、京王商業も退学になった。京王商業は戦前、安藤昇が一時通っていて、やはり退学になった学校である。

石井は、働く気はまったくなかった。

〈ヨタりつづけるためには、学生でいたほうが楽だ〉

石井には、国士舘中学の仲間が多かった。

「石井さんがウチの学校に来てくれたら心強いから、ぜひ来てよ」

石井は、京王商業で二年下であった三橋史生を、喫茶店に呼び出した。

「おまえは、家庭の事情で、学校を辞めると聞いている。それなら、在学証明書と成績証明書もいらなくなるだろう。おれにくれ」

三橋は、反物屋の倅であった。しかし、親が事業に失敗し、学校を辞めざるを得なかったのである。

石井は、三橋の成績証明書を使い、国士舘に転入することができた。ただし、三年生への編入であった。

石井は、本来なら、中学校を卒業する年齢である。しかし三橋の名前だけを石井と書き替えて偽造していたので、年齢は三年生に合わせざるをえなかった。

あとで、石井の担任になった先生が、漏らしていたという。

「石井は、インチキして入ったのを、おれは知っている」

が、あとの祭りである。転入を取り消すことはできなかった。

石井は、国士舘に転入すると、番長として暴れまくった。なにしろ、最上級生の五年生といっても、石井より一歳年下である。石井が、国士舘に転入するまでに喧嘩をしていた国士舘の連中はすでに卒業し、学校に残っているのは、彼らの子分格にあたる者たちだ。

石井は、国士舘では、わがもの顔でふるまった。昼食時間になると、おいしそうな弁当を食っている学生のところに行って、脅した。

「おい、鯵《あじ》の天ぷらうまそうじゃないか。おれに食わせろ」

その机から追い払い、自分が代わりに座って弁当を食べた。もし「勘弁してください」と断ろうものなら、ぶん殴った。

ところが、石井にいじめられる国士舘の連中が、千歳中学を中退した不良に泣きついた。

「石井という、手に負えないワルがいるんです。ひとつ、ウチの学校に転入して、やつを押さえつけてください」

泣きつかれたのが、花形敬であった。

花形は、石井より二歳年下であったが、国士舘へは石井福造より一級上の四年生として入ってきた。

石井は、花形が転入してきたと聞くと、嫌な予感をおぼえた。

〈やつをやるか、おれがやられるか。いずれ、どちらかの運命になる……〉

花形は、国士舘に転入してくると、使いの者をよこし、先に三年生として転入していた石井を呼び出した。いわゆるハリダシをかけてきたのである。

「石井さん、ちょっと、花形の敬さんが呼んでますから」

石井は、呼び出しのかかることは覚悟していた。

石井は、国士舘の不良仲間である森谷新一を引き連れ、松蔭《しょういん》神社の隣にある西園寺《さいおんじ》公の墓所に隣接した神社に向かった。

境内へ入ると、花形が、老いた松の切り株に腰をかけ、大股を広げて待っていた。

ペテン帽をあみだにかぶり、縁無し眼鏡越しに、石井を睨みつけた。右の眼の上と、左の頰と、顎《あご》と首筋に、不気味な傷が刻みこまれている。

花形のまわりを、二十人くらいの不良が固めていた。そのなかには、新宿の保善中学の悪として名の通っていた花田瑛一もいた。

花田は、花形に頼んで加わっていた。

「おれにも、石井を殴らせてくれ」

花形は、縁なし眼鏡を外した。ゾッとするほどの狂気じみた眼であった。

縁無し眼鏡をかけていると、傷さえなければロシアの文豪ドストエフスキーの文学についてでも語りそうなインテリで端整な顔をしている。が、ひとたび眼鏡を外すと、空恐ろしい顔に映った。ヤクザの世界でいう、いわゆる「ヤクネタ」の顔である。

花形が、低いよく通る声で言った。

「おい石井、勝負しようじゃねえか」

花形とサシで勝負してもうんざりするのに、まわりに二十人もの加勢がいる。勝てるわけがない。勝負に出るわけにもいかないし、謝るには、国士舘の番長を張ってきた誇りが許さない。石井は、黙りつづけていた。

すると、海野俊彦が眼の前に来た。海野は、新宿のヤクザの走り使いをやっていて、石井がこれまでいじめてきた。「塩酸の俊坊」と呼ばれている。

海野が、塩酸の瓶の蓋をあけ、石井の顔の前に持ってきた。瓶から立つ煙が、石井の鼻の前で不気味にゆらめく。

「おい、石井、お望みなら、こいつをぶっかけてやろうか」

日本刀を鞘から抜き、石井の顔に刃先を突きつけて凄む者もいる。

「おい、よくもこれまで、おれたちをいじめてくれたな。日本刀が、おまえの血を吸いたがっているぜ。イッヒヒヒ」

石井の引き連れて行った森谷にも、日本刀が突きつけられた。

森谷は、震えあがった声で謝っている。

「勘弁してください……」

石井の背後に、国士舘の四年生で何度も石井が殴りつけた男が回ってきた。右手に、丸太ン棒を握っている。

「石井よ、よくもかわいがってくれたな。これからは、もうおまえの天下じゃねえぞ」

石井は、肚《はら》を据えた。

〈なるように、なれ……〉

そのとき、私服警官が、あたりの草むらからいっせいに飛び出してきた。

「こらあ！」

花形のまわりを固めていた連中が、蜘蛛《くも》の子を散らすように逃げていった。

石井も、森谷も、とっさに逃げた。

私服警官が、逃げる者を追った。

ところが、花形は、松の切り株に悠然と腰を据えたまま、逃げようともしなかった。

私服警官が、花形に声をかけた。

「おまえ、花形だろう」

花形は、学生服のボタンを外し、腹に巻いたさらしの中から、いきなりドスを抜き出した。地面に、思いきり突き立て、大声で啖呵《たんか》を切った。

「おれが、花形だ！　文句があるのか！」

私服警官も、花形の居直りに度肝を抜かれた。

そのころ、石井は森谷と走って逃げながら、森谷に訊いた。

「花形は、どうした」

「確か、逃げようとはしなかったよ」

「逃げねえのか……」

石井は、森谷に言った。

「おれ、戻って様子を見てくる」

花形が逃げないで、おれが逃げては、番長として貫禄負けしたことになる。

石井は、様子を見に引き返した。

しかし、それが、命取りになった。

引き返す途中で私服警官に捕まり、世田谷警察に連れて行かれてしまった。

花形も、世田谷警察に連れて行かれた。

取調べの刑事が、石井に打ちあけた。

「おまえの右腕の森谷が、渋谷の盛り場で、警視庁少年課に補導されたんだ。このとき、森谷が、近々花形が石井にハリダシをかける、という情報をついしゃべったんで、おれたちがあそこに張りこんでいたんだ」

石井も、突然の私服警官の出現が、初めて理解できた。

花形は、取調べの刑事の前でも、ふんぞりかえっていきまいた。

「さあ、どうにでもしろ！」

が、花形の親が、警察に手を回し、花形はすぐに世田谷署から出た。

花形を出せば、石井を留めておくわけにはいかない。石井も、出してもらった。

石井も花形も、この事件がもとで国士舘を退学させられてしまった。

石井、安藤の舎弟に

国士舘中学を喧嘩のために退学になった石井は、花形敬の通っていた相沢太郎《あいざわたろう》のボクシングジムに通った。

相沢は、ピストン堀口を破ったストレート専門の槍《やり》の笹崎《ささざき》や、ベビー・ゴステロとも対戦している。判定で負けたとはいえ、名の通った実力者であった。鬱屈《うっくつ》していた石井は、花形の紹介で相沢ジムに通うようになったのである。プロになるためなどでなく、ひとえに、喧嘩に強くなりたい一心であった。

そのジムは、小田急線の経堂にあった。電車の車庫の一部を借り、夜になるとジムとして使わせてもらっていた。

石井は、そのジムでも、花形の強さをいやというほど見せつけられた。

花形は、進駐軍の六オンスのグローブをはめさせられる。カバーすると、顔が隠れるほどの大きさである。

花形といっしょに習いに通っている者三人を、花形と次々に二回戦ずつやらせる。花形は、休みなく、計六回戦やらされる。

そのあと、相沢が花形と対戦した。

石井は、初めて見る花形と相沢との対戦を、息を飲むようにして見守った。

しばらく互角に打ち合っていたが、花形の右ストレートが、相沢の顎をみごとに捉えた。相沢の膝がガクガクと震え、よろめいた。

花形は、もう一発ストレートをかまそうとした。

「待ってくれ！」

相沢から声がかかった。師が、弟子にそういったのである。

相沢は、花形に言った。

「おれは、おまえに、これ以上教えることはない」

花形は、石井といっしょに小田急線で帰るとき、吊り革を、一個ずつ右ストレートで殴っていった。腰を深く入れ、すさまじい勢いで吊り革を殴って歩く。吊り革は、殴られた反動で、向こうの壁に当たり、カンカーンというすさまじい音を立て、撥《は》ね返った。

花形は、殴ったあと、今度は、足で一つずつ吊り革を蹴った。吊り革の撥ねる音が、不気味に響く。乗客は、震えあがりながら、眼を伏せた。なにしろ、阿修羅のような形相で殴って歩くわけだから、乗客も、なるべく眼を合わさないように避ける。

もし花形と眼が合おうものなら、大変である。

「てめえ！　おれの顔が、そんなにおもしれえのか！」

眼が合った乗客に、吊り革同然に右ストレートをぶちこんだ。

しかし、石井も花形も、そのまま学校にも行かず宙ぶらりんの状態でいることはできなかった。

石井は、国士舘に入学したときのように、今度も、なんとかしてごまかすことにした。

石井は、友人に命じ、名教中学の職員室から、成績証明書と在学証明書を盗ませた。その書類を偽造し、名教中学にいた男といっしょに沼袋《ぬまぶくろ》にある中野中学に転校した。

いっぽう花形は、正規の試験を受け、明治大学の予科に堂々と合格した。本来、頭脳は優秀だったのである。

石井は、二十四年（一九四九年）の暮れ、安藤の兄弟分である加納貢の舎弟の落合博之と渋谷の街を歩いていた。街は黄昏《たそがれ》ていた。落合が、石井にささやいた。

「おい、安藤さんだ」

石井は、初めて安藤昇を見た。

街灯に照らされ、安藤の左の頬に深い傷が斜めに走っている。石井の眼には、その傷が、たまらなく魅力的に映った。

落合が声をはずませた。

「安藤の舎弟にならないか。おれが、会わせてやる」

石井は、翌日、落合に連れられ、渋谷の仁丹ビルの裏手にあるバラック建ての家を訪ねた。

安藤の妻の実家の倉庫を改造したものであった。安藤は、そこに妻の昌子と、三歳になった長男の隆朗の三人で住んでいた。

かつて酒屋だったらしく、土間が広かった。そこに大きな達磨《だるま》のようなルンペンストーブが燃え盛っている。安藤は、そのそばに腕を組んで立っていた。

落合が、石井を紹介した。

「兄貴、これ石井っていうんですけど、舎弟にしてやってくださいよ」

石井も、頭を下げた。

「ひとつ、よろしくお願いします。舎弟にしてください」

安藤は、石井の眼をジッと見て言った。

「わかった」

別に、本格的なヤクザのように盃事《さかずきごと》をするわけではなかった。それで、石井は安藤の舎弟となった。

花形、安藤の舎弟に

石井は、安藤の舎弟になった直後、安藤からレストランに呼び出された。

石井が行くと、安藤が待っていた。隣の席に、和服姿の色の白いふくよかな年増女が座っていた。石井には、女の安藤を見る視線から、彼女が安藤に惚れ込んでいることがひと眼でわかった。

安藤は、石井に説明した。

「このひとは、桜丘《さくらがおか》にある『藤松旅館』の女将《おかみ》さんだ」

桜丘は、渋谷駅南口から歩いて五、六分足らずである。

安藤は、女将に石井を紹介した。

「こちらが、うちの石井だ」

安藤は、紹介を終えると、切り出した。

「石井、この書類を持って、これから藤松旅館に行け。今日からおまえ、旅館の責任者をやれ」

安藤は、石井に書類を渡した。

「藤松旅館に、おやじがいる。しかし、戸籍上の夫婦じゃねえ。やつを、放《ほ》っぽり出せ」

石井は、安藤から渡された書類に眼を走らせた。

安藤が説明した。

「この書類は、きちんと弁護士を入れて、旅館の賃貸の契約を結んだものなんだ。おれが、旅館を借りたことになっている。おやじが四の五のぬかしたら、今日から、安藤昇がこの旅館を経営します、といってこの書類を突きつけ、放っぽり出せ」

「放っぽり出すわけには……」

女将が、右の腕のそでをまくり、艶《なまめ》かしい腕を見せた。

「これを見て」

腕は、青い痣《あざ》だらけであった。

「わたしのあのひとへの態度が急に冷たくなったというので、あのひと、毎晩、青竹で殴りつけるの。寝かせてくれないの。それで家出をしてきて、安藤さんのところに飛び込んできたの」

安藤の表情が厳しくなった。

「やつがグズグズ言ったら、ひとまず三畳間にでも押し込んでしまえ」

そのおやじの側に頼まれ、藤松旅館に乗り込んで来たのが、志賀日出也《しがひでや》と千葉一弘《ちばかずひろ》であった。

昭和二十五年の春、藤松旅館の番頭部屋にいた石井福造を、花形敬が酔っぱらって訪ねてきた。

花形は、縁なし眼鏡の奥の眼を殺気に光らせて言った。

「石井、こんなところにいやがったのか」

石井は、花形に、自分が藤松旅館にいることを隠していた。いわゆる「ヤクネタ」の花形に、毎晩のように旅館に押しかけられ、暴れられては身がもたない。安藤組組長の安藤昇から旅館の責任者を任されている。旅館だけは、死んでも守らなければ、という強い思いがある。

花形は、顔にいくつもついている傷を、酔いに赤く染めて苛立《いらだ》った。

「久しぶりに会ったというのに、愛想がないじゃねえか。何か、冷蔵庫の物を食わせろよ」

石井は、きっぱりと断った。

「だめだよ。あそこに入っているのは、お客さんに食わせるもんなんだから」

「うるせえ！」

花形は、吐き捨てるようにいうと、勝手に冷蔵庫を開けた。

「お、うまそうなハムが入ってるじゃねえか」

ハムが貴重品の時代である。花形は、一本丸ごと取り出すと切ることもしないで、そのまま齧《かじ》りついた。

石井は、はっきりと言った。

「敬さんよ、おれは、あんたの古い友達だから我慢はしよう。しかし、おれはいま、安藤昇の舎弟として、この旅館を預かっているんだ。このまま許していると、他の舎弟たちに、示しがつかなくなる。やめてくれ」

花形は、よけいにいきり立った。

「安藤が、どうした。いつでも連れてこい！　勝負してやろうじゃねえか！」

それから十二日後、安藤は、木刀を持って藤松旅館に乗りこんだ。今度は、外の敵と勝負するためではなかった。舎弟たちにヤキを入れるためであった。石井のいる番頭部屋に、六人の舎弟を集め、正座させた。石井もそのなかにいた。石井らは、そろってヒロポンを打っていたのである。

安藤は、怒鳴った。

「てめえら、あれほどポンだけはやるなと釘を刺しておいたのに……」

安藤は、覚醒剤《かくせいざい》が大嫌いで、打つことも、もちろん売買することも許さなかった。それなのに、石井の部屋に彼らが集まり、ヒロポン注射を打っていたと聞き、ヤキを入れようとしたのである。

そこに、ひょっこり、花形敬が石井を訪ねて入って来た。花形は、つい安藤のただならぬ気迫に呑まれた。彼も、つい石井らと同じく正座し、部屋の片隅に座った。

安藤と花形は、このとき初めて出会ったのである。安藤昇、二十四歳。花形敬、二十歳であった。

安藤は、一人ずつ立たせた。

「おい、立て！」

立った舎弟の尻を、木刀で力のかぎり殴りつけた。

安藤は、尻を殴りながら活を入れた。

「今度ポンを打っているところを見つけたら、尻を殴るだけじゃすまねえぞ！」

花形は、安藤の気迫に激しい感動をおぼえていた。

〈おれが、生涯一目置けそうな男に、ようやく会えたようだ〉

花形は、安藤が藤松旅館から引きあげて行くと、石井に頼んだ。

「おい、安藤さんに頼んでくれよ。おれも、安藤さんの舎弟になりてえ」

石井は、すでに渋谷の愚連隊であった日山、佐藤、それに用賀小学校の後輩であった森田雅《もりたまさし》、花田瑛一の四人を安藤に紹介し、舎弟にしていた。日山と佐藤は途中で組を抜けて行くが、森田と花田は安藤組の大幹部におさまる。

この翌日、安藤のいた喫茶店に、石井に連れられ、花形がやって来た。

石井が、安藤に頼んだ。

「安藤さん。この男は花形敬というんですが、おれの古くからの友達です。舎弟の一人に、加えてやってください」

安藤は、ふてぶてしさと繊細さのまじった面構えと、がっちりした体の花形を一瞥《いちべつ》すると、うなずいた。

「いいだろう」

花形は、この日から安藤の舎弟になった。

暴れ者たちと女たち

花形は、安藤の前では、ひと言の口答えもしなかった。が、安藤のいないところで酒を飲むと、ガラリと一変した。馬触れば馬を斬り、人触れば人を斬る、ではないが、眼に入る者を片っ端から殴っていった。

当時、渋谷の宇田川町に見栄新地という歓楽街があった。小さなキャッチバーが並んでいた。

花形が酔っぱらってキャッチバーの端の一軒に入ると、見栄新地が、パニック状態に陥った。

「敬さんが、こっちにやって来るぞ！」

あたりをうろついているチンピラどもが、まず、われ先に逃げる。

キャッチバーも、夜の八時ごろだと、いくら「花形が来た」という報せが入っても、さすがに店を閉めるわけにはいかない。

が、十二時ごろに「花形が来た！」という報せが入ると、なんのためらいもなく店が終わったふりをして閉めた。当時は、どのキャッチバーも、三時、四時まで開いていた。が、十二時までに稼いでいれば、あとの三、四時間は儲けを捨てても、花形から逃げたほうが得と判断していた。

なにしろ、花形がバーに入って来るだけで、それまでの客が出ていく。花形のいくつも傷のある顔がのぞくだけでも嫌なのに、ボックスへ座ると、靴を履いたままの大きな足をテーブルの上に乗せてしまう。

それから、大声をあげる。

「おーい、ビール持って来い！」

店員も女たちも、誰一人として花形の顔をまともに見ようとはしない。眼が合おうものなら、顔の原形がないほどどぶん殴られてしまう。

花形は、ビールを飲むと、冷蔵庫を開けた。中の物を勝手に取り出して食べた。

花形は、食べ終わると、「女はいねえか……」と店内の女をジロジロと物色し始める。

花形の眼が、一人の女に止まった。小麦色の肌をして野性味のあるなかに、頽廃《たいはい》的な色気も秘めている。

花形は、店長に命じた。

「あの女、いいな。あの女、駅前のレインボーホテルに寝かせておけ」

店長が、顔を引きつらせた。

「あのォ……じつは、あの女は、わたしの女房なんです」

花形の縁なし眼鏡の奥の眼が、変質的に光った。

花形は、ビールをあおるや言った。

「関係ない！　二時におれが行くから、布団に寝かせておけ！」

店長は、苦しそうに顔を歪めている。

花形は、テーブルの上の皿をポーンと空中に放った。

落ちて来る皿を、右拳で叩き割った。皿が、粉々になって店中に飛び散った。

店長は、震え上がった。

「勘弁してください……」

花形の眼が、さらに光った。

突然、花形は懐に持っていたジャックナイフを取り出し、テーブルに突き立てた。

花形は、にやりと笑うと命じた。

「いいな！　女をおれの言った場所と時間に、布団に入って待たせておくんだぞ。それだけじゃねえ、布団の上で太腿広げさせて待ってろよ」


花形は、鬼のように恐れられていたが、反面、ひどく優しい面もあった。

昭和二十五年の暮、花形は、自分を安藤組に入るよう紹介してくれた石井と、渋谷のマーケット『ポン五郎』の二階の飲み屋で花札にふけっていた。『ポン五郎』は、渋谷のテキ屋武田組の身内で、ヒロポン中毒の男が経営していたのでそう呼ばれていた。

その飲み屋には、ヤクザや愚連隊が集まっては、花札をしたり、ヒロポンを打っていた。

そこに、キャッチバー『くるみ』のホステスをしている千鶴子ともう一人の女性が、店を終えてやって来た。

安藤の経営していたバー『アトム』は、三崎清次《みさきせいじ》が代わって経営を任され、キャッチバー『くるみ』に変えていた。

千鶴子は、花形の妻であった。『陽のあたる場所』で美しさを見せつけたハリウッドのエリザベス・テーラーを彷彿《ほうふつ》とさせる美人であった。色の白い、艶かしい女である。小柄だが、乳房も尻もゆたかに盛りあがっている。『くるみ』では、ナンバーワンのホステスであった。彼女に、二万円ものべらぼうな勘定を取られても、懲《こ》りずに通ってくる客もいたほどである。

千鶴子は、花形より一歳下であった。花形が明治大学に入って間もないころ、彼女と知り合った。彼女は、関東女学院の不良少女であった。が、花形の眼には、まわりのいわゆるズベ公とは、およそ違って映った。何より、美しいだけでなく、品のいい顔立ちをしていた。花形には、深窓の令嬢としか見えなかった。

〈どうして、こんな女がズベ公になったんだろう〉

が、まわりの不良仲間で、花形に忠告する者もいた。

「敬さん、あの女、お嬢さんぶっているが、とんでもない女だぜ」

しかし、花形は、忠告を受けたときには、すでに彼女に惚れこんでいた。

彼女は、花形の前では、恥じらいの多い女性であった。花形には、彼女の恥じらいがまた、言いようのない魅力に映っていた。

花形は、手のつけられない暴れ者であったが、男でも女でも、品のない粗野な人間は嫌いであった。

花形には、強い誇りがあった。

〈おれの体の中には、旧家の血が流れている〉

花形一族は、武田二十四将の一人の血を引いていた。敬の母親の美以も、長州萩の旧士族の娘であった。

花形が安藤に惚れ込んだのは、安藤の中に、まわりの粗野な愚連隊たちとはひと味ちがう雅《みやび》さを感じ取ったからである。

花形は、千鶴子にも、まわりのズベ公にはない品の良さを感じ取り、ひと目惚れしてしまっていた。

花形が彼女と知り合ったときには、彼女にはすでに恋人がいた。が、花形は、彼女を強引にダンスパーティーに誘った。ワインを飲ませて酔わせ、手込め同然にして抱いた。

千鶴子も花形に惚れ込み、二人は渋谷で同棲を始めた。

やがて女の子ができ、花形は彼女を入籍した。花形十九歳、彼女が十八歳のときであった。『くるみ』のママは、三崎の愛人で、関東女学院時代、千鶴子の一級上であった。その縁で千鶴子もくるみに勤め始めた。

千鶴子は、持前の美貌《びぼう》で、くるみのナンバー1《ワン》にのし上がっていた。

千鶴子といっしょにやって来た女性は、石井の彼女であった。

彼女は、顔立ちは、千鶴子以上の美しさであった。が、千鶴子を抜いてナンバー1にはなれなかった。会話をしていても、突拍子もないことを言い始める。店の客たちも、一瞬キョトンとすることがあった。頭が少し弱かったが、その分、性格はよかった。

石井は、学生時代から暴れ者であったが、女には初心《うぶ》であった。女の前に行くと、どうしようもなく恥ずかしくなり、まともに口もきけなくなる。

まわりの不良仲間が、不思議がるほどであった。

「おい石井、どうしたんだよ、急に……」

『くるみ』が開店したときには、石井は安藤から任されていた藤松旅館を出ていた。

千鶴子と石井の彼女がそろって来たのは、花形と石井に「帰ろう」と迎えに来たのであった。

ところが、この二人の女性が逮捕されるというとんでもない事件が起こる……。

花札とコイコイ

昭和二十五年の暮、花形敬は、自分を安藤昇の舎弟になるよう紹介してくれた石井福造と、渋谷のマーケット『ポン五郎』の二階の飲み屋で花札にふけっていた。

そこに、安藤が経営していたキャッチバー『くるみ』のホステスをしている花形の恋人の千鶴子と、当時石井の恋人であった女性のふたりが店を終えてやって来た。花形と石井に「帰ろう」と迎えに来たのである。

しかし、花形も石井も、花札で熱くなっている。千鶴子が、花形の背後で声をかけた。

「ねえ、早く帰りましょうよ」

花形は、花札を座布団の上に叩きつけて怒鳴った。

「馬鹿野郎！　てめえが声をかけるから、負けちまったじゃねえか！　終わるまで、おとなしく待っていろ」

千鶴子は、それ以上声はかけなかった。

かつて、花形にビール壜で殴られたこともある。股間を蹴り上げられたこともある。花形は、千鶴子と二人きりでいるときには優しいが、人前では、とたんに突っぱって凶暴になり、彼女を殴りつけた。女に優しくしているところを他人に見られるのは嫌だ、という屈折した心理がそうさせるのであった。彼女は、股間を蹴り上げられた後遺症で、夜、小便を漏らすこともあった。

千鶴子は、ぷいとして石井の彼女の顔を見た。二人とも、花札が嫌いな感じはない。

〈わたしたちも、やる〉

お互いに目配せしあって一階に下りた。

一階の座敷で、千鶴子と石井の彼女もコイコイを始めた。

そのうち、二階の花形と石井は、勝負に疲れてきた。

「ひと休み、するか」

そこに、突然、刑事が乗り込んできた。いわゆるガサ入れであった。

千鶴子と石井の彼女は、現行犯で逮捕されてしまった。

刑事は、二階にも駆け上がった。花形も石井も、ごろりと横になって煙草を吸っていた。

この当時、博打は、現行犯でないと逮捕できない。刑事は、本命の二人を逮捕できなくて、舌打ちした。

持っていき場のない苛立ちを、逮捕した女たちに向けた。女二人の肩を、手荒く突き飛ばした。

二階から下りてきた花形は、その姿を見るや、額に青筋を浮かべて怒鳴った。

「女のかわりに、おれを、しょっぴいていけ！」

刑事が、花形に言った。

「そんな無理なことは、できない」

二人の女性は、ついに渋谷署に引かれて行ってしまった。

花形は、さっそく毛布を買い込んで、千鶴子の差し入れに行った。

花形は、刑事に訴えた。

「千鶴子を、出せ！　かわりに、おれを入れてくれ！」

が、何度訴えても、花形の要求は通らなかった。

花形は、刑事を睨みつけてすごんだ。

「千鶴子を、大事にあつかえよ。もしひでえめに遭わせていたら、ただじゃおかねえからな」

花形は、凶暴さの裏にこのように心優しき一面を秘めていた。

花形のジミー殺し

昭和二十七年（一九五二年）五月七日、花形敬と佐藤昭二は、肩を並べて渋谷の栄通りに抜ける路地を歩いていた。二人とも『くるみ』で一杯飲んだあとであった。

佐藤は、岩手県で旅館を経営している家の息子であった。国士舘専門部の柔道部で、四段をとった強者であった。国士舘では、全校で一、二位を争う腕力であった。渋谷に来ては酒を飲み、国士舘の寮に帰っていた。

花形や石井の先輩で、渋谷で花形や石井を見ると、「おい、敬」「石井」と呼び捨てにしていた。佐藤も、のちに安藤の舎弟になるが、このときは、国士舘から日大に移っていた。

二人は、宇田川町のサロン『新世界』の前を、肩で風を切るようにして通りかかった。

二人の眼に、白系ロシア人のジミーの姿が入った。

ジミーの本名は、ワジマス・グラブリ・アウスカス。日本で生まれ、日本の小中学校に通い、戦争中は、白人として収容所に入れられた。ロシア人との混血とはいえ、まったく日本しか知らなかった。終戦と同時に釈放され、暴れまくっていた。ジミーは、日本人の女房を持ち、渋谷でキャッチバーをやらせていた。不良外人で、酒癖が悪く、相手がヤクザであろうと、喧嘩をふっかける。宇田川町のキャッチバーに、片っ端から顔を出し、誰にでも喧嘩を売っていた。当時三十歳であった。

ジミーは、『新世界』の経営者を足で蹴りつけていた。

佐藤が、舌打ちした。

「ジミーの野郎、また暴れやがって！」

が、花形は、ジミーを見るのは初めてであった。これまで、同じようにキャッチバーで暴れまくる花形と顔を合わせないのが不思議であった。

佐藤は、ジミーを制した。

「やめねえかい」

ジミーは、佐藤に巻き舌の江戸弁で食ってかかった。

「うるせえ！　小僧！」

佐藤が、得意の柔道の技である小内刈りで、ジミーを投げ倒した。

ジミーは、もんどり打って倒れた。

花形が、すかさずジミーの顔面に右拳を叩き込んだ。ジミーの鼻から、どっと血が吹き出した。

が、ジミーは、吹き出す鼻血を拭きもせず、起き上がった。

「よくも、やりやがったな。おれを、人斬りジミーと知ってのことか」

ジミーは、花形めがけて殴りかかった。

花形は、右に軽くよけた。

佐藤が、ジミーの襟首を摑み、一本背負いで地面に叩きつけた。ジミーは、長い舌を出し、のびてしまった。

花形と佐藤は、見向きもしないで、歩き始めた。

ジミーは、血まみれの顔でうめいた。

「よくも、人を舐《な》めやがって……」

ジミーは、急いで自宅に帰った。

自宅には、妻がいた。彼女は、通称お蝶と呼ばれる渋谷で顔の売れた女ヤクザである。

夫からやられたいきさつを聞くと、お蝶は、夫以上に悔しがった。

「あんた、渋谷でのされて、このまま黙っていては、名折れになるわよ」

ジミーは、妻に煽られ、二階の天井裏から日本刀を取り出した。刃渡り四十二センチのものであった。

ジミーは、泥だらけの服を革ジャンパーに着替えた。喧嘩支度で、家を出た。日本刀は、レインコートに巻いていた。

お蝶も、夫のあとに従った。

二人は、花形と佐藤の立ち寄りそうなキャッチバーを、一軒一軒探しまわった。

が、花形も佐藤も、ついに見つからなかった。

そのうち、ジミーは、顔見知りの喫茶店のマスターになだめられた。

「おい、みっともねえことは、やめろよ」

二人は、社交喫茶店組合の事務所で出されたビールを飲み始めた。

真夜中の一時過ぎ、その事務所の前を、花形と佐藤が通りかかった。

ジミーは、二人を眼にするや、殺気立った。

「てめえら、よくもぬけぬけと……」

ジミーは、レインコートに巻いた日本刀を取り出すと、叫んだ。

「待ちやがれ！」

花形が、ジミーの姿を見つけた。

「なんだ、てめえ、まだこのあたりをうろうろしていたのか」

「なに……」

ジミーは、日本刀を振りかざし、花形に斬りかかった。

佐藤が、とっさにジミーの両腕を押さえにかかった。

お蝶が、ハンドバッグを探っている。花形は、てっきり彼女が拳銃を取り出すにちがいないと判断した。

花形の右拳が、彼女の顔面に炸裂《さくれつ》した。彼女は、二メートルも吹っ飛んだ。

彼女の顔は、血みどろになった。

いっぽう、ジミーは、佐藤に両腕を押さえられながら、何度も斬りかかった。

佐藤は、かわしそこなうと、斬り殺される。白刃を避けながら、出足払いでジミーを路上に叩きつけた。

ジミーは、なお日本刀を持ったまま、起き上がろうとした。

佐藤は、ジミーにおおいかぶさった。

花形が、日本刀を持つジミーの右手を、右足で踏んづけた。

ジミーは、血走った眼で、花形を睨みあげ、唾を吐いた。

花形は、右足でジミーの右手を踏みにじる。

さらに、左足で、ジミーの頭を蹴った。

ジミーは、歯を剝き出した。

「てめえ、このままじゃおかねえからな」

花形は、わめくジミーの頭と顔を蹴りつづけた。ジミーの頭と顔は、血みどろになった。花形の靴も、血に染まった。さすがのジミーも、動かなくなった。人だかりがしてきた。花形と佐藤は、走り去った。

ジミーは、花形に蹴られた傷がもとで破傷風にかかり、十二日後に死んだ。

花形は、裁判で正当防衛を主張したが認められなかった。花形は、余罪の追及も受け、懲役判決を受け、宇都宮刑務所に服役した。佐藤は執行猶予となった。

千葉一弘、渋谷のぼっちゃん

のち安藤組に加わり、横井英樹《よこいひでき》を撃つことをみずから申し出る千葉一弘は、昭和八年、東京のいわゆる「山の手」である、渋谷区代官山猿楽町に生まれた。千葉の父親は、朝倉寅次郎商店という大きな米屋の番頭をしていた。

千葉は、家から徒歩三分ほどのところにあった渋谷同潤会アパート内の、幼稚園に通った。同潤会アパートは、三階建てのモダンな建物で、当時はまだ珍しい水洗便所も全戸完備されていた。

千葉少年は、代官山にあった『モリナガ』というパン屋で買い食いしていた。当時の日本全体の食生活水準からいえば、やはり相当モダンな暮らしぶりだ。

昭和十九年夏、富山に疎開した。疎開先では、寺の本堂に寝泊まりしていた。食べる物がないので、絶えず腹を空かせていた。

都会の子、ということで土地のガキ大将にいじめられた。教師のいる学校でこそいじめられなかったが、学校の帰りに取り囲まれ、殴られた。手向かっていこうにも、腹が空きすぎて、力が出ない。こづかれ、殴られた。

そのうち、「こんちくしょう！」という反抗心のようなものが育っていった。東京にいるときにはないことであった。疎開するまで、ほとんど喧嘩したことはなかった。

ある日、あまりに腹が減りすぎて、よその家の柿の木に登り、柿を盗んでいた。

「そこに登っとるのは、千葉じゃねえか！」

下を見ると、ガキ大将の青田大助がいる。

千葉は、青田と勝負せざるをえなかった。

柿の木から降りるときは、さすがに体が震えた。が、いざ地上に降り立つと、度胸が据わった。

青田のそばには、いつも何人かの仲間がついている。が、いまは青田ただ一人である。

〈一対一なら、殴られっぱなしということはない。少しは、殴れるだろう〉

千葉は、青田に、いきなり頭突きをかました。青田は、千葉がいつものように怯むにちがいないと高をくくっていた。それなのに、千葉が猛然と頭突きをかましてきたので、うろたえた。千葉は、青田の体勢の崩れたところを、死にもの狂いで殴りかかった。

青田は、鼻血を吹き出した。千葉は、かまわず顔面に拳を叩きこんだ。青田は、後ずさりした。

千葉は、前へ前へと進みながら、青田を殴りつづけた。

後ずさりしていた青田は、足を踏みすべらせ、なんと肥壺《こえつぼ》に落ちてしまった。

千葉は、そばにあった棒切れを握り、肥壺でもがく青田の頭を殴りつづけた。

青田は、ついに音を上げた。

「千葉、かんべんしてくれ！」

千葉は、さらに棒切れで殴りかかる姿勢を見せながら念を押した。

「もう、おれをいじめんか！」

「いじめん」

「もし約束を破ったら、どんなことをしても、おまえに復讐《ふくしゅう》してやるからな」

青田は、糞《くそ》まみれになって誓った。

「絶対に、約束は守る」

千葉は、この喧嘩以来、学校でのびのびできるようになった。

昭和二十年八月十五日、日本が戦争に敗れた。千葉は、この月に渋谷の実家に帰ってきた。中学は、府立一中に通った。

遊ぶための軍資金は、家にある米を盗んで当てた。父親が米屋に勤めているので、米だけは不自由しなかった。渋谷駅前にあった闇市《やみいち》に米を持って行き、売った。なにしろ米の不自由な時代である。一升二百五十円で売れた。

その金で、外食券食堂へ行き、食べたい物を食べた。外食券は、十円であった。この十円の外食券を買い、さらに十円の現金をプラスして、外食券食堂に飾ってあるおかずつきの料理を食べた。

喧嘩も、派手にし始めた。いくら上級生であろうと、横暴な奴とは、勝負した。

府立一中を卒業すると、神田にあった電気通信系の専門学校に通った。当時、千葉は、世界の海をかけめぐる船乗りに憧れていた。高等商船学校には難しくて入れないが、電気通信専門学校で航海で必要な通信技術を学び、通信士として船舶乗務員になろうとしたのである。

しかし、学校の帰りには、渋谷の盛り場につい足が向いてしまう。代官山から渋谷までは、徒歩十五分と近いのである。

千葉は、宇田川町にあった闇市のバーに出入りするようになった。終戦直後の食糧難の時代である。キャベツをつまみにビールや、当時流行っていたウィスキーのソーダ割であるハイボールを飲んだ。

千葉は、ある日、家から米だけでなく、着物まで持ち出して闇市で売り払った。

さすがに、家には帰れない。渋谷の宮下公園の近くに木賃宿が並んでいた。千葉は、二十円出して、この宿を泊まり歩いた。

そのうち、街をうろついている不良たちと喧嘩をし、交番の警官に捕まった。警察に引き取りに来た父親といっしょに家に帰った。

が、また家の物を持ち出して闇市で売り、ますます家に帰れなくなった。

また喧嘩をし、警察につかまる。再び父親に警察に引き取りに来てもらい、家に帰るの繰り返し。

そのうち、渋谷の街頭にたむろしている街娼にたかって、金をせびり始めた。ただし、娼婦たちには、ヤクザや愚連隊の用心棒がついている。

千葉は、度胸も据わってきていて、ある街娼に言った。

「おい、恐い兄ちゃんについてもらっているなら、いつでもその兄ちゃんを呼んでこい。相手になってやる。逃げも隠れもしねえぜ」

その街娼は、本当に、用心棒を千葉のところに連れて来た。

その用心棒が、千葉にすごんだ。

「おい、おれがめんどうを見ている女と知って、たかっているのかよ」

千葉も、ひるみはしなかった。

「てめえのことなんて、誰も知っちゃいねえよ」

「何ィ！」

「やるか」

千葉は、相手と睨みあった。

相手は、しばらく千葉を睨みつけていたが、千葉の肩を叩いた。

「気に入った。これから、仲良くしようぜ」

その男は、渋谷の大橋に住む金山であった。

千葉は、それ以来、金山とつるんで遊び始めた。

志賀日出也、山手の不良

千葉が、志賀日出也に出会ったのは、千葉が、渋谷の宇田川町にたくさん並んでいたバーの一軒で金山と飲んでいるときであった。

金山は、その店に入って来た志賀に千葉を紹介した。

「兄貴、こいつは千葉といいます。いい度胸をしています。おれ同様に、舎弟にしてやってください」

志賀は、青白い顔をして、ひと目で肺病とわかる。頬も削げ落ち、眼は、異様に鋭い。「昭和の平手《ひらて》造《み》酒《き》」といった雰囲気である。なにしろ、このころ肺病は不治の病といわれていた。なお、平手造酒は『天《てん》保水滸《ぼうすいこ》伝《でん》』の作中の人物である。幕末の剣客で、千《ち》葉周作《ばしゅうさく》の門人だったが、酒乱のため師家を追放され、笹川繁蔵《ささがわのしげぞう》に頼った。飯岡助五《いいおかすけご》郎《ろう》との闘争に肺病の身で参加し闘死した。

志賀は、千葉の顔をジッと見た。

「根性のある面構えをしている。いいだろう」

志賀は、テーブルの上のグラスを取り、バーの女に命じた。

「おい、この男と盃を交わすんだ。ビールを注げ」

グラスに、ビールが注がれた。

志賀は、グラスに口をつけ、半分飲んだ。その瞬間、咳込んだ。ビールの中に、血が流れた。

千葉は、間を置かず、手を出した。

「それでは、いただきます！」

志賀は、千葉にグラスを手渡した。千葉は、ためらうことなく、血の混じった残りのビールに口をつけた。一気に飲み干した。

千葉は、この日以来、志賀の舎弟として働くことになった。学校は、中退した。

やはり安藤組に加わり、幹部となる志賀日出也は、昭和二年一月十日に、東京大田区蒲田《かまた》で生まれた。千葉より六歳年上だった。

志賀の父親は、戦後最大の高利貸しと謳われた森脇将光《もりわきまさみつ》の番頭をしていた。森脇は、戦後の昭和二十二年八月、東京日本橋に日本共立会社を設立し、本格的に金融業を始めた。法スレスレの商売で、十日に一割の利息をとり、「トイチ」の流行語を生んだ。

昭和二十三年には、個人所得九千万円をあげ、長者番付の筆頭に躍り出た。が、翌二十四年には、前年の所得税を滞納し、その滞納額もトップで、話題となった。しかし、政治家からの裏での借金の申し込みは殺到していた。

志賀家の生活は豊かであった。志賀の父親は、まわりの誰よりも早く外車を乗りまわしていた。

志賀は、いわゆる「山の手」らしい不良であった。旧制中学である中野無線に通っていたが、学校にはほとんど顔を出さなかった。喧嘩では、ジャックナイフを使うのがうまかった。

志賀の父親は、息子をまともな仕事につかせようと努力した。

が、志賀は、父親と衝突を繰り返し、ついに杉並区永福町の家を出た。それをきっかけに、中野無線も中退した。

戦後は、横浜、東海道を愚連隊として暴れまわっていた「モロッコの辰」と呼ばれていた出口辰夫《でぐちたつお》や、「浜のキー坊」と呼ばれていた井上喜人のコンビとよく遊んでいた。

昭和二十一年に、出口と井上は、それぞれ傷害、恐喝などで横浜刑務所に収監された。モロッコが一年で、井上が三年の刑であった。

刑務所を出ると、湯河原を拠点にしていた博徒稲川角二《いながわかくじ》（のち聖城《せいじょう》）の若い衆となり、やがて「稲川一家」の幹部として全国的に名をとどろかせるようになる。

志賀は、出口と井上が横浜刑務所に入ったころ、元渋谷の博徒落合一家の渋川清太郎の舎弟になっていた。ただし、落合一家に加わったわけではなかった。あくまで渋川個人の舎弟であり、愚連隊として暴れまわった。

志賀は、すでに、左肩に桜、右肩に牡丹の入れ墨を入れていた。

志賀は、育ちの良さか、金に細かくはなかった。たとえば電車の切符を買うときも、釣り銭を受け取らない。舎弟である千葉に「お釣りは、おまえが持ってろ」と言って、電車に乗り込んでいた。

その志賀と千葉が安藤昇にからむのは、昭和二十四年（一九四九年）の暮れであった。そのころ、安藤の舎弟となっていた石井福造は、安藤からレストランに呼び出された。

安藤の依頼は、こういうことだった。

めっぽう女にもてる安藤は、前述した渋谷の桜丘にある藤松旅館の女将に惚れられ、懇意にしていた。その藤松旅館に、三年前から関西からの流れ者が居座っていた。その男は、情夫気取りだが、二人は婚姻関係にはない。

ただ、その男は、女将と安藤が懇《ねんご》ろになったことをきっかけに、女将に嫉妬するようになった。毎晩女将を青竹で殴る暴挙に出たという。

そこで、安藤は一計を案じた。

安藤が、旅館の賃貸借契約を結び、関西男を追い出そうという作戦を思いついた。その切り込み隊長役に、石井が抜擢されたのだ。

石井は、藤松旅館に向かった。

石井は、関西の流れ者に賃貸借契約書を見せつけた。しかし、流れ者は動じない。

そこで、石井は、実力行使に出た。男を奥の三畳間に押し込めたのである。

が、その男は、夜になっても酒に酔っぱらって暴れた。

翌日の夜遅く、女中が、「もう今夜は、営業が終わりました」と断るのに、強引に旅館に入ってくるグループがあった。石井も顔見知りの志賀日出也であった。志賀は、千葉一弘ら舎弟を八人も引き連れていた。

石井は、ひとまず部屋に通した。

志賀は、石井に言った。

「おい、ビールを持ってこい」

石井は断った。

「ビールは、あいにくなくなってしまいまして」

志賀は、血痰《けったん》まじりの唾《つば》をペッと畳に吐きかけてすごんだ。

「なけりゃあ、買ってくればいいじゃねえか！」

あきらかに言いがかりをつけにきている。石井は察した。

〈関西の流れ者が、地元のヤクザに助っ人を頼みやがったな〉

石井がビールを買いに走らないとみると、志賀が言った。

「石井よ、いい顔になったな……ビールがなけりゃ、おまえの器量で、どこからか都合してくりゃいいじゃねえか」

石井は、知り合いのバーに電話を入れ、ビールを持って来させることにした。

ビールが届く間、志賀は息まいた。

「この旅館にある家財道具を、全部持っていくからな」

「この旅館は、安藤昇の経営になっております」

「うるせえ！　ここのおやじに、金を貸してあるんだ!!　だから、そっくり持っていくんだ」

バーからビールが運ばれてきた。

石井は、運んできた若い衆に、安藤に伝えるよう耳打ちをした。安藤からは、ヤクザ者が来た場合、自分が行くまで止めておけ、と釘を刺されていた。

志賀たちは、ビールを飲んで騒ぎ疲れると言った。

「石井、今夜のところは、このまま寝かせてもらおう。明日、またジックリ話をしよう」

安藤は、夜明けに藤松旅館に着くと、玄関の戸を激しく叩いた。

「おい、安藤だ！　開けろ」

石井は、安藤の声を聞くや飛び起きた。

玄関の戸の鍵を急いで開けた。安藤の顔は、殺気立っている。左頬に百足の這《は》っているような傷が、夜明けの光に、薄桃色に不気味に光っている。

安藤は、石井に眼で訊ねた。

〈やつら、どの部屋にいる〉

石井は、小声でささやいた。

「一階の一番奥の、右の部屋です」

安藤は、眼でうなずくと、右手に握っている木刀をあらためて強く握り締めた。志賀の背後には、落合一家の渋川がいる。今日の話が、渋川に通っているのかいないのかわからないが、志賀たちを締め、渋川ら落合一家へ挑戦状を突きつけてやる、と思っていた。

〈落合一家に代わって、おれが渋谷を支配してみせる〉

安藤は、廊下を走るように進んだ。志賀のいる奥の部屋へ急いだ。

いっぽう、石井は、台所へ走った。出刃包丁を素早く摑むと、安藤につづいた。

安藤は、志賀の占拠している部屋の前に止まった。襖《ふすま》をわざわざ手で開けるのも癪《しゃく》であった。右足で、襖を開けた。

　志賀らは、眠っていた。安藤は、怒鳴った。

「てめえら、起きろ！」

　志賀らは、大声に驚いて飛び起きた。

　安藤は、志賀ら九人を射るように睨み、啖呵を切った。

「安藤だ。束になって、かかって来い！」

　安藤のすさまじい剣幕に押され、志賀も千葉たち舎弟たちも、手向かってはこない。

　安藤は、うそぶいた。

「おれは、渋谷なんて、目じゃねえんだ。日本を、制覇してみせる！」

　安藤は、木刀をより力を込めて握ると、部屋の中に踏みこんだ。

　石井も、出刃包丁を持って安藤といっしょに部屋に踏みこんだ。

　安藤は、いまにも九人を半殺しの目に遭わす勢いで啖呵を切った。

「どなたさまでもいいから、呼んで来い！」

　志賀は、安藤の噂は耳にしていたが、安藤と渡り合うのは初めてである。安藤の一歩も引かぬすさまじい迫力に、思わず唸《うな》っていた。

　志賀は、じつは、今回の仕事に別に乗り気ではなかった。兄貴分の渋川から頼まれての仕事である。別に、この旅館を追い出されかけている流れ者にも義理はなかった。それに、この仕事を終えたら、渋谷に別れを告げ、立川《たちかわ》に移ることにしていた。立川の高松町二丁目にすでに一軒家を買い、そこに、米兵相手の娼婦であるいわゆるパンパンを置き、立川の米軍基地の兵隊を相手に稼ぐつもりであった。

　高利貸しの森脇将光の番頭をしている父親から金も引き出し、あとは自分と千葉ら舎弟を引き連れていけばいいことになっている。

その前に、特別の義理もない流れ者のために一戦交え、千葉たち舎弟を傷つけても馬鹿らしい気持ちになっていた。

千葉は、太い眉の下の眼を血走らせ、安藤に勝負を挑もうとしている。

志賀は、千葉の肩を押さえ制した。志賀は、安藤に言った。

「今回のところは、おとなしく引きあげるぜ」

志賀たちは、そのまま引きあげていった。

渋谷円山町の細木数子一族

その志賀日出也は、安藤昇と桜丘の藤松旅館で一戦交えかけて間もない昭和二十五年一月、渋谷に別れを告げ、立川に移った。

立川の高松町二丁目に一軒家を買い、そこに、米軍相手の娼婦、いわゆるパンパンを置き、立川の米軍基地の兵隊を相手に稼ぎ始めた。そのころ立川には、米軍基地があった。

そもそも立川には、志賀の兄弟分である住吉会系の立川連合の稲葉一利や小西保などがいた。

稲葉一利は、住吉会稲葉興業会初代になる人物である。また、小西保は、住吉会初代小西会会長になる。稲葉と小西は、のちに住吉会の大幹部になる。

当時から志賀は、立川市の住吉会系に縁があり、それが立川拠点の事業展開の動機のひとつだった。

志賀は、舎弟の千葉一弘たちもいっしょに立川に連れて移った。

志賀は、渋谷から売春婦を調達すると立川に連れて行った。千葉もまた、志賀から命じられ、売春婦を渋谷から数人連れて行っては、いくらかもらった。

儲けがいいので、やがて、立川の西口に『ウェストホテル』という百坪もある二階建てのホテルを建てた。下をバーにし、上は二十四室もあるパンパン宿にした。

娼婦は、アメリカ兵から、ショートタイムで五ドル、オールナイト、いわゆる泊まりで十ドルから十五ドルとった。部屋代は、五百円から七百円であった。一ドル三百六十円固定相場時代の十ドルは、現在の貨幣価値に換算すると三千六百円だ。大卒公務員初任給が約五千円の時代である。十ドルは、現在の十四万円ほどに相当する。

志賀にとって、経済的にも恵まれ、もっともおだやかな時期であった。すさまじい嵐と嵐の間の、束の間の平穏さといえた。

志賀は、立川に行く前に結婚していた細木《ほそき》弘恵《ひろえ》をともなっていた。

「おい、弘恵、ポン打つの手伝え」

志賀は、肺病の苦しさから逃れるためもあり、ヒロポンを打っていた。

肺病のうえ、ヒロポン中毒であったから、よけいに痩《や》せ衰えていた。

「いいかげんに、ポンだけはよしなさいよ」

弘恵はそう言いながら、志賀の右腕に注射針を差し込んでいた。

細木弘恵は、渋谷円山町にあるバー『娘茶屋』のママ細木ミツの長女であった。

ちなみに弘恵は、昭和七年生まれ。また細木弘恵の兄・茂伸は、昭和四年生まれ。妹・数子《かずこ》は、昭和十三年生まれ。弟・久慶《ひさよし》は、昭和十四年生まれである。その細木家の四女の数子が、いまや六星占術で有名な細木数子である。なお、細木茂伸も、安藤組との関係を深めていく。

ミツの下で娘茶屋を事実上切り盛りしていたのが、長女の弘恵であった。志賀日出也は、娘茶屋に年中顔を出していた。

「おい、酒をくれ」

娘茶屋のママである細木ミツは、ヤクザが大嫌いであった。

「あんたたちヤクザに売る酒なんて、ないよ！」

そう啖呵を切って追いかえすが、志賀はまたやって来る。

弘恵の生前に本人から筆者が聞いたところによると、昭和二十四年の夏、昭和二年生まれの志賀が二十二歳、弘恵が十七歳のとき、二人は出会ったという。

弘恵は、母親に用があって、二階から店に降りた。

そのとき、初めて志賀を見た。彼は、ソフト帽をかぶり、白い背広を着ていた。弘恵も、母親の影響で、ヤクザ者は恐ろしく、嫌であった。

そのうち、志賀は、娘茶屋の隣の旅館『筑波』に泊まり始めた。

当時ヒロポン中毒であった長男の茂伸は、夜中に薬が切れてくると、暴れ始める。

「おい！　志賀のところへ行って、ポンをもらってきてくれ！」

足をバタバタさせて暴れる。

弘恵は、仕方なく筑波に走った。

寝ている志賀を起こし、頼んだ。

「すみません、兄ちゃんが、苦しんでるんです。ヒロポンあったら、分けてもらえませんか」

「ああ、いいよ」

志賀は、枕元にいつも置いているヒロポンを分けてやった。

志賀は、ヒロポンを弘恵に手渡しながら、しんみりした口調で言った。

「あんたも、真夜中に大変だな」

それが、二人でかわした初めての会話であった。

志賀は、娘茶屋の店に用があり、二階から降りてきた弘恵を、四、五回眼にしていた。が、あどけない少女である彼女を、女として見たことはなかった。が、真夜中に二人で向かいあっていると、不意に眼の前の少女を、女として意識した。

洗面器一杯の喀血《かっけつ》

弘恵は、それから三日後の真夜中に、ふたたび兄の使いで筑波にヒロポンをもらいに走った。彼女がヒロポンを受け取って帰ろうとすると、志賀が、枕元に用意してあった洗面器に顔を突っ込み、どっと血を吐いた。それも、半端な量ではない。洗面器一杯分も吐いた。

弘恵は、気が動転した。

〈このひと、死ぬわ!〉

手にしていたヒロポンを放り出し、志賀の背中を一所懸命さすった。

が、胃に入ったものを吐き出させるためにさするのとは違う。背中をさすると、ふたたび、ドドドと血を吐いた。

〈死なないで……〉

弘恵には、背をさすったほうがいいのか、さすったらかえって悪いのか、判断がつかない。途方に暮れた。

不意に、涙が出てきた。

「大丈夫、ねえ、大丈夫……」

おろおろしながら、そばで彼の血を吐くのを見守りつづけていた。

そのうち、志賀は、右の手の甲で口を拭い、にやりと笑った。

「心配かけたな。驚くことはねえよ。毎夜のことさ」

弘恵は、初めて、志賀の顔をまじまじと見た。それまで、獣に近寄るような恐怖が先に走り、まともに顔を見ることはできなかった。

志賀の顔をよく見て、気づいた。

〈恐ろしい顔とばかり思っていたけど、品のいい顔立ちなんだわ。それに、役者にしてもいいような、いい男だわ〉

弘恵は、心配になって思わず訊いた。

「お兄さん、そんなに毎夜、血を吐いて、体の中の血が、無くなりはしないの」

志賀は、血だらけの口をゆがめて、ニヒルに笑った。

「人間、いずれ死ぬのさ。いつ死んだって、平気さ……」

その笑いの底に、弘恵は、それまで彼の中にあるとは考えてもみなかったものを見た。

〈このひと、心根は、優しいところがあるんだ〉

弘恵は、初めて志賀と口をきいて三カ月後、彼のいつも泊まっている筑波の部屋で彼に激しく抱かれてしまった。

母親のミツは、弘恵が志賀と付き合い始めたことに勘づき、怒鳴った。

「あんなヤクザ者と付き合うと、とんでもない不幸な目にあうよ！」

が、弘恵は、すでに引き返せないほど切羽詰まった気持ちになっていた。

ミツは、弘恵を家から出さないようにした。弘恵は、それでも志賀と会うために家を飛び出した。

が、渋谷の街から出るわけではない。志賀といっしょに渋谷の旅館を、転々とした。

そのうち、弘恵はミツに見つけられ、引き戻された。

が、弘恵は、志賀が恋しくてたまらず、ミツの監視の眼を盗んでは、家出した。

三度目の家出のとき、弘恵は、志賀と三軒茶屋の旅館に泊まっていて、警察に取調べを受けてしまった。

未成年であったことから、二週間、鑑別所に入れられてしまった。

ミツも、それ以来、弘恵と志賀の仲を離すことはあきらめてしまった。

そして二人は、結婚した。

ヒロポンは、戦後間もなくは、薬局に行けば、誰でも買えた。そのうち、ハンコが必要になった。さらに、昭和二十六年六月三十日には覚醒剤取締法が施行され、ハンコを持っていっても買えなくなった。完全に地下にもぐっての販売となった。千葉一弘は、そこに眼をつけた。

千葉は、仲間である落合一家の国府実とともに一儲けしようと考えた。国府は、渋谷の大和田マーケットで飲み屋を経営し、用心棒もしていた。

千葉と国府は、渋谷の住まいにいた志賀日出也に「温泉に行ってください」などと口実をつくり外泊させた。空き家になった志賀の渋谷の住まいを三日間拝借し、即席のヒロポン密造工場にしてしまった。

千葉たちは、ヒロポンの材料は入手できた。エフェドリンとネンドリンである。

二人は、薬剤を大量に調達して、寸胴《ずんどう》でグラグラ煮た。薬剤が分離したころ、濃くなった層に酵素を加える。それにホースを突っ込むと、ヒロポン原液が出てくる。それをガラス製のアンプルに入れる。アンプルをずらりと並べて、バーナーで焼くとガラスが溶けて、商品ができあがる。ドロドロ状態のヒロポンだった。

ところが、生産工程の何が不備だったのか、本来は白色であるヒロポンが、一定時間経つとピンク色に変色してしまった。とはいえ千葉のお手製ヒロポンは効くことは効いた。

が、案の定ピンク色は良からぬ兆しだった。ピンク色のヒロポンを打って体調が悪くなり、クレームを入れる顧客が続出した。

「熱が、出た」

「寒気がする」

千葉は、クレーム封じのために、啖呵を切った。

「じゃ、おれも打って、安全なことを証明してやるよ」

クレームをつけていた人の眼前で、千葉は、自製ヒロポンを、自分の腕に注射して見せた。

「そらみろ、なんでもねえじゃねえか」

そう見得を切ったものの、あくまで相手の前で千葉は我慢していたのである。たしかに悪寒《おかん》がした。

のちに知るのだが、本来であれば、ヒロポン生産完了後に後処理として冷凍しなければならなかったようだ。冷やせば、ドロドロ状態のヒロポンは、きれいな結晶になる。

そんな密造ヒロポンのクレーム処理で自製のヒロポンを打ち過ぎたことが原因で、千葉は、志賀と同じ結核にかかった。

小笠原郁夫、天才的博才

安藤組の賭場でかならず中盆を務める天才的博才のあった小笠原郁夫は、昭和十六年十二月八日、太平洋戦争が始まったときは、小学校三年生であった。

彼は、東京、足立区南千住《みなみせんじゅ》に住んでいた。当時、南千住は、東京でも生活的に苦しい者が多く住んでいた。

南千住には「労働館」と呼ばれる長屋がたくさんあった。玄関で靴を脱ぐと廊下がある。廊下の両側に六畳ずつの部屋が広がっている。もちろん、トイレも水道も、共同である。そこで、家族全員が生活している。そのようなところであった。

が、小笠原の家は、開業医をしていた。金回りが、良かった。

父親は、彼の通う区立第二瑞光小学校のＰＴＡ会長をしていた。彼は、学校では、父親の力もあり、優遇された。

南千住という地域柄、小笠原の友達は貧しい家の子供が多い。だから、小笠原も自然と労働館に遊びに行くようになった。

が、労働館の友達と遊んでいることがわかると、父親は、小笠原に注意した。

「ああいうところには、行っちゃいかん」

父親の言葉は、絶対であった。小笠原は、労働館に行くのを止めた。

小笠原の小学校の成績は、「優、良、可、丙」の四段階で決められていた。小笠原の家では、成績はすべて「優」でなければいけなかった。小笠原の成績は、父親の厳しさに応え、すべて「優」であったが、小笠原は、それが苦痛だ、とは思っていなかった。当たり前だと思っていた。遊びたいときに遊んで、予習も復習も自分でする。勉強のことを、親に言われたことは一度もなかった。

小笠原が十歳のとき、母親が急死してしまった。小笠原は、精神的に混乱した。慕っていた大切な母親を亡くし、気持ちのやり場を失ってしまった。

彼は、それ以来、人に八つ当たりするようになった。ちょっとしたことで、友達に喧嘩をふっかけた。

小笠原は、三人兄弟の一番上であった。戦争がひどくなりはじめて、妹と弟の二人は、田舎に疎開した。小笠原だけは、学校に通うために東京に残った。家の中は、父親と二人きりになった。

母親が死んでから、小笠原は、小遣いが一銭ももらえなくなった。父親は、お手伝いさんに言いおいた。

「子供に直接お金を持たせるのは、いけない。表で買い食いをするようになると、ろくなことにならない」

小笠原は、父親にだけは、どうしても反発できなかった。

小笠原には、現金を持たされないことが一番悲しかった。友達といっしょに遊んでいて、駄菓子屋に行っても、貧乏のはずの友達がアンコ玉を買い、金持ちのはずの小笠原が、指をくわえてそれを見ている。

アンコ玉は、冬になるとうどん粉をまぶして、鉄板の上で焼いて売っていた。アンコ玉のお好み焼きである。寒空に、アンコ玉の焼ける甘い匂いが広がった。

小笠原には、アンコの固まりが寒天に入ったアンコ玉がとてもおいしそうに見えた。アンコ玉のお好み焼きが、温かい家庭に思えて羨ましくてならなかった。

家に帰っても、お手伝いさんは自分のために菓子など買っておいてくれない。家のお手伝いさんは、三人にも増えていた。

家の中の荒《すさ》みは、そのまま小笠原の心に表われた。小笠原は、ますます友達に喧嘩をふっかけるようになった。腕っ節には自信があった。小笠原は、自分に負けまいとしていたのである。

昭和十九年春、戦争がひどくなると、父親は、お手伝いさん三人を栃木に帰した。

小笠原と父親、親子二人の生活が始まった。昔気質《むかしかたぎ》の父親は、食事の支度なんかできるはずがなかった。

小笠原は、毎朝六時に起きて飯を炊いた。釜で米を研ぎ、七輪で炊いた。小笠原は、炊いた飯を弁当箱に詰めて学校に出かけた。

中学校は父親と学校の先生とで話し合い、開成中学を受験することになった。

開成中学は、都内で東京帝国大学への進学率が一番高い学校であった。名門中の名門である。

南千住辺りの下町から、開成中学に進学した者は、誰もいなかった。父親は言った。

「開成に行けたら、ここいらの自慢になる」

開成中学の不良

戦争で明日をもわからぬという状況で、小学校を終えた子供が受ける教育は、公立中学で充分という時代であった。ましてや、中学校にも進学しない子供さえいる。そんなまわりの環境の中で、父親は、わざと小笠原を私立の名門中学校に進学させようとしたのである。

が、小笠原は考えた。

〈開成一校しか受けないで、落っこちても、世間体が悪い。三校ほど受けてやれ〉

開成中学の競争率は、なんと十四倍であった。十四人に一人しか入れない。これは、当時、東京の中学の最高の競争率であった。

小笠原は、開成をふくむ三校を受け、すべて合格した。昭和十九年四月、彼は、開成中学に入学した。父親は、ますます彼に厳しくなった。が、彼は、まったく勉強をしなくなった。成績は、あっという間に、中の下にまで落ちた。

が、彼はかえって、いい気味だと思った。

〈ざまあみろ！　親父への当てつけだ！〉

小笠原は、父親のいやがる「労働館」の悪友ともつるむようになった。

遊ぶには、金が要る。が、父親は、小笠原に依然金をくれない。彼が父親から手渡される金は、開成中学の学費だけである。

彼は金欲しさに、学費に手をつけた。くすねた学費で、学校のすぐ右側にある喫茶店に通った。喫茶店が、彼らの溜り場であった。

小笠原は、喫茶店で、コーヒーの代わりに大豆を挽いたマメヒーの一杯でも飲みながら、何をするのでもなく、ただただ仲間と時間を潰していた。

が、月謝もたかがしれていた。半月もすれば底をついた。彼は、ついには恐喝するようになった。恐喝がおもしろくて仕方なかった。

朝、学校に行って担任の教師が出席を確認すると、二時間目に入る前に学校を抜け出すようになった。開成中学の教師たちは、小笠原に「不良」というレッテルを貼りつけた。

当時、中学は、質実剛健ということが、教育の基本方針となっていた。私立といえども、戦時下にあっては、開成も同じであった。

質実剛健の象徴は、いわゆるバンカラであった。真新しい綺麗《きれい》な帽子に油をつけたり、わざと破ってかぶった。みんな、汚い手拭いを尻からぶら下げて歩いていた。小笠原も、バンカラの格好をしていた。

学生服の金ボタンには、開成中学の校章である、「ペンと剣」の模様があった。ペンは剣に勝る、という意味でつけられたマークである。

開成中学のボタンは、学校のそばの指定の店でしか売ってなかった。戦時中ということもあり、ボタンの数にも限りがある。とても、生徒全員にいきわたる、というわけにはいかない。しかも、金属製品の生産は、とっくに中止されていた。目立ちたがり屋の小笠原は、どうしても開成中学の金ボタンを手に入れたかった。が、指定の店に行っても、金ボタンは手に入らない。

小笠原は、洋服屋に頼みこんだ。

「先輩たちで、制服が修理に出るようなことがあったら、そのボタンをまわして欲しいんです」

小笠原は、洋服屋に、闇値分の金額を手渡した。もちろん、この金は、学費として父親からもらっていた金である。仲間と見かけで差をつけるといっても、この程度のことであった。

当時、社会は硬派を奨励する風潮があった。逆に、軟派は馬鹿にされた。政府もそれを認めていた。硬派なら、多少のことをしても大目に見られた。多少人を傷つけても、許されていたのである。

開成には、不良はほとんどいなかった。不良は、小笠原をふくめて四人だけであった。

日暮里《にっぽり》駅前の陸軍の片山大将邸の前に、しるこ屋があった。そのしるこ屋も、小笠原たちの溜り場の一つであった。

しるこ屋には、開成中学、公立の駒込中学、郁文館の三つの中学校の生徒が自然と集まった。そこでは、喧嘩が絶えなかった。

小笠原は、喧嘩を売られやすかった。開成の制服を着ていたからである。

「頭のいい開成のやつの鼻っ柱を、折ってやれ！」と、駒込中や郁文館の学生が喧嘩をふっかけてくる。

小笠原は、売られた喧嘩は、かならず買った。喧嘩は、勝つときもあるし、五分五分のこともある。それでも、喧嘩を重ねるたびに、小笠原の名前は日暮里界隈にとどろくようになった。

小笠原は、学校に行ったり行かなかったりしているうちに、開成の問題児になった。

ある日、小笠原が学校へ行くと、学校の昇降口を入ってすぐ左側にある掲示板に彼の名前が大きく貼り出されている。月謝未納者であった。が、貼り出されても、小笠原はどうすることもできない。

先生は、小笠原の顔を見るたびに「月謝を払え」と迫るようになった。

小笠原は、その場では殊勝に答えた。

「はい、明日持ってきます」

が、彼は、翌日も持って行かない。いいわけは決まって、「うっかり忘れました」である。

小笠原は、先生に繰り返した。

「明日は、かならず持ってきます」

が、いつまでも、先生を無視しつづけて登校しているわけにもいかない。

〈どうしたらいいんだろう……〉

考えあぐねた彼が、今日はいよいよ恐喝でもしようかと思っていた矢先、しびれを切らした先生は、とうとう小笠原の父親に電話を入れた。

「おたくの息子さんの月謝が、まだ未払いなんですが」

「はッ?」

聞き返して、父親はすぐに察した。

息子の不祥事を詫びた。

「すみません。わたしがいきとどかないばっかりに……。家内が亡くなってから、うっかりが多くなりまして……」

父親は、その脚で学校に月謝を持参した。そして、学費一年分をすべて納めた。

父親は、帰ってきた小笠原を、怒鳴りつけた。

「おれに、こんな恥をかかせて、いいと思ってるのか!　金がいるなら、はっきり言えばいいだろう!

女の腐ったような真似だけは、するんじゃない！」

小笠原も、負けじと言い返した。

「うるさい！　あんたにそんなことをいう権利は、ない！」

生まれて初めての、父親への口答えであった。

父親は、怒り狂った。

「親に向かって、『あんた』とは、どういう言いぐさだ！」

父親は、小笠原を張り飛ばした。小笠原は、後ろに二メートルもふっ飛んで倒れた。

小笠原も、父親に殴りかかった。

「何をするンだ、この野郎！」

ついに、父親のことを「野郎」とまでののしった。

そのうち、騒ぎを聞きつけた隣組の人が仲裁に入った。結局、小笠原は父親に謝らせられた。

小笠原は、このときから、父親にまったく心を開かなくなった。

東京大空襲と敗戦

昭和二十年三月十日、東京は大空襲にみまわれた。アメリカの爆撃機Ｂ29、三百三十四機が、東京を夜間空襲したのである。

二十七万戸の家屋が焼け、死傷者十二万五千人近くを出した。罹災者《りさいしゃ》は、百万人を超えた。小笠原と父親の二人も、空襲によって焼け出された。

学徒動員が、中学生にもおよぼうか、という戦況であった。開成中学では、学徒動員がなかったかわりに、空襲後の清掃をやらされた。

日暮里の山の上は、焼けただれてしまった。山の上は、上流階級の者たちが住んでいたから、みんな自分たちの家には蔵を持っていた。

物のない時代に、焼けただれた蔵の中から、砂糖がこぼれ出しているのが見えた。

〈こんな家も、あるんだ〉

小笠原は、東京大空襲を機に、家を出ることにした。小笠原の新居は、父親の蔑《さげす》んでいた労働館であった。小笠原は、労働館で一人暮らしをするようになり、ますます悪友との親交を深めていった。

小笠原が中学校二年に進級したとき、とうとう中学生の学徒動員がおこなわれた。が、開成中学は、学徒動員を免れた。日本有数のエリート校だからである。

小笠原の父親も、歯科医だったため、徴兵を免れていた。

小笠原の夢は、飛行機乗りになることであった。軍人に憧れていた小笠原にとって、戦死することは怖かったが、軍人になれなかったことは、もっと衝撃であった。軍人になれば、飛行機乗りになれる。彼の夢は、無惨にも絶たれたのである。

戦争は、負けがこんでいる、と彼の眼にさえ読めた。

昭和二十年八月十五日、日本はついに負けた。小笠原は、終戦を迎え、学校の講堂で玉音放送を聞いた。が、彼は、少しもうれしくなかった。よく聞きとれない天皇陛下の声を聞きながら、思っていた。

〈日本が、国が、無くなってしまった。女以外は、みんなアメリカ兵に殺されるんだ〉

彼は、弓道部顧問の大山正先生に誘われた。

「小笠原、弓道部に入らんか」

弓道部と聞いたとき、小笠原はこれだ、と思った。

〈弓ができたら、アメリカ兵にも、簡単に殺されずにすむかもしれない〉

小笠原は、その場で弓道部へ入部することを決めた。

中学校二年の彼は、年齢の割りに体格がよかった。なにより、胸囲が広かった。彼は、大山先生の勧めで、数ある弓道の流派のうち百間道を始めることになった。百間道の弓は、とてもきつい。成人男子が弓のつるを思い切り引いたところで、十センチ引ければいいほうである。

百間道は、普通の弓道場ではできなかった。唯一の道場は、川崎市鶴見《つるみ》にあった。

彼は、弓を引くために、毎朝一番電車に乗り、南千住から鶴見まで出かけた。また始業前に、日暮里の開成中学まで戻った。

「本物の男がいる」

小笠原が、開成中学五年に進級した昭和二十三年、学校制度は、六・三制に変わった。

小笠原たちの学年は、高校三年生に編入になった。本来なら、高校二年生である。

高校になると、小笠原の不良には、いっそう磨きがかかった。彼は、大人の世界に憧れていた。ガキの間で遊んでいても、おもしろくなくなっていた。

〈大人の世界をのぞきたい。大人の遊びをおぼえたい〉

彼は、一所懸命背伸びをした。彼は、開成の仲間たちから離れ、もっと年上の先輩グループたちと親しくなっていった。先輩たちは、体力もちがう、金も持ってる。刺激の度合がちがった。

小笠原には、自分が段々大人びていくのがわかった。それがうれしくて仕方なかった。

学校に行かなくなった彼は、当然のように勉強もできなくなった。

開成高校は、一クラス五十人であった。朝礼など集会のときは、成績順に並ばされた。前から後ろに行くにしたがって成績がよくなる。

開成では、クラスで七、八人が東大に進学した。九番目から十五番目までは、努力型である。眼鏡をかけて、コツコツ勉強しているタイプである。このクラスの連中は、後ろにいきたい一心で、必死に勉強していた。

小笠原は、一番前であった。新年度になって、クラス替えになっても、一番前は、小笠原の席であった。まるで指定席であった。

が、教室での席順は別であった。勉強のできる方から前に座る。小笠原は、いつも一番後ろの出入口に近い席になった。小笠原は、この席をかえってよろこんだ。

〈おれには、好都合だ〉

この席だと、教室を抜け出しやすいからである。小笠原は、出席を取るとき、自分で返事をすると、さっさと教室を出た。学校に顔も出したくないときは、代返を級長に頼んでしてもらっていた。

開成では、日に一度くらいの割合で、合併授業というのがあった。三クラスがいっしょになっておこなわれる、講義形式の授業である。小笠原は、合併教室にははじめから出なかった。

開成の落第点は、七十点であった。小笠原は、漢文で六十五点を取った。これが七十点にならなければ、今学期を落第してしまう。

当時開成には、教員室にものを頼みに行ってはいけない、という校則があった。教師に頼みごとをするときは、教師がトイレに行ったとき、と決まっていた。

小笠原は、トイレの脇で、漢文の先生が来るのを待ち伏せしていた。

先生がトイレから出てくるや、声をかけた。

「先生、どうしても、七十点にして欲しいんです」

小笠原は、教師の眼をのぞきこむようにして頼んだ。

が、そっけなく断られてしまった。

「おまえは、駄目だ」

小笠原は、なおも食い下がった。

「来期は、頑張りますから」

「本当に、大丈夫か？」

「はい！　大丈夫です。ちゃんとやりますから」

小笠原は、元気よく答えた。

が、小笠原は、及第点の七十点をもらった。

小笠原は、大人の仲間と遊ぶようになってから、学校に行かなくなってしまった。十七歳で、ついに開成高等学校を中退した。

学校を辞めると、開成の学生服のまま街をぶらつくようになった。新宿や渋谷にはあまり行かなかった。下町生まれの彼にとって、ホームグラウンドは、やはり銀座や浅草であった。銀座には、まだ焼け野原のままのところが多かった。

昭和二十六年秋、彼は一人で銀座を歩いていた。真向かいから歩いてきた革ジャンパー姿の若者が、わざとガンをつけてきた。

〈あっ、睨んでやがるな〉

小笠原がそうと思うや、今度はわざと相手が肩をぶつけてきた。

若者は、すごんだ。

「やるのかよォ」

「おお、上等でえ！」

小笠原も、負けてはいなかった。

ただちに、喧嘩になった。焼け野原のままの空き地でおこなわれた。

小笠原は、その若者と殴りあったあと、妙に意気投合してしまった。

その若者は、安藤組に誘った。

「おれは、安藤昇の舎弟で、まだ国士舘に通っている。安藤の舎弟には、大学中退組が多いぜ。安藤も、法政中退さ。学生の集まりが不良やってるようなもんだ。いっしょに遊ばないかい」

小笠原は、その若者に連れられ、安藤の開く賭場に出入りするようになった。

小笠原は、賭場でも、開成の学生服を着ていた。みんなの間で「開成の坊や」と呼ばれ、かわいがられた。

小笠原は、天性の博才があった。花札賭博の稼ぎで、金に困ることはなかった。

小笠原は、そのうち、賭場でようやく安藤昇に会うことができた。安藤は、白い背広に白いズボンと白ずくめであった。あたりを圧する恐ろしさと、粋さがあった。

特に、鋭い、虚無的な眼に惚れこんだ。左頬の傷も、いくつもの修羅場をくぐりぬけたことを物語っている。

小笠原は、とっさに思った。

〈本物の男がいる〉

安藤は、賭場にはそう長くはいなかった。二十分ばかりいて、席を立った。

小笠原は、これ以後、博打の才能を買われ、安藤が賭場を開くときには、かならず中盆を務めるようになった。

第2章　力道山vs安藤組の暗闘

横井英樹と安藤組との初関わり

安藤が、親分格にあたる万年東一《まんねんとういち》の頼みで、横井英樹の白木屋乗っ取りにひと役買ったのは、昭和二十九年（一九五四年）で、『東興業』設立の二年後のことであった。

当時立教の大学生であった矢島武信が、安藤から直接に仕事を頼まれたのは、じつは、この横井英樹の白木屋乗っ取り事件であった。

矢島は、昭和八年二月十七日生まれで、大正十五年（一九二六年）五月二十四日生まれの安藤より七歳年下であった。のち安藤組幹部となる。

昭和二十九年三月三十日、安藤が矢島に声をかけた。

「おい、明日、白木屋の株主総会がある。おれたちは、横井側の助っ人として出る。人数が足りねえから、出てくれ」

矢島は、安藤から直接に頼まれ、うれしかった。

「やらせていただきます」

安藤には、若者が慕い集まる魅力のすべてが備わっているように思われた。

当時、ヤクザというと、雪駄《せった》を履いてダボシャツ着て、入れ墨をちらつかせて歩いていた。

が、安藤は、矢島らにまるで違うことを言った。

「雪駄履くなら、流行のコードバンの靴を履け」

「ちゃらちゃら歩くなら、外車乗り回せ」

「匕首《あいくち》ちらつかせるなら、ハジキを忍ばせておけ」

「ダボシャツ着るなら、ネクタイ締めろ」

安藤は、無口であった。それでいて、ひときわ鋭い眼が、ふだんは優しい。生まれながらの親分、という感じがしていた。

矢島は、安藤を遠くから見て憧れていたが、直接に口を利いてもらったのは、この日が初めてであった。

安藤組の一人が、そのあと近くの喫茶店に入り、くわしい説明をした。

「横井英樹という、最近売り出し中の男を知っているだろう」

「新聞で読んで、知っています」

横井は、大正二年七月一日に愛知県中島郡平和村に生まれ、貧しい少年時代を送った。

高等小学校を出ると上京し、日本橋の繊維問屋で見習い店員になった。

十代で独立し、繊維問屋『横井商店』をつくった。第二次世界大戦が始まると、陸軍の御用《ごよう》商人になり、『横井産業』を設立した。

戦後は、混乱の中で、米軍への物資納入業者に転じて財をなしていた。

横井は、白木屋株を百万株以上買い集め、二十八年二月一日、鏡山忠男《かがみやまただお》社長に『日活ホテル』の堀久作《ほりきゅうさく》の部屋で会い、迫った。

「現在の三越、髙島屋に較べ、白木屋は見劣りする。副社長か専務として経営陣に参加し、建て直しをはかりたい」

ところが、鏡山社長は、横井を前に言いきった。

「白木屋は、江戸時代から三百年ののれんを持つ名門だ。横井君がどのような手段で株を集めたかは知らないが、どこの馬の骨とも、素姓の明らかでないものを、重役に迎え入れることは絶対にできない」

横井は、思わずムッとして立ち上がった。

「わたしは、なるほど鏡山さんの言われるように、いわゆる血統とか素姓はたいしたものではないかもしれない。しかし、現在は資産三十億、借金十億、差引き二十億円を持っている。たとえわたしが最後の一人になっても、全私財を投げ込んで、かならず白木屋株の過半数を握ってみせる」

こうして、いよいよ昭和二十九年三月三十一日の株主総会を目前に迎えたのである。この時点で、横井系の名義株は百二万八千株。連合軍を組んでいた日活社長の堀久作系、七十五万株、総計、百七十七万八千株。いっぽう白木屋側の株数は、社長の鏡山忠男、十万四千株、その他五十六万七千百株で、計六十七万一千百株。横井の優勢は、誰の眼から見ても明らかであった。

矢島は言われた。

「明日の株主総会には、白木屋は、愛国青年連盟、新田組、プロレスラーの力道山《りきどうざん》まで動員する。荒れるからな」

大日本一誠会会長の万年東一が横井側につくなら、と安藤と兄弟分の加納貢一派も、加わっていた。

翌三月三十一日、第七十回株主総会が、日本橋浜町の中央クラブで開かれた。

一階入口には、白木屋側、横井側と二つの受付が置かれた。両方とも、声をからして呼びかけている。

「委任状を、お願いします！」

矢島は、安藤組の幹部らの後ろについて会場に入った。

会場を見渡すと、白木屋側の席に、プロレスラーの力道山が座って睨《にら》みを効かせている。会場は、殺気立った雰囲気に包まれていた。

矢島のまわりで、名のある者が現われるたびにささやき声がする。

「おい、いま入ってくるのが、高利貸しで名を馳せている森脇将光だぞ」

小柄な体ながら精悍《せいかん》な坊主頭で、つかつかと入ってくる。

「明治時代の壮士のように羽織り袴姿で現われたのは、総会屋の元老久保祐三郎だぞ」

「万年東一と親しい横井側の鈴木一弘が、あの眼鏡の、唇の厚い男だ」

定刻十時半よりやや遅れて、鏡山忠男が姿を現わした。

議長席に着くと、開会を宣言した。

間髪を入れず、横井の側から鈴木一弘が立ち上がった。

彼は、横井からあずかってきた委任状を提出した。

それを待ちかまえていたように、会社側の総会屋が立ち上がって発言を求めた。

「委任状の数を、点検すべきです！」

鏡山派の防戦策である。総会をできるだけ引き延ばし、時間を空しく費やしてしまおうという作戦である。

議場は、騒然となった。議長の声が聞こえないほど怒号と叫びが満ちた。委任状点検となると、容易なことではできない。ただむだに時間が費やされるだけである。

憤激した横井側の株主が、次々と立ち上がった。

「この際、白木屋繁栄のため、両派が合議の上、妥協点を見出すべきだと思いますが」

が、鏡山はこの要求も頭から拒否した。

「それは、議案外のことでありますから」

あらかじめ予定した台本どおり、自分の派のみに有利に総会を運営する肚《はら》であった。

横井が、そのとき立ち上がった。

「わたしは白木屋の大株主です。当然経営陣に入れるだけの株を有している。しかし、ただ年が若いという理由で、鏡山氏が経営陣に受け入れてくれようとしない。もう一つはわたしが、どこの馬の骨ともわからぬ成り上がり者だからというのです。かのアメリカ副大統領ニクソン氏は、わたしと同じ年であります。しかもわたしは、過半数に近い株を持つ大株主です。どうして経営に参加できない理由がありましょう。鏡山さんは、この若僧を招いて『横井頼んだぞ』となぜひと言いってくれないのでしょう。わたしは今日ご出席のみなさんに、強くこの不合理を訴えます」

矢島は、すさまじい攻防戦に興奮を禁じえなかった。総会は、揉《も》めに揉め、午後四時十五分になっても、なお結論が出なかった。

あらためて四月二日十時に継続総会を開くことに決定された。

白木屋の鏡山派と横井派との争いは、こののちもつづいた。四月二日の継続総会は、横井側が東京會舘で、鏡山派が日本橋浜町《はまちょう》中央クラブで開くという、分裂総会となった。

矢島は、激突したときいつでも乗り込めるように、浜町近くのホテルに詰めていた。

結局、この後相互の株主総会の無効訴訟、財界人による斡旋《あっせん》などがあり、横井は、昭和三十年に株式を東急コンツェルン総帥《そうすい》の五島慶太《ごとうけいた》に譲渡する。

白木屋は、昭和三十三年（一九五八年）に、東横百貨店と合併し、東横と改称して落着する。

安藤は、ことの善悪は別として、白木屋事件に関しては、横井を評価していた。一介の復員兵から身を興し、わずかの間に数億という財産を築き上げてきた彼の手腕を、見習わなければならないとさえ思ったものだった。

皮肉なことに、安藤は、のちにその横井を子分に撃たせることになる……。

安藤組躍進の基盤づくり

昭和三十年一月十一日、群馬県の桐生《きりゅう》に競艇場がオープンされることになった。このとき、日本船舶振興会の笹川良一《ささかわりょういち》からの使いの男が、志賀日出也のところに頼みにやってきた。

「じつは、オヤジが、桐生地区のそれまでのことを取りしきっている男の首を切って、新しい人間を送りこんだ。ところが、そいつが、オヤジに脅しをかけてきている。桐生に飛んで、やつらを押さえてほしい」

「わかりやした」

志賀は千葉と二人で、桐生に向かった。

その男を料亭に呼び出した。志賀が、威圧するようにその男に迫った。

「このまま騒ぐようだと、おれたちにも考えがある。ここは、おとなしく笹川さんに従っておくほうがいいんじゃねぇか。競艇が繁栄すれば、またそれなりにいいこともあるからさ」

志賀も千葉も、ハンカチを取り出しては、ペッと血を吐く。千葉もそのころは結核がひどくなり、血を吐くまでになっていたのである。その男には、その雰囲気から二人ともよほどの命知らずに映ったのであろう。

そのうえ、右翼のドンでもある笹川良一を相手に戦いつづけるのも根気と勇気がいる。

志賀は、殺気立った眼で、その男を睨み据え、念を押した。

「どうするおつもりですかい」

その男は、その場で決めた。

「わかりました。従いましょう」

志賀は、この件にケリをつけた礼に、五万円もらった。

桐生競艇は、翌三十一年十一月八日、無事に第一回のレースがおこなわれることになる。

昭和三十年（一九五五年）の春、志賀は立川で経営していた『ウェストホテル』を売却せざるをえなくなった。昭和二十九年初めに発覚した「造船疑獄」のせいである。

造船疑獄とは、計画造船における利子軽減のための「外航船建造利子補給法」制定請願をめぐる贈収賄事件である。昭和二十九年一月に強制捜査が開始された。

造船疑獄の発端は、昭和二十九年一月、志賀の父親が番頭をしている金融業の森脇将光が、列車の椅子を製造する日本特殊産業の猪俣功社長に貸した金が返って来ないと、猪俣を告訴したことに始まる。

その際の家宅捜索で、山下汽船側が昭和二十八年の外航船舶建造融資利子補給及び損失補償法という海運業界に特別予算を計上させる法律の成立に関して、赤坂の料亭に政治家らを接待して贈賄していた記録が見つかった。特捜部の捜査では、船の建造価格の三%から五%が造船所から船会社へリベートとしてバックし、それが政界に流れたことが判明。

昭和二十九年二月十九日には「造船利子補給法成立の前後、政官界要人が業者幹部と赤坂の料亭で会った」という詳細な報告である森脇のメモが森脇から国会の決算委員長であった田中彰治《たなかしょうじ》に提出された。

森脇将光の名前を一躍、政界に鳴り響かせた、いわゆる「森脇メモ」である。

「森脇メモ」は、森脇が赤坂の料亭の下足番に金を握らせ、座敷に上がった客の名をメモしたものであった。その客の名から、事件の関わりを炙《あぶ》り出した。のちに昭和三十二年の「千葉銀行不正融資事件」を告発するきっかけになったのも、その「森脇メモ」であった。

この造船疑獄事件で、昭和二十九年二月から四月にかけて、自由党議員が続々と逮捕された。この間に取り調べを受けていた自由党幹事長の佐藤栄作《さとうえいさく》は「まな板の上の鯉だよ」という有名な台詞《せりふ》を吐いている。佐藤栄作の逮捕は時間の問題と見られた。四月十七日、検察は現職国会議員である佐藤栄作の逮捕許諾を決議した。

しかし、翌二十一日、吉田茂《よしだしげる》総理の意を受けた犬養健《いぬかいたける》法務大臣は、検察庁法第十四条による指揮権を発動し、佐藤は、逮捕を免れた。これによって、事実上、造船疑獄事件は幕引きとなった。

志賀の父親は、森脇の番頭であった。また、志賀の父親が猪股功の兄と友人だった関係から、森脇が猪股に金を貸したのだった。つまり、志賀の父親は、森脇と猪俣功をつなぐ役割を果たしていたのである。

志賀の父親は、造船疑獄で猪股が告訴されたことに責任を感じてのことか、猪股の裁判費用を捻出した。その裁判費用のため、志賀は『ウェストホテル』を売却せざるをえなかったのである。

志賀たちの動きもまた、時代の大きなうねりと無関係ではなかった。

志賀は、千葉たち舎弟を連れ、立川から渋谷へ帰った。もっとも、そのころ千葉は、すでに渋谷に住んでいたのだから、志賀が渋谷に帰ってきたというのが正確だろう。

そのとき、志賀は、千葉ら七人の舎弟を連れて、安藤組に入ることになった。千葉を志賀に紹介してくれた金山は、このとき肺癌ですでに死んでいた。

そもそも安藤組に入る前の志賀は、愚連隊だった。落合一家のごく近くにいたが、正式には一家入りしてはいない。落合一家との微妙な距離が、志賀を安藤に結びつけることになる。

いっぽう、のちに七代目落合一家総長になる関谷耕蔵は、当時すでに落合一家に正式加入していた手前、愚連隊の安藤組に入ることはなかった。

安藤昇は、東興業の事務所に志賀や千葉ら八人を連れてやってきて、みんなに紹介した。

「おい！　今度から、志賀のグループが、ウチに入ったからな」

みんなはおどろいた。同時に、心をはずませた。

〈これで、ますます安藤組は、磐石《ばんじゃく》になる。心強いや〉

関東の四大賭場の一つを形成

安藤は、志賀グループを入れることで、開いている賭場が、いっそう活気づいた。

志賀は、高利貸、森脇将光の番頭をしていた父親の関係から、金持ち連中、いわゆるダンベをたくさん知っていた。

志賀は、安藤に言った。

「いいダンベを、集めてきますよ」

志賀の顔で集まった社長連中は、旅館を借り切っての賭場に、新聞紙に札束を包んでやってきた。

志賀は、賭場をいっそう守《も》りたてるため、「吸い取り屋」も用意した。吸い取り屋というのは、サクラのことで、吸い取り屋に、威勢よく勝たせる。吸い取り屋の勝つのを見て、ダンベたちも、「よーし、おれも……」と、調子づいてたくさんのコマを張る。

「勝負！」

中盆の、低いがよく通る声が響く。その声に、賭場に、緊迫した空気が流れる。中盆をつとめるのは、これから千葉が横井を撃つことで、千葉と間違えられて、追われることになる小笠原郁夫であった。

賭場でやっていたのは、関東で主流の「バッタ賭博」であった。赤黒札二組九十六枚を混ぜ合わせ、花札を操る中盆が、手前のサキに三枚、アトの向うに三枚伏せたまま配る。客は、アトかサキか好みの側に賭ける。花札三枚の合計の九を最高として数の多い方が勝ちとなる。

テラ銭は、賭け金の五分とれた。ただし、相手の数がゼロ、いわゆるブタのときは、半分ものテラが取れる。

夜の賭場で、二百万円から二百五十万円ものテラ銭が入ることもあった。現在と貨幣価値がおよそ二十倍違う昭和三十年前後の二百万円とは、約四千万円に相当する。

安藤は、志賀グループに赤坂のど真ん中に事務所を出させた。当時、博徒もテキ屋も、いわゆる「事務所」なるものを持たなかった。そもそも「事務所」という呼び方はおろか、概念すらなかったのである。

そういう意味でも、安藤組は先駆的であった。

赤坂の事務所で、千葉たちは麻雀《マージャン》などはしたものの、本格的な賭場は開かなかった。

また、赤坂のクラブからカスリを取るようなこともない。いったい何が売上になっていたのか不思議なぐらいだが、千葉たちは食っていけた。

というのも安藤や志賀が、あちこちの旅館で賭場を開き、いい客を集め、安藤組全体としてかなりの売上があったというわけである。そのおかげで、赤坂支部が遮二無二に稼ぐ必要もなかったのかもしれない。当時、稲川一家をはじめ、関東には四つほど大きな賭場があった。安藤組はその一つであった。

が、客層は、安藤組の賭場が群を抜いて上質だった。実業家、医者、弁護士、問屋の旦那衆、大商店主など、社会的な地位と金と名誉を兼ね備えた人たちである。今風に言えば「セレブ」である。

その種の客筋は、安藤にもありがたかった。というのも、名士たちは、かりに三百万円ほど負けても屁でもない特権階級であり、自身が賭場に出入りしていることを口外したくない地位にある面々だったからである。

よい客は、また別のよい客を賭場に招き入れた。安藤の賭場への信用は、増大した。

赤坂支部所属の千葉なのだが、渋谷円山町の賭場にしばしば手伝いに行ったものだった。顔を出せば、一晩で五千円もらっていた。当時の五千円は、いまの十万円ほどの貨幣価値である。ふつう、賭場に手伝いに行っても、五百円もらえれば御の字という時代に、千葉のような若い衆でも安藤組では相場の十倍の金額をもらえたのである。

さらに千葉は、千円、二千円と、客からチップをもらうこともあった。なんとも優雅な賭場であった。

そもそも安藤の賭場は、一晩で二百万円ほど常時上がりがあった。その一晩のアガリで安藤は、高級住宅地である世田谷区下馬《しもうま》に邸宅を買っている。

安藤と志賀が開く賭場には、財界の大物が顔を出したものだった。いわゆるダンベのなかに、日本特殊産業株式会社の猪俣功社長もいた。猪俣社長は、森脇将光の番頭である志賀の父親に、安藤の賭場を紹介されたのである。猪俣社長は一例で、ほかにも多数の大物財界人が安藤の賭場に集った。安藤と志賀の人脈と集客力の賜物だった。

そもそも賭場には、無理やり難癖をつけたり、強盗まがいの輩がつきものだった。安藤の賭場は、それらを事前に排除していた。

安藤は、賭場を開く部屋の隣の部屋に、自動小銃やピストルをずらりと並べておいた。

難癖をつけそうな客が博打《ばくち》を打つ前に、わざとその部屋の自動小銃を見せつけていた。

「これだけの武器がそろっていますから、安心して博打を楽しんでください」

見せつけられた側は、戦意喪失、意気消沈である。安藤は、いわば自動小銃を発砲することなく、威嚇に成功していたのである。客は、そのように安全保障が効いた賭場で、大いに博打を楽しんだ。

なお、横井襲撃事件で安藤や千葉らは逃亡するが、そのとき、賭場の常連の大物財界人も役立つ。

安藤の賭場には、元関根組の初代松葉会会長である藤田《ふじた》卯《う》一郎《いちろう》会長もやって来ていた。

藤田卯一郎は、昭和二十八年三月に、名門侠客である関根組の幹部を引き連れて、松葉会を結成している。

ある日、藤田卯一郎会長は、安藤の賭場で何百万円か負けた。その場で金を借りて、負けた分を払って帰った。その日、去り際に藤田会長は、千葉に言った。

「明日の朝、金を取りに来いよ」

翌朝、千葉は、浅草の藤田会長の事務所まで金を取りに行き、きっちり返済してもらった。

安藤は、伝統的な賭場だけでなく、日本の博徒がまだ手を出していなかったポーカー賭博でも、おおいに儲けていた。

そもそも安藤は、友人でハワイ出身の日系二世であるスタンレー・アリタから、ポーカー賭博の着想を得ていた。アリタの父親は、筋金入りのギャンブラーだった。

ポーカー賭博には、ポーカーテーブルが必要だ。安藤は、桜材でテーブルをつくらせて青いラシャ張りに誂えた。それを、二十畳ほどの美麗な東興業社長室に置いた。ポーカー・チップも、わざわざモナコのカジノから取り寄せた。上質なチップは、うるさい音が出なかった。また、部屋のライティングも本場さながらに調光した。それがまた、客に受けた。

安藤は、ポーカー賭博を毎週金曜日、昼から夜にかけて開いた。

安藤は、ハワイにいたアリタの父親を日本に呼び寄せてディーラーをさせた。いわば「中盆」である。響きわたるディーラーの言葉は、もちろん英語である。そんな雰囲気は、客の特権意識をくすぐった。

安藤のポーカー賭博には、一流バンドマンや歌手などの芸能人、プレーボーイといった時代の最先端を行く洒落者《しゃれもの》が集まっていた。

また、戦後、陸軍代々木練兵場がＧＨＱ（連合国軍最高司令官総司令部）に接収され、当時は米軍人の宿舎になっていたワシントンハイツからも、日系二世の米兵が大挙して押し寄せていた。

とはいえ、それまでワシントンハイツでも、アリタとは別の日系人が独自にポーカー賭博を開帳していたものだった。なにも、宿舎の外に出て行く必要もなかったのである。

ところが、安藤とアリタは、それがおもしろくなかった。そこで、二人は、ワシントンハイツまで掛け合いに行った。

ワシントンハイツで、安藤は、ポーカー賭博を仕切る日系人たちを怒鳴り上げた。

「ここは日本だ！　誰に断って、博打をやっているんだ」

安藤は、さんざん息巻いて帰った。

安藤の言葉には、納得させる何かがあった。その後、日系人たちは、安藤組事務所のポーカー賭博に足を運ぶようになったのである。

渋谷のテキ屋武田組との闘争

安藤組は、地元の博徒落合一家の高橋岩太郎組長の舎弟である地元のテキ屋武田一郎率いる武田組とは、同じ渋谷を本拠地にしているため、年中小競り合いを繰り返していた。

昭和三十一年（一九五六年）三月十日に、安藤組の若い衆と、武田組の若い衆がもめた。安藤組の幹部の花形敬も、武田組の若い衆を殴りつけた。

武田組は、その夜、安藤組の組員がよくたむろしている宇田川町のバー『どん底』を襲った。店中に、ガソリンを撒《ま》いた。安藤組の組員はいなかったが、一般の客は、震えあがった。

武田組の若い衆たちは、声を張りあげた。

「てめえら、ガソリンを撒き終えたら、火を点《つ》けちまうぞ。火炙りになりたくなかったら、とっとと店から出な！」

武田組の若い衆たちは、客を脅すだけでなく、胸倉を摑み、シメあげ始めた。

「てめえら、安藤組の組員がどこに集まっているか、知ってるだろう。言え！　言わねえと、このままじゃ、おかねえぞ」

武田組の若い衆は、他の安藤組のいきつけのクラブも襲った。一般の客をシメあげて訊いた。

「安藤組の者らが、どこに集まっているか、知ってるだろう。教えろ」

安藤組幹部の石井福造は、別のいきつけのバーにいた。武田組の若い衆二人が、そのバーにも入ってきた。様子を見に来たのである。二人は、石井の顔を知らなかった。が、石井は、二人とも顔を知っている。

石井は、二人に声をかけた。

「おい、てめえ！　様子を見に来たんじゃねえのか」

二人は、不意を突かれたのでうろたえた。

「いや、別に……」

「そうはいかねえぞ。帰すわけにはいかねえ。二人とも、ちょっとおとなしくしておいてもらいてえ」

石井は、二人を渋谷の上通りのバーへ強引に連れてゆき、内側から錠をした。

安藤組の瀬川康博は、猟銃を持ち出し、武田一郎組長の家にキャデラックで乗りつけた。玄関の扉に、猟銃の実弾を三発もぶちこんだ。

安藤組と武田組とは、ついに雌雄を決する戦いに入った。

安藤は、三月末、志賀日出也と二人で、武田組の親分筋に当たる新宿の尾津喜之助《おづきのすけ》尾津組組長のところに掛け合いに行くことになった。

昭和二十年八月十五日、日本は敗戦を迎えた。「関東尾津組」の組長の尾津喜之助は、闇市《やみいち》全盛時代の新宿マーケットで、あくどい商売はいっさいせず、まっとうな商売で、仕入れ先からも客からも信頼を勝ち得ていった。

そして尾津は、新宿マーケットの寵児となり、関東屈指のテキ屋界の大親分になったのである。

安藤は思っていた。

〈武田組と、これ以上どんぐり同士の争いを繰り返していても、仕方がねぇ〉

なんと、無謀にも抗争相手の武田組の組長、武田一郎を飛び越して、尾津組長のところへ掛け合いに行こうというのだ。

尾津組長は、関東でも屈指の大親分である。しかし、喧嘩《けんか》になれば五分と五分、安藤も志賀も、背広の下にホルスターを吊り、二丁ずつ拳銃を用意した。六連発のスペア弾倉を四つずつ。それだけあれば、相当の人数を相手にできる。

安藤と志賀は、表に出た。白みかけた空に暁の明星がきらめいている。まだ眠っている街は、乳色の朝《あさ》靄《もや》におおわれていた。

安藤は、志賀に笑いかけた。

「お互いに、長生きはできねえな」

志賀は、軽く笑って答えた。

「どうせ、一度しか、死なねえし」

ハンドルを握ったマーキュリー・コンバーチブルの爆音が、四辺の静寂を破って突っ走った。

新宿の尾津組長の自宅前を二回旋回し、公衆電話で事務所へ連絡を入れた。

待ちくたびれた幹部の須崎清の声が出た。

「尾津のところはまだ閉まってる。おれたちが入って十五分しても連絡がなかったら、お前たちは、武田のところに殴り込め」

「わかりました」

「入る前に、もう一度、連絡を入れる」

「はい」

三月末とはいえ、明け方はまだ冬のように冷えこむ。安藤と志賀は、車のヒーターを入れ、タバコをやけにふかしながら待った。

朝の早い新聞配達や牛乳配達の少年が、白い息を吐きながら家々に配って歩く。

安藤は、脇の下に吊った拳銃の銃把を握りしめながら、さまざまな事態を想いめぐらしていた。

〈話がこじれれば、撃たねばならない〉

当然、若い衆が飛び出してくる。撃つか撃たれるか、血の海……。この静かな町のたたずまいも、一瞬にして阿鼻叫喚《あびきょうかん》の地獄——パトカー、救急車のけたたましいサイレン……。

安藤も志賀も、黙っていた。しかし、この沈黙の中に、しっかりと心の通いを感じていた。

午前六時、番頭らしい年寄りが、ガラガラと音を立ててシャッターを開いた。志賀は静かに車を降りると、公衆電話に向かった。

安藤は、もう一度、二丁拳銃の装填を確かめた。安全装置をかけると、タバコを揉《も》み消した。

志賀が電話ボックスからゆっくりと戻って来た。安藤は、車のエンジンをかけたまま、静かにドアを閉めて歩き出した。

「事務所に、連絡とれました」

安藤はうなずいて、志賀と肩を並べた。

二人は開いたばかりの入口に体をすべりこませて、声をかけた。

「ごめんください」

安藤は、たたみこむように言った。

「朝っぱらから申し訳ありません。わたし、渋谷の安藤と申します。尾津組長ご在宅でしたら、ちょいと急ぎの用で出向いたとお伝えください。勝手ですが、急ぎます」

「少々、お待ちを」

番頭が奥へ黙って向かって、二、三分たった。着流しに半纏《はんてん》姿の、老いても小粋な尾津組長が姿を見せた。

安藤と志賀の二人は、頭を下げて、

「お初にお目にかかります……」

「おお、かたいことは抜きだ。さ、お入り」

二人は奥の応接間に入った。

ソファに座ると、脇の下の大きな拳銃がゴツゴツと邪魔になった。

「何か用かい？」

「ええ、じつは昨夜遅く、また武田組と揉めまして、ご縁つづきのお宅さまに掛け合いに参りました」

二人は息を殺して、返事を待った。

返事しだいで引き金を引かなくてはならない。それはほんの数秒だったが、安藤には、ずいぶんと長く感じられた。

「武田とか……どんな理由か、おれにはわからねえけど、武田には、おれが呼びつけて話そう」

「わかった、わかってる。もう言うな。アハハハ」

さすが関東の尾津組長である。笑いとばされて、安藤たちはひとたまりもなかった。

「おい！　酒を持って来い！」

若い衆が持ってきた冷酒を、尾津組長がついでくれた。

「おれのところへ二人で飛びこんで来たおまえさんたちの根性が、気に入った。武田には、おれから話しておこう。だけど安藤、これからは、物騒なものなしで遊びに来いよ……ハハハ」

二人は、ほっと息をついて表へ出た。

寝不足の目に朝の陽光が、頭の芯《しん》までぎんぎんするほどまぶしかった。

そのころ千葉一弘は、安藤組の赤坂事務所で、二人の帰りをまんじりともせず待っているしかなかった。

なお、このあと安藤は、尾津の兄弟分である池袋のテキ屋極東関口初代の関口愛治に会うことになる。

極東の幹部田中春雄から、安藤に電話があり、関口の事務所へ行くことになった。

安藤は「新宿の帝王」と呼ばれていた加納貢とともに、極東の事務所で関口と会った。

世間話をしただけで、詫びるとか、武田一家との手打ちとかの話は、いっさい出ていないという。

大塚稔の組入りと紛争の発端

昭和三十年（一九五五年）の春の夜の十二時過ぎ、渋谷区宇田川町のキャッチバー風のトリスバー『マンボ』に、あきらかに水商売のマネージャーとわかる髪の毛をポマードでテカテカ光らせた、気障な男が飲みにきた。

男は、トリスウイスキーを飲みながら、自慢そうにうそぶいた。

「おれは、近くそこに開店するマンモスバー『純情』のマネージャーだが、まあ、このあたりの客は、ウチが全部とって、閑古鳥が鳴くようになるね」

純情のマネージャーは、この店が安藤組の若い衆が経営している店とは知らなかったのである。

カウンターの中には、安藤組の若い衆の小森茂がいた。小森のシェーカーを振る手が止まった。

若い衆の小森茂は、純情のマネージャーを睨みつけた。純情のマネージャーは、それでも気づかず、うそぶきつづけた。

「おれたちのバックには、あの力道山がついているんだ。怖いものはねえよ」

力道山は、昭和二十四年に関脇に昇進したが、二十五年夏場所後、突然引退した。

力道山は、その秋、プロレスラーに転向した。アメリカで修業ののち、昭和二十九年十二月には、柔道出身の木村政彦《きむらまさひこ》七段と戦い、日本選手権を獲得。プロレスブームを巻き起こしていた。

テレビの普及と相まって、プロレスは茶の間のスポーツとして愛好されるようになり、「空手チョップ」は大流行し、力道山は少年のアイドルともなっていた。

若い衆は、頭に血がのぼった。

「てめえ、力道山がバックについてたら、誰でも恐れることねえと思っているのか」

若い衆は、カウンターを飛び越えて出ると、純情のマネージャーの膝を蹴った。

「ここを、誰の店と思ってるんだ。安藤昇の若い衆の店だぞ。文句あるなら、力道山でも誰でも連れてきやがれ！」

小森は、純情のマネージャーの顔面に、右拳を叩きこんだ。

マネージャーは、止まり木から転がり落ちた。

小森は、マネージャーの腹を蹴った。

翌日、小林は、道玄坂を登りきった左側にある福島ビルの二階の『東京宣伝社』に行った。東京宣伝社は、花田瑛一と森田雅でつくった会社で、サンドイッチマンのカスリを取ったりしていた。

小森は、花田と森田に、昨夜の事情を打ち明けた。花田も、いきりたった。

「このままだと、安藤組は、やつらに舐《な》められてしまう。『純情』を、ぶっ潰してしまおうじゃないか」

昭和三十年の暮れ、渋谷宇田川町界隈の新しいビルにマンモスバー『純情』が、いよいよオープンすることになった。

安藤昇の舎弟の花田瑛一は、その朝十時に、五千円用意してきた。子分どもに命じた。

「これを、全部百円札に崩してこい！」

百円札が五十枚そろうと、前もって集めておいた五十人に百円ずつ渡し、彼らを引き連れ、ぞろぞろと『純情』に出かけた。五十人のなかには、安藤組に出入りしている学生たちも多くいた。大塚稔が先頭に立っていた。

大塚は、昭和四年二月五日、世田谷区池尻《いけじり》に生まれた。安藤昇より四歳下である。

父親は、堅い銀行員であった。

昭和十八年八月、予科練を受け、合格した。十五歳の最年少者であった。十二月一日、予科練に入隊した。

戦後は、父親が五島慶太率いる東急電鉄に勤めはじめたので、大塚も東急電鉄に入れてもらった。出納係で、計算をしていた。ソロバンの腕は、三級であった。

そのうち、兵隊時代の仲間と渋谷の街でばったり出くわした。

その仲間が誘った。

「大塚、拳闘をやらないか」

「おれ、体小《ち》っこいけど、大丈夫かい」

「大丈夫さ。体の大きさに応じて、それぞれのクラスがあるんだから」

「そうか。喧嘩をやっても、役に立ちそうだな」

大塚は、多摩川にあった岡本不二《おかもとふじ》のやっている「不二拳」というボクシングジムに通い始めた。

岡本不二は、日本フライ級のチャンピオンで、一九二八年（昭和三年）のアムステルダム・オリンピックに、日本代表として出場していた。四十六キログラムくらいしかなかったから、当然フライ級であった。

後楽園でのボクシングにも出場した。槍の笹崎とピストン堀口が対戦するといわれていた試合があり、そのときのカーテンレザー（前座試合）として四回を戦った。

しかし、拳闘では食えない。しかも、殴られて顔は変形していく。割りに合わない。

昭和二十五年の夏、大塚の小学校の先輩で、土地の愚連隊、水上和彦が、池尻の盆踊りの寄附金を持って逃げてしまった。

大塚のところへ、鳶職が訴えてきた。

「盆踊りの櫓《やぐら》を建てたのに、金がもらえねえ」

大塚は、水上を捕まえるため探しまわった。が、行方が知れない。

間もなくして、隣町の大橋で盆踊りがおこなわれた。大塚は、その盆踊りに行っていて、水上の姿を見つけた。水上は、さみしいうえ、根っから盆踊りが好きで、つい太鼓の音に魅かれて出てきたものらしい。

「おい、水上！」

大塚が声をかけると、水上は、ギクッとして逃げようとした。

大塚は、水上の腕を捕まえた。近くの連隊場へ連れて行った。ボクシングで鍛えているから、腕には自信がある。

水上の顔面に、右拳を叩きこんだ。水上は、溝の中にすさまじい勢いで吹っ飛んだ。全身、水びたしになった。顔からは、鼻血が吹き出している。

大塚は、かわいそうになって、水上に声をかけた。

「服を脱げ。さるまた一丁になって、マラソンして帰れ」

大塚は、釘を刺しておいた。

「おまえ、二、三日のうちに、かならず金をつくれ。持ち逃げした盆踊りの金だけは、つくって返せよ」

「わかりました」

それから二日後、大塚の家に警察がやってきた。大塚は、いきなり逮捕されてしまった。母親の前で、手錠までかけられた。大塚には、何がなんだかわからない。

そのまま、北沢署へ引かれて行った。

北沢署で、初めて逮捕の説明を受けた。

「おまえは、水上を、金を持ってこい、とゆすったろう」

「ゆすった？　まさか」

「そのために、水上は、池ノ上で辻強盗をやらかしてしまったんだ」

水上が、どうやら嘘をついているらしい。

「やつを捕まえて、おまえは気がいいのに、どうして強盗などやった、と問いただした。すると、やつは自供したよ。『じつは、大塚に、あさってまで金をつくって持って行かなければ、何されるかわからないんです』ってな」

水上は、盆踊りの一件を隠していて、大塚が悪いことにしたのである。

大塚は、水上の身ぐるみを脱がしたため、「強盗傷害」に準ずる「強盗致傷」の罪にされてしまった。

大塚は、事件と同時に、拳闘も止めた。世の中も豊かになっていたから、何も好き好んで殴られ、顔を変形させることもない、と思うようになった。

ぶらぶらと遊ぶようになり、安藤昇の舎弟たちと遊ぶようになった。矢島武信と同じ部屋で雑魚寝をしたりしていた。

大塚が寝坊すると、誰かが大塚の靴を履いて、大塚の背広まで着て出かけたりした。

その代わり、また学生の一人の家から仕送りが届くと、はしゃいだ。

「おい、今夜は、すき焼を食べようか」

しかし、食べられなくなると、地元の大塚の家にやって来た。が、大塚は、すぐには安藤組には入らなかった。

昭和二十八年の春、大塚の知り合いが、大塚のところに泣きこんできた。

「大塚さん、助けてくれ！」

「何だ」

「事件屋の田辺鬼一郎に、ウチの家を取られそうになっているんだ。なんとかしてほしい」

「わかった」

大塚は、そう返事をしたものの、田辺は、いわゆる「仕事師」のなかでも大物であった。ヤクザとの付き合いも深い。大塚には歯が立たない。

大塚は、安藤組の知恵袋といわれていた島田宏に頼みに行った。

島田が引き受けてくれて、田辺と話しあった。少ない金額で、折り合いをつけた。

そのあと、島田に誘われた。

「どうだい、ウチの組に入らないか」

大塚は、その年の六月に、安藤組に入ったのである。

なお、大塚稔は、のち、「愚連隊の元祖」万年東一の二代目として、大日本一誠会の会長に就任、万年の遺志を継承していく。

力道山への攻撃開始

『純情』の開店は一時からであった。昼は喫茶店で、夕方の六時からバーに切り替えられる。

店が開くと、花田や大塚ら五十人が真っ先にどっとなだれこんだ。五十人が、別々のテーブルに座った。

そろってコーヒーを一杯注文した。コーヒー一杯だと、百円でおつりがくる。

そこに、一般の客が入ってきた。が、五十席占領されているので、座る席がない。

ウェイトレスが、安藤組の引き連れて入った客に訊いた。

「あのォ、相席よろしいでしょうか」

「駄目だ。あとから、相棒が来ることになっている」

そのうち、レスリングのレフェリーをしている安倍治がフロアに顔を出した。

大塚は、髭《ひげ》をはやした安倍の顔をよく知っていた。『パール』というナイトクラブに出入りしていて、そこで大塚とよく顔を合わせていた。

安倍は、大塚の顔を見ると、大塚らの動きを察したらしく、すぐに引っこんだ。

しばらくして、力道山が、フロアに姿を現わした。安倍といっしょである。

大塚が、突然号令をかけた。

「うちの生徒全員、起立！」

五十人が、そろって起立した。

大塚は、さらに大声を張りあげた。

「力道山に敬意を表して、礼！」

五十人全員が、力道山に礼をした。

「着席！」

五十人が着席した。

力道山は、いったん引き下がった。

が、安倍が大塚の席に使いとしてやって来た。

「力さんが、号令をかけた人に来てくれって言っている」

大塚は、啖呵《たんか》を切った。

「何も、おれが行く必要はない。話があるなら、向こうが来ればいいだろう」

安倍は、また引っこんだ。

今度は、東富士《あずまふじ》が大塚の席にのっそりとやってきた。

東富士の、巨腹を利しての寄りは、〝怒濤の寄り身〟と形容されていた。優勝を六回もした横綱でありながら、力道山に誘われてプロレスラーに転向していた。プロレスラーとしての彼は、アメリカでは「動くフジヤマ」「ヨコヅナ・レスラー」といわれて人気があったが、日本での人気は、力道山に遠くおよばなかった。

東富士は、大塚のそばに来るには来たが、何も言わないで引っこんだ。

東富士は横綱時代も、「江戸っ子謹ちゃん」といわれ、淡白な性格と言われていた。

つぎに安倍が大塚の席にやって来て、苦りきった表情で頼んだ。

「大塚、なんとかならないのか」

「なんとかなるもならないもないね」

安倍は、今度は力道山を大塚の席へ連れて来た。そばで力道山を見ると、さすがに大きい。

力道山は、大塚の肩に手をやって言った。

「夕方の六時に、来てもらいたい。そのとき、話し合おう」

「わかった」

大塚も、ひとまず引きあげることにした。

大塚が、五十人に声をかけた。

「全員、退席！」

五十人が引きあげると、店の中には一人として客がいなくなった。開店日だというのに、一般の客は、一人も入らなかったことになる。

大塚は、昼の喫茶店から夜のバーに替わる六時過ぎ、約束どおり『純情』を訪ねた。

専修大学の江藤豊がついてきていた。江藤は、テーブルに座ると、ボーイに言った。

「大塚が力さんに会いに来た、と伝えろ」

ボーイが引っこんだ。が、力道山は、なかなか出て来ない。

十分はたった。いいかげん嫌気がさしていると、ボーイがテーブルにやって来て言う。

「美空《みそら》ひばりが、力さんに会いに来ている。力さんは、ひばりの前では話にならない、と言っている」

大塚の頭に、血が上った。

「夕方また来てくれ、と指定したのは、力道山のほうだぜ。そっちの都合で変更があれば、申し訳ないけど、また明日にでもとか、言い方というもんがあるだろう」

その夜、安藤昇のいる社長室に、森田雅、花田瑛一が、大塚を伴って現われた。

花田が、安藤に説明した。

安藤は、話を聞くなり、吐き捨てるようにいった。

「プロレスラーに、用心棒までされて、たまるか。用心棒は、われわれの収入源と同時に、縄張りの誇示だ。面子だ」

安藤は、じつは力道山については、前にも不快な思いがあった。

つい半月前『東京クラブ』のホステスが、力道山に殴られたことがあった。そのホステスは、他のホステスの姉さんクラスのホステスだった。

そのホステスが、力道山に、「女を世話しろ」とせがまれ、断った。

「わたしは、やり手婆ぁじゃないんですからね」

すると、いきなり平手で殴られた。プロレスラー相手でも、空手チョップで相手は引っくりかえる。それを女がまともに平手打ちを食ったのだからたまらない。意識を失い、病院に担ぎこまれた。左の鼓膜が破れて聞こえなくなってしまった。

そのホステスが、「力道山をなんとかしてくれ」と安藤に訴えてきたことがあったのだ。

安藤は、あらためて思った。

〈力道というやつ、表面では英雄とまつりあげられているが、質《たち》の悪いやつだ。おれを舐めるにもほどがある〉

安藤昇は、さっそく力道山攻撃を開始した。まず、大田区池上《いけがみ》の力道山の自宅付近に網を張った。

力道山の邸宅は、小高い丘の住宅地にある。門前は、割りに狭い道路に面している。恐らく、彼のキャデラック・コンバーチブルが通るにはやっとの道幅であり、その道に入る前にはどうしても速度をゆるめる。

安藤は、自ら自分の車マーキュリー・コンバーチブルに乗り、力道山の通る同じ道を走らせ、予行演習を繰り返した。

安藤は、助手席に乗っている子分たちに言った。

「おれの車でも、ここで一旦停止しなくてはならない。やつの車は、当然、停まることになる。この曲がり角の空き地の生け垣が、狙い撃ちにかっこうだ。いいな、この生け垣に隠れて、この道を通る力道山を狙い撃ちしろ」

安藤のもとに、生け垣に交代で隠れて狙わせている子分から電話連絡が入った。

「社長。力道山め、恐れて、家に寄りつきませんよ」

別の情報網から、電話が入った。

力道山は、弟子を三人車の横に乗せ、実弾を装塡《そうてん》した猟銃をたえず携帯し、何処《どこ》へ行っても寝る間も離さないらしい。

大塚稔は、『純情』に出かけ、ボーイにいった。

「とにかく、安倍を呼べ」

しばらくすると、プロレスのレフェリーの安倍治ではなく、東富士が出てきた。

東富士の仲立ちからの和解

東富士は、力道山より大きい体を折り曲げるようにして、丁重に言った。

「わたしが力さんの代わりに話をさせていただきますので、明日の三時、銀座の資生堂で待っていていただけますか」

「わかった。その代わり、力道山は、かならず連れて来るんだぞ」

花田瑛一ら七人は、翌日、車四台に分乗して、銀座八丁目の資生堂パーラーに向かった。懐には、全員拳銃を忍びこませていた。

二階の資生堂パーラーに、約束の時間より十分早い二時五十分に入った。

東富士が、すでに来て待っていた。そばには、やはり相撲から転向した豊登《とよのぼり》、芳《よし》の里《さと》、それに安倍治らテレビで観る連中が、陣取っていた。彼らは、六人であった。が、なにしろ巨体ぞろいなので、倍の十二、三人いるように映る。

力道山は、来ていない。

花田が、険しい表情で訊いた。

「力道山は、どうした」

東富士が、申しわけなさそうに言った。

「力さんは、都合があって、どうしても来れない」

「都合？　あれほど約束しておきながら、どうして逃げまわっているんだ」

「とにかく、まわりにこれだけ人がいては話しにくい。渋谷あたりのどこか静かなところで話せませんか」

「わかった」

花田は、渋谷の円山町の料亭に、部屋をとらせた。その料亭に、そろって車で向かった。

東富士の車には、大塚が乗りこんだ。東富士が、車中で、困りきった表情で懇願した。

「なんとか、解決の糸口を見いだしてほしい」

「……………」

「お金ですむことだったら。しかし、いくら包んだら許してもらえるのかわからない」

「恐喝じゃないんだから、いくら出せとはいわない。ただ、悪いと思ったら、包んだらいいんじゃないの」

大塚の肚《はら》の中は、金銭での解決の場合の額は決まっていた。五十万円――。それ以下の金額だったら蹴ろうと決めていた。

東富士は、一瞬考えていた。

「百万円つくる」

大塚は、東富士と接していて、彼の人柄の良さがよくわかった。力道山には頭にきても、東富士への憎しみはなかった。

大塚は、東富士の誠実さに免じて、彼を救ってやることにした。

「百万円という話は、おれは聞かないことにする。五十万円つくれ」

大塚は、釘を刺しておいた。

「しかし、あんたが百万円つくるといったのに、おれが五十万円といったことが知れるとヤバイ。あくまで、二人だけの話にしよう」

円山町の約束しておいた料亭に、東富士をはじめ花田らが集まった。

「席に着きなさい」

花田は、そう言うと、座卓の上に、懐から拳銃を出して置いた。

花田に合わせ、安藤組の他の六人がそろって拳銃を取り出し、座卓の上に置いた。おれたちは、中途半端な気持ちでかけあいをしているんではない、ということを見せつけたのである。

七丁の拳銃が並んで置かれると、さすがに威圧感があった。

東富士らは、顔を強張らせ、震えあがった。

五日後、大塚のところに、東富士から電話が入った。

「約束どおり、五十万円つくった。これで、リキさんの命は取らないでほしい」

大塚は、東富士の誠実さに免じて答えた。

「わかった。受け取る場所を、おれは指定しない。おまえのほうで、場所と時間を言え」

もしこちらが場所を指定すると、恐喝になる。

「では大塚さん、新橋へ出て来てくれ。第一ホテルと虎ノ門の間に、『エトランゼ』という小さなバーがある。そこに、夕方の六時に来てくれ。ただし、一人で来てほしい」

大塚は、さっそく『東京宣伝社』に顔を出した。

そこにいた花田と森田にそのことを話すと、森田雅が制した。

「大塚、一人で行くのは、やめとけ。危険だ」

花田も心配した。

「金を受け取ったあと、カウンターの中に隠れていた警察に、現行犯で逮捕されるぞ」

が、大塚は言い張った。

「大丈夫だ。おれは、東富士を信用している。一人で行くよ」

大塚は、東富士が百万円払うといったのを、あえて自分が五十万円でいいと言ったことを花田らに隠しつづけていた。東富士との密約があるかぎり、東富士は裏切ることはありえない。そう固く信じていた。

花田が言った。

「わかった。おれたちは、バーの中までは入らない。ただし、おまえのことが心配だから、バーの近くで待っている。もし金のやりとりで御用になりそうだったら、急いで店の外に出ろ。おれたちが、拳銃で威嚇するからな」

約束の夕方の六時、大塚は、花田らと『エトランゼ』の近くに車を止めた。かすかに小雨が降っている。

大塚だけが降り、店内に入った。花田と森田は、店の近くに待機していた。

大塚が店内に入ると、東富士が一人で待っていた。

大塚が座ると、東富士が、テーブルの下で新聞紙の包みを出した。

大塚は、その包みを受け取る前に、カウンターに眼を放った。東富士を信じていたものの、やはり、その後ろに、警察が隠れているかもしれない。のぞきこみたい誘惑にかられた。が、みっともないので、自分を制した。

ボーイに眼を走らせた。

〈刑事が、このボーイに変装しているにしては、若すぎる〉

大塚は、テーブルの下で新聞紙の包みを受け取った。

持ってきていた鞄に、素早くしまいこんだ。中身の確認はしなかった。

大塚は、すぐにバーを出るのも不自然なので、東富士とジュースをいっしょに飲んだ。

あとは何も話さず、

「では、またな」

と言って外に出た。

バーの近くでは、花田と森田が車を止め、やきもきしながら待っていた。

大塚は、急いで車に乗りこむや言った。

「うまくいった」

大塚は、東富士から受け取った新聞紙を開いた。約束どおり、五十万円あった。

その夜、大塚はその五十万円を持って、東興業へ行き、安藤に報告した。

社長室にいた島田宏が、険しい表情で言った。

「大塚、それはまずい。恐喝になるぞ」

安藤の知恵袋的存在であった島田は、法律にくわしかった。

「手形でいいから、五十万円、東富士に渡しておけ」

安藤も、東富士の誠意に免じて、力道山の命を狙うことをやめた。

安藤は、大塚に言った。

「手は引くが、条件がある。東富士を通じて、力道山に伝えておけ。今後、用心棒などいっさいやらぬ。悪酔いして、人に暴力はふるわぬこととな」

これで力道山事件は一件落着したかに見えた。

ところが、東富士に渡した手形が、不渡りになってしまった。大塚は思った。

〈東富士に、申しわけない〉

もし東富士の持ってきた五十万円が、力道山から出たものなら、手形が不渡りになってもかまいはしなかった。が、おそらく、東富士の性格からして、五十万円は、東富士が自分で用立てたにちがいなかった。

大塚は、東京湾から茨城県の鹿島《かしま》に船で行った。不渡り手形を出した先は、鹿島の醤油屋であった。

大塚が醤油屋に乗り込むと、人のよさそうな赤ら顔の主人が出てきた。

大塚が凄むと、主人は泣いて弁解した。

「せがれが、ウチの手形を乱発してみなさんにめいわくをかけているんです。本当にすいません」

おやじと息子がグルで芝居を打っているようには見えない。

主人は、奥から二十万円持ってきて、大塚に手渡した。

「これで、とりあえず許していただけませんでしょうか」

大塚も、主人の泣き顔を見ていると、それ以上執拗《しつよう》に迫ることはできない。

「わかった。二十万円でいい」

大塚は、東京に帰ると、東富士と両国の彼の家で会った。

東富士に事情を話し、二十万円渡した。

「五十万円は取れなかったが、せめて二十万円は取ってきた。これだけで申しわけねえが、受け取ってくれ」

東富士は、二十万円を返しながら言った。

「大塚さん、おれは五十万円あんたに渡したんだから、一銭もいらないよ。この二十万円、あんたの小遣いとして取っておいてくれ」

「いや、東富士、そうはいかない」

「大塚さん、鹿島への旅費だってかかっているんだから」

「東富士、そういわねえで、取っておいてくれ」

東富士は、結局二十万円を受け取った。

ところが、のちに、『純情』のボーイの一人が、安藤組が東富士や力道山との間で話し合いしていたことを知らないで、別件で警察に捕まった。

その男は、さらに、円山町の料亭で東富士らを前に、安藤組の七人が、座卓の上にそれぞれ七丁もの拳銃を取り出して脅したこともしゃべってしまった。

その七人と安藤に、令状が出た。

安藤が言った。

「ひとまず、ズラかろうぜ」

安藤、花田、大塚はじめ五人で、北関東へ逃げた。十二月の寒いときである。そのうえ、逃げる先は、北関東である。

大塚は、逃げる寸前に東富士に連絡を入れた。

東富士は、わざわざ見送りに来てくれた。

「手違いから、大塚さんたちにごめいわくをおかけしまして。寒いところへ行くんだから、厚手の下着を着て行ってください」

買ってきた下着を、みんなに渡した。東富士が被害者で、大塚らが加害者なのに、東富士の気の遣い方は徹底していた。

大塚は、あらためて思った。

〈この男は、なんという心根優しいんだろう〉

第3章　血みどろの狂気

〝東富士証言〟で全員釈放

安藤昇、舎弟の花田瑛一、今回の力道山襲撃の首謀者大塚稔ら五人は、令状が出たので、東武電車に乗り、栃木県の鬼怒川《きぬがわ》温泉へ向け逃亡した。そこに三日いた。

次に、同じ栃木県の川治《かわじ》温泉、そこにもわずか一日いただけで、同じ栃木県でもはるか南の宇都宮に下った。

昼間、映画館に入った。『第十七捕虜収容所』というウィリアム・ホールデン主演、ビリー・ワイルダー監督の映画であった。

安藤は、観ているうち、身につまされ、つい引きこまれていった。

〈まるで、おれたちのことを描いたみたいだな〉

第二次世界大戦中の収容所の脱走シーンを、自分たちの逃走と重ね合わせた五人は、そろって心の中で叫んでいた。

〈さあ、うまく逃げろよ……〉

映画は、初めのほうの途中から見ていたので、次の回の初めも観ることにした。

ニュース映画が始まった。その中で、東京銀座に初雪が降ったことが伝えられた。服部時計店の前を歩く人々の上に初雪が降る。

安藤は、不意に、東京が恋しくなった。隣に座っている花田に、ささやいた。

「もう、東京へ帰ろう」

安藤は、映画館を出て近くの喫茶店に入るといった。

「五人もがそろって東京へ帰ったんじゃあ、目立つ。一人ずつ、バラバラに帰ろう」

安藤は、花田らに言った。

「しばしの別れだ。みんな気をつけてな」

大塚は、安藤に言った。

「社長、おれは、やはり東京はよします」

安藤もうなずいた。

「それもそうだな。おめえは、捕まれば、五年はくらっちまう。東京へは、当分近寄らないほうがいいかもしれねえ」

大塚は、今回の事件の主犯である。

大塚は言った。

「一つ仕事を持っていますので、仕事をしながら、北関東をさすらいます」

一人残った大塚は、群馬県の桐生へ足をのばした。大塚は、取り立てを頼まれていたのだ。

大塚は、桐生に一カ月いて、次に伊勢崎へ向かった。

さらに伊勢崎に一カ月いて、次に前橋に行った。

前橋にも一カ月ばかりいた。

〈さて、次は、どこに……〉

と考えているうち、いったん東京の実家に帰ろうと思った。

世田谷の上町《かみまち》の実家に帰ると、まるで待っていたように警官に踏み込まれ、逮捕されてしまった。

あとでわかったことだが、実家の前にたまたま警官が住んでいて、指名手配の写真を持っていたのだ。

世界チャンピオンの矢尾板貞雄《やおいたさだお》を育てた中村真一というボクシングジムの会長がいた。彼が持っていたボクシングジムの専門誌『ボクシング・ガゼット』に、大塚のボクシングをやっていた時代の写真が掲載されていた。その写真が指名手配写真として回っていたのだ。

大塚は、世田谷署から渋谷署に回された。

安藤からも、「五年はくらう」といわれていたので、その覚悟をしていた。

ところが、大塚が逮捕されると、東富士がわざわざ渋谷署まできて、大塚を弁護するために証言したのだ。

「たしかに、料亭で、拳銃を出された。しかし、あのときはただ恐ろしくて震えあがったが、いまから考えると、あの拳銃が本物かどうか、確証はない。もしかしたら、偽物かもしれない。本物とは、言いきれない」

被害者の東富士自身の証言である。

結局、大塚は、二十二日間の勾留で釈放された。安藤らもそろって勾留されたが、全員釈放された。

安藤が、大塚に感心したように言った。

「東富士って男は、本当に心優しき男だな。やつがいたから、おれも、力道山を殺《や》らずにすんだよ」

花形の中に眠るライオン覚醒《かくせい》

いっぽう、花形敬を安藤に紹介して安藤の舎弟にした石井福造も、昭和三十年（一九五五年）七月、傷害で六カ月の刑を受け、宇都宮刑務所に服役した。石井は、たまたま、ジミー殺しで入っていた花形と同じ棟に収容された。

石井は、花形と廊下で初めてすれちがったとき、

「よお、花形……」

と声をかけようとして、よした。

花形が、すっと顔をそむけたからである。石井に気がついていながら、あえてそうする。

〈おかしな野郎だな……〉

花形は、洗濯工場で作業をしていた。石井は、造花を作る、いわゆる〝モタ工場〟で働いていた。石井が作業から舎房に引き上げてくるときには、すでに花形は舎房に帰っている。花形は、刑期が長いので、四級、三級を経て、二級者になっている。四級の石井たちより、早く作業を終えて房に帰っているわけである。

花形の房は、一階出入り口に近い。石井は二階の房にいたので、花形の房の前を通って帰ることになる。

石井は、花形の顔を見ると、手でちょっと合図しようとした。

が、花形は、石井が廊下を通っているのがわかっていて、さっと顔をそむける。座卓の上に本を開け、正座をしてひたすら読みふけっている。

石井は、刑務所に入っている間、ついに花形とあいさつすることがなかった。

石井は、不思議でならなかった。

〈シャバで暴れまくっている花形が、本当なのか。それとも、ああして静かに本を読みふけっている花形が、本当なのか……〉

石井は、その年昭和三十年のうちに出所した。

いっぽう花形敬は、翌三十一年の春、刑期満了で出所した。

花田瑛一は、花形を、出所祝いに新宿・歌舞伎町のビルの地下にあるクラブ『ローゼ』に連れて行った。

この店は、松尾《まつお》和子《かずこ》が専属であった。彼女が倦怠《けんたい》と艶《なまめ》かしさの混じった歌い方で『メランコリー』を歌

い、客を魅了していた。客のなかには、松尾和子に『メランコリー』の歌詞を書いてもらい、いっしょに口ずさむ者もたくさんいた。落語家の林家三平《はやしやさんぺい》も袴姿でよく顔を出し、松尾和子の歌に合わせて奇妙奇天烈なダンスを踊っていた。

花田は、花形を、三日間、たてつづけにローゼに連れて行った。

ローゼは、花田の行きつけである。ふつうなら、花田がマネージャーを呼んで、花形のことを紹介するはずである。

「この男は、おれの兄弟分だから、おれと同様に扱ってくれ」

しかし、花田は、決して花形のことを紹介しなかった。

いっしょについてきていた花田の子分の小森茂は、驚いた。

〈兄弟分というのは、大変なライバルなんだな〉

花形が刑務所に入っている間、花田が安藤組のナンバー2《ツー》的存在にのし上がっていたのである。花田は、経済的にも力があった。花形とすれば、おもしろかろうはずがない。

それからしばらくして、花形は、よれよれの浴衣姿でローゼに降りる階段を降りて行った。なんと、はだけた浴衣の下は、何もはいていない。いちもつをちらつかせたまま、クラブに入った。おまけに、下駄ばきである。

クラブのホステスたちは、「きゃあ!」と悲鳴をあげた。なにしろ、品のいいクラブである。

店の中には、花田もいた。花田の子分たちもいる。花形としてみれば、計算ずみである。花田も、さすがに度肝を抜かれた。

花形は出所して間もなくは、おとなしくしていた。花田は、このため、花形がすっかり「ムショボケ」しているにちがいない、とタカをくくっていた。ところが、花形は、しばらくようすを見ていただけなのである。花形の中に眠るライオンが、むっくりと目を覚ましたのである。

花形は、花田にも、花田の子分にも、クラブのマネージャーにも、その姿でものをいわせていた。

〈おい、てめえら、おれに文句あるのかよ。文句あるなら、堂々と、おれに向かって来い！〉

花形は、花田を睨みつけた。眼で、語っていた。

「おい、どちらがナンバー2か、この際、はっきりしてもらおうじゃねえか。てめえか、おれか！」

花田は、「おい、やめろよ」とは、ついに口にしなかった。花形の手のつけられない狂暴さを、いやというほど知っていた。

花形は、花田の子分たちも睨《にら》みまわした。

「おい、文句あるなら、おれに襲いかかって来い！　何人でも、いいぞ」

眼は、そう挑発している。

花形の顔には、斬り傷が四、五本走っている。その形相で睨まれて向かっていく者は、さすがにいない。

花形は、小森を自分のテーブルに呼び寄せた。ホステスに、「おい、タバコ」とタバコを持ってこさせ、火も点《つ》けさせた。

花形は、小森に言った。

「おい、おめえ、焼場の匂いを嗅《か》いだことがあるか」

「いえ」

「じゃあ、これから嗅がせてやるからな」

花形は、自分の浴衣の腕をまくり、左腕のつけ根に、タバコの火を押しつけた。肉のジュウジュウと焼け焦げる匂いが、あたりに漂う。たしかに、人を焼く匂いである。

タバコの火をしばらく押しつけていると、肉の脂で、自然に火が消える。

翌日から、ローゼのマネージャーたちの花形を扱う態度が、がらりと変わった。

花形が、クラブに顔を出すと、なんとも愛想がいい。

「いやあ、花形さん、ようこそおいでになりまして」

花形は、常連の花田と同じ扱いになった。

花形敬は、それからしばらくして港区六本木の『メトロポリタン』というナイトクラブに佐藤昭二を呼んだ。佐藤は安藤組において先輩であり、かつて国士舘の柔道部の主将をやっていた猛者《もさ》である。

花形は言った。

「佐藤の兄弟よ。おめえは、おれの先輩だろう。それなのに、ちょっとムショボケしすぎちゃいねえか」

佐藤も、長い刑期を務めて出所したばかりであった。

あまり長く刑期を務めすぎた者は、刑務所の中で戦うことを忘れる。刑務所の中には、武器がない。木工工場のノミくらいである。そういう戦いを忘れた中で長い間生活をつづけていると、人間として角がとれすぎ、シャバに出ても戦闘性が取りもどせない者がいる。入所したときは虎でも、シャバに出てからは猫になっているのだ。ヤクザとしては、失格である。

花形は、佐藤に、懇々と説いて聞かせた。

「兄弟よ。いつまでも、サラリーマンのように、はい、はい、とおとなしくしてたんじゃ、しょうがねえぜ」

テーブルには、花田の子分の小森茂もいっしょに呼ばれていた。

花形は、小森に言った。

「兄弟、おれがどうやってムショボケを治したか、ここにいる小森によく聞いてみろ」

花形は、自分がローゼでやったようなことをやらなければ、ヤクザの世界で大きな顔をして生ききってはいけないぞ、と発破《はっぱ》をかけたのである。

小森は、あらためて思った。

〈花形さんは、すべて計算して、一見破滅的に映ることをやっているんだな〉

梅雨時に入り、花形は、石井福造と渋谷区宇田川町の飲み屋を歩いていた。

花形が、いつまた暴れ始めるかわからない。石井は、帰りたい気持ちである。しかし、深夜の二時になっても、花形は帰ろうとしない。さらに、ハシゴをして飲んでいると、その店で突然、花形に親しそうに声をかけた者がいる。

「おお、花形、しばらくだな」

宇都宮の刑務所で、花形も石井もいっしょであった李宗信という中国人であった。

花形の形相が、変わった。

「この野郎！　花形だなんて、気やすく呼ぶな！　殺しちゃうぞ！」

そういったときには、花形の右拳が李の顎《あご》で火を吹いていた。

アッパーカットをくらった李は、仰向けにひっくりかえり、気を失ってしまった。脳震盪《のうしんとう》を起こしてしまったのだ。歯は三本も折れ、口から血を流している。

花形は、李をまだののしっていた。

「ムショの中と、シャバとは、ちがうんだぞ」

石井は、花形の右手を引っぱって外に出た。

「おい、このままいると、ヤバイぞ」

石井は、花形を逃がし、自分も逃げた。

石井は、それから一時間半ばかり、行きつけのバーにひそんでいた。

もういいだろうと思い、宇田川町界隈をうろうろしていると、李が制服を着た警官と花形を探し歩いていた。口をハンカチで押さえ、苦痛に歪んだ顔をしている。

石井は、あわてて近くの横町に入った。

花形に、逮捕状が出た。李の傷は、全治十日間と診断されたのであった。

花形は、この事件で懲役八カ月の刑を受けた。

石井の新たな恋の出逢い

いっぽう石井は、キャッチバー『くるみ』で、花形の女の千鶴子といっしょにホステスをやっていた幸子と、宇都宮刑務所を出てからも半年ばかりいっしょに暮らしたのち、別れた。以降、自分の舎弟や若い衆の連れてくる不良少女たちを相手に遊んでいた。

森田の舎弟の中島陽一が、石井に自慢した。

「ときどき、ここに顔を出す英子って女がいるでしょう。あの女、ズベ公じゃないんですが、色気づいちゃって。おとこ欲しい盛りなんです。いまや、おれのいうとおりでさあ。おれに抱かれたけりゃ、金持って来い、というと、無理してでも、持ってくるんです。かわいいもんです」

英子が、ある日、友人の美代子に頼んだ。

「ねえ、美代ちゃん、相談があるの」

「なあに」

「安藤組の事務所に、いっしょに行ってくれない」

美代子は、英子を止めた。

「英子ちゃん、よしなさいよ。安藤組って、ヤクザがいっぱいいるところでしょう」

美代子は、渋谷の豆腐屋の娘であった。自分の店の近くに安藤組の事務所があったから、噂によく聞いていた。

英子は、聞く耳を持たなかった。

「あの事務所に、わたしの好きなひとがいるの。ね、いっしょにいってちょうだい」

石井が事務所にいると、英子が戸を少し開け、顔をのぞかせた。恥じらいながら訊いた。

「中島さん、いますか」

石井は、ぶっきらぼうに答えた。

「中島は、いねえよ」

石井は、そうはいったものの、ふと彼女をからかってみたくなった。

「とにかく、ちょっと入って来いよ」

英子が入ってきた。

「おまえ、なかなかかわいい子だな。中島の女かい」

英子は、顔を赤らめ、モジモジし始めた。

英子といっしょに、もう一人女が入ってきた。美代子である。美代子は、当時十九歳であった。石井は、二十八歳。彼女は、九歳年下である。

石井は、美代子に訊いた。

「おまえ、誰の女だ」

美代子は、憮然《ぶぜん》とした表情になった。

「わたし、誰もいません！」

「うん、そうか。お兄さんが、かわいがってあげようかな」

石井は、そう言ったものの、あらためて彼女を見ると、痛々しい気がした。あまりにおぼこすぎる。とても、無理矢理犯そうなんて考えられない。

石井は、美代子に、追っ払う仕草をした。

「子供は、帰んなさい。帰れ」

ところが、翌日、美代子は、また事務所に現われたではないか。

「お兄ちゃん」

今度は、美代子一人である。石井は、思わず、微笑みたくなった。

〈なんだ、ほんとうに子供なんだな。妹のようなもんだ〉

彼も、つい童心にかえった。事務所にあるせんべいを取り出して、彼女に渡した。

「おい、お菓子をあげよう」

美代子は、それから三日に一度くらいの割合で事務所に顔を出し始めた。

石井が言った。

「今度、お兄ちゃんが、映画に連れてってやる」

「ほんと」

彼女は、眼を輝かせてよろこんだ。石井への警戒心など、まったくないようであった。

石井福造は、その二日後、美代子と映画を観に行った。

彼は、評判を呼んでいた鰐淵晴子《わにぶちはるこ》主演の『ノンちゃん雲に乗る』の看板の前に立った。「どうだい、あんたの好きそうな映画じゃないか」

美代子が、逆に訊いた。

「お兄ちゃんは、こんな映画でいいの」

「ああ、いいとも。あんたが楽しめば、お兄ちゃんも、うれしいのさ」

石井は、映画館に入って席に座ると、「待ってなよ」と言いおき、売店に走った。

せんべいやスルメなど、両手に持てるだけ持って、席に戻ってきた。彼女に渡した。

「さあ、いくらでも食べろよ。無くなりゃ、また買ってきてやるからな」

「お兄ちゃん、これだけあれば、ありすぎよ。食堂へ来たんじゃないのよ。映画を観に来たのよ」

美代子はそこまでは石井のことをやさしいお兄さんだわ、と思っていた。

〈ヤクザ、ヤクザって、ウチのお父さんたちも嫌ってるけど、実際は、悪いひとじゃなさそう〉

ところが、次の瞬間、彼女は度胆を抜かれた。石井が、突然ズボンを脱ぎ始めるではないか。まだ、照明は暗くなっていない。映画が映画だけに、親子連れや、少女もいる。

石井は、他人眼《ひとめ》などおかまいなしである。

〈この人、何をする気なのかしら〉

まさか、変態とは思えない。石井は、脱いだズボンの皺をきちんとのばし、美代子と彼の席の間の肘掛けにかけた。彼は、ズボンも背広も、たくさんはなかった。そのため、皺にならないように気を遣っていた。ステテコ姿になった。

美代子は、さすがにあきれた。が、なんとなく彼の姿がユーモラスに思われた。

〈この人、根は、人のよさそうな人だわ〉

映画の内容は、じつにたわいないものであった。が、彼には、不思議と心が洗われる気がした。

〈こういう世界も、あるものなんだな〉

体を張って、殺す、殺されるの世界に生き、心が休まる暇がないだけ、こういう映画を観ると、珍しく心が洗われるようだった。

石井は、映画を観るうち、ふと思った。

〈おれ一人でこんな映画を観たって、およそ退屈するだろう。彼女とこうして並んで観ているからこそ、子供のような気持ちになれるんだろうな〉

映画が終わった。ふつうなら、映画が終わると、帰りに食事に誘ったり、ホテルに誘う。

が、石井は、およそあっさりと言った。

「ごくろうさん。また、お兄さんのところに遊びにおいで」

彼女を、帰した。

彼は、彼女に背を向けて渋谷の雑踏に紛れながら、心の中でつぶやいていた。

〈少女は、少女のままにしておくほうがいいや〉

美代子は、それから三日後、事務所にまたやって来た。

「お兄ちゃん、ダンスパーティーに、いっしょに行って」

「おれ、ダンスなんて踊る柄じゃねえよ」

「東郷神社であるダンスパーティーの券、お兄ちゃんの分も、買ってしまったんだもの。お願い、体裁が悪いから、いっしょに行って」

石井が調べると、そのダンスパーティーは、銀座のヤクザ、住吉一家大日本興行の若い衆の主催であった。

石井は、美代子が翌日事務所に顔を出したとき約束した。

「東郷神社のダンスパーティーな。おれがいっしょに行ってやるよ」

石井は思っていた。

〈変なやつらにこの子を、オモチャにされては、かわいそうだ〉

石井は、野外パーティーで、美代子からダンスのステップを習った。が、照れて、とても踊れなかった。

一週間後の夜、石井は、事務所近くの屋台で飲んでいた。霧の深い夜であった。

そこへ、美代子が逃げ込んできた。

「お兄ちゃん、助けて！」

うしろから、追うように来る男がいる。

石井が、ひょいとその男の顔を見た。ポン中で有名な、安藤組の丸岡であった。

石井は、丸岡に怒鳴った。

「てめえ、何やってんだよ！」

丸岡は、石井がまさか彼女を知っているなど思ってもみなかったので、にやつきながら言った。

「この子を、何とかしようじゃねえか」

輪姦でもしようと考えているらしい。石井は、頭に血をのぼらせた。

〈この子だけは、せっかく少女のままにおいておこうと思ったのに〉

石井は、屋台の椅子から立ち上がった。丸岡の胸元を摑んだ。

「馬鹿野郎！　この女は、おれの女なんだぞ！」

丸岡は、うろたえて逃げて行った。

翌日、事務所に刑事がやって来た。刑事が、石井を睨みつけた。

「おい石井、これからもあの子をもてあそぶようなら、児童福祉法でパクるからな」

「誰に、頼まれたんだね」

「誰でもねえ。おれは、あの子の親戚だ」

石井は、翌日美代子が事務所に顔を出したとき、苦々しい口調で言った。

「おい、これからは、あまりおれのところへ顔を出すなよ。おまえのところの親戚とやらの刑事がやってきて、おれをパクると騒いでるぞ」

「すみません。うちのお父さんが、あの刑事さんに言いつけたらしいの」

燃えあがった恋の顚末《てんまつ》

そのうち、石井は、金に窮した。パチンコの連発式が廃止になってしまったせいである。機関銃のような連発式だと、一万円だって損をする客がいる。それで、連発式は禁止になったのである。それまで石井がやっていたパチンコの景品買いにも、その影響は大きく響いた。石井は、稼ぎがなくなり、追いつめられた。

石井は、美代子が事務所に顔を出したとき、冗談めかして言った。

「たまには、店の金をごまかして、貯めろ。その金で、おれに部屋でも借りてくれ」

彼女は、じつに働き者であった。高校時代も、朝早くから起きて家業の豆腐屋のあぶら揚げをあげ、それから学校へ行っていた。兄貴が遊び好きだったから、家では彼女が一番働き者であった。

石井は、あくまで冗談のつもりであった。が、次に近くの喫茶店で美代子に会うと、彼女は、彼の手にそっと封筒を握らせた。

彼女は、思い詰めた表情になっている。

「お兄ちゃん、その中に、五万円ある。それで、部屋は借りれるはずよ」

石井は、その金で渋谷の中町に、六畳一間のアパートの部屋を借りた。

美代子は、いっしょに部屋を見に行き、はしゃいだ。

「うれしい……これからは、お兄ちゃんといっしょに住めるのね」

石井は、釘を刺した。

「ここへは、おまえは、来るなよ。また親戚の刑事にやられる。今度こそ、誘拐罪かなにかでパクられてしまう。これまでどおり家にいて、店を手伝っていろ」

石井は、あくまで美代子を少女のままおいて、妹のような気持ちで手をつけないつもりでいた。そのため、中町のアパートには、キャッチバーの女を連れ込んで遊んでいた。

ある夜、石井は、いつものようにキャッチバーの女と部屋で抱き合っていた。

と、ドアを叩く音がする。あわてて、ドアを開けて顔をのぞかせた。廊下に、美代子が立っているではないか。

石井は、美代子にあえて突慳貪《つっけんどん》に言った。

「帰れ。ここは、子供の来るところじゃない」

美代子は、彼の体に、体をぶつけてきた。彼女の体が、火のように熱く感じられた。

「わたし、もう子供じゃないわ。わたしも、女よ！」

「今夜は、帰れ！」

「いや！」

「帰れ！」

石井は、美代子の頬《ほほ》を殴った。

美代子は、頬を押さえ、涙を流さないで言った。

「今夜は、帰るわ。でも、明日の夜、わたし、また来る。そのときは、部屋には誰も入れないでいて」

石井は、美代子の芯《しん》の強さに驚いた。

〈この子は、おれが思っていたより、はるかに強い面があるかもしれねえぞ〉

翌日、美代子は、宣言どおり石井の部屋にやって来た。

手には何も持っていなかったが、射すような眼は、まるで女刺客でもやって来た雰囲気である。万が一、石井が別の女でも連れ込んでいたら、刺されそうな殺気であった。

石井は、苦笑いしながら美代子に言った。

「さあ、入れよ」

彼は美代子を、その夜初めて抱いた。

彼女を狂おしく抱きながら言った。

「おまえも、馬鹿だな。苦労の中に、自分から飛びこんできやがって……」

なお、石井は、渋谷のテキ屋武田組との揉《も》め事《ごと》で、警察に逮捕されてしまった。女子プロレスラーに拳銃を見せたことから、拳銃不法所持に問われていた。

石井は、刑務所に入る前に、美代子に言った。

「部屋の家賃は、ちゃんと払っておけよ」

石井が刑務所に入ると、美代子から手紙がせっせときた。彼は、刑務所の身分帳に、彼女からの手紙を受け取るよう載せておいたのである。

彼女は、手紙といっしょに、腹巻きを送ってくれた。彼女の手紙には、こうあった。

《あなたとの深い仲が、兄に発覚してしまいました。お兄さんに、殴られたり、蹴られたりしました。腰の骨が痛くてしかたありません。兄は、あなたと別れさせるために、わたしを渋谷に置いておくわけにはいかないと、姉の嫁ぎ先の青森県八戸へ預けられています》

石井は、昭和三十二年（一九五七年）六月、釈放された。

石井は美代子が迎えに来ているかどうか、さすがに心配であった。というのも、つい最近、別れたいという彼女からの手紙がきていたからである。これ以上、親に迷惑をかけたくありません。別れますから、わたしのことは忘れてください、とあった。彼は折りかえし情に訴える手紙を書いたが、返事はなかった。

ところが、刑務所から出ると、そこに美代子が立っているではないか。

「美代子！」

「あなた……」

「よく、来られたな」

「ええ、姉さんに止められたけど、反対を押しきって出てきたの……」

美代子といっしょに、森田雅、瀬川康博の二人が来てくれていた。

森田は、『上海帰りのリル』などのヒット曲を飛ばしていた歌手津村謙《つむらけん》から買った車で、みんなを乗せてやって来ていた。

森田は、美代子の借りていた目黒区中目黒《なかめぐろ》のアパートまで送ってきた。

石井は、森田に言った。

「銀座にいるんだろ。渋谷に寄ってくれよ」

森田は当時安藤昇の兄貴分小林光也通称「小光ちゃん」の経営する銀座の不動産を手伝っていた。

「兄弟には悪いけど、渋谷が嫌なのは、花形に会いたくねえんだ。ほんとに、悪いと思ってる。でも、おれは花形に我慢できないから、やっぱり銀座にいるよ」

石井は、あらためて思った。

〈花形は、あいかわらずヤクネタだな〉

花形の狂気の根〝喧嘩《けんか》上等〟

石井福造が出所して五日目の夜、花形敬がなんの予告もなく石井が美代子と同棲している中目黒のアパートにやって来た。

花形は、遠慮なしに部屋に上がってきた。部屋は、六畳一間であった。

「おお、石井。帰ってきたんだってな」

花形は、石井と美代子が抱きあっているのもかまわず、部屋に上がってきた。

それも、一人ではなかった。自分の若い衆の品川一朗を連れている。

花形は、六畳間の真ん中にでんと腰をおろし、あぐらをかいた。

石井は、さすがに美代子と離れた。美代子も、髪の乱れをなおした。

花形は、おもむろに煙草をくわえた。品川が、すかさずマッチをする。花形はすでにアルコールが入っている。

美代子が酒を出す前に、品川が、勝手に台所から一升瓶に入った日本酒を持ってきた。

花形は、日本酒を一升瓶のままラッパ飲みした。

酒を飲んでひと息つくと、花形は腹が減ったらしい。まるでわが家のように食事を注文した。

花形は、翌日の深夜も、また石井のアパートにやって来た。

美代子は、石井にささやいた。

「あなた、今日は花形さんがやって来ても、いないふりしましょう」

花形がやって来るのは、決まって夜の十二時を回ったころである。

花形は、激しく扉を叩いた。

が、石井からの返事はない。

「おい、石井！　おれだ、花形だ！」

「……」

返事がなければ帰るだろう、と思っていた石井の予想は、みごとに外れた。

花形は、なんと、扉を蹴り始めた。

それも、二度、三度、四度……。

木製の扉は、とうとう壊れた。

ガラスの割れる大きな音と同時に、花形が、部屋の中に躍り込んできた。

花形の若い衆の品川が、部屋の電気を点《つ》けた。

花形は、荒々しく怒鳴った。

「いるんなら、返事しろ！　おれが来てやってるんだ」

美代子は、震えている。

石井は、布団から出、立ち上がった。花形は、石井の顔に、顔をくっつけた。

「文句あるのかよォ」

口でなく、顔がそう語っていた。

が、石井は、暴れ者の花形には文句がいえなかった。

石井は、その怒りを品川に向けた。

「なんでえ、勝手に電気を点けやがって」

石井が、品川と揉めているすきに、花形は、いままで石井が寝ていた布団にすべりこんで、高鼾《たかいびき》をかいた。

石井も、花形に対して、さすがに殺意を抱くようになった。

〈この野郎、いまに見てろよ……〉

昭和三十三年（一九五八年）二月十七日の午後六時すぎ、石井は、渋谷の宇田川町にあるパチンコ屋の店先に、中古の外車を停め、窓から首を出して外を見ていた。無免許であった。そのため丸子多摩川の教習所に自分の車持ちこみで通っていた。この日も練習を終えて帰ってきたばかりであった。

そこに、運悪く花形がやって来た。

〈やな野郎が、来やがったな〉

見つからなければいい、一瞬そうも思った。が、いまさら首を引っこめるわけにもいかない。石井は、ひらき直った。

〈気がついたときは、気がついたときだ〉

案の定、花形は、石井に気がついた。声をかけてきた。

「おう、何やってんだよ」

石井も、仏頂面して答えた。

「何にも、してねえよ」

「何だ、暇なのか。そうか。じゃあ、おれといっしょに飲みに行こうぜ」

石井は、花形の言葉を聞いて思った。

〈こりゃあ、花形の言うとおりのことをしてたら、とんでもねえことになる〉

石井福造は、疫病神《やくびょうがみ》の花形敬の飲みに行こうという誘いを即座に断った。

「おれは、いいよ」

花形は、石井が行かない、となると、石井の車に同乗していた連れを誘いにかかった。

「なあ、行こうぜ。おれがいっしょだと、いいことあるぜ」

石井の連れが言った。

「じゃあ、荻窪《おぎくぼ》に行きましょう」

苦りきったのは石井だった。

〈この馬鹿、なんてこと言うんだ！〉

石井がそう思ったときには、花形はもう車に乗りこんできていた。

連れが口にした荻窪の店とは、石井が安藤昇に紹介して組に入れた細川敏清が経営しているギョーザ屋のことである。細川は、ギョーザ屋を開店したばかりであった。

石井の連れは、常々、細川のことをおもしろくない、と思っていた。細川は、安藤組にいながら、安藤の兄貴分筋にあたる組にも出入りし、かわいがられていた。この際、花形に頼んで、その店を潰してしまおうと思い立ったのである。連れが、花形をけしかけた。

「そこの店、細川がやってる店なんすよ。店、潰しちゃいましょうよ」

仲間を不意討ちするなんて、とんでもない。それに細川は、安藤組内では、石井の先輩にあたる。花形にも、一期先輩にあたる。しかも、まだはっきりと安藤組を辞めたわけではなかった。細川は、毎日安藤組の事務所に出てきては、先輩風を吹かせ、花形を呼び捨てにしていた。花形は、それが気に入らなかったのだろう。

花形は、かつて細川を半殺しの目にあわせたこともある。花形は、何の理由もなしに、細川を針金のついたワイヤーブラシの柄でぶん殴ったのである。細川は、半年間入院するほどの大怪我《けが》を負い、その怪我が元で、首が回らなくなってしまっていた。

石井は、あわてて止めに入った。

「おいおい、そんなこと、よしたほうがいいよ。細川は、かりにもおれたちの仲間じゃねえか」

花形は、石井の言葉を鼻で笑った。

「何言ってんだ。かまわねえよ、行こう、行こう！」

花形は、喧嘩ができれば、仲間だろうが、誰だろうが、関係ないのである。ただおもしろおかしく、いじめたり、殴ったりできれば、それでいいのである。

いつまでも、車を走らせない石井を、花形が急かした。

「車は、走るもんだ。それとも、このポンコツは、走んねえのか！」

石井は、渋々車を発進させた。

石井は、荻窪に車を進ませながらも、花形を説得しようと懸命であった。

「なあ、花形。損得勘定があるわけじゃなし、かわいそうだから、よしたほうがいいよ。開店したばっかりだし」

石井は、バックミラー越しに花形を見た。花形は、まるで石井の話など聞いていないふうに、外を見ている。花形の代わりに、石井の連れが答えた。

「いいですよね、花形さん、行きましょうよ」

花形は、外を見たまま答えた。

「ああ、かまわないよ。行こう」

石井は、肚《はら》を決めた。

〈これ以上、花形に逆らっても、なんの得にもならん〉

石井は、仕方なく花形について、細川の店に行った。

石井が、花形たちより一歩早く店に入ると、幸い細川は留守であった。応対は、細川の妻がした。どうやら、主人が留守のため、店は彼女一人が切り盛りしているらしい。

「まあ、石井さん。ようこそいらっしゃってくださいました」

彼女は、石井に深々と頭を下げた。が、彼女が頭を上げたと同時に、花形が店に入ってきた。

彼女の顔は、一瞬に凍りついた。花形と視線を合わせないよう、すぐにのれんの陰に隠れるように引っこんだ。

石井は、大声で、とりあえずギョーザとビールを注文した。注文はしたものの、いつ花形が　暴れ出すかと気が気ではなかった。

花形は、出されたものを無言のまま、黙々と食べつづける。

食事を平らげると、ビールを勝手に追加した。いつもの花形なら、食事が終わると、なんのかのと因縁をつけ、テーブルを引っくり返す。

〈もうそろそろ、始めるかな……〉

石井は、内心びくびくしながら、花形の行動をうかがっていた。

が、花形は、ビールを飲み終わると、すっと立って、何も言わずに、店を出ていった。女一人と知って、暴行を働かなかったのだろう、石井は、胸を撫で下ろした。

勘定こそ払わなかったが、花形が暴れなかったことに石井は感謝した。


花形を殺《や》るしかない！


石井が外に出ると、花形は、石井の連れに執拗《しつよう》にからんでいた。

「どこか、違う店はねえのか！　このまま帰れると思ってんのか」

三人は、そのまま中野に向かうことにした。

花形は、何軒もの飲み屋をハシゴしたすえ、中野駅北口の真前にある『ミリオンダンスホール』に入っていった。ダンスホールは、不良の少年少女の溜り場だった。

花形は、ダンスホールに入ったとたんに、不良の一人に話しかけられた。

「花形さんじゃありませんか」

花形は、不良たちの憧れの的だったのである。

花形が席に着くと、黙っていてもビールが出てきた。そのうち、寿司も出てきた。

花形は、いつもなら、一定の量のアルコールを飲むと眼が据わる。それがもう少し進むと、暴れ出す。が、このときは、眼が据わるだけで、いっこうに暴れる気配はなかった。

花形は、すっかりいい気持ちになっている。時間は、十一時を過ぎていた。帰るチャンスだ、と石井は思った。

「じゃあ、そろそろ、帰ろうか」

石井が声をかけると、花形は拒否した。

「まだ、駄目だ。足りん」

石井は、午後九時から、渋谷のバー『ロジータ』に美代子を待たせていた。少しでも早く帰りたい。

石井は、花形にちがう言い方をした。

「じゃあ、渋谷に戻って、飲み直そうか」

「渋谷もいいな」

気分のよかった花形は、素直に石井の言葉に従った。

石井は、花形といっしょに渋谷に戻ると、美代子を待たせていたロジータに行った。ロジータは、渋谷区宇田川町の雑居ビルの地下一階にあった。石井たちの溜り場である。

美代子は、待ちくたびれ、疲れきっていた。石井を見て、美代子はホッとした。これで帰れる、という顔になった。

が、つづいて入ってきた花形を見て、美代子の表情が凍りついた。

〈どうして、花形さんなんかと、いっしょに来るの！〉

美代子は、嫌な予感がした。

が、美代子たちのテーブルに座った石井も花形も、すこぶる機嫌がよかった。深夜だというのに、歓談がつづいた。めずらしく陽気な酒であった。石井は、そのまま花形の気分を害したくなかった。

が、石井には、急ぎの仕事もあった。

「花形、十五分ばかり席を外す。すぐに戻ってくるからな」

石井は、席を外した。

その間、花形は、美代子もまじえて飲んでいた。花形は、据わった眼で美代子を見ながら、声をかけた。

「ちょっと、話があるんだ」

「なあに、花形さん？」

「もっと、こっちへ来い。内緒でしかいえねえ話なんだよ」

美代子は、花形に顔を近づけた。花形の口が、美代子の耳に近づいた。そのとたん、花形は、美代子の右耳にがぶりと齧《かじ》りついてしまった。花形にしてみれば、悪ふざけである。しかし、それまでのひどさのため、悪ふざけにはならない。

「きゃあ！」

美代子は、悲鳴をあげた。花形の嚙《か》み方も、半端ではなかったのである。花形も、その悲鳴に驚き、店から出て行った。

石井は、若い衆に仕事の指示をして、『ロジータ』にもどった。が、花形のいたはずの席に、花形がいない。代わりに、美代子がテーブルに顔を伏せて泣いている。

石井は、あわてて訊いた。

「どうした、何があった。花形は、どこ行った？」

美代子は、眼を真っ赤にして石井に訴えた。

「花形さんが……、わたしの耳に、食いついたの……」

最後は、言葉になっていなかった。見ると、美代子の耳には、赤く歯形がついている。

「おまえ、食いつかれるようなことをしたのか」

石井は、頭がカーッと熱くなっていくのがわかった。

石井は、店中に反響するような大声で怒鳴った。

「よし、美代子、おまえは、ここで待ってろ！　道具持ってくるから。今度こそ、殺してやる！」

「道具」というのは、武器のことを言う。たとえば、広島では、拳銃のことを「道具」と言う。大阪では、「チャカ」と言う。東京では、「拳銃」、あるいは「道具」とも言う。

石井の「殺す」という言葉を聞いて、美代子は、必死で止めた。石井に、二度と刑務所に入って欲しくなかった。が、石井は頭に血がのぼっている。歯止めがきかなかった。

石井は、すがりつく美代子に言った。

「おまえ、そんなにおれが心配なら、別れりゃいいじゃねえか！　おれが、花形の命をとってやる！」

花形を自分が殺れば、十五年の判決を受ける。しかし、花形がいかにひどいことをしたかを訴えれば、情状酌量で十年にはなるだろう。ただし、十年も刑務所に行ってしまえば、その留守に渋谷はまた別の者が頭角を現わしてきて、出てきたときには、自分がくすぶってしまうことになりかねない。

しかし、ヤクザとして飯を食っている以上、花形に悪さをされても振りはらわなければ、自分が飯を食いづらくなる。

石井は、花形を殺そうと店を出た。美代子も、必死であとを追った。

二人は、いったん自分たちのアパートにもどった。石井は考えた。

〈武器は、何にしようか〉

ちょうどそのときである。石井の若い衆である牧野昭二が、血相を変えて入ってきた。石井もそうであったが、牧野もまた真剣な、思いつめた顔をしている。

石井は、訊いた。

「どうしたんだ、おまえ」

牧野は、石井の腕を強く摑んだ。牧野は、懇願するように石井に言った。

「いま、花形さんに、殴られた。花形さんを、殺りたいんです」

石井も美代子も、ギョッとした。石井は、一瞬、花形を殺る、という話が外に洩れているのか、と思ったほどである。

石井は、訊いた。

「なんで、殴られたんだ！」

「おれが惚れてる女がいるんです。彼女と、渋谷をぶらついていたんです。そこに花形さんが小走りにやってきた。おれが、『こんばんは』と声をかけると、花形さんは、『小僧、この野郎！』といって、いきなり、おれを殴りとばした。あまりに不意だったので、二メートルも後ろにすっとんだ。花形さんは、そのまま、ふらふらどこかに見えなくなってしまったんです」

牧野は、最愛の女の前で辱めを受け、その苦痛に耐えられずに、石井のアパートにやって来たのである。

石井は、かつて舎弟たちに言ったことがある。

「おれに何かあったら、花形を殺さなきゃしょうがねえな」

そのとき、大声で石井に返事をした者がいた。

「そのときは、わたしがやります！」

それが、牧野だった。

花形への銃撃

石井は、牧野に言った。

「おれが、殺る！　おれも、いま花形を殺りに行こうと思っていたところだ」

牧野がすがった。

「おれに、殺らせてください。仕留める自信があります」

「おまえ、本当にできるのか」

「もう、自分は納得いきません。わたしに、殺らせてください」

「よし、殺れ」

石井は、牧野に命令を下した。

さっそく、若い衆を手配するために、根城であるバー『ロジータ』に電話を入れた。

「おい、花形の行方を追え」

「えっ？　花形さんだったら、また店に戻ってきて飲んでますけど」

石井は、その言葉を聞いて、ますます怒り狂った。花形のあまりの図々しさが、許せなかった。

「いいか、おれが行くまで、花形をつなぎ止めておけ！　応援を向かわせる。絶対、帰すんじゃねえぞ！」

石井は、そう釘を刺すと、若い衆を集めにかかった。

石井は、思いつく限りの若い衆に連絡を取った。

「いま、花形が、ロジータで飲んでる。おまえら、ロジータに行って、飲んでろ。花形におごってもらうふうにしろよ。『あッ、こんばんは。なんですか、今日は、機嫌が良さそうですね。飲ませてくださいよ』って言うんだぞ。おまえたちが行けば、花形は『飲め飲め』ってやるに決まってる。どうせ自分の金じゃねえんだ。おれの金だ。いいか、かならず『一杯ご馳走してもらっていいですか？』って言うんだぞ。いいな！　おれも、あとで行く」

花形を殺るには、拳銃しかない。石井は、拳銃を舎弟の森田雅に預けていた。花形が出入りする自分のアパートに拳銃を置いておくのは、あまりに危険である。石井は、そう判断して森田に拳銃を預けていたのである。

石井は、森田に電話をするとすぐ、世田谷区用賀一丁目の、森田の家に向かった。

石井の拳銃は、カナダ製のブローニング三十八口径である。石井は、預けておいた拳銃を受け取ると、すぐさま自分のアパートに取って返した。

アパートに帰るとすぐ、石井は、牧野に拳銃の使用法を説明した。

熱心に、拳銃の使い方を指導している石井に、美代子が訊いた。

「ねえ、花形さん殺ったら、何年入るの」

石井は、素っ気なく答えた。

「最低でも、十年は食らうだろう」

「そんなんで一生棒に振るんだったら、花形さんの下にいて、我慢すればいいじゃないの」

石井は、美代子を諭すように言った。

「いや、そんなことしていたら、この世界じゃ、生きていけねえ」

「そんな……」

夫が人殺しに行くのを止められないと知った美代子は、泣きじゃくり始めた。

石井は、牧野に拳銃の使い方を教えた。それが終わると、綿密に計画を練った。

「ロジータの前には、屋台のおでん屋が出ている。おまえは、そこで、ロジータから出てくる花形を待て。そして、出てきたところを、撃て」

石井は、ついに古い友である花形を殺すことに決めた。

牧野に、花形を殺したあとの計画まで、話して聞かせた。

「おれは、森田の家に戻って待つ。首尾よく行っても、行かなくても、襲撃したら、報告しろ。いいな」

牧野がうなずいた。

「兄貴、逃げることができたら、森田の兄ィの家に向かいます」

「そうだな、逃げてこられりゃあ、女抱かして、自首させてやるよ」

石井は、牧野に話し終わると、バー『ロジータ』にあらためて電話を入れた。若い衆を電話に呼び出し、命じた。

「いいか、いまから家を出る。三時十五分になったら、花形を他の飲み屋に誘うんだ。『ここは飽きちゃったから、出ましょう』ってな。おまえたちが言ったら、花形はかならずついてくる。そしたら、こうするんだ。『大丈夫ですか、花形さん』、そう言って、花形の腕を持つんだ。腕、持ってやって、そのまま階段を上がって来い。出たところのおでん屋に、牧野を待たせておく。そこまで行ったら、おまえたちは後ろに下がって、ことの成り行きを見届けろ。おまえたちに、弾が当たっちゃ困る。さっと避けろよ。それで花形がどうなったか、報告しろ。あとを尾けるんだ。おれは、森田の家にいる」

石井は、一方的にそれだけ言うと、電話を切った。

石井は、泣きじゃくる妻の美代子を残して、牧野と二人でアパートを出た。石井のアパートの前で、森田が車にエンジンをかけて待機していた。石井たちは、ロジータに車を走らせた。

ロジータの前で、牧野を降ろした。

石井は、車を降りる牧野の右肩を叩いた。

「頼むぞ」

口にこそ出さなかったが、手でそう語った。

森田と石井の二人は、車を走らせ、森田の家に向かった。

が、途中で、石井の気が変わった。石井は、森田といっしょに、国士舘時代の不良仲間、赤川信夫のやっている代々木にあるスナックに立ち寄った。自分たちのアリバイをつくるためである。

石井は、赤川に頼みこんだ。

「おれとずっといっしょに飲んでいた、と証言してくれよな」

「理由は、あえて訊かねえ。そう答えておくよ」

石井は、牧野に計画を説明するとき、こう言っていた。

「花形を殺って、そのまま逃げられるんなら、報告して、逃げてもいい。どうしていいかわからねえときは、おれのところへ来てもいい。が、あとでバレそうだったら、絶対におれのところへ来るな。殺ってから、女抱こうが、何しようが、おまえの勝手だ。だが、朝までには、かならず自首しろ。いいな」

万が一、牧野に足がついて、石井のいる森田の家に来たことがわかれば、自分も逮捕される。せっかくのアリバイも、ご破算になる。

石井は、森田に言った。

「一足先に、おまえだけ、家に戻っておけ」

「兄貴は、どうするんだ」

「おれは、どうしても、牧野が花形を殺るのを、おれの眼で確かめたいんだ」

「わかった。じゃあ、おれの家で待っているからな」

一人残った石井は、ロジータに引き返し店そばの、銃声が聞こえるであろう、ぎりぎりのところに陣取った。自分がいるとは誰にも知られない場所で、石井は、ただただ銃声の聞こえるのを待ちつづけた。

ロジータで降りた牧野は、石井の指示どおりおでん屋に入った。日本酒とおでんを注文した。ジャケットのポケットは、拳銃の重みで垂れ下がっていた。

時間は、もうすぐ真夜中の三時になろうとしている。三月といえども、夜は真冬とかわらぬ寒さである。

牧野は、ポケットに手を入れ、拳銃をあらためて強く握り締めた。ブローニング三十八口径は、九連発である。

　牧野は頭の中で、石井に言われた忠告を反芻《はんすう》した。

「九発あるからといって、油断するなよ。外れたら、大変だ。なるべく、花形のそばまで行って撃つんだ。あれだけでっかい体だ。手を伸ばしたら、一、二メートルはすぐだぞ。だから、手が届かないところまで行って、いきなり撃てば、かならず当たる。場所は、どこでもいい。一発当たれば、かならず、グラッとくる。そしたら、二発、三発、四発と、つづけざまに撃て。そして、倒れたら、喉《のど》と心臓と、とどめを三発、ぶっぱなせ。九発全部撃てよ」

　おでんが冷めるのも気づかないほど、牧野は熱心に計画を反芻していた。そして、あらためて花形に対する憎しみを募らせた。

　牧野は、酒にもおでんにも、ついにひと口も手をつけなかった。何にも言わずに、五千円札を出した。

「釣りはいらねえよ。もう少し、ここにいさせてくれ」

　牧野は、ロジータの入口と時計とを、代わるがわるに見つめた。

　午前三時二十分過ぎである。花形は、森田の舎弟二人に抱きかかえられるようにして、店から出てきた。

　屋台にいる牧野はロジータから出てきた花形の姿を眼に入れた。舎弟二人は、眼で牧野に合図した。

　牧野は、素早く、花形の後ろに回った。

　ブローニングは、オートマチックである。撃鉄を起こす必要がない。牧野は、ポケットから、拳銃を出した。

　花形めがけて、かまえた。

　先輩二人は、牧野のかまえたのを確認すると、花形を放り出すようにして、物陰まで走り去った。

　酔った花形は、突然腕を離され、体のバランスを崩した。その場に、膝をついた。

「何しやがんでえ、この野郎！」

花形がそう叫んだとき、牧野が後ろから声をかけた。

「花形さん」

大きな体をゆっくり起こして、花形の疵だらけの顔が振り向いた。花形は、細い鋭い眼をいっそう細めて、牧野を見た。泥酔している花形の眼は、一瞬焦点が定まらないようにも見えた。

が、自分に向けられている拳銃にすぐに気がついた。拳銃を持っているのは、同じ安藤組の牧野である。

さきほど殴った牧野が、自分に拳銃を向けている。

花形は、牧野に背を向けたまま、ドスをきかせて低い声で言った。

「それはいったい、何の真似だ」

落ち着いた響きに、動じている気配は微塵《みじん》もなかった。恐怖にかられたのは、逆に牧野のほうであった。

花形は、くるりと体を牧野のほうに向け直した。

一歩、二歩、花形は牧野に近づいてくる。

〈三メートルより、花形を近づけてはならない〉

そう思った牧野は、花形を牽制した。

「それ以上近づいたら、撃つぞ！」

花形は、牧野の言葉を無視して、もう一歩牧野に近づいた。

〈いま撃たなければ、殺される！〉

牧野は、夢中で拳銃の引き金を絞った。

暗闇と静寂の街に、銃声が響き渡った。

が、弾はそれた。花形には、当たらなかった。

本当に自分を殺す気だ、と悟った花形は、牧野にすごんだ。

「小僧！　てめえにゃ、おれの命はとれねえぞ！」

花形は、逃げようとしなかった。

牧野は、弾を避けるつもりで、左の掌《てのひら》を前に突き出して、牧野に歩み寄った。

牧野は、後ずさりした。

また、一歩、花形の大きな体が近づいてくる。

牧野は、二度目の引き金を引いた。

すさまじい銃声とともに、花形の呻き声があがった。

「ウオーッ！」

花形は、右手で左手を押さえた。血がドクドクと流れ出した。

「小僧！　てめえ！」

弾は、楯代《たてが》わりに出していた花形の左の掌に当たったのである。骨が、砕けていた。

左腹貫通からの遁走《とんそう》

三発撃たれた花形敬は、なおも撃った牧野昭二に近づこうとした。

右足を、前に一歩出した。

牧野は、つづけて三発目を発射した。

弾は、花形の左腹を貫通した。

「ウゴッ……！」

生温かい血が、砂利道に弾け飛んだ。

花形は、さすがにその場に崩れ落ちた。

〈仕留めた！〉

崩れ落ちた花形を見て、牧野は確信した。

が、ドクドク流れ出る血を見て、牧野はにわかに怖くなった。牧野の頭の中には、兄貴の石井福造が前もって釘を刺しておいたとどめを刺せという言葉は残っていなかった。

〈花形さんを、殺った！　花形さんを、ついに仕留めた。逃げなくちゃ、逃げなくちゃ！〉

そばに潜み銃声を確かめた石井は、そのまま森田雅の待つ世田谷区用賀一丁目の森田の家に向かった。

森田の家に戻ってきた石井を、森田が出迎えた。

石井が、声をはずませた。

「あいつ、やったぞ！」

「そうですかい」

「仕留めたかどうかはわからんが、とにかくやった」

「おめでとうございます」

いっぽう牧野は、花形を撃つと、九発撃てるブローニングの中に六発もの弾を残してバー『ロジータ』を離れ、タクシーを拾おうと道路に出た。

牧野は、森田の家で待つ石井に、一刻も早く狙撃に成功した報告をしたかった。牧野には、自分が焦っているのがよくわかった。

牧野は、道路の中央に出ると、タクシーを停めた。

「甲州街道を、用賀まで」

タクシーにあわただしく乗りこんだ。

永福町《えいふくちょう》あたりにまで来たのだろうか、タクシーに乗っている時間が妙に長く感じられた。

〈兄貴に、知らせたい。兄貴のよろこぶ顔が、早く見てえ〉

牧野は、タクシーの中でただそれだけを考えていた。

森田の家に牧野が到着したのは、石井が来て三十分も経ったころであった。

牧野は、森田の家の玄関の戸を、激しく叩いた。

花形は死んだ、とわかっているのに、石井と森田は、花形がここまで追ってきて、戸を叩いているのかもしれないと思い、身がまえた。

森田は、奥の部屋に入り、日本刀を二本持ってきた。

森田は、一本を石井に渡した。

二人は、日本刀を上段にかまえたまま、声をかけた。

「誰だ、この野郎」

「牧野です！」

「なんだ……無事だったのか」

森田が、急いで戸を開けた。

牧野はタクシーを待たせたまま、玄関に立っている。

石井は、舌打ちした。

〈タクシーで、家の前まで、乗りつける馬鹿がいるかよ！〉

タクシーの運転手に怪しまれては、困る。石井は、後ろ手に日本刀を隠すようにして、玄関に出た。

「牧野、入って来い」

「いや、石井の兄ィ。タクシー代、払ってほしいんですけど」

「なんだ、渡したタクシー代は、どうした」

「それが、焦って、みんなおでん屋に払っちまいました」

あまり待たせて、怪しまれるとまずい。

石井は、タクシー代金を払いに行った。

タクシーに体半分乗りこむようにして、支払いをした。

タクシーの中が、妙に煙臭い。牧野がポケットに忍ばせていた拳銃から、火薬の匂いが漏れて、車内に充満していたのである。

〈あの馬鹿〉

石井は、支払いをすませると、黙ってタクシーを帰した。

タクシーの灯りが見えなくなると、牧野が大声で言った。

「やッ、やりましたッ！」

森田が、感慨深そうに言った。

「そうか、やったか」

石井も、聞き返した。

「本当に、殺ったんだな」

「本当に、仕留めました！」

石井は、牧野の言葉を聞いてやっと安堵した。

〈これで、枕を高くして眠れる。美代子といっしょに、何の心配もなく眠れる〉

牧野は、石井に報告すると、緊張が解けたのか、急にヘタヘタと玄関の上がり縁に座りこんだ。

花形敬を殺した。

石井はそう確信すると、今度はこれからどうすればいいのか、を考えはじめた。

〈安藤社長に、どう言い訳をしよう〉

花形は、安藤組の幹部であり、石井の兄弟分である。石井は、仲間を殺したのだ。安藤組長に釈明しておかないことには、石井はまちがいなく破門になってしまう。

いくら暴れ者といっても、破門がどんなことを意味しているのか、石井にはよくわかっている。破門になれば、ヤクザの世界では生きていけない。かといって、いまさらカタギになるつもりはなかった。

〈社長に、言い訳しなくちゃ〉

石井は、とりあえず安藤に言い訳だけはしておこうと思った。そうと決まれば、一刻も早いほうがいい。

石井は、安藤の自宅に向かうことにした。


「花形は生きていた……」


石井は、森田と牧野に言った。

「おい、これから安藤社長のところへ行くぞ。その前にマキ、おまえは、服を着替えろ。キナ臭くて、いけねえや」

火薬の匂いは、まだ牧野の体から臭っている。

石井は、さっそく四谷にある安藤の自宅に向かうことにした。

三人で、外に出た。吐く息が白く広がる。もうすぐ、夜が明けようとしていた。

甲州街道に出たが、今度はタクシーに乗るわけにはいかなかった。

渋谷で花形が殺され、都内では警察の検問がおこなわれているはずである。検問では、タクシーが一番最初に停められる。

石井は、牧野に命じた。

「おい、マキ。なんか、適当に車を停めろ」

牧野は、道路の中央に出ると、砂利をたくさん積んだトラックを停めた。

トラックが停まると、牧野は、勝手に助手席に乗りこんだ。

運転手にすごんだ。

「おい、四谷まで行け。金は出す」

運転手は、血走った眼の牧野を見て、腰が抜けんばかりに驚いた。

「たッ、助けてください」

「命は、とらねえ。四谷まで行け」

牧野が助手席から指でＯＫサインを出すと、石井と森田が乗りこんだ。

トラックは、用賀から甲州街道を通り、新宿に抜けた。案の定、新宿は警察が総動員で検問をしていた。

運転手は、運転しながらも、用賀からずっと震えつづけていた。

トラックも、検問に停められた。

矢印に誘導されて、停まろうとする運転手に、石井が一喝した。

「おい、おれたちはおまえの仲間だというんだ。余計なことを言ったら、生きて車を降りれねえからな」

石井たちは、土方のふりをして、どうにか検問をくぐり抜けた。

石井たち三人は、ほっと溜息をついた。

が、安心したと同時に、牧野にトラックの運転手が泣きながら頼んだ。

「お願いします。もう、降りてください。仕事で練馬に行かなきゃならないんです。お願いします」

降りないで、下手に騒がれても危険だ。石井も、運転手にそう言われると、降りざるを得なかった。

石井は、結局タクシーを拾うはめになった。

一度検問を通ってしまえば安心だろう、と石井はタクシーを拾った。

タクシーの運転手が、石井に訊いた。

「何かあったんですか、急に検問が始まって」

石井も、とぼけてみせた。

「さあ、知らないねえ。また、酒酔い運転の検挙じゃないの」

うまく運転手をかわしたと思った矢先、石井たちは、四谷の目と鼻の先のところで、また検問にかかった。

石井は、急に酔っぱらったふりをして、呂律《ろれつ》のあまり回らない口調で警官に訊いた。「何か、あったんですか？」

警官が答えた。

「明日の朝刊を見てもらえば、わかるよ」

「ああ、そうですか」

石井は、警官の質問をうまくかわすと、ようやく四谷にたどり着いた。

が、安藤は、不在であった。

警察も、花形殺しで、躍起になって牧野を探している。明け方にあまりこの辺をうろついていてはいけない。そう判断した石井は、安藤の兄弟分である新宿の加納貢のところへ行った。

加納は、石井の顔を見ると、辺りをうかがうようにして、自宅に招き入れた。

「おい、花形をやったのは、おまえか」

石井は、落ち着いたふりをして答えた。

「はい。わたしがこの牧野に命じて、やらせました」

「そうか。だがな、花形は生きてるぞ」

「ええッ！」

石井も牧野も、腰が抜けるほどおどろいた。

〈花形が、生きている……〉

石井は、背筋に戦慄《せんりつ》が走った。

花形を、バー『ロジータ』から連れ出した二人が、気を利かせて加納のところに連絡を入れたのである。

花形は、銃声を耳にして飛んできた近くのスナックのバーテンに助けられた。

花形は、そのままタクシーに乗せられて、渋谷区役所の横にある本間外科に向かった。

花形の傷は、左手第二、第三指の骨折および、左腸骨翼骨折で、全治四カ月という重傷であった。

花形は、そのまま入院した。

発砲事件ということで、花形のところには、すぐに警察がやってきた。

が、警察の事情聴取に、花形は犯人の名前をついに明かさなかった。

「顔を知らねえ野郎だ。おめえらには、関係ねえ」

警察がいくら訊いても、花形の返事は同じであった。

業を煮やした警察が、花形に訊いた。

「顔を知らないやつなら、どんな格好をしてた。身長は、どれぐらいだ」

花形も、引き下がらなかった。

「おれより、でかいやつだ」

牧野は花形より、ずっと小柄であった。

問答を繰り返しているうち、ドクターストップがかかった。警察も帰り、病院内も落ち着きをみせた。

病棟の電気が消えた。石井に命じられていた見張りの二人は、任を終えたと思い帰ろうとした。

その直後、花形は看護婦の目を盗んで病院を抜け出した。花形は、病院の窓を突き破って、逃走したのである。

病棟の電気がふたたび点き、病院内が騒がしくなった。

見張りの二人は、花形が抜け出したのを、病院内の騒ぎで気がついたのである。

死んだと思っていた花形が生きていた。しかも、石井と牧野を追って、病院から抜け出した。

石井は、自分でも顔から血の気が引いていくのがわかった。石井と牧野の命を狙って、花形が渋谷の街を徘徊《はいかい》している。石井は、生きた心地がしなかった……。

復讐《ふくしゅう》の鬼と化した花形

安藤昇の兄弟分である新宿の加納貢が、石井福造が花形敬を殺らしたと聞くや、石井に言った。

「おまえ、まずいことしてくれたなあ」

石井も、加納に深々と頭を下げた。

「加納さん、すんません！　でも、おれはどうしても、花形が許せなかったんです」

加納も、怯えきった石井の顔を見入った。

「やったことは、仕方ない。とにかく、街をうろつくのはまずい。おれが手配してやるから、おまえたちは、そこから一歩も外へ出るな」

加納は、石井のために、さっそく四谷にあるホテルを取ってくれた。

石井ら三人は、加納に身を預けるようにして、ホテルに缶詰めになった。

石井は、ベッドに横になると、ようやく落ち着きを取り戻した。

石井は、かつて花形の言った言葉を思い出していた。

昭和二十六年冬のことである。そのときも、石井は、花形を殺すつもりであった。石井は、森田雅たちとしょっちゅう計画を練っていた。石井たちは、いつものように、渋谷の宇田川町の路上で森田たちと花形を殺す相談をしていた。

そこへ、花形が通りかかった。花形は、話しこんでいる石井を見つけると、声をかけた。

「なんだい、おれを殺す相談でもしてるのか。言っとくがな、おれはハジキじゃ死なないよ。殺したかったら、機関銃でも持ってくるんだな」

いま殺されかかり、復讐《ふくしゅう》の怨念《おんねん》と化した花形が、渋谷の街を彷徨《さまよ》っている。石井は、花形の執念に恐れをなした。

いっぽう花形は、石井の行きそうな場所に、片っ端から顔を出していた。服は、血まみれである。が、どこへ行っても、石井の姿はない。花形を撃った牧野昭二の姿もない。

花形は、石井を探すのをあきらめると、そのまま焼肉屋に入った。

花形は、コップ酒をあおりながら、焼肉を三人前ほどたいらげた。

花形は、そのまま、電話で女を呼び寄せると、宇田川町の『岩崎旅館』に泊まりに行った。

二月十八日午前八時過ぎ、石井はホテルのフロントに電話をすると、すぐに朝刊を持ってきてくれるよう手配をした。

朝刊には、花形の一件は、何も載っていなかった。石井は思った。

〈まずいなあ……安藤社長が、手を回したんだ〉

石井は、急に妻の美代子のことが心配になった。花形は、カッとすると何をしでかすかわからない。ましてや、今回は殺されかかっているのだ。瀕死の重傷を負った花形が、自分の代わりに美代子を殺してしまったのではないか。

石井は、美代子に連絡を取ろうと思った。が、六畳一間のアパートに、電話なんかついていない。

〈美代子、無事でいてくれ……〉

石井は、自分の舎弟の玉置のところへ電話を入れた。

「おい、おれだ。石井だ。美代子は、無事か？」

「兄貴！　姐《あね》さんは知りませんが、花形さんは、朝の五時ごろ、血相を変えてやってきましたぜ。『石井はいるかッ！』って、手を包帯でぐるぐる巻きにして。いったい、どうしたんですか」

まだ、花形が襲われたことは末端までは知れ渡っていないようである。

石井は、玉置に命じた。

「美代子が無事かどうか、見てこい」

執念深い花形は、美代子のところへもすでに足を運んでいた。

美代子は、花形が来る、と予測していた。布団の上にきちんと正座をして、花形を待ち受けていた。

午前五時ごろ、花形は、扉を蹴り倒すようにして、石井のアパートへやってきた。美代子は、扉に鍵をかけておかなかった。

花形は、土足のまま、部屋に上がってきた。

「石井は、いるか。牧野は、どこだ！」

美代子は覚悟を決めていたはずであった。が、恐ろしい形相をした花形を見ると、どうしても、体の震えが止まらなかった。

「主人は、おりません。どうぞ、気のすむまで探してください」

花形は、美代子にそういわれるまでもなく、勝手に押入れを開けて、二人の姿を探した。

が、狭い押入れに二人も隠れられるはずがなかった。

石井の姿を見つけられなかった花形は、美代子をジロリと睨みつけた。

「おい、石井を、どこに隠した」

美代子は、うつむいたまま花形に言った。

「知りません」

花形は、美代子を正面に座らせると、左手の包帯を解き始めた。左手の甲は骨が砕け、どす黒く腫れあがっている。そこに、まるで穴でもふさぐかのように、縦横に縫い傷が走っている。あまりのむごさに、美代子は悲鳴をあげるところであった。美代子は、吐きそうになるのを必死でこらえた。

花形は、左手を美代子の眼に押し当てるようにしていった。

「これを、見ろ。よく見ろ！　石井が、やらせたんだ。おれの命をとろうとしたんだ。おまえも、知っててやらしたんだろ！」

石井がやらせた、という証拠はどこにもなかった。だが、花形は、襲った若者が石井の舎弟の牧野である、ということをおぼえていてそう断言したのである。

美代子は、花形にすごまれても、ひと言も口をきかなかった。

〈殺すんなら、早く殺して〉

美代子は、半ばあきらめて、花形の判断を待った。

何を言っても口をひらかず、応じようとしない美代子の態度に、花形は業を煮やした。

花形は、苛立《いらだ》った。

「もういい。石井は、おれが探す！」

花形は捨て台詞を残して、石井のアパートを出て行った。

が、花形も美代子をこのままにはしておかなかった。

花形は、花田瑛一の舎弟である金井哲男に、美代子を見張っているように命じた。

「いいか、石井は、かならず女房のところに戻ってくる。戻ってきたところを、殺れ」

花形は、四十五口径の拳銃を、金井の手に握らせた。

事態収拾に動く安藤

石井のもとに安藤昇から連絡が入ったのは、昭和三十三年二月十八日の昼の十二時を回ったころであった。

安藤は言った。

「おまえ、話は加納から聞いたぞ。花形は、夕べ病院から抜け出して、おまえを殺そうとふらついてて、いまもどこかその辺をふらついているらしいぞ」

「社長、すみません。でもおれ、どうしても花形の野郎を許せなかったんです」

「やってしまったことは、もういい。それより、今夜おれが一席持つ。やった牧野は、花形が見ると、その場で逆上しかねん。だから、牧野は連れてくるな」

安藤の問題への対応の早さに、石井は感心した。

安藤はつづけた。

「いいか、石井。ことの次第は、すべて牧野が勝手にやった。おまえは、まったく知らなかった。いいな、夕方、そこへ迎えの車をやる」

安藤は、石井にすばやく指示を出すと、電話を切った。

石井は、安藤の言葉に肚をくくった。

〈おれが命とられても、何にも言えんな。花形が、生きてるんだからな〉

安藤が電話を切って間もなく、安藤組の事務所に、花形がやって来た。

花形は、左手を包帯でぐるぐるに巻いている。包帯は、乾いた黒い血の色をしている。

安藤は、少しも動じない様子で花形に言った。

「花形、おまえ撃たれたんだって。病院に入ってりゃいいものを、抜け出したそうじゃねえか」

花形は、安藤の顔を一瞥すると、腹立たしそうに言った。

「石井の舎弟が、やりやがったんだ！」

花形は、左手の包帯をくるくると外し始めた。

「まあ、社長、見てやってください」

花形は、安藤に傷口を見せた。

左手は、縫合あとが縦横に走っている。

〈こんな傷を負って、病院を抜け出して来るんだ。懲りねえやつだ〉

安藤は、花形の無残な傷痕を少し見ると、そんなものは見慣れている、というふうに眼を逸らした。

横で見ていた若い衆が、訊いた。

「花形さん、痛くないんですかい」

花形も、怒ったように言った。

「馬鹿野郎！　人間ピストルで撃たれて、痛くねえわけねえだろう！」

安藤が訊いた。

「おい、花形よ。おまえ、撃たれたのはそこだけか。もっと深い傷を負ってるんじゃねえのか」

「いや、ここ一発と、腹なんですがね」

花形は、そういうと、いきなりズボンを脱ぎ始めた。脱いだズボンから、カランという乾いた音がした。

安藤の足元に、パチンコ玉ほどの黒い塊《かたまり》が転がった。

安藤は、何か、と思って黒い塊を拾い上げた。黒い塊は、ブローニング三十八口径の実弾であった。弾は、花形の体を貫通して、ズボンの折り返しに引っかかっていたのである。くしゃくしゃにひしゃげて、真っ黒になっていた。

安藤は、弾を拾いあげ、花形に見せるようにした。

「おまえ、こんなもの持ったまま、いままでどこをほっつき歩いてたんだ」

花形も、ふてくされた。

「酒飲んで、女抱いてたんだ」

重傷を負って女を抱いていたという。安藤は、開いた口がふさがらなかった。

安藤は言った。

「これから、おまえと石井との話し合いをやる。花形、逃げるなよ！」

安藤は、事務所を出て行った。

そこに、刑事がやって来た。現在小説家である山口洋子《やまぐちようこ》は、当時、東映ニューフェイスで安藤組事務所に頻繁に出入りしていた。ちょうどその場にも居合わせたという。『週刊大衆』平成五年八月三十日号で、山口はこう語っている。

《あのとき、刑事が来て「おい、花形、夕べ何があったんだ」というわけ。花形の兄ィは、手に血だらけの包帯まいていながら、「なにもねえよ」って。

　でも安藤組に来るくらいの刑事になると、やっぱり一線級が来るね。「なんにもねえことはないだろう。そのケガはなんだ」ってびしびし追及するんだから。「階段から落ちたんだよ」「ウソつけ、撃たれたんだろ！　夕べきていたワイシャツを出せ」。側にいたわたしゃ、ハラハラ。

　そうしたら花形の兄ィ、「わかった」というや、洗濯したワイシャツをバーンと放ってさ。それがサマになって、もうそっくり映画の世界ですよ》

　いっぽう石井は、安藤から神楽坂の料亭『満んげつ』に呼ばれた。

　仲居にいざなわれるまま座敷に入ると、安藤組の幹部がほとんど揃っていた。安藤だけでなく、安藤の兄貴分の顔まで見える。石井は、ゴクリと唾を飲んだ。花形は、まだのようであった。

　石井は、部屋の中央、安藤の正面に座らせられた。

　石井が席に着いて間もなく、花形がけたたましい声を張り上げて入ってきた。

「石井！　どの面下げて、やって来た！」

　横暴なふるまいの花形を、安藤が制した。

「場をわきまえろ、花形！　みなさん、おまえの来るのを待ちかねてたんだ」

　さすがの花形も、安藤の言葉には従った。そのまま黙りこくって、安藤の左隣の席に座った。

安藤の和解策と石井の保釈

　花形は、向かい側にいる石井の顔を、ジロリと見た。傷だらけの顔が、執念深く蛇のように視線をからませてくる。

が、石井は平気を決めこむような演技をした。

安藤が説明した。

「みなさん、ごぞんじのとおり、本日未明、うちの組の牧野が、横にいる花形を襲う、という事件が起きた。幸い、花形は一命を取りとめたが、ごらんのとおりの重傷だ。問題を起こした責任は、組長のわたしにある」

安藤は、花形に頭を下げた。

「花形、わたしからあらためてお詫びする。すまなかった」

花形が制した。

「社長、やめてくれ。社長は、関係ねえ。悪いのは、そこにいる石井だ」

石井に向かって立ち上がろうとする花形を、安藤が止めた。

「花形、これは石井の知らないことだ。石井も、舎弟の牧野の失態を詫びるためにここに来てるんだ。なあ、石井」

安藤は、石井に話す機会を与えた。

石井が詫びた。

「花形、今回は、本当にすまねえ」

花形が、石井の言葉をさえぎった。

「なんだと、自分でやらせておいて。しらばっくれるのも、いいかげんにしろ！」

「本当に、知らなかったんだ」

「なにィ、そんなはずねえだろ、この野郎！　外に出ろ！　話をつけようじゃねえか」

花形が、立ち上がった。

「ようし」

石井も、受けて立つつもりで立ち上がった。

二人を止めようと、安藤も立ち上がった。

「やめねえか、二人とも！」

が、とにかくここで話をつけたくなかった花形は、安藤の手を振り切るようにして、座敷から出て行ってしまった。表に出て行った花形のあとを、十人ほどの若い衆が引き戻すため追って出て行った。

花形は、ものの十分と経たぬうち、座敷に連れ戻された。

花形が戻ると、安藤がみなの了承を取るように言った。

「おい、花形。おれが話し合う場を持ってやったんだ。喧嘩をしに集まったんじゃねえ。ちっとは、場をわきまえろ」

安藤は、花形を抑えると、石井をせかした。

「石井、今回の状況を、説明しろ」

「はい」

石井は、安藤との打ち合わせどおりの説明を始めた。

「花形、牧野を殴っただろう。おれは、牧野から、事後報告を受けた。だが、やっちまってからじゃ、どうしようもない」

安藤が、追随するように言った。

「石井は、何も関係ねえんだ。花形、わかったな」

「………」

花形は、あさっての方向を向いてムッとしている。

「お互い、仲直りしろ。花形、いいな！」

安藤は、声を張り上げた。安藤の大声にびっくりしたのか、花形は反射的に「ああ」と答えた。

安藤は、牧野に弁護士をつけ、五日後に警察に自首させた。

が、石井も、指名手配となってしまった。

花形を襲う際に評議した若い衆の一人が、ジャックナイフを所持していた件で警察に捕まった。その若い衆が、花形を襲撃した際のことをしゃべり、石井の名前を、主犯として吐いてしまったのである。

が、石井は、捕まるわけにはいかなかった。石井が警察に捕まれば、石井が花形を殺せと示唆したことが、花形にわかってしまう。

石井は、逃走することにした。石井はその前に、妻の美代子に言った。

「おれは、今回はもう保釈がきかねえ。おれは牧野に、やれといった覚えはねえ、と突っ張るんだ。保釈は、ききっこねえ。それに当分、出られねえ。おまえ、親に謝って、実家に帰れ。親が勘当だとか何とか言っても、迷惑かけて悪かったと謝れば、親はわが子がかわいいんだ。かならず勘弁してくれる。このアパートを引き払って、親元へ帰れ！　そのうち、他にいい男ができたら、結婚してもいいぞ」

石井は、逃走を決めこんだ。

が、石井は、まもなく捕まり、東京拘置所に移された。

石井は、調書を取られる段階で、偶然、洗面所で、花形敬を撃たせた牧野昭二に会った。

石井は、牧野にささやいた。

「おまえも、調書取られてんだろ。おれも本当のことしゃべっちゃってるから、おまえも正直なこと言っていいよ。おれに遠慮なんかいらないよ。おれがやらせた、っていうんだぞ」

石井は、それだけ言うと、その場を離れた。

石井と牧野は、それぞれ別々に調べられた。取調べは、だいたいはどちらかが、自分か、相手をかばうために嘘をつく。したがって、証言が食い違うことが多い。が、牧野と打ち合わせをして、みんな本当のことをしゃべっているから、事実関係とすべて一致した。

勾留中は、どこへ行くにも警官がついてくる。検察庁に行くのにも、手錠をかけられ、護送車で連れていかれる。

拘置所に入って三週間目のことである。石井は、刑事に護送されながら、検察庁の取調室に向かっていた。取調室の廊下で、石井は供述の順番待ちをしていた。

「石井、取調べだ」

検察官がそう言ったちょうどそのときである。廊下の向こうから、「石井ッ！」と叫ぶ者があった。

なんと、花形ではないか。石井は、心臓が止まりそうであった。とっさに、刑事の後ろに隠れようとした。

〈こっち来ちゃ、駄目だ。来るな！〉

刑事も、花形を石井のそばに来させないように、花形を手で追い払うような格好をした。

花形は、それでも石井のそばまでやって来た。

花形は言った。

「なんだ、石井。何、隠れてんだ」

石井も、言い返した。

「隠れてなんかいない。おまえこそ、なんだ」

「いやな。おまえが嫌疑だけで捕まったってえのに、十日経っても、二十日になっても、いっこうに出てこねえから、心配して見舞いに来てやったんだ。そしたら、そこで聞いてみりゃ、おまえ起訴になったっていうじゃねえか。おれを殺らしてねえおまえが、何で起訴になったのかなあ、と思ってさ。牧野が自分の意思でやったものが、何で、おまえが起訴になったんだい？」

花形は、わかっていながら、嫌味で石井に訊いている。

石井も、苦しまぎれの言い訳をした。

「なんだか知らないけど、起訴になっちゃった」

刑事は、二人の話を遮ろうとして、石井を取調べ室に入れようとした。さすがの花形も、これ以上は、入りこめない。

花形は、取調べ室に消えて行く石井に叫ぶように言った。声は平静であった。が、表情は、鬼のようであった。

「まあ、いいや。出たら、話をつけるからな！」

大声をあげる花形に、警察でさえ何も言えなかった。


石井は、素直な態度で供述したおかげで、前科があるにもかかわらず、情状酌量がついた。すなわち、保釈申請が通ったのである。

保釈を申請したのは、安藤の顧問弁護士袴田正であった。

石井は、袴田弁護士に頼んだ。

「わたしが出ることは、花形には内緒にしておいてください。知らせるのは、女房の美代子と、舎弟、それから、安藤社長だけにしてください。おれが出所することは、他言は無用だ、ということを、念押ししてください」

前科者の石井は、今度こそ長丁場だ、と思っていた。軽くて、十年は入っているだろう、と覚悟していた石井は、妻の美代子を、実家に戻していた。

舎弟にだけ伝えてくれ、といったのにも訳があった。花形は、安藤組のなかでは、一番の嫌われ者である。心の中では、みんな石井に加勢しているのに、石井の味方、と名乗りを上げることはできなかった。石井の味方だと言うと、花形にやられてしまうからである。

安藤組には、石井に、正面切って、優しい言葉をかけてくる者はいなかった。通じていなくても、花形が恐ろしくてチクる輩が出てくる。余計なことを言うことは、命取りになる。

石井は、自分が出所することを、必要最小限の者にだけ言うようにしたのだ。

石井が刑務所から出てきたとき、袴田弁護士といっしょに美代子も来ていた。

美代子は、石井の顔を見るなり、震え声で声をかけてきた。

「あんた！」

美代子は、あまりに早い石井の出所に感動してか、涙を流している。

石井は、美代子がいとおしくてたまらず、美代子を力強く抱きしめた。

「待っていたのかい。苦労かけたな……」

しかし石井は、いざ出所したものの帰るべき家がなかった。保釈がきくとわかっていれば、美代子にアパートを引き払わせるのではなかったが、あとの祭りである。

とりあえず、美代子の実家で暮らすことになった。実家の豆腐屋の二階の部屋にその夜から住むことになり、ぐっすりと眠りこんだ二人が、突然叩き起こされたのは、翌日の午前六時過ぎのことである。

美代子の実家の玄関を、ドンドンと何度も勢いよく叩く者がいる。

石井は、一瞬花形が襲ってきたものと思って、飛び起きた。

美代子は、まだ夢心地である。眠そうな眼をこすりながら、美代子が言った。

「悪戯よ、放っておきましょうよ」

だが、扉を叩く音は、いつまでたっても止まらない……。

花形の根底にある優しさ

石井福造は、転がっていたワイシャツとズボンを無造作に身につけると、玄関先に出て行った。

「どちらさんで」

「ご主人が、大変です」

石井は、美代子の親に何かあったにちがいないと思い、下駄をつっかけて玄関のドアを開けた。

玄関先に立っていたのは、花形の若い衆たちであった。二十人近くもいた。石井は、あまりの人数の多さに、一瞬たじろぎそうになった。

〈畜生！　花形の野郎、おれを張り出しに来やがったな……だが、どうして、おれがここにいるとわかったんだ〉

石井は、すごんで言った。

「なんだおまえら、朝っぱらから、失礼じゃねえか！」

若い衆の一人が言った。

「そういう石井さんも、失礼じゃねえですかい。出て来たなら出て来たって、花形の兄貴に報告があっても、いいんじゃねえんですかい」

そう言われると、石井も口を出せない。石井は、黙って若い衆を見渡した。すると、一番後ろに隠れるように立って、石井の顔色を窺《うかが》っている男がいた。

〈てめえ、おれを、売りやがったな！〉

その男は、なんと美代子の弟であった。美代子に頼まれて、石井が安藤組に入れてやった男である。顔には、青痣《あおあざ》ができている。石井は、直感的に思った。

〈あいつ、花形に締め上げられたんだな。それで、美代子から聞いていたことをしゃべったのか〉

若い衆が言った。

「さあ、花形の兄貴が、お待ちかねだ。いっしょに、来てもらいましょうか」

こうなってしまえば、仕方がない。石井も、肚をくくった。

「ああ、好きにしな」

石井は、ワイシャツの前をはだけ、下駄履きのまま、車に乗せられ連れて行かれた。

着いた場所は、渋谷の宮益坂《みやますざか》の公園であった。

花形は、煙草をくゆらせながら、石井の着くのを待っていた。石井の姿を見ると、花形は、吸っていた煙草を地面に叩きつけるように捨てた。花形の足元には、何本もの吸殻が捨ててある。長い間待っていた、といわんばかりに、花形は立ち上がった。

「おう、石井。あれ以来だなあ」

あれ、とは、検察庁でのことである。

石井は言った。

「ああ、あんときは、相手になってやれなくてすまなかったな」

「いや、別にいい。話は、いま、ここでつける」

花形は、両手を両方の上着のポケットに突っこんだ。花形が取り出したのは、拳銃であった。拳銃を二丁、両手に握っている。花形は、拳銃に顔を近づけると、にやりと笑った。

「こいつのおかげで、大怪我よなあ」

花形は、右手の拳銃で鼻を掻くような仕草をした。掻きながら、左手に持っていた拳銃を、石井に突きつけるようにした。

「取れよ。石井。決闘と洒落こもうじゃねえか。サシで勝負つけるにゃあ、これが一番てっとり早い」

花形の眼は、殺気に満ちて刺々《とげとげ》しいほどである。

石井は、花形の気分を少しでもやわらげようと、おどけた口調になった。

「西部劇じゃあるまいし、そんなのやだね。それに、決闘って、どうやんだい」

花形のあまりの殺気に、周りの若い衆も金しばりにあったように緊張していた。

花形は、ドスをきかせて言った。

「いいから、取れ！」

花形は、左手に持っていた拳銃を、石井の前に放り出した。

石井は言った。

「取れっていわれても、おれはやだね。拳銃じゃ、やらねえ。それに、いまのおれは丸腰だよ。しかも、下駄履きだ。サシの勝負にゃ、不利すぎる」

花形は、石井を睨み据えた。

「汚ねえぞ、この野郎！　ハジキ取らねえんなら、ハジキのケツで、ぶっ殺すぞ！」

花形は、ハジキを握って振り上げ、石井を殴る格好をした。

石井は、花形の眼を見た。訴えるように見つづけた。真剣な口調で言った。

「おれは、いいよ。好きなようにしろよ。花形、正直なことをいえば、おまえを襲わせたのは、おれだ。おれが殺らせたんだ。殺りそこなったのはおれで、花形は、たまたま助かった。一歩間違ってりゃあ、死んでた。おれが殺したんだ」

花形は、拳銃を振り上げたまま、黙って石井の話に聞き入っていた。石井はつづけた。

「おれは、殺そうとした人間に対して言い訳はしない。好きなようにすりゃ、いいじゃねえか」

石井にとって、一世一代の大博打であった。このまま撃ち殺されるか、半殺しですむか、どっちにしても花形次第である。

石井は、そこまで言うと、花形に土下座するように、地面に手をついた。

花形は、沈黙したままである。

が、一瞬のち、花形は振り上げていた手を降ろし、拳銃を地面に落とした。

「おい、石井！　何で、おまえは謝ってくれないんだ。謝ってくれさえすれば、おれだってかたちがつく。

どうにでも好きにしろ、っていうなら、しなきゃなんねえじゃねえか！」

花形は、怒り出していた。

石井は、思わず花形を見上げた。

「おい、石井、いままでのおれを知ってるだろ。おまえを殺るっていってできねえわけじゃねえ。おれは、おまえが内輪だから我慢してるんだ。それを、いいようにしてくれっていうんじゃ、ひっこみがつかねえじゃねえか」

花形は、絶叫した。

「なんで、謝ってくれねえんだ！」

石井は、小声で言った。

「謝ってすむような問題じゃねえから」

石井は、言葉に詰まった。石井の両眼には、涙が浮かんでいた。

石井は、花形の優しさが、初めてわかった気がした。

石井はつづけた。

「謝って花形の気がすむんなら、おれはよろこんで謝らせてもらうよ」

石井も、絶叫した。

「花形、本当にすまなかった！」

花形は、脆《ひざまず》いている石井の元に、駆け寄るように膝をついた。

「よく謝ってくれた。よく謝った……」

石井も、思わず花形の手を、両手で握り返した。

「ありがとう、花形。ありがとう」

石井の両方の眼から、涙がこぼれ落ちた。

花形が、声をはずませた。

「石井よ。さあ、出所祝いを始めようぜ」

花形は、そのまま出所祝いと称して、飲めない石井を一日中引っ張り回した。

スタンドバー開店日の安藤逃亡

花形襲撃事件以来、安藤昇から謹慎を言いつけられていた石井福造は、渋谷区大和田《おおわだ》町で豆腐屋をやっている妻の美代子の実家の隣で、バーを経営することにした。

石井は、彼女の母親から言われていた。

「わたしたちは金は出せないけど、石井さんの器量でもって、ラーメン屋でもなんでもやって。いまは保釈中でも、やがて入るんだから、その間、娘が食べられるようにしておいて」

豆腐屋の隣に物置がわりにしているところがある。石井は、そこを改造してバーを開いたのであった。

石井は、十万円という大金を自分でつくり出した。それから、安藤に頼んだ。

「バーを造りたいんだけど、建築屋を探してくれませんか」

安藤の知恵袋的存在である島田宏の世話で建築屋も見つかり、昭和三十三年（一九五八年）六月初め、なんとかバーの開店にこぎつけた。

石井は、安藤に相談した。

「何か、洒落《しやれ》た店の名はありませんかね」

安藤は、こういうとき茶目っ気を発揮した。

「ヤクザなおまえが、こうして、まっとうに商売をするなんてのは、河童《かっぱ》が川から陸《おか》に上がったようなもんだ。店の名は、『かっぱ』とつけとけ」

「あたしはまた、おれの顔がかっぱに似てると思われたんじゃないかと思いましたよ」

二人は、笑いあった。

『かっぱ』は、カウンターとボックスを二つ置いたスタンドバーで、十坪程度の店であった。

安藤は、石井に訊いた。

「開店祝いは、何がいい？　好きなものを言ってみろ」

石井は、困った。実際に開店の骨を折ってくれたのは、島田だ。が、それも安藤の配慮があってのことだった。ここまで世話になっておきながら、これ以上物をもらうわけにはいかない。

石井は、素直に断った。

「いや、もらうなんて、滅相もない。そんなことしてもらわないで、いいですよ」

「そうか。じゃあ開店の日は、みんなを連れて行くよ」

石井は、安藤がみんなを連れて、祝いに駆けつけてくれるのを心待ちにしていた。が、開店の日、夜の十時をまわっても、安藤は顔を出さなかった。

石井は、不思議に思った。

〈変だな。安藤の兄貴は、一度口に出したことは、かならずやるひとなのに……〉

石井は、美代子に言った。

「兄貴に、何かなければいいが……」

そのとき、店のドアが十センチばかり、静かに開いた。その隙間から中をうかがうように顔をのぞかせたのは、花形敬であった。

花形の疵のある顔に気づいた石井は、声をかけた。

「花形、遠慮しないで、入れよ」

花形は、首を横に振った。美代子は、花形と聞き、顔色を変えた。開店の日にまた暴れられるのではないか、とおびえたのである。花形は、石井に向かって手招きをした。

石井は、手招きに誘われるように店の外に出た。かすかに陰気な雨が降りつづいている。

「何か、あったのか？　兄貴は、どうしてる」

「じつは、そのことなんだ。兄貴から、これを託《ことづか》ってきた」

花形が背広の懐から取り出したのは、『御祝い』と書かれた熨斗袋《のしぶくろ》であった。

「社長は、今日はどうしてもこられねえ。くれぐれもよろしくってことだ」

花形は、そのまま帰ろうとした。その花形を摑まえるように、石井は訊いた。

「なあ、何かあったんだろ。正直に言ってくれよ」

「うん、ちょっとな。なに、たいしたことじゃねえよ」

花形は、それだけいうと、止めようとする石井の腕を振り切って帰って行った。

じつは、横井英樹襲撃事件が起こっていたのだった。石井は明くる日の新聞を見て、絶句した。安藤昇の名前が大きく出ているではないか。

〈来れなかった理由は、忙しかったからじゃない。逃亡してるからだ〉

石井は、決意した。

〈いまこそ、おれも組を守っていかなくちゃいけない。花形がいて、島田がいれば安心かもしれないが、二人が外に出たら、中を守るものが、ほとんどいなくなっちまう。戻るしかねえ〉

石井は、それからまた渋谷の事務所に頻繁に顔を出すようになった。

が、それから間もなく、安藤は逮捕されたのであった。

第4章　横井英樹銃撃

"古いヤクザ体質"脱却の野望

安藤組の主な資金は、賭場のアガリである。賭場は、毎月「四九の日」に開帳していた。都内や箱根の旅館を借り切り、テラ銭を稼ぐのである。組長としての安藤の役目は、その賭場に来る客の開拓であった。

安藤は、競馬場に行き、関係者席ともいえるゴンドラ席に行っては客を探した。競馬場のゴンドラ席には、馬主はもちろん、会社社長、医師、弁護士など、社会でも一流の人間が顔を出す。

安藤は、懐の温かそうな人を見つけると、狙いをつけた。そっと近づいていって、一言、二言話をする。一日おいて、また少し。そうして段々と紳士的に友好を深めていったところでキャバレーに誘うのである。キャバレーの次は、一週間もしないうちに雀荘になる。

安藤は、気心が知れたところで、相手方のオフィスに出向く。そのとき、安藤は二千円程度の手土産を欠かさない。そして、あくまで紳士的に、賭場へ招待するのである。

それでも相手が乗ってこなければ、また出直す。今度は、手土産の額が三千円になる。

ふつうの者なら、安藤が二、三回顔を出せば、かならず賭場へ足を向けた。安藤が五回通って来なかった者は、誰もいなかった。

安藤が一流の人間を集めたのは、それなりの計算があった。彼らには社会的な地位がある。だから絶対他人には吹聴しない、という安心感があった。

安藤は、自分の組のためもあったが、客のことも考え、警察の手入れには細心の注意を払っていた。まず「四九の日」には、その当日まで客に賭場の会場を知らせない。そして、賭場に来る客は、一人一人組の若い衆に車で迎えに行かせる。この迎えにも、安藤は気を遣った。警察の尾行がついている、ということも考慮して、途中で、いったん車を乗り継がせるようにしていた。そういう方法が効を奏したのか、安藤は一度も警察の手入れを受けたことはなかった。

安藤の顧客サービスも、定評があった。まず、賭場では組の若い衆を男芸者に見たてた。客が煙草を銜えれば、横からスッとライターが出てくる。

賭けが終わり、勝っても負けても、安藤は月に一度、顧客のもとに若い衆を走らせ、トラブルがないかどうか、御用聞きをさせていた。

賭場は、一晩で二百万円ほどのアガリを出した。当時の二百万円といえば、現在の金に換算して四千万円ぐらいの価値になる。しかし、安藤組の火の車の状態は変わらなかった。二百万円といえば聞こえはいいが、それはただの帳面上の数字である。賭場を張るには、元金が要る。その元金というのを、回銭屋といわれる高利貸しから借りてくるのである。最初に賭場を張るのに借りた回銭は、返済するとき利子を一割つけなければならない。

安藤は、いつも元金を二百万円と決めていた。二百万円借りれば、二百二十万円にして返さなければならない。

高利貸しの期限は、翌日である。が、客の中には現金を持ってくる者もいれば、小切手を持ってくる者もいた。小切手でも、落ちるならいいが、たまに落ちない小切手もある。

当時、安藤組は、安藤の下に舎弟として十三人の幹部がいた。そのそれぞれの幹部が、十人、二十人と若い衆を抱えている。とても安藤一人で養っていける数ではない。安藤は、幹部の一人一人を伸ばすことを考えた。

普通、組というのは組員からの上納金で成り立っている。が、安藤は、その上納金を取ろうとはしなかった。その代わりに、各幹部ごとに自主的に若い衆の面倒を見るようにさせていた。が、安藤の舎弟たちは、そろいもそろって金儲けの才能がなかった。幹部たちは、結局、困って安藤のところに泣きついてくるのである。

安藤は、そのために賭場を開帳していた。賭場のアガリは、現金を回収しても、膨大に膨れ上がった若い衆たちの給金を引くと、いつも二百万残るか残らないか、であった。

昭和三十三年（一九五八年）の春、安藤組が安定してきたと判断した安藤組の安藤昇組長は、組の幹部たちに、それぞれ分散した仕事を持たせようと思い立った。それも、日本だけでなく、海外でも仕事をさせることにした。

海外といっても、広い。安藤は、幹部たちをどこに派遣するかで悩んだ。アメリカに行けば、何でもあるが、仕事の率がよくない。舎弟たちを海外に出して苦労させても、苦労ばかりでアガリが少なくては申し訳ない。

海外での仕事を物色している安藤の元に、耳寄りな情報が入ってきた。安藤が、海外進出したい、といっているのを聞きつけて、東京・渋谷区渋谷一丁目の東興業にわざわざ縁故の者が知らせにきたのである。

「社長に伝えてください。久保田鉄工（現・クボタ）が、ラオスで水道工事をやる。東興業も、一枚噛《か》んだらいかがですか」

安藤は、いわゆる愚連隊であったが、幹部組の者にさえ愚連隊やヤクザのように「親分」とか「組長」とは呼ばせなかった。「社長」と呼ばせていた。

安藤は、旧態依然とした古いヤクザ体質から脱却を図るため、東興業は株式会社として正式に登記していた。定款に記載する業種は、不動産売買と興行にした。不動産部は、将来の土地ブームを見越したものであり、若い者に仕事を覚えさせるため専門家を五人雇った。興行部は、裏営業としてキャバレー、ナイトクラブその他の用心棒を引き受けた。

そして、自ら社長となり、それぞれの部門に幹部を責任者として配置した。専務に志賀日出也、営業責任者に花田瑛一、参謀に島田宏を任命した。島田は、手形法、銀行法などあらゆる法律に精通しているので、たいがいの事件は手掛けられる態勢にあった。

安藤は、すぐに返答の電話を入れた。

「行くのはいいが、おれたちは、鉄鋼なんかまったくの素人だ。久保田鉄工が指示してくれるんならいいが、ただの土方じゃ、若い衆は納得しねえよ。そのへんは、どうなんだい」

「いや、その心配はない。向こうは、この仕事を王様直々にいってきてるんだ。どうやら、戦争で残してきた日本人の種ってのが、すごく優秀らしいんだな。で、あっちでは、なんでも仕事目的が半分、種目的が半分らしい」

安藤は、半分笑いとばすように言った。

「じゃあ、若い、たっぷり種のあるやつのほうがいいな。若いやつらなら、うちにはたくさんいるもんな」

技術もあまり要求されない、金にもなる。

〈東南アジアは、まだ発展途上国だ。ラオスにしても、タイにしても、日本の工業力を欲しがっている。ラオスを本拠地に、ベトナムやタイに進出できたら、東興業も安泰じゃねえか〉

安藤は、組員をカタギにさせよう、などとは微塵も考えていなかった。組が、海外に進出すれば、日本での評判も上がる。名誉と金が同時に入れば、一石二鳥ではないか。

安藤は、すぐさまラオスに組員を派遣することにした。が、安藤の読みは、それだけにとどまらなかった。海外進出は、安藤にとって、もっと大きな意味があった。国際的な社会への貢献をしておけば、政財界に力を持つことになる。何かのときに、政財界にパイプがあることは、安藤にとって魅力である。右翼の首領の児玉誉士夫《こだまよしお》よりも、もっと近代的なフィクサーになれる。日本だけでなく、外国に影響力を持ったフィクサーになれる。

児玉誉士夫は、十八歳のときの昭和四年十一月三日、明治節の日に、天皇行幸に直訴して入獄。昭和六年には、浜口雄幸《はまぐちおさち》内閣の大番頭であり、財閥偏重政策をとりつづける蔵相・井上準之助《いのうえじゅんのすけ》に、書状と短刀を送りつけた。《天下騒然たるの折、短刀ひと振り進呈仕り候。護身用たると、切腹用たると、御自由に使用され度く候》なんとも物騒な文面であった。そのため、入獄した。

昭和十年、児玉は、同志十数人を糾合して決死隊を組織した。「ダイナマイトを使って発電所の送電線を破壊して、東京全市を暗黒化、暗闇に乗じて爆弾および拳銃で政党の領袖、財閥の巨頭、彼らと結託する君側の奸を倒し、同時に屋敷を焼き打ちする」ことを決めた。クーデター「帝都暗黒化計画」である。これを起爆剤として、軍部が即応し、戒厳令を敷き、軍政を施行することを夢見たのであった。ところが、計画は事前に発覚。児玉は、ふたたび入獄した。

昭和十六年十一月、海軍航空本部嘱託となり、上海に「児玉機関」を設置。海軍航空本部の戦時必需物資の購入監督のために奔走した。敗戦のときの児玉機関の資産は、日本本土に残されたものだけで、当時億を超える額といわれていた。その膨大な資産は、政界に太いパイプを持つ実業家辻嘉六《つじかろく》の説得により、鳩山一郎《はとやまいちろう》を担ぐ日本自由党の結党資金として、使われた。現金で約七千万円。そのほか、金、プラチナ、ダイヤなどが使われたと児玉は言っている。児玉が、いまの自由民主党の前身である自由党の資産をつくったともいえる。

ところが、占領軍命令により、児玉はA級戦犯に指定された。のちに首相となる岸信介《きしのぶすけ》らといっしょに巣鴨拘置所に収容された。釈放は、約三年後の昭和二十三年であった。

児玉は、その後、保守党の裏で、黒幕として隠然たる力を持ち始めていた。

東南アジアを攻めることは、安藤の野望への第一の足掛かりとしてちょうどよかった。

〈おれは、ただのヤクザじゃない。博徒あがりのやつは、しょせん博徒のなかだけで、その枠を超えるなんてことはできない。おれは、いつの日か、あの児玉誉士夫にとって代わるフィクサーになってやる！　闇《やみ》の世界から、昼の世界にのし上がって、政財界も牛耳ってやる！〉

日本を動かすなら、安藤のところへ頼みに行くのが一番早い、そう言われるようになることが、安藤の夢であった。

横井英樹の返済行使の依頼

そんなとき、安藤の運命を変える大事件が起きる。

昭和三十三年（一九五八年）六月十日、渋谷の青山学院のはす向かいの三階建ての網野皮革興業ビルの三階のフロアすべてを借り切った東興業株式会社に、三栄物産社長の元山富雄が、安藤を訪ねてきた。

「元山さんが、社長にお会いしたいそうです」

元山は、池田に案内されて入ってきた。

元山は、安藤のひらく賭場にときおり顔を出していた。

安藤は、社長室に元山を通した。八坪十六畳の社長室には、緑の絨毯《じゅうたん》を敷きつめ、ガラス張りの窓を背に桜木製の社長室机と書棚、応接セットがある。部屋の隅には緋縅《ひおどし》の大将の鎧兜《よろいかぶと》。それに備前三代兼光《びぜんさんだいかねみつ》の陣太刀を置いた。やはりはったりも必要であった。

安藤は、窓辺に置いているペットの紅カナリヤに餌《えさ》をやりながら、池田たちに命じた。

「いいか、お客さんが帰るまで、おまえたちは事務所には戻ってくるな。外で、コーヒーでも飲んで、時間をつぶしてろ」

元山は、池田たちが出て行くあわただしい音を聞き、静かになったのを確かめた。

「さっそくだけど、安ちゃん、これを見てくれ」

元山は、小脇にかかえていた大きな茶封筒からぶ厚い書類を取り出し、テーブルの上に広げた。その書類は、借金の取り立て委任状と、最高裁判所の支払い命令の判決謄本であった。

安藤は、書類に眼を走らせた。

「ずいぶんと込み入った用件のようですなあ」

「はい、これは安ちゃんじゃないと、頼めない用事なんです」

元山は、なるべくわかりやすいように、順を追って話した。

「八年前の昭和二十五年の年も押し迫った師走どきに、元侯爵の蜂須賀《はちすか》正氏《まさうじ》が、東京、三田《みた》綱町《つなまち》にある約千坪の敷地を売りに出した」

「ほォ」

「売却額は、数千万円だそうです。その話を耳にした東洋郵船社長の横井英樹が、さっそく蜂須賀に借金の申し入れに行った。当時、横井は、ごぞんじのように、日本橋のデパート白木屋の株を買い占めに乗り出していた」

安藤も、白木屋事件には無関係ではなかった。白木屋事件では、「愚連隊の元祖」と呼ばれた万年東一に頼まれ、横井側について応援していた。

元山は、話しつづけた。

「横井は、蜂須賀に言ったそうです。『いま白木屋の株を買い占めて、一年のちにぼくが社長になったら、借りたお金の二倍、いや、三倍の利益を、蜂須賀さんにお約束しますよ』」

横井は、蜂須賀の屋敷に何度も足を運んだ。断られても、断られても、横井は、執拗《しつよう》に借金を申し入れた。当時、華族は、没落の一途をたどっていた。蜂須賀家も、金に余裕があるというわけではない。そこに眼をつけた横井は、蜂須賀に法外な条件を提示したんです。

『三千万円貸していただけるのでしたら、年、二割の利息をお約束します』

横井の態度に押されて、蜂須賀はとうとう横井に金を貸すことにした。返済の期日は、ちょうど二年後、それまでは年ごとに利息を蜂須賀家に入れる約束である。が、横井は、約束の期日が来ても、利息はおろか、元金さえも支払おうとしない」

「横井のケチさは、おれの耳にも入っている」

「蜂須賀は、何度も返済の催促をした。横井は、ようやく一千万円を蜂須賀に返済したが、蜂須賀は、全額返済を見ないままあの世に逝ってしまった。債権は、アメリカにいたチエ未亡人に引き継がれた。チエ未亡人は、急遽日本にとって返すと、横井に借金返済の催促をした。が、債権者が変わっても、横井の返済は滞ったままなんです」

「相手が女とみて、よけいに舐《な》めているんだな」

「業を煮やしたチエ未亡人は、二十八年九月、地方裁判所に訴訟を起こしたわけだ」

「で……」

「裁判所は、控訴、上告とつづき、結局、民事裁判では最高の最高裁まで上がった。翌二十九年十月、最高裁は、横井に二千万円の支払いを命じ、幕は下りたかに見えた。が、横井はそれでもなお、二千万円の返済をしなかった」

安藤は、左頬の傷を光らせ、苦笑いした。

「やつらしいな」

元山はつづけた。

「それなのに、横井は、新車のキャデラックを数台乗りまわし、箱根の強羅《ごうら》や栃木県の那須《なす》など数カ所に、豪華な別荘まで持っている。やつの持ち船である観光遊覧船『興安丸』一隻とってみても、その財産価値は、数十億にのぼるだろう、といわれている。挺子《てこ》でも動かない横井に、チエ未亡人は、法の手段に訴えることにした。が、裁判所を通じ差し押さえた横井の財産は、郵便貯金三万九千円というわずかなものだったんです」

「そんな馬鹿な……」

「もちろん、チエ未亡人は、仰天した。しかし、横井本人名義になっている財産は、たったそれだけだったそうです」

「やつは、財産を、どうしていたんだい」

「横井は、その豪華な財産のすべてを、実弟など、すべて他人の名義にしていた。困り果てたチエ未亡人が、古くから知っているわたしに、相談にきたというわけだ」

元山も、横井が一筋縄ではいかない男とわかっていたから、こうして安藤のところに頼みにきたのである。

「奥さんに代わって、なんとかやつから取り立てをしてもらえないか」

「うーん」

安藤も、横井、と聞いて頭をかかえた。

〈また汚い野郎にひっかかったもんだな。面倒な野郎に……〉

元山は、安藤に訴えた。

「やつにすれば、二千万円なんて金、はした金のはずだ。裸一貫で復員して、うろうろしていた横井は、誰のおかげで浮かび上がってきたと思います？　元華族が彼に金を融通してやったからこそ、今日の横井があるんじゃないですか。借りても支払い能力がないやつなら、何にも言いません。それは貸したやつが悪い。だが、横井は、万人承知のとおりの男だ。豪遊をきわめている。貸した側の蜂須賀さんは、ご主人も失い、困窮《こんきゅう》のどん底にある。恩知らずにもほどがある。こんなことが、許されてもいいんですか！」

元山は、感情が盛り上がるままに、一気にしゃべった。

安藤には、蜂須賀未亡人の苦しみは、他人事《ひとごと》ではなかった。じつは、安藤の『東興業』の内情も、蜂須賀家同様、火の車であった。金に困っていたせいもあるだろう、安藤自身、行き詰まっていて、どこかに捌《は》け口を見つけたかった。安藤は、横井の件を引き受ける決心をした。元山に、きっぱりと言った。

「わかった。おれも男だ。そんな悪いやつは放っておけない。この話、引き受けさせてもらいますよ」

元山が帰ってからも、安藤は客用の応接セットに腰を沈めたままであった。

安藤は、あらためてその膨大な量の資料に眼を通した。

〈横井英樹か……〉

安藤は、横井の白木屋乗っ取りの手助けをしたときのことをあらためて思い出していた。

横井がらみのアジビラ撒布《さんぷ》

じつは、ほんの十日前も、安藤は横井に関してある会合に呼ばれていた。

東洋精糖株式会社が、横井の手によって乗っ取られたのである。東洋精糖株式会社は、秋山利太郎、その次男の利継親子が『秋山商店』という砂糖問屋をもとに、粒々辛苦《りゅうりゅうしんく》の末に築き上げた会社である。

資本主義では、株の買い占めは合法的な経済行為である。横井は蜂須賀から借りた金で、東洋精糖の乗っ取りを実行したのだ。自分の築き上げた会社を、成り上がり者の横井の手によって乗っ取られ、秋山親子は泣くに泣けなかった。秋山は、横井に報復しようと、有り金はたいて都内の親分衆を集めたのである。

浜町河岸《はまちょうがし》にある料亭『辻むら』の大広間には、都内の親分衆が二十数名顔を揃えていた。

安藤は、場を取り仕切っていた本所緑町の武井組組長の武井敬三から、いきなり声をかけられた。

「この仕事、安藤さんに引き受けてもらいたい」

「ご指名は有難うございます。が、どうしてわたくしなのですか」

安藤は、あらたまって訊いた。

武井は説明した。

「例の白木屋の一件で、横井には面識があるはず。安藤さんは若いし、若い衆もたくさん抱えてらっしゃる。これは、安藤さんが適任だと思うが……」

安藤も、親分衆二十数名いる前で名指しでいわれては断れるはずがない。しかも武井は、万年東一の兄弟分で、安藤の叔父貴にあたる。

安藤は、快諾した。

「わかりました。引き受けましょう。ですが、いったいわたしに、何をやれ、というんです」

「なに、簡単なことだ。おまえんとこの若い衆百人ばかり集めて、三カ月後にある株主総会をぶち壊してほしいんだ。暴力じゃなくて、合法的にだ」

百名の署名を集め、株主総会を閉会させるのが目的だそうだ。

安藤は、横井のところに、どちらにしても行かなければならなかったのである。

安藤は、東洋精糖の件で、横井の身辺調査をさせていた。すると、横井のために破産させられて自殺した人間が、次から次に出てきた。横井の行為は、経済活動という名目で動きまわっているものの、きわめて暴力的である。

安藤は、肚《はら》をくくった。

〈何にしても、横井は、社会のひずみにのさばっている病原菌だ。こいつはいっぺん、叩く必要があるな〉

先んずれば、まず人を制す。

売り出し中を自認していた安藤は、自分の名を、より広く世間に馳《は》せたいと思っていた。それには、勧善懲悪のイメージが一番効果がある。世間一般に悪いイメージを定着させている横井を叩けば、自分の名が上がることはまちがいない。

隣の部屋で、物音がする。元山が帰ったので、若い衆たちが事務所にもどってきたのである。安藤は、大声で叫んだ。

「鉄！」

鉄と呼ばれた組員の山下鉄は、すぐに社長室に入ってきた。

「なんでしょうか」

「出かけるぞ。用意しろ！」

出かける先は、葬式であった。

安藤は、喪服に着替えると、山下に五三年型のポンティアックを運転させて、式場である浅草の竜泉寺に向かった。

葬儀には、関東一円の親分衆が顔を出す。

じつは、安藤は仏の顔を知らなかった。が、安藤は、東洋精糖の報告をしに、どうしても顔を出さねばならなかったのである。

山下は、花輪の並ぶ少し手前に車を停めた。

山下は、まず車を降りると、左肩をゆすりあげるようにして、脇を押さえている。安藤は、山下の仕草を見て安心した。

〈よしよし、ちゃんと持ってきているな〉

山下は、上着の下に拳銃を入れておくホルスターを吊っている。安藤が山下に渡してあるブローニング三十二口径の六連発のオートマチック銃は、ひどく重い。いざ、というときのために、安藤を護衛するのが山下の役目である。

安藤は、つづいて車を降りると、花輪の名前を確認しながら門前に向かった。

受付に署名し、香典をあげた。

受付の横には、仮設テントが張ってあり、焼香を終えた親分衆が、四方山話《よもやまばなし》に花を咲かせている。ヤクザ渡世では、葬式は、祭典であり、一種の社交場なのである。

安藤は、テントに山下を待たせると、単身、焼香をしに本堂へ向かった。

安藤は、テントに戻ってひととおり挨拶し終わると、山下をテントから引っ張り出した。

山下のまわりには、戦前から名を馳せている関東一円の大物と呼ばれる親分が揃っている。これ以上、山下をテントの中においておくと、あまりの緊張に、ついには失禁でもしそうな気配であった。

安藤は、門のところに山下を待たせると、テントに戻った。武井組長を呼び出した。

安藤は、武井をそのまま車に同乗させた。

武井が、安藤に訊いた。

「どうだね、できそうかね」

安藤は、少し間を持たせて言った。

「株主総会をぶち壊すなんてちんけな話じゃなく、もっと威勢よくいきましょう」

「どんなだ？」

「とりあえず、手はじめとして、空からアジビラを撒《ま》く、っていうのはどうです」

「うーん」

武井は、しばらく考えて答えた。

「……そうだな、それもいい」

なお武井は、のち昭和四十四年四月、政治力で、七百年もの歴史を誇る中山妙宗法華経寺の大僧正となる。名前を日進と改め、全国の同宗派一千二百寺を統帥《とうすい》するまでになる。安藤は、引退後、俳優になったとき、武井日進に頼まれ、中山妙宗法華経寺で豆撒きをすることになる。

さて、安藤は、東興業に戻ると、さっそくビラの作成に取りかかった。

《日本経済を攪乱《かくらん》し、社会を毒する魔王、五島慶太、その手先となって実業界を破壊する横井英樹の行為は、かならずや天誅を受くべし。彼らは最近、株の買い占めにより東洋精糖株式会社を乗っ取った》

横井の背後には、東急コンツェルン総帥で「強盗慶太」の異名をとる五島慶太がひかえていた。横井は、白木屋事件以降、「五島学校」の門下生を任じ、五島の手先となって株の買い占めを繰り返していた。東洋精糖の株買い占めも、五島慶太が背後にいた。

ビラは、翌日昼、安藤組の若い衆によって空からヘリコプターで撒布された。銀座、日本橋、兜町、後楽園と、ほとんど東京中にばらまかれた。

安藤は、元山に話を引き受けると約束するや、決めた。

〈横井を叩くと決まれば、早いほうがいい〉

安藤は、元山に電話を入れた。

「じつは、明日、横井のところに乗りこむことにした。ついては明日の三時、わたしの事務所に来てもらえまいか。その足で、横井のところに乗りこみたいんだが」

元山は、二つ返事で了承した。

矢は、放たれた……。

傲岸《ごうがん》と嘲笑《ちょうしょう》の横井の流儀

昭和三十三年六月十一日の午後三時半に、約束どおり三栄物産社長の元山富雄は、安藤昇の東興業株式会社の事務所にやってきた。

元山は、蜂須賀チエ未亡人から、正式に取り立て委任状をもらってきていた。

しかも元山は、一人ではなかった。「銀座警察」と呼ばれる浦上一家顧問、熊谷成雄を伴っていた。

元山が、安藤の顔を見るなり言った。

「安藤さん。どうやら横井は、大沢武三郎組を用心棒にかかえているらしいですよ。東洋郵船には、右翼だかなんだか知らないが、得体の知れないやつらがかなり出入りしているらしいですよ。自分勝手ですみませんが、心配でたまらなくて、今日は熊谷さんにもお願いして来てもらったんです」

大沢は、白木屋事件のとき、横井側についた、愛国青年連盟の相談役でもあった。

「いや、熊谷さんといっしょなら、なお心強い。熊谷さん、突然のことですまない。殴り込みに行くわけじゃありませんから、そこのところはよろしくお願いします」

安藤は、元山、熊谷を五三年型ポンティアックに乗せ、自分で運転して三十分もしないうち、銀座八丁目の第二千成ビルに着いた。

八階にある東洋郵船に押しかけた。

受付で、横井を呼び出すと、先客がいるという。安藤たちは、待合室で三十分も待たされた。

待合室には赤絨毯が敷き詰められ、タイル貼りの壁は、白く冷たい光を放っている。

黙って待っている間、心細くなってきたのか、元山は、安藤に耳打ちした。

「安藤さん、もしかしたら横井はいま、右翼の手配をしてるんじゃないでしょうか」

安藤は、少しでも元山を落ち着かせようとした。

「元山さん。おれと熊谷さんがいるんだ。何の心配もいりませんよ」

女事務員が、お茶を運びに待合室のドアを開けたときである。安藤は、外にいる人から突然声をかけられた。

「おや、安藤さん、しばらくでした」

見ると、終戦後、銀座で進駐軍の闇屋をやっていた野原という男であった。

「いやあ、きみがどうしてここにいるんだい？」

「いやね、ここの社長とは闇屋時代の仲間なんですよ。今日は、社長室に冷蔵庫をおさめに来たんだけど、やっこさん、女には気前がいいくせに、しぶくってどうも……ヘッヘッ」

野原は、不気味な笑い声をたてた。

安藤も、低い声を笑い返した。

「そうかね、ふふッ」

安藤の笑いには意味があった。

〈会社泥棒のところに闇屋か。似つかわしいじゃねえか〉

安藤が、笑い終わったちょうどそのときである。

お茶を運んできた女事務員が、ふたたびやってきた。

「どうもお待たせいたしました。どうぞ」

安藤たちは、女事務員に導かれるまま、社長室に案内された。

ドアを開けると、ビルの八階のせいもあるのだろう。二十坪ほどある社長室は、おどろくほどまぶしかった。光は、眼に痛いほどであった。

部屋に入って左手に、一見して上物とわかる応接セットが置いてある。右手にはびっくりするほど大きな重厚なデスクが据えられている。

「いい事務所だ」

気がつくと、安藤の口から言葉が洩れていた。

安藤の言葉を受けて、熊谷が小声で言った。

「ふてえ野郎だぜ、まったく」

横井は、そのデスクで五十がらみの男とまだ話しこんでいる。

熊谷が軽く咳払《せきばら》いをすると、横井は、初めて気がついたとでもいうように、立ち上がった。

「どうぞ」

横井は、鷹揚《おうよう》に右手をソファに向けた。

三人が応接セットに、ちょうど腰を降ろしたそのときである。

入ってきたばかりのドアがふたたびひらいた。入ってきたのは女性である。しかも、一人ではない。十人である。

十人の女は、スチュワーデスのような制服を着て、横井の座っている机の前に、横二列に並んだ。

女たちは、足を剝き出しにし、直立不動である。あまりに唐突な美女の軍団の出現に、安藤たちは目を剝いた。

安藤は思った。

〈ははん、これが観光船『興安丸』のホステスたちか〉

横井は、戦後海外からの引き揚げ者を日本に運ぶ引き揚げ船であった興安丸を五億円で手に入れ、この二カ月前の昭和三十三年四月から、東京湾遊覧船として運航を開始していた。

ホステスのうちの一人が、横井に業務報告をし始めた。その口調は、まるで軍隊のようであった。

横井も、それを受けて訓示を述べる。

〈ここは、まだ戦争中だな〉

自分もこれから戦争を始めるのだ、と思うと、安藤は顔が熱くなるのがわかった。

コーヒーが運ばれ、女たちが部屋から出て行き、初めて横井は安藤たちのほうに向き直った。

四十五歳の横井は、丸顔の小さな体を凛々《りり》しく見せるためか、黒い蝶タイをしている。部屋が明るいせいなのか、顔は異様にぎらぎらと光っている。

蝶タイが首にきついのか、横井は蝶タイを引っ張るような仕草をしながら、ゆっくりと歩み寄った。

「やあ、お待たせしました」

元山は、急に立ち上がって言った。緊張しているのか、足がよろめいている。

「はじめまして……昼にお電話いたしました元山です」

名刺を出し、初対面の挨拶を交わした。三人がそれぞれ、横井と名刺交換をした。

横井は、安藤から名刺を受け取ると、安藤の顔と名刺を交互に二度も見た。笑顔であったが、その眼は、

〈こんな若造が、おれのところに何しに来た……〉

そう語っていた。

横井は、終始笑顔を絶やさなかった。安藤の眼には、温厚そうな好紳士にさえ映るほどであった。

元山は、横井がソファに落ち着くのを待って話し始めた。

「じつは……」

元山は、テーブルに身を乗り出した。

「例の蜂須賀さんの件でおうかがいしたんですが」

蜂須賀という言葉が出たとたん、横井の顔から笑みが消えた。

横井は、大きく鼻から息を吐くと、ソファの背に全身を倒した。

「その件なら、すでに裁判で話がついているはずですが」

安藤は、横井のあまりの豹変《ひょうへん》ぶりに開いた口がふさがらなかった。

「いやッ」

元山は、声を詰まらせた。

「いや、話がついていないから、こうしておうかがいしたわけです」

元山は、爆発しそうなのを必死でこらえた。

横井も、眼を鋭くして言った。

「わたしのほうは法律的にやっているんだから、他からとやかくいわれる筋合いはないんだ」

さすがに元山も、ムッとした。

「と、いうことは、お支払いになる意志がないということですか」

「いやあ」

横井は、冷たい眼つきで、三人をかわるがわる一瞥《いちべつ》すると言い切った。

「そんなことを、あなた方に返事する必要はない！」

横井は、怒鳴ってから、しまったと思ったのか、すぐ場をとりつくろい始めた。

「しかし、せっかくおいでになったんだから、担当者を呼んで説明させましょう」

横井は、テーブルにあるボタンを押した。

三十秒としないうちに、三十を少し出たくらいの男が入ってきた。

男は、安藤たちのテーブルに書類を広げると、説明し始めた。

「地方、高等、最高裁と、裁判の経過は……」

安藤は、腸が煮えくりかえっていた。

〈そんなことはどうでもいい。払うのか払わねぇのか、どっちなんだ！〉

安藤は、口元まで出かかった言葉を、すんでのところで飲みこんだ。

男の説明が一段落したところで、横井が口をはさんだ。

「とにかく、そういうわけで、このことは合法的に処理されている。きみたちの介入する余地は、全然ないんだ」

横井の顔には、また笑みが洩れ始めていた。横井は、元山を嘲笑《ちょうしょう》するかのように言った。

「日本の法律ってやつは、借りたほうに便利にできてるんだ。なんならきみたちにも、金を借りて返さない方法を教えてやろうか。たとえどんな判決が出ても、なんだかんだと理由をつけて、控訴をしていれば、どんどんのびて、何年もかかる。金は生きものだ」

横井は、さらに言った。

「おれから取ろうたって、取れるものか。財産なんて自分名義のものは何一つないよ。法律でも変えない限り、おれからは取れないよ。蜂須賀は、おれを信用して貸したのだから、おれの言うとおりにすればよいのだ」

横井は、そう言い終わると、またソファにふんぞり返り、大声で笑い出した。

元山が、なお迫った。

「あなたは、千葉銀行から六億円も借り出して東洋郵船を作ったと聞いたが、払う気さえあれば、出すところはいくらでもあるのではないか」

横井は、そのとたん怒り出した。

「なに？　六億だ？　どこで、誰に聞いた！　デタラメだ！　いいかげんなことを言うな！　承知しないぞ」

その声は大きく、顔も興奮で真っ赤になった。

横井への怒り爆発

安藤の抑えに抑えていた怒りが、ついに爆発した。

「横井さん！」

安藤は、ソファから半分身を乗り出すと、横井を睨みつけた。

「てめえ、それでも人間かい？」

ない袖はふれないという相手ではない。あって出さないとは、汚なすぎる。

が、横井も黙ってはいなかった。

「てめえ？」

横井は、ソファに深く座り直した。

「てめえとは、なんだ！　おれはおまえたちに、てめえ呼ばわりされるおぼえはない！」

安藤も、受けて立った。

「何をぬかしやがる。てめえがいくら銭を持ってるか知らねえが、もう少し人間らしいことをしてみやがれ！　そうすりゃ社長らしい口もきいてやるが、てめえみてえな野郎は、てめえだってもったいねえや！」

安藤は、一気にまくしたてた。ドンと手をついたテーブルの横には、大きなガラスの灰皿があった。安藤は、灰皿に手をかけた。

横井の顔から、一瞬にして血の気が引いた。

あわてた元山が、止めに入った。

「まあまあ」

安藤は手を引っこめたが、場はますます気まずくなった。

沈黙がつづいた。

沈黙を破ったのは、横井であった。横井は、きわめて穏やかそうに言った。

「まあ、そう興奮しないで、コーヒーでも飲んでください」

横井はそういうと、自分もコーヒーカップに手をのばした。

横井は、ひと口、コーヒーを下品な音を立ててすすると、吐き捨てるように言った。

「まったく、うちじゃ、借金取りにまでコーヒーを出すんだから」

この言葉に、安藤の怒りは爆発した。

「なに、てめえんとこのコーヒーなんか、飲めるか！」

安藤は、自分の前にあったコーヒーカップをとっさにわしづかみにすると、思い切り床に叩きつけた。

社長室にいた全員が、一瞬、息を呑んだ。床にぶちまけられたコーヒーは、毛足の長い真っ赤な絨毯にどす黒く染み込んだ。

横井の顔が、ひきつっていた。それは、安藤が激怒したからではなく、カップが砕け、絨毯が染みになったからひきつっているように安藤には思えた。

横井が、怒鳴った。

「元山さん、あんたはなんでこんなチンピラを連れて来たんだ！」

安藤にもプライドがある。安藤は、チンピラ扱いされたことにますます腹を立てた。

元山も、肚を決めた。

「横井さん。あんたはこの安藤さんの名前を知ってるでしょう。知らないはずがない。白木屋事件のとき、ずいぶん世話になってるはずだ」

横井は、あらためて安藤の顔を見つめた。が、すぐに眼を逸《そ》らした。そして、あきらめたように言った。

「なんだ、見たような顔だと思っていた。あのときわたしについてくれた人が、なんで、今度は敵に回るんだ？　ヤクザ者というのは、その時その時の都合で敵や味方になるのか」

安藤が言った。

「あんたの根性や正体を知って、頭にきたんだよ。株の買い占めをやるような金があるんなら、二千万円ぐらいのはした金、返しやがれ。おまえのために首を吊った人間が、何人いると思うんだ！」

「何人首を吊ろうが、手をくくろうが、おれの知ったこっちゃない。おまえらに言われて金を返すようなおれではないぞ！　出て行け！」

「横井、てめえとこれ以上話しても埒《らち》があかねえ。おい、横井、いままてめえが言ったこと、よくおぼえてろよ！」

安藤は、そういうと、席を立った。横井に背を向けると、後ろにあったソファを思い切り蹴った。

横井が、うそぶいた。

「ああいいとも、おぼえといてやらあ」

いつの間に入ってきたのか、待合室で会った闇屋が、安藤の肩を摑んだ。

「まあまあ、安藤さん。もう一度、静かに話し合おうじゃありませんか」

「こんな野郎は、人間じゃねえ！　まともな話のわかる野郎じゃねえよ」

安藤は、闇屋の手を振り払って社長室を出た。

ドアを閉めようとしたとき、振り向きざまに言った。

「横井、おぼえてろよ！」

安藤が車に乗りこんだとき、いっしょに来ていた熊谷が、安藤を追いかけるようにやって来た。

安藤は、熊谷が車に乗りこむと同時に、車を発車させた。

「畜生、あの野郎……」

渋谷の事務所に着くまで、安藤はひと言も口を利かなかった。あまりの怒りに、二人は押し黙ったままであった。

安藤は、横井のことを「金の暴力団」だと感じていた。はっきりと「社会の敵」だと思った。法律の通用しない世界、それは無法地帯である。自分と横井は、その無法地帯である。無法地帯で人間が反省し得る唯一の機会は、自分自身の肉体の痛みだけだ。

安藤は、心の中でつぶやいた。

〈横井には、身体に痛い思いをさせねばいけないな〉

安藤は、事務所に着くなり、『東興業』の赤坂支社にいる志賀日出也に電話を入れた。

「日出ちゃんか、安藤だ。すぐこっちに来てくれ」

八つ当たりする気はなかったのだが、安藤は、電話口の志賀を怒鳴りつけていた。

志賀は、『東興業』の赤坂支社の支社長をしていた。安藤が立腹しているのは、若い者が何かしたせいだと思った。叱られに行くのは気が重い。

志賀は、愛車のローバーを飛ばして渋谷の事務所へ急いだ。

ビルの三階の社長室に駆けこんできた志賀に、安藤が訊いた。

「日出ちゃん、東洋郵船の横井っておぼえてるか?」

「横井……」

志賀は、首をひねった。

「ほら、白木屋乗っ取りの……」

「ああ、やっと思い出しました。で、その横井がどうしたんです」

「撃て」

一瞬、志賀はギョッとした。

〈撃つ、というのは、殺《や》るという意味なのか…〉

横井を「撃て!」

志賀は、恐る恐る安藤に訊いた。

「撃つ、っていうのは、殺るってことですか?」

「いや……」

安藤は、煙草に火を点《つ》け、大きく煙を吐き出した。

「いや、殺してしまってはいけない。右腕に、一発ぶちこんでやればいい」

安藤は、にやりと笑った。

「左腕だと弾がそれて、心臓をぶち抜くおそれがあるからな」

志賀は、なんだそんなことか、と胸を撫《な》で下ろした。安藤に突然呼び出され、てっきり叱られると覚悟していた。志賀にとって、安藤に叱られるより、ひと一人、襲撃するほうがよっぽど簡単である。

「で、ハジキは、何を使いますか」

二人は、横井秀樹襲撃の台本を練り始めた。

「三十二口径のブローニングを使え」

安藤組では、抗争の用心として軍用の四十五口径の拳銃を揃えていた。安藤は、その四十五口径を幹部全員に持たせていた。安藤組幹部全員が同型の拳銃を持つことで、いざ銃撃戦が始まったときには、弾丸補給に困らないという利点があったからである。安藤は、そのため、四十五口径用の銃弾を、銃を購入するときに大量に仕入れしていた。つまり兵站《へいたん》には、抜かりはなかったのである。

四十五口径は、多少大型だが、実戦用なので威力がある。人を殺すには最適だが、当たった人間は吹き飛んでしまう。横井を四十五口径で撃てば、右腕に当たっても右腕がすっ飛んでしまう。

安藤組には、自動小銃を二丁、さらに散弾銃やライフル十数丁に、日本刀まであった。また、拳銃も優に百丁は超えていた。

銃器の入手経路は、まずは東京の赤羽だった。当時、赤羽には、米軍用の銃器修理所があった。本来であれば修理ずみの銃は、米軍部隊に戻されてしかるべきである。が、赤羽では、なんと米兵みずから、その銃を日本人に密売していたのである。

安藤は、赤羽から以外にも、静岡県御殿場の米軍基地からも銃を入手していた。

さて、そこまでは横井襲撃の話は早かった。が、協議はそこでぱたりと止まってしまった。問題は、誰がやるかであった。志賀を呼んだのだから、志賀のところの若い衆七人のうちの一人にやらせるのが順当である。

安藤は、東洋郵船の場所と、いま見てきたばかりの社長室の見取図を書いて志賀に教えた。

「このビルの八階が、東洋郵船だ。そして、ここが社長室……」

そのとき、安藤の知恵袋である島田宏が、隣の事務所の部屋から社長室に入ってきた。島田は、社長室の緊迫した気配を気づかって、様子を見に来たのである。

入って来たからには、島田に説明しないわけにもいかない。安藤は、島田にことの次第を説明した。

島田は、大きく息を吐いた。

「話は、よくわかりました。ですが社長、少し待ってください。いま血気にはやってやってしまっては、社長がやらせた、とすぐわかってしまいます。もう少し、時期を待ちましょう」

「いいや！」

反論したのは、志賀であった。

「社長が、恥をかかされたんだ。相手も評判の悪い野郎だし、いずれやるんだったら、同じことだろ。すぐやるべきだ！」

「いや、それでは社長までパクられるのは、火を見るより明らかだ」

安藤は、黙って、二人のやりとりを聞いていた。が、安藤の心はとうに決まっていた。

〈たとえ一生獄につながれるような結果になろうと、断じて、あいつは許せない！〉

どうせ体を張って生きてきたのだ。横井なら、相手にとって不足はない。つまらない出入りでムショに入るよりは、多少は社会のためになる。

安藤は、二人の会話をさえぎった。

「とにかく、やる！　だが、それも元山が帰ってきてからの話だ」

安藤を横井のところに連れて行った三栄物産社長の元山富雄は、なお横井と話し合いをつづけていた。

志賀は、「襲撃の準備をする」と、早々に赤坂支社に引き揚げて行った。

元山が安藤のところにもどってきたのは、午後六時を回ったころであった。

元山は、安藤の顔を見るなり、怒りをあらわにした。

「話にならん！」

「何て、言ってるんだ」

「あの野郎、月々五万円ずつなら払ってやってもいいと言いやがる」

安藤は、あきれはてた。

「月五万じゃ年に六十万。二千万を返済するには、三十年以上もかかるじゃねえか！　ふざけやがって！」

安藤の怒りが鎮まらないのを見て、島田は危機感をおぼえた。

〈このまま社長を放っておいたら、大変なことになる〉

島田は、もう一度、安藤の説得にかかった。が、安藤はいままで島田が自分の知恵袋であったということも忘れて、島田の言うことを取り上げようともしなかった。

困り果てた島田は、幹部の花形敬を探した。

〈社長が駄目なら、花形を説得しよう〉

ようやく花形をつかまえた島田は、その足で志賀のいる東興業赤坂支社に向かった。

島田と花形は、赤坂支社に着くと、飛びこむように会議室に入った。

島田は、志賀の顔を見るなり制した。

「志賀さん、頼むからやめてくれ！　社長を止めるはずの立場のあなたが、襲撃をふっかけてどうするんだ」

いつもは強気の花形も、追随した。

「何も、社長を監獄に送る必要はないだろ」

が、志賀は、引き下がらなかった。

「社長が、やるって言ってるんだ。命令に逆らうほうが、どうかと思うが」

志賀は、島田をジロリと睨んだ。

花形も、なお止めた。

「やめたほうが、いいんじゃないか！」

が、志賀は、決意を変えようとはしない。

「おれは、社長の言いつけどおりやっているだけだ！」

島田が、さらに制した。

「志賀さん、本当にあなたが社長を思っているのなら、やめたほうがいいと思いますよ」

「いったん引き受けたものを、いまさらやめるわけにはいかないことぐらい、あんたにだってわかるだろ」

三人が激しく言い合っている会議室裏の寝泊まり用の部屋のソファーに、じつは千葉一弘が横になっていた。

その当時、千葉は、結核特有の症状が出ており、毎日夕方になると三十七度五分から三十八度ほどの微熱を出しては、ダルくなり、午後八時ごろには酒をかっ食らって赤坂支社のその部屋で寝ているのが常であった。

その夜は、そろそろ酒を飲みに出かけようかとソファーに横になっていた。そこで三人の話が自然と千葉の耳に入ってきたのである。

千葉は、ソファーからムックリと起き上がり、会議室に入って行った。

「面倒くせえ、おれがやってやるよ」

そもそも千葉は、自身が患った結核の症状にほとほと嫌気が差していた。半ば捨て鉢な気分でもあった。

〈おれは病気だから、いいんだ……〉

もっとも二十五歳と若い千葉は、肺病でなくても、荒ぶる魂から志願兵になっていたであろう。

それと同時に、千葉には、予感めいたものがあった。

〈おれが申し出なくても、この役目は、いずれおれにお鉢が回ってくるだろう〉

というのも、千葉は、破竹の勢いで急成長する東急関連各社に出入りしており、ビジネスマンらしい振る舞いが身についていたからである。

かりに、愚連隊の若者を即席ビジネスマン風に仕立て、横井社長がいるビルに送り込んでも、社長室にはとうてい到達できないだろう。挙動不審と見られ、途中で呼び止められたり、受け付け段階で面会拒絶される可能性が大である。

なぜ千葉が東急関連各社に出入りしているかといえば、ひとえに大宮福之助の使い走りをしていたためである。それは、安藤と知り合う以前からの関係だった。

大宮福之助は、関根組の関根賢組長や、後の初代松葉会会長になる関根組の藤田卯一郎などとも兄弟分だった。大宮は、いわば関根組の人間だった。関根組の本拠地は、墨田区や江東区であったが、大宮は、離れ小島のように渋谷を拠点にしていたのである。そのように大宮は、渋谷の顔役だった。

また大宮は、東急電鉄が「渋谷」を一流の街に仕上げていく過程で、ひと肌もふた肌も脱いでいた。なお、千葉は、のちに大宮に気に入られ、養子にもなる。

それと、千葉は、銃の腕に自信があった。

先日、東京湾に船を浮かべて、「カモ撃ち」と称しておこなった安藤組の射撃練習でも、千葉は、抜群の命中率をあげていた。

それまで安藤たちは、しばしば射撃練習を繰り返していた。東京湾や千葉方面に船を出して、煙草のピースの空缶やビンなどを海の上に投げ捨てては、的にしたものだった。

銃撃の練習は、海だけではなく、山でもおこなった。東京都八王子市と神奈川県相模原市の間に小仏峠がある。昼に人影の無い峠で射撃練習をしていた。

千葉は、さらに、仲間には内緒でカタギの友人とクレー射撃で腕を磨いていた。五十発中三十発は、命中させていた。

島田は、もう止めようがない、この時点で、襲撃阻止を断念した。

島田は、今度は、なるべく安藤に負担がかからないように配慮する役目に回った。

「怪我させるだけなら、丸太ん棒でもいいんじゃないですか」

志賀が、口をとがらせた。

「馬鹿！　それじゃ、格好悪いんだよ」

志賀がつづけた。

「社長は右腕を撃てといっているが、殺しちゃ駄目なんだったら、足を撃ったほうがいいんじゃねえのか」

千葉が、割り込んだ。

「いや、それは駄目です。足を狙って、もし外れて体内に入った弾丸が上に上にと、上がっていく可能性がある。腸に入ったりしたら、命が危ない。命の別状なく撃つんなら、社長の言ったとおり、右腕ですよ」

花形がニヒルに笑った。

「そうだな、急所に当たっちまったら、もっと大事だよな」

花形が笑い終わったところで、島田が釘を刺した。

「ハジキを使うほうが、撃つほうも逃げやすいだろう。ただし、一発だけだ。それ以上は、絶対撃っちゃいかん」

三十二口径ブローニングのシナリオ

それから、四人は、志賀の英国車ローバーで渋谷一丁目の『東興業』に向かった。

東興業の社長室に入るや、志賀が安藤に伝えた。

「社長、千葉がやります」

安藤は、それを聞き、安堵《あんど》した。

〈千葉なら、安心だ……〉

千葉は、頭で考えてから動くタイプである。他の荒っぽい舎弟だと、勢いに乗じて殺してしまう可能性がある。

銃というものは、ポンと渡されて、すぐに使いこなせるものではない。やはり、日頃の鍛練《たんれん》が欠かせない。千葉は、日頃から鍛錬を欠かしていない。

それに、射撃の腕は組員のなかでも抜群だ。

安藤は、つねづね思っていた。

〈拳銃の上達法は、なんといっても数多く撃つこと、常に自分の拳銃は自分で分解し、磨き上げて、暇さえあれば銃把を握りしめて、指と手をその銃になじませておくことだ〉

安藤は、そのために、なんと安藤組事務所の中で、それを実践していたのである。

事務所の社長室には、大人が両腕で抱き抱えられるか、抱えられないかという太さの丸太を置かせていた。その丸太が標的である。

安藤は、丸太から七、八メートルほど離れた場所から、射撃練習をしていた。

事務所は、青山学院大学が道をへだてたところにある大都会のど真ん中である。音漏れが怖い。しかし、事務所の窓を締め切れば、不思議と発射音は漏れなかった。

島田は、千葉の使う拳銃を用意するため、東興業が入っているビルの三階の社長室の上に掲げられている東興業の看板と外壁の間をさぐった。そこは、ちょうど銃を隠すのにもってこいの空間であった。

そこに隠しておいて、これまで見つかったことがない。万が一警察の捜査員たちが東興業に捜査にやってきても、ビルには、ありがたいことにエレベーターはない。ビルの階段を一歩一歩踏みしめながら、三階まで上って来るしかない。

安藤らは、三階の窓から眼下を見下ろし、招かれざる客の訪問を知るや、それから銃器を隠す作業を始めればいい。あくまでも「それから」でいいのだ。捜査員が三階まで上ってくる間に、安藤らは、余裕《よゆう》綽々《しゃくしゃく》で銃を看板の裏に隠せばいい。

島田は、看板の裏に隠していたブローニング三十二口径を取った。なお島田は、その拳銃を、横井襲撃の寸前に千葉に渡す。

安藤は、千葉に横井の顔について教えた。

「横井というのは、カニみたいな顔をしたやつだ」

千葉は、横井の顔写真も見せられず、東洋郵船の見取り図すら渡されなかった。とにかく「カニみたいな顔をした男」を狙うのみであった。

島田が、安藤に訊いた。

「つきましては、千葉のその後の処置はどうしましょうか」

志賀が言った。

「社長に恥をかかせたからやったということで、すぐ自首させますか」

安藤は、黙ったままである。

花形が言った。

「いまやったら、黙ってたってウチの組がやったっていってるようなもんだ。自首したほうが、社長に迷惑がかからなくてすむ」

安藤が、やっと口をひらいた。

「……そうだな。そいつは、成り行きでまた相談しようじゃないか」

島田は、安藤のほうに向き直った。

「社長は、アリバイづくりのために、いますぐ熱海に向かってください。今日はちょうど賭場もひらかれます。近くのホテルのロビーにでも長居して、しっかりまわりの者に顔を売っててください」

いきなり、志賀が立ち上がった。

「そうと決まったら、早いほうがいい。さっそく行こうじゃねえか！」

「横井もまだ会社にいるだろう。いまなら間に合う」

「そうだ、行くぞ！」

四人は、社長室から飛び出して行った。

安藤が、ふと窓の外を見ると、小雨が降り出している。辺りはまだ明るい。

〈昼が長くなった〉

窓から下をのぞくと、ちょうど雨に打たれながら、四人が志賀のローバーに乗りこもうとしている。

車にダブって、安藤の脳裡《のうり》に横井の顔が浮かびあがった。横井は、安藤を憐れむようにせせら笑っている。

安藤は、拳をきつく握り締めた。

〈いまに見てろ！　ピストルを突きつけられ、うろたえるんじゃねぇぞ！〉

午後七時、安藤は、熱海に向かうため、若い衆の山下鉄らと車に乗りこむと、東興業を出た。

霧雨が、安藤の顔に降りそそぐ。

安藤は、空を見上げた。

〈天道、是か非か。丁か、半か！〉

安藤は、一世一代の大勝負に出るつもりであった。

山下が、安藤に声をかけた。

「社長、急がないと」

安藤は、キャデラックに乗りこんだ。車は、そのまま東京駅へ向けて走り出した。

いっぽう、東興業を出発した志賀、千葉、それに花形、島田の四人は、東洋郵船の入っている銀座八丁目の第二千成ビルに向かった……。

昭和三十三年六月十一日、東興業を出発した安藤組の幹部志賀日出也、花形敬、島田宏と、志賀の舎弟で今回、横井英樹を撃つと自ら申し出た千葉一弘の四人は、志賀の英国車ローバーで横井英樹の東洋郵船の入っている銀座八丁目にある第二千成ビルに二十メートル手前のところまで来た。

七時十分。

志賀は、東洋郵船のあるビルの八階を見上げた。

「おう、煌々《こうこう》と電気がついてるぜ。大丈夫だ、まだ横井はいるよ」

そう言うと、志賀は安藤昇が書いた東洋郵船の会社の見取り図を広げた。

「いいか、千葉。あそこがビルの入口だから、そこを入って右手にエレベーターがある。そこを八階まで上がる。八階だぞ。いいな」

「八階ですね。東洋郵船、社長の名は横井。わかってます。大丈夫でさあ」

千葉は、胸を叩くような仕草をした。

志賀は思った。

〈こいつ、まったくあがっているところがない。度胸の据わったやつだぜ〉

志賀に代わって、島田が、もう一度説明をつづけた。

「八階についたら、受付の女の子に、かならず横井がいるかどうか訊くんだ。いくら社長室を知っているからといって、何にも言わねえで入っていくようなことはするな。怪しまれるし、女が大声を上げるかも知れん。そんなことをして、万が一、横井に逃げられでもしたら、まずい」

志賀が、割って入った。

「で、その受付の奥の突き当たりが、横井のいる社長室だ。どれくらいあるのか知らんが、たいした距離じゃねえだろう。なんせ、ビルだからな」

島田は、懐から、ブローニング三十二口径を出した。

銃の筒のほうを持つと、千葉に手渡した。

「弾は入っているはずだ。正常に機能するかどうか、確かめてくれ」

千葉は、拳銃を受け取ると、パーツごとに点検し、弾も取り出して確認した。

「大丈夫、いけますぜ。何にも心配ありませんや。でも……」

千葉は、突然口ごもった。

志賀は、不思議そうに訊いた。

「どうしたってんだい？」

「万事うまくいって、ことがすんだら、おれはどうすればいいんでしょう」

志賀が答える代わりに、島田が答えた。

「おれたちは、これからすぐに事務所にとって返す。うまくいってもいかなくても、おまえはことがすんだら、まず事務所に連絡を入れろ。逃げられるようなら、逃げてもいい。だが、絶対に連絡だけはとれる場所に行け。いいな」

「はい」

千葉は、いまにも飛び出さんばかりであった。いきり立っている千葉に、島田は、念を押した。

「絶対に、やつの右腕を狙えよ。まちがっても、心臓のある側の左腕を撃つんじゃないぞ。どんなことがあっても、殺すな！」

「わかってます！　任せといてください！」

千葉は、それだけ言うと、勢いよく車から降りて行った。

ビルをめがけて、一直線に走った。千葉が走っていくのを確かめ、花形たちは、大急ぎで渋谷の東興業に引き返した。

が、車を発進させ、角を曲がったところで、志賀だけが車を降りた。

「おれは、やつがやるのを確かめて、社長に知らせる」

志賀は、そう言うと小雨の中を第二千成ビルに向けて歩き出した。

いっぽう、千葉は、第二千成ビルの目前まで来ると、走るのをやめた。あいかわらず、傘を差すには物足りないような、どっちつかずの雨が降りそそいでいる。

ビルの入口に来ると、床が大理石のため、濡れた革靴は少しすべる感じがした。

黄銅色の把っ手のついた入口のドアは、思いのほか重かった。

千葉は、ドアを開け、エレベーターのボタンを押した。

エレベーターが八階に着けば、すぐにことを始めなければならない。

それまで、あと一分か、二分。千葉は、もう一度落ち着いて東洋郵船の会社の見取り図を思い起こしていた。

〈受付奥、社長室を入って左が横井のデスク、右に応接セット……〉

エレベーターに乗りこみ、〝8〟のボタンを押した。

エレベーターに乗ると、うなるような音を聞きながら、千葉はジャケットの内ポケットに忍ばせていたブローニング三十二口径を、さすった。

千葉は、拳銃に祈るようにささやいた。

「うまく、右腕に当たってくれよ。足に当たって、上にいかないでくれよ」

エレベーターが八階に着いた。

ドアが開く。千葉は、さっとまわりを見回した。事務所内の配置が見取り図と相違ないか、千葉は一瞬のうちに確認した。

そして、受付まで歩み進む間、階段の高さ、非常階段の場所を、とっさに叩きこんだ。

敷き詰めてある毛足の長い赤い絨毯が、千葉の眼には横井の血の色に見えた。

ヒットマン千葉の銃口の向き

千葉は、内ポケットにもう一度手を入れた。冷たい感触が、興奮と肺病による微熱に火照った指先に心地いい。

呼吸が荒くなっているのが自分でもわかる。受付嬢に変に勘ぐられても困る。千葉は、呼吸をととのえながら、受付に進んだ。

受付嬢は、千葉の姿を見ると立ち上がった。かわいい声で尋ねた。

「どちら様でしょうか？」

千葉は、受付奥に見える『社長室』の札を凝視したまま言った。

「うん、社長いる？」

「おりますが、社長はただいま来客中でございます。よろしければ、こちらで少々お待ちください」

千葉は思った。

〈下手に自分が来たことを告げられてもやばい〉

千葉は、とっさに受付嬢に頼んだ。

「すいませんけど、急いで来たもんで咽《のど》がからからなんです。お水を一杯くれませんか」

「かしこまりました」

受付嬢は、それだけ言うと、席をはずした。受付嬢の扉を閉める音が、ひびく。

受付嬢がいなくなったのを確認して、千葉は社長室に歩み寄った。

ドアには、「社長室」と大きく金文字で書かれてある。横井の成金趣味と傲慢さが、ありありと表われていた。

〈この趣味じゃあ、あくどいことやっても仕方ねえな〉

部屋の中からは、談笑する声が洩れてきた。千葉は、内ポケットから拳銃を取り出した。ドアのノブに静かに手をかけ、回した。

ドアを開けた。四人の男が、会議をしていた。

左手にデスクがあり、右手に応接セットがある。が、彼らは、安藤の指摘したそのどちらにもいなかった。一番奥の円形のテーブルのところに座っている。

男たちは、いっせいに千葉の顔を見た。

千葉は、右手に握っている拳銃をとっさに後ろに隠すようにした。

四人の男は、どれも歳のころは四十半ばで、ふてぶてしい顔をした者ばかりであった。

来客の三人は、あとで横井が語ったところによると、時の行政管理庁長官山村新治郎《やまむらしんじろう》の弟と連れで、山村長官のやっている山村商店が金融難で困っていて、なんとか銀行に融資の口をきいてくれまいかの依頼だったという。

千葉は、肝心の横井の顔を知らなかった。安藤から事前に、横井の風貌は「カニみたいな奴だ」と教えられていたものの、四人のうち誰が「カニ」だかわからない。

彼らも、不意の闖入者《ちんにゅうしゃ》の顔を見たままである。

千葉は、そのまま一番奥の円形のテーブルに五メートルのところまで進んだ。

千葉に背を向ける格好で、首だけ後ろにまわして見ている一番手前の男に、訊いた。

「横井って、どいつだ？」

その瞬間、声を出した男がいる。

「横井は、おれだが」

丸顔で、蝶ネクタイをした中年の男が、細い眼をいっそう細くして千葉を見た。

横井の言葉を聞いて、千葉の体は凍りついた。

〈テーブルに座ったままでは、右腕を狙うことができねえ！〉

その間、三十秒ほどであろうか。

千葉は、横井の「おれだ」という言葉を聞くやいなや、後ろ手に隠していた拳銃を前に突き出した。

横井の顔から、一瞬にして血の気が引いた。横井は、千葉の拳銃をかまえる姿を見て、おどろくほど大きな声で叫んだ。

「おい！」

千葉は、しつこく釘を刺されていた。

「心臓は左にあるから、左腕は狙うな。かならず右腕を狙うんだぞ」

千葉は、頭の中で「右腕」「右腕……」とこだわり続けていたので、とっさに真向かいの向かって右の横井の左腕を右腕と錯覚してしまった。

千葉は、横井の腕めがけ、力をこめ引き金を引いた。

横井の叫び声とほとんど同時に、すさまじい銃声がひびいた。締め切られた部屋に爆裂音のように反響した。

横井は、とっさに弾を避けようとした。

横井が動いたせいで、弾は、横井の左肩に当たってしまった。

弾丸は、左の腕の上膊部を貫通してから心臓下をわずかにそれ、左の肺、右の肝臓を貫いて、右脇腹に達する瀕死《ひんし》の重傷を負わせてしまったのだ。

会談をしていた他の三人は、横井が銃弾に倒れるのを見て、いっせいに円形のテーブルの下にもぐりこんだ。

横井は、テーブルの上に、右手をつくようにして倒れこんだ。

なお、横井は、のちにこのときのことを『週刊文春』昭和四十年八月二日号《安藤昇と横井英樹七年目の対決》でこうボヤいている。

「いやぁ、人間なんて信用できませんなぁ。いまのいままで『融資の口をきいてくれたら、横井さん、あなたのためなら、今後は火の中、水の中』って拝んでいたのが、ボクが撃たれたとき、何をしていたのか、あとできいてみたら、『すみません。テーブルの下にもぐりこんでいました』ってんですからねぇ。世の中現金なもんです。三人で取り押さえれば、ピストルぐらいモギとれたと思うんです」


千葉は、横井が倒れたのを確認するや、一目散に社長室から飛び出した。

水を持ってもどってきていた受付嬢は、飛び出してきた千葉の手に拳銃が握られているのを見た。血の気の引いた顔で、その場に座りこんでしまった。

どうしていいのか判断のつかなくなった受付嬢は、震えながら千葉を見ている。

千葉の眼に、エレベーターが入った。

一瞬、エレベーターで降りようと思った。が、やめにした。

〈万一、あの受付の女が正気にもどって、管理室に連絡を入れ、エレベータを止められてもまずい〉

千葉はエレベーターを使わず、たしかめておいた非常階段を使って階下に降りた。

階段を走りに走った。二段飛ばしで、一気に駆け降りた。

七階、六階、五階、四階、三階、二階。一階に着いたと思ったその瞬間、守衛室から、ビルの警備員が飛び出す姿が見えた。

〈やばい!〉

千葉は、正面玄関から逃げることをあきらめた。

〈裏口も、たぶんまずいだろう〉

千葉は、もう一つあった銀座通りに面していない出口から、外に出た。表通りとは反対の出口であった。

千葉は、外に出て初めて、まだ右手に拳銃を握ったままであることに気づいた。

あわてて、ジャケットの内ポケットに拳銃をしまいこんだ。

逃げおおせるために、このまま一気に駆け出したかった。

が、疑われないためにも、走り出すわけにはいかない。

あくまで平静を装って、歩き出した。

車道に出ると、タクシーを止めた。

千葉は、はやる気持ちを抑えながら、タクシーに乗り込むと、運転手に声をかけた。

〈やった、やったぞ！〉

「新橋の先のほうに、やってくれ」

千葉は、車窓から第二千成ビルをのぞくように見た。

タクシーが走り出そうとするまさにそのとき、第二千成ビルから、二、三人の男が出てきた。千葉を追ってきたのである。

その男たちを追うように最後に出てきたのは、なんと、横井本人ではないか。

千葉は、つい叫びそうになった。

〈横井だ！〉

が、すんでのところで言葉に出すのを抑えた。

横井は、左肩を押さえながら、血まみれになって何かを叫んでいる。

血まみれの横井を見た通行人は、おどろき、叫び、みるみるうちに人だかりができた。

千葉は、見とどけたい、と思ったが、運転手は気づかず、そのままタクシーは発車してしまった。

いっぽう志賀は、第二千成ビルの下で、耳を澄ましていて千葉の銃声を確かめた。

銃声は思いのほか小さかったが、銃声だとわかる音を聞いた。

さらに、横井たちが飛び出してくるのを、志賀も確かめた。

志賀は、タクシーを拾い、第二千成ビルを離れた。

千葉を乗せたタクシーが新橋方向に向かっていると、反対車線はサイレンを鳴らしたパトカーや救急車が、次々に走っていく。

タクシーの運転手は、ここにきて、初めて変に思ったのだろう、千葉に訊いた。

「なんか、あったんですかねえ」

ギクリとした。が、知らん顔をして答えた。

「事故でもあったんじゃないの。夜は危ないから……」

千葉は、逃げてもいい、と言われていたが、逃げる気にはなれなかった。

タクシーが虎ノ門駅近くに来たとき、気が変わった。運転手に言った。

「ここで、いいや」

そこでタクシーを止めさせた。

そのまま新橋を越え渋谷までタクシーで向かうと、検問に引っかかる可能性がある。

虎ノ門駅から電車に乗れば、検問で止められることはない。

千葉は、地下鉄銀座線に乗り、渋谷へ向かった。

午後八時前、電車は、雨のせいもあり、やけに混んでいた。

三十二口径の拳銃を内ポケットに忍ばせていたが、傍目にはわからないものだ。かりに拳銃がでかい四十五口径であれば、ポケットの異様なふくらみに周囲が怪しんだかもしれない。

千葉は、自分が火薬臭くないか心配であった。

が、まわりに気づかれることなく無事渋谷駅まで着くことができた。

〈一刻も早く知らせなくては……〉

千葉は、渋谷駅から、渋谷一丁目の青山学院大学のはす向かいにある『東興業』まで雨の中を走った。

東興業の入ったビルに着くと、ビルの三階まで勢いよく駆け上がった。

三階の東興業のドアを開け事務所に入るなり、叫んだ。

「いま、終わりました！」

島田は、待ち切れずに訊いた。

「やったか！」

「はい、横井は、血だらけで……」

「まさか、殺しちゃいないだろうな」

「大丈夫です。横井は、おれを追って外まで出てきたくらいですから、死んじゃいませんよ」

「そうか。お祝いに一杯やりてえところだが、横井は、すぐ社長の名前を警察にしゃべるだろう。そうすれば、ここも、じきに警察が踏みこんでくる」

島田は、千葉をうながした。

「社長は、明日帰ってくる。処置はそのうえで連絡する。とにかく、二、三日様子をみよう」

第5章　華麗なる逃亡

吉凶あざなう第一夜の賭場

昭和三十三年（一九五八年）六月十一日午後七時、安藤組組長の安藤昇は、熱海に向かうため、若い衆らと車に乗りこむと、霧雨の降る中を『東興業』から東京駅に向かった。

安藤は、東京駅で趙春樹と合流した。安藤は、たまたまその日に熱海で稲川組（のち稲川会）幹部の井上喜人が開く賭場に趙といっしょに行く約束をしていたのである。

安藤は、趙とは、その三年前からいい付き合いをしていた。

趙は、後年、稲川聖城会長の稲川会の跡目候補に上がるほどの大幹部になる人物だ。ただし、この時期は、千葉県松戸市周辺を縄張りとする箱屋一家の総長であり、稲川組には入っていなかった。

安藤や趙は、東京駅から電車に乗った。

安藤や趙らが、熱海に着いたのは、午後九時ごろであった。列車を降りると、ホームがしっとりと濡れている。

それより、あたりは夜なのに、白んでいるように感じた。東京での霧雨は、熱海でもっと濃い霧となってひそんでいた。

〈静かだ……〉

安藤は、大きく一つ溜息《ためいき》をついた。

〈もう、千葉は、横井を襲ったあとだろう。首尾よくやっただろうか……それとも……〉

安藤らは、タクシーに乗りこむと、旅館の名を告げた。

安藤らは、寝ているふりを決めこんだ。もし話をしていて、のちに事件が明るみに出たとき、タクシーの運転手から足がついても困る。

「お客さん、着きましたよ」

そんなことは、安藤にははなからわかっていた。タクシーのドアが開き、威勢のいい声がひびいた。

「いらっしゃいまし。親分」

安藤は、やっと眼を開けると、井上喜人の若い衆の出迎えに応じた。

「もう一時間ほどで、賭場の用意ができます。食事は、どうされます？」

「いらねえ。それより、疲れている」

「では、さっそく風呂の用意を」

落ち着いているのか、焦っているのか、安藤にもよくわかっていなかった。

とにかく、風呂に入り、今日一日横井ともめ、横井を襲撃するまでの自分のとった行動を見返してみようと思った。

あふれんばかりの浴槽に身を沈めると、勢いよく湯が流れ出す。

安藤は、あらためて溜息をついた。

〈たった一日の出来事なのに。今日はやけに長えな……〉

ザーッという音が波の音にダブって、気が静まった気がした。ようやく落ち着いた。そう思った瞬間、安藤は、いままで自分が動揺していたことを察した。体から疲れが抜けていくのがわかった。それは、自分についていた憑《つ》き物が離れていくのと同じ感覚であった。

風呂から出れば、賭場の用意はできているだろう。丁と出るのか、半と出るのか。どちらが当たりかはわからないが、安藤の心境は早くケリをつけたい、というだけの気持ちで一杯だった。

〈とにかく、矢は放たれた！〉

安藤は、勢いをつけて、飛び出るように風呂から上がった。

安藤は、背広から浴衣と半纏《はんてん》姿に着替えた。気持ちがゆったりとしたせいか、急に腹が鳴った。

〈そういえば、昼から何にも食べてないな〉

安藤は、用意された膳に箸をつけた。が、食は進まなかった。

安藤が物思いにふけっていると、襖《ふすま》の奥から声がかかった。

「そろそろ用意ができてますから、よろしくお願いします」

安藤は、そのまま箸を置くと、若い衆に導かれるまま、午後十時ごろ賭場に入った。

賭場の貸元の井上喜人とあいさつを交わし、席に着いた。賭場の客は、素人もいたが、ほとんど稲川関係の人間だった。

関東では、バッタ巻き、いわゆる「アト・サキ」がおこなわれている。

中盆が入ってきた。中盆は、一礼すると、箱から新品の花札四十八枚、二箱九十六枚をみなに見せつけるように開封した。

中盆は、手際よく花札を切りこむと、啖呵《たんか》を切るように威勢よく声をかけた。

「さあ、どなたかチョイしてください」

安藤の隣に座っていた和服を着た旦那風の客が、札のうちの一枚を抜き、一番先に置いた。そうすることにより、中盆の用意した札の順番が狂うので、いかさまはしにくい。

「ここは、いかさまはありませんよ」

そう言葉にこそ出さないが、それがことわりごとだった。

花札を操る中盆が、手前のサキに一枚、アトの向こうに一枚、次にサキに二枚目、アトに二枚目、サキに三枚目、アトに三枚目と各三枚ずつ置いた。

客は、アトかサキか好みの側に賭ける。花札三枚の合計の九を最高として数の多いほうが勝ちとなる。なお、紅葉の十だけでなく、雨の十一、桐の十二も０と計算する。

「さあ、ぼちぼち、どちらも駒をお願いします」

賭場にいた客人の誰よりも先に、安藤はその中のまん中に駒を置いた。といっても、本当の駒でなく現金の札である。

安藤が駒を置くと、次々に駒が張り出される。駒を張らずに、じっと見守っている人もいる。駒が出揃うと、緊張した空気が部屋に張り詰めた。

このとき、勝った負けたは、安藤にとってとても重要なことであった。

この勝負に勝てば、千葉はうまく横井を殺すことなく仕留めたような気がするし、負ければ、失敗したような気になる。

初回は、両手、十万円の勝ちであった。

安藤がほっとするのも束の間、次の勝負でその儲けはすべて取られた。

賭け方には「ツラ」と「ヌケ」がある。安藤は、ヌケ好きである。ヌケとは、アト、サキの一方にかたよらず、サキに賭けたり、アトに賭けたりすることをいう。

よく「博打と喧嘩はツラを張れ」という。ツラとは、ヌケの反対語で、サキならサキばかり同じほうに賭けつづけることである。サキかアトか同じほうに張りつづけたほうが、勝負ごとは有利である。

しかし、賭場の仁義で、自分の同行者とか親しい者、知遇を得ている目上の者の逆をあまり張るわけにはいかない。そんな掟に縛られているので、目が出ることがわかっていても、見過ごさなければならないこともある。

同行者の趙春樹は、ツラ専門だった。安藤は、趙に合わせて、趙と同じくツラを張りつづけた。取ったり取られたりの勝負がつづいた。

二まき、三まきそんなことをしているうち、安藤の負けはあっという間に四十万円になった。

そのうち、いままでツラを張りつづけていた客のなかにも、すっかり持ち金を取られて手を休める人が出てきた。趙も、手を休めた。

そこで安藤は、サキもアトも、ところかまわず張り始めた。ヌケに変えて、四十万円の負けは、またたく間に七十万円の勝ちになった。

〈こりゃあ、ついてる。千葉も、うまくいったにちがいない〉

安藤がそう思っている矢先の午後十一時を少し回ったころ、背後の襖がスーッと開いて、安藤組幹部で、千葉の兄貴分として千葉が横井を撃つ音を確認した志賀日出也が、賭場に音もなく姿を現わした。

安藤は、それまでときおり入口の襖に眼をやっていた。万一、警察の手入れがないとも限らない。安藤は、襖が開くたびに、入ってくるのは誰かをかならず確認していた。

安藤は、志賀に気がついた。が、声をかけるようなことはしなかった。賭場でバタバタするのはみっともない。安藤は、わかっていてわざと何も合図を送らなかった。眼も上げずに、花札に熱中しているふりをした。

志賀も、安藤を見つけても、呼びかけることもしなかった。他の客人の邪魔にならないよう、壁をつたうように安藤のそばにやって来た。安藤の後ろに来ると、跪《ひざまず》いた。安藤の耳にだけ聞こえるような声で伝えた。

「終わりました。成功です。音も、確かめました」

安藤は、表情を変えずにゆっくりとうなずいて目を閉じた。

死の恐怖に怯える醜く歪んだ横井の顔が浮かぶ。安藤は、心の中で快哉を叫んでいた。

〈とうとう、やったか！〉

安藤は、しばらく眼をつぶったままであった。安藤にとって、いまや賭博などは問題ではなかった。ただし、カミソリのように研ぎ澄まされた神経は、いま、まさに〝無〟の境地に近かった。

それから三時間、安藤は負け知らずであった。安藤がサキに張れば、サキが出た。アトに張れば、アト。こんなことがあるのかと思うほど当たり続ける。

勝ちすぎた安藤は、不思議な気持ちになった。

〈一人勝ちっていうのもなんだな。しょうがねえ、こっちに張れば、さすがに負けるだろう〉

安藤が、ドンとアトに張った。いっぽう負け続けていた者たちすべてが、安藤と勝負しようと反対のサキに張った。それでも、安藤の張ったアトに目が出てしまう。

向かうところ敵なし。最後には、勝ちつづけの二人だけの、サシの勝負になった。

勝ちつづけのその客は、気が大きくなっている。安藤に向かって、持ち金全部の高勝負を申しこんできた。

売られた喧嘩《けんか》は、いつでも買う。まして、今日は負ける気がしない。

〈よし、やってやろうじゃないか！〉

安藤は、その男をジロリと見た。

「お客人、あんた賭ける前からこの勝負見えてるよ。それでもいいんだね」

「それは、こっちの台詞《せりふ》だぜ」

三時間という時間の流れは、お互いをライバル意識の中に追いやっていた。

安藤は、すべての札を、両手で押し出すようにして動かした。

結局安藤は、総取りで百万円ほど勝った。

当時、サラリーマンの給料が一万数千円の時代だ。百万円といえば、いまの貨幣価値に換算すれば、およそ二千万円だ。集まった金は山のようで、懐にもポケットにも入りきらなかった。

安藤は、勝ち金のうち半分の五十万円を謝礼として貸元の井上喜人に回し、井上の若い衆へ五万円の祝儀を置いた。趙とはそこで別れ、志賀と若い衆を伴って賭場をあとにした。

渋谷の顔役大宮福之助と千葉

横井英樹襲撃から、横井を撃った安藤組の千葉一弘は、安藤組の島田宏に横井を撃ったピストルを渡し、その日昭和三十三年六月十一日の夜に三軒茶屋にある大宮福之助邸に向かった。千葉にしてみれば、恩人への別れの挨拶だった。

大宮は、表社会にも裏社会にも顔が利く大物だった。千葉は、大宮の使い走りとして、東急電鉄や東映などの東急系企業に頻繁に出入りしていたのである。

東急電鉄に行けば、平気で社長室に直行してしまう。受付で「どちらへ?」と訊かれても、「秘書室へ」の一言でパスしていた。

また千葉は、東急電鉄の大川博《おおかわひろし》副社長の桜新町の自宅にも、大宮の使いで手紙を届けたり、資金要請などもしていた。

大川博といえば、占領下時代に公職追放になった五島慶太の代わりに、東急グループを指揮し、経営に辣腕を振るったことでも有名である。また、プロ野球の球団『東映フライヤーズ』を経営したり、映画会社『東映』を事実上創業するような財界の雄であった。

なお、東映の前身である上場会社『東横映画』の株主総会で、総会屋たちが委任状をめぐって騒ぎ揉《も》めた。そのとき、なんと東急側を守っていた大宮は、総会場で小指を切断した。

「これで、納得してもらえんか」

騒ぎをおさめた。大川は、大宮への恩義は忘れなかった。

皮肉なことに、千葉が横井を撃つ役目を引き受けた理由のひとつは、千葉が東急関係の会社に出入りすることに慣れていて、横井の「東洋郵船」に怪しまれないで入れることがあった。

千葉は、大宮の家に上がり、居間に入った。居間のテレビは、横井襲撃のニュースを流していた。

大宮は、眉間《みけん》に皺《しわ》を寄せた。

「誰が、こんなことしやがった！」

千葉の犯行とは夢にも思っていなかったのである。

とはいえ、千葉も「わたしが、やった」とは口にできなかった。なにしろ、大宮は横井の後ろ盾である東急コンツェルン総帥五島慶太と親しい。

千葉は、挨拶を終えると、その場に居たたまれず、そそくさと大宮邸をあとにした。

なお、大宮福之助は、その後千葉が横井を撃ったことが新聞に報じられる前に、なんらかのルートで横井襲撃が千葉による犯行だと知る。さぞやショックだったのだろう。大宮は脳溢血《のういっけつ》で倒れて、日大病院に担ぎ込まれた。京王電鉄関係者や東急グループの人間たちが、大宮の看病に当たることになる。

それでも千葉は、よほど大宮に気に入られていたのであろう。千葉がのち横井事件の罪で刑務所に入っているとき、大宮の養子にまでなる……。

千葉は、その夜、まずは立川に向かった。

そもそも千葉の兄貴分である志賀日出也は、昭和三十年春まで立川で売春宿を経営していた。その関係から、千葉も、立川に土地勘と人脈があった。住吉連合の小西保や稲葉一利などの知己もいる。そのため、第一潜伏先が立川となったのである。

衝撃の横井事件第一報

いっぽう、安藤組の安藤昇組長と幹部の志賀日出也らは、稲川組の幹部井上喜人の賭場を出た。熱海の街は、もうすぐ六月十二日午前四時になろうというのに、まばらに人影があった。以前は、もっと人通りが多かった。

二カ月前の昭和三十三年四月一日から、売春禁止法が施行された。そのせいで、糸川べりの有名な遊廓通りは鳴りをひそめ、客足も遠のいていた。遊廓は、看板を変え、バーや一杯飲み屋に変わり営業はつづけていたが、昔のにぎわいはどこにも見られなかった。

安藤は、その遊廓通りの一番綺麗なバーを選び、入った。若いママとバーテン。それに酔客が一人いた。

安藤は、自分の好きなヘネシーのブランデーを注文すると、カウンター席のまん中に腰を下ろした。志賀ともう一人の若い衆は、スコッチを注文し、席に着いた。

店には、BGMとして、ステレオからジャズのスタンダードナンバーが流れていた。

『サマータイム』

安藤の好きな曲目であった。渋谷のナイトクラブでは、安藤が店に入って行くと、好みを知っているバンドは、すぐこの曲を演奏してくれた。

〈最後のシャバの夜に『サマータイム』か……〉

「明日なき生命」……安藤の脳裏には、どこかで聞いた映画のタイトルのような言葉が去来する。

夜が明ければ、安藤組に警察の手がまわるだろう。そうすれば、当分シャバともお別れである。

安藤は、志賀の横顔を見た。

〈志賀よ！　最後の夜だ。心ゆくまで飲みあかそうぜ！〉

安藤は、にっこりと微笑んだ。

「社長！」

志賀も、安藤の笑顔がうれしかった。

安藤も、一気にブランデーを五杯も飲み干してしまった。

上機嫌になった安藤は、その店のママが酔っぱらいに口説かれて困っているのに気がついた。安藤は、ＢＧＭのジャズの曲が変わるのを待って、すっとママの横に寄った。

「ママ、一曲踊ろうか」

安藤は、酔っぱらいからママを引き剝がすようにママの手を引き、腰に手をかけた。

酔客は、ムッとして濁った眼で安藤を睨《にら》みつけた。安藤は、鋭い眼で酔客を見返した。

安藤は、ママの頰に顔をつけて踊る。香水のタブーの香りが鼻をつく。

チークダンスを何曲か繰り返すうちに、酔っぱらいはついにバーテンに勘定を払うとスゴスゴと店を出ていった。

ママは安藤に礼を言い、安藤も今日の疲れがどっと出た。カウンターの椅子に座ると、そのまま立てなくなった。が、意識だけははっきりしていた。体が睡眠を求めているのに、眼だけがギラギラと燃えていた。

安藤は、ママの肩を抱いて飲みつづけた。

午前八時過ぎ。バーのドアの間から、バサッと音を立てて朝刊が投げ込まれた。新聞が届いたのに、安藤と志賀は同時に気づいた。が、志賀は頭と体が同じように反応しないらしく、結局、安藤がよろめきながらカウンターの高椅子を降り、新聞を取りに行った。

ドアを開けると、夜はすっかり明けている。太陽が、安藤の疲れた眼にまぶしい。

安藤は、入口に一番近いボックス席に腰を下ろすと、すぐ新聞の三面を開いた。

《宵の銀座に一発の銃声》

安藤の眼に、大きく書かれた見出しが飛びこんできて脳髄《のうずい》を貫く。

安藤の顔色が変わったのを見て、志賀が飛んできた。二人は、新聞に吸い寄せられたように、一字一字、活字を追った。

二人の真剣な眼差しに、ママは不審感をいだいたのだろう。足をよろけさせながら、安藤のいるボックス席に近づいてきた。

「何かあったの？」

安藤は、ゆっくり新聞を閉じると、ママに言った。

「いや、親戚に、ちょいと火事があってね」

安藤は、新聞をテーブルの上に置いた。

「その件で、こいつと二人だけで打ち合わせをしたいんだ。カウンターのほうに行っててくれないか」

ママは、ふたたびカウンター席に戻った。

安藤は、あらためて志賀に向き直った。二人きりで話すのは、昨日、渋谷の『東興業』を出発する前に事務所で会って以来だった。

新聞は、安藤組の千葉一弘の撃った『東洋郵船』社長の横井英樹の容態を「重傷」と書かず、「危篤」と書いていた。

志賀が目撃した横井は、横井を撃った千葉を追ってビルの外まで出てきたが、その場に倒れてしまったらしい。そのまま救急車で銀座の菊地病院に運ばれたという。

千葉の撃った弾は、横井の左肩に当たった。肩から入った弾は、心臓をわずかに逸れて、左肺、右肝臓と貫き、右脇腹まで達していた。横井は、三千ccもの大量出血をし、血圧も七十まで下がった。手術は、一時間にもわたった。が、結局、複雑に入りこんだ弾を摘出できなかったと書かれている。

安藤は、苦々しく思った。

〈まさか、骨に当たってはじけた弾が、体の中に入るということは、計算外だったな……〉

志賀が、舌打ちをした。

「あれほど、右腕を撃てといっておいたのに……」

安藤は、志賀を制した。

「千葉は、おれのためにやったんだ。危篤っていったって、まだ死んだと決まったわけじゃねえ。万一助かるかもしれん。まだ、横井は生きているよ。死んじゃいねえ……」

安藤は、そういうと、テーブルの上に置いてあった新聞を投げ捨てた。

安藤は、それから志賀とバーのママとタクシーをひろい、熱海市来宮にある旅館『をしどり荘』に向かった。をしどり荘は、人目につかない、閑静な旅館だった。

安藤は、をしどり荘に着くと、さすがに激しい睡魔に襲われた。思考力のすべてが失われるほど疲労困《ひろうこん》憊《ぱい》していた。

安藤は、法外なチップをはずんで、女中をせっついた。

「おい、早く布団を敷いてくれ」

女中は、二つ返事で極上の布団を敷いてくれた。

ママは、酔っ払った安藤の靴下や洋服を脱がせた。安藤は、泥のように寝入った。あとの記憶はない。

安藤は、熱海で夜をともにしたママををしどり荘から帰したあと、隣室にいた志賀を起こして、今後の身の振り方を協議した。

二人は、宿酔を覚ますために、熱い風呂に入った。それから早めの夕食をすませると、ハイヤーに乗った。

ハイヤーは、熱海から海岸通り沿いに、湯河原、小田原を経由して元箱根に向かった。元箱根には、安藤が定宿にしている『天成園』がある。

安藤は、そこで一泊し、翌朝九時に目を覚ました。すぐに新聞に眼を通した。

事件の続報は、身におぼえのない恐喝事件まで書かれていた。

〈書き放題というわけか……〉

安藤は、このまま東京に帰って自首しようかと思っていたが、なんとなく釈然としないものがあった。

安藤は、志賀や若い衆らと午前十一時小田急線で新宿に引き返した。

新宿到着と同時に、張り込みを警戒して、急いで下りの各駅停車に飛び乗った。下北沢駅で下車すると、駅前の公衆電話から代々木のアパートに住む山口洋子に電話した。

「もしもし、おれだよ」

山口洋子も、びっくりした。

「ああ、安ちゃん！　どこにいるの？　新聞見たわ。すぐいらっしゃい！」

東興業の事務所は、ガサ入れでテンヤワンヤであろう。安藤の妻や何人かの愛人たちのところには、警察が張り込んでいるにちがいない。が、警察は、山口洋子のことまでは把握していないようだ。

なお、山口洋子は、昭和十二年に名古屋で生まれ、昭和三十二年の東映第四期ニューフェイスとして売り出していた新人女優だった。同期には、佐久間良子《さくまよしこ》、山城新伍《やましろしんご》、曽根晴美《そねはるみ》、室田日出男《むろたひでお》、水木襄《みずきじょう》、花園《はなぞの》ひろみらがいる。

山口洋子は、のちに銀座のクラブ『姫』のママとして名を馳せ、と同時に、作詞家、作家として活躍をはじめる。昭和四十六年オリコンで一位を獲得する、五木ひろしの『よこはま・たそがれ』や、昭和四十九年に百五十万枚の大ヒットを記録した中条《なかじょう》きよしの『うそ』の作詞を手がけ、昭和六十年に『演歌の虫』『老梅』で直木賞を受賞する。

山口洋子のアパートにて

安藤は、下北沢駅前でタクシーをひろい、洋子のアパートに向かった。バックミラー越しに運転手から見えない位置に座った。

『週刊大衆』平成五年（一九九三年）八月三十日号での安藤と山口洋子の対談によると、彼女が安藤と初めて会ったのは、渋谷のジャズ喫茶『キーボート』であったという。

彼女は、当時すでに東映の第四期ニューフェイスであった。いつも友達とバンドマンを張っているから、一番前の席であった。が、安藤は絶対に座らないで、いつも後ろの壁によりかかって見ていた。彼女は、渋谷界隈を仕切っている安藤を見て痺れた。

〈カッコいい人だなぁ〉

それで彼女のほうからナンパしたという。

そもそも洋子は、名古屋で由緒ある親分の養女だったことから、安藤に対して違和感はなかったという。

洋子は、安藤組の若い衆からは「お嬢」と呼ばれて、大いにかわいがられるようになった。洋子も洋子で、水が合ったのか、東興業の事務所に、ジーパンをはいて「安ちゃん、遊んでぇ」と行き、入り浸っていた。

洋子は、安藤組には、アメリカのギャング映画の匂いを感じた。日本のヤクザ映画のような赤貧洗うがごとしの貧乏臭さとは縁遠いリッチなギャングの雰囲気であった。

東興業の社長室では紅カナリヤを飼っていたが、鳥籠の下の机の引き出しを開けると、拳銃が入っていた。

安藤と洋子は、渋谷の東急デパートの売場を冷やかして歩いたこともある。

安藤は、万年筆売場で、万年筆の一本を選ぶと、サラサラと十枚くらいの紙に試し書きをした。

万年筆売場の気取った女子店員が、安藤に訊いた。

「お客さま、書き心地はいかがですか」

「うん。なかなか書き心地がいいね」

安藤は、試し書きの一枚を女子店員に見せた。女子店員は、そのとたん、顔を真っ赤にした。その試し書きには、なんと、女のナニを書き込んでいたのである。

安藤のイタズラは、それだけではおさまらなかった。安藤は、女性のナニ入りの試し書き十枚を手にオルゴール売場に向かった。

オルゴール売場で、その試し書きを一枚づつオルゴールに入れていった。

安藤と洋子は、売場から少し離れて、売場の様子を見ていた。すると、女学生がオルゴールを買いに来て、オルゴールの蓋を開けるや安藤の試し書きを見て、叫んだ。

「キャッ！」

安藤と洋子は、その姿を見て楽しんだ。

洋子は、ある日、あらたまって、安藤に訊いた。

「どうして、安ちゃん、抱いてくれないの」

安藤は、真面目な顔で答えた。

「だって、ダンスを踊るんだって、上手に相手してくれるほうがいいだろう。だから、うまくないとダメなんだ、おれ」

洋子は、しょんぼりせざるを得なかったという。

洋子は、安藤組の賭場にもよく連れて行かれた。箱根の旅館や、横浜のホテルニューグランドでも常連だった。安藤は、賭場荒らしを防ぐため、賭場の隣りの部屋に銃をたくさん置いておいて、賭場が始まる前、その銃をわざと客に見せていた。洋子は、その銃の見張り番をさせられたこともあった。

が、若かった洋子は、平気でグーグー寝入ってしまった。「はい、おにぎり」の声で目が覚めた。とうてい見張りの役目を果たしていたとはいえなかった。

箱根では、安藤組の幹部の花形敬に射撃を習った。

「撃ってみな」

洋子は、恐る恐る引き金を引いた。

ドーン！

洋子は、その衝撃に目を白黒させた。

花形は、それにかまわず言った。

「はい、もう一発」

口数が少ない花形は、洋子の面倒をよくみていた。安藤組の事務所でラーメンをとるときも、かならず洋子に「食べるか」と訊いた。ヤクザ者からは鬼のように恐れられていた花形も、洋子にとっては、優しい兄ぃだった。

横井事件の三日前にも、安藤は、洋子とデートしていた。そのころ東映の社風は、保守的なところがあり、撮影所に外車で乗りつけることは御法度《ごはっと》だった。高倉健《たかくらけん》ほどの大スターも例外ではない。

しかし、安藤は、洋子を新車のフォード・サンダーバードに乗せて、東京都練馬区にある大泉撮影所まで送って行き、中庭まで入って行った。守衛は「あっ！」と叫んだまま棒立ちになった。

すると、撮影所長が、びっくりして飛び出してきた。

安藤は、東興業の名刺を所長に渡すと、折り目正しく挨拶した。

所長は、安藤の態度に感心し、ポンポンと安藤の肩を軽く叩いた。

「きみは、なんだね！」

「なかなかの好青年だ。がんばりたまえ」

その三日後に横井事件が起こるのである。

安藤たちは、用心して神宮裏口でタクシーを降りた。露地から露地を歩いた。変装は、縁の厚めの鼈甲《べっこう》の素通し眼鏡を掛けた。サングラスは、かえって目立つ。鼈甲の眼鏡をかけると、ちょっと優しく見えるが、左頬《ひだりほほ》の傷ばかりは、隠しようがない。

洋子のアパートに着くと、志賀を道に面した右側にして、二階への階段を上がった。洋子は、ドアを半開きにして、安藤たちを待ちかねていた。

洋子は、明るい性格で、安藤を匿う時でも、深刻にならなかった。安藤は、その明るさにも救われた。

部屋に入ると、安藤らは、洋子が入れたコーヒーに口をつけ、少し安堵《あんど》した。

志賀は、コーヒーを飲み干すと、安藤と洋子への遠慮もあるのであろう安藤に言った。

「連絡を取ってきます。一時間後に電話を入れます」

安藤は、志賀に釘を刺した。

「志賀、電話っていうのは、信用しちゃいかん。いつどこで盗聴されているかわからん」

「いちいち連絡するのに、出入りしてたほうが、よっぽど危ないと思いますけど……」

「馬鹿だなあ、暗号を使えばすむ話だろ。いいか、ここに電話をするときは、おれは『徳川』、おまえは『松平』だ。松平は、おまえだけじゃなくていい。ここに直接電話をかけてくるやつは、みな松平にしろ。おれは松平じゃなければ、電話には出ない、いいな」

安藤は、さらに念を押した。

「かならず、盗聴される心配のない公衆電話を使え」

志賀らは、部屋をあとにした。

洋子は、買《か》い物籠《ものかご》を下げて、部屋から出て行った。

安藤は、どっと疲れが出てきた。上着を脱ぐと、ベッドに横になり、吸い込まれるように眠った。

目が覚めると、洋子が安藤の頭髪を撫《な》でながらのぞきこんでいる。

「疲れているのね。お肉が焼けたから食べない?」

「ああ……」

安藤は、あらためて思う。

〈女とは、なんとかわいいものだ〉

そのとたんに、電話のベルが鳴った。

洋子が受話器を取った。相手は訊いた。

「もしもし、徳川さん？」

洋子は、茶目っ気たっぷりに答えた。

「はい、徳川さんはいま、姫を抱っこしようとしたところでございます。ただいま殿とかわります」

電話の向こうの声が、笑っている。

安藤が電話に出た。志賀が報告した。

「事務所が家宅捜索されて、くだらない帳簿類を後生大事に持っていきました。千葉は、立川に逃げています。事務所は、完全に張られています」

安藤は、早めの夕食を終え、風呂からあがり、心に決めた。

〈明日は、千葉を連れてサツに出頭しよう〉

安藤は、久しぶりにすがすがしい気分で窓の外に目をやりながら、冷たいビールを飲んだ。

そこに、『読売新聞』の夕刊が来た。安藤は、新聞の見出しに眼を走らせた。

《横井氏事件恐かつ容疑で　安藤組親分に逮捕状》

〝恐かつ〟という文字を見て、安藤は眉《まゆ》をひそめた。

《東洋郵船社長横井英樹氏（四四）が、十一日夕、東京銀座の同社社長室で暴漢にピストルで撃たれた事件を捜査している築地警察署捜査本部は、これまでの調べから、渋谷の安藤組組長、安藤昇氏（三二）の子分か、その流れをくむ配下のものの犯行と断定、犯人を追及していたが、同本部は十三日行方不明になっている安藤組長に恐かつ容疑で逮捕状を取るとともに渋谷区上通り一の八同事務所を家宅捜索した。安藤組長に対する逮捕状は昨年春、某社社長に対し三十万円の恐かつを働いた疑いで出されたものだが、十三日中に安藤組長が捕まらなければ、ただちに全国指名手配をおこない、徹底的に行方を追及する》

自分の記事を読み進んでいるうち、安藤は頭に血がのぼってきた。「三十万円の恐かつ」という文を読んだとき、頭の中で紐がぷつんと音を立てて切れたような気がした。

「畜生、ふざけやがって!」

安藤は、声を大にして叫んだものの、洋子に止められた。

「安普請《やすぶしん》のアパートなのよ」

が、安藤の興奮は、おさまらなかった。

さらに安藤は、六月十四日付け『読売新聞』朝刊の《暴力団の根絶へ乗り出す 安藤組を突破口に》に眼を通し、怒りをおぼえていた。

《安藤は、不在と称して都内に隠れたままだった。この間、犯人の身の振り方について〝顔役〟の意見を聞き歩き、人を介し安藤組の内部に捜査の手をのばすことなく事件をこの傷害のみに限れば十三日夜にも自首させるとの動きを見せていた。これに対し当局のハラは、安藤を出頭させてそのまま逮捕する巧妙な作戦だったというが、一方安藤組では、これまでの悪習慣である〝なれあい逮捕〟で自首させればいいという甘い考え方だったようだ。このため当局では、

一、〝自首〟はかえって安藤組の勢力を倍加させるおそれがあること。

二、近く暴力団を根だやしにする取締りを実施するため方面本部長や関係署長を招集することに決めていたその前夜にこの悪質な凶行が起こったこと。

三、従来のやくざ同士の出入りと違い被害者が財界で一応名の売れた人物であったこと。

などから、いままでの〝なれあい自首〟ではなく、純粋捜査を行うことにきめ十三日安藤親分の逮捕状をとり、暴力団壊滅の強い意志を示したものである》

安藤は、横井を「財界で一応名の売れた人物」という表現に、カチンときた。

〈なにが、一応名の売れた財界人だ。日本の法律を冷笑し、与《くみ》しやすしとみれば、爪を研ぎすまして攻撃

をかけてくるようなヤクザ野郎じゃねえか。そんな男に、財界の知名人面されてたまるもんか！〉

それに、従来、警察とヤクザというのは、極端にいうと親戚付き合いのような一面もある。地区内で事件が発生した場合、警察はまず地元のヤクザのところに協力を求めてくる。そんなとき、犯人が自分のところの組員であれば、安藤も自発的に警察に出頭するようにうながしていた。

それを、今回に限って純粋捜査をするという。相手が横井だから、という理由である。

安藤は、腹の虫がおさまらなかった。

「そっちがその気なら、こっちにも考えがある！」

安藤は、新聞をわし摑みにして立ち上がった。

そのとき、軽いノックの音がする。

「志賀です」

安藤がドアを開けると、志賀と島田宏が入ってきた。

安藤は、勢いあまって二人に新聞を投げつけた。

「畜生、横井め！　そっちがそっちなら、こっちもこっちだ。ひと泡吹かせてやる！」

一言もなく、玄関に立ちつくしている二人に、安藤は命じた。

「千葉を、絶対に、自首させるな！　徹底的にズラからせろ！」

安藤の中で、既成社会に対する疑惑と反発がムラムラと湧き上がってきた……。

五島慶太への反撃脅迫

安藤は、志賀と島田を前に、にやりと笑った。

「横井の親分は、東急コンツェルン総帥の五島慶太だ。横井といっしょに、五島も、血祭りにあげてやろうじゃねえか」

これから先、横井が相手なら親分の東急コンツェルン総帥の五島慶太がしゃしゃり出てきて、政治的な圧力をかけるに決まっている。機先を制したほうが、勝ちだ。

安藤は、本当は前々から、日本の政財界のいかがわしい大物を十人狙うつもりでリストを作っていた。そのリストには、横井のような小物は入ってはいなかった。横井狙撃は、いきがけの駄賃にすぎない。

その十人は、政界では自民党の河野《こうの》一郎《いちろう》、財界では五島慶太、フィクサーでは右翼の大立て者児玉誉士夫をトップ3のワルとして挙げていた。

志賀が、はやる口調で言った。

「社長、やるんなら早いほうがいいです。警察の手が回るから、遅ければ遅いほどやりにくくなる。わたしがまず、上野毛《かみのげ》の五島邸に掛け合いに行ってきます」

「まぁ待て」

安藤は、志賀を制した。

〈いま五島のところへ飛びこめば、飛んで火に入る夏の虫ではないか。五島は、横井狙撃事件以来、自分の身辺を常に十数人のボディーガードで護衛させている〉

五島のボディーガードは、日本愛国青年連合会という右翼であった。しかし、いくらボディーガードを連れて歩こうと、狙うほうには隙はない。狙われるほうには必ず隙がある。

ハジキ（拳銃）を持って五人行けば、体はさらって来られるだろう。まして、五島はかならず築地の料亭へ行く。まさか料亭まで、十人も二十人もの護衛は連れてゆくまい。

安藤が次を言おうとしたとき、島田が口をはさんだ。

「命か、金かですね」

安藤は、うなずいた。

「そうだ」

「で、金額は？」

「一億円だ」

一億円といえば、現在の金額に換算すれば、二十億円である。

「一億円ふんだくって、五千万を政財界、さらに警察から検察にまでばらまいて話をつける。そうすれば、おれたちの逮捕も抑えきれる」

残りの五千万円を自分たちのために取っておけばいい。

「で、それを、誰が」

「政財界に金をばらまいてくれるのは、日産建設の上野社長にやってもらう。上野社長とおれとは、関係が深い」

上野浩社長は、安藤組の賭場の客でもあった。安藤はかつては、上野宅に招かれたこともあった。上野は、女性の櫛《くし》を収集する趣味があった。櫛だけを飾る部屋もあり、引き出しにも、櫛がきれいに整頓《せいとん》されていた。なんとも壮観な眺めであった。

安藤は、そばのノートに鉛筆で書き始めた。

《一、東洋製糖株式会社の乗っ取りからいっさい手を引け。
二、横井英樹の尻拭いをせよ。
三、三日以内に、一億円を、久原房之助《くはらふさのすけ》のもとに現金で届けろ。もしこの三点を守らず、警察に通報したら、組織の全力をあげて、五島一族の命を絶つ！》
久原房之助は、明治二年旧暦六月四日、山口県萩市に生まれた。のちに日立製作所創立の基盤となった久原鉱業所（日立銅山）や久原財閥の総帥として「鉱山王」の異名を取った。また、昭和に入ると政界にも進出。逓信《ていしん》大臣、立憲政友会（久原派）総裁を歴任し「政界の黒幕」と呼ばれた。戦後は、公職追放になるが、日中、日ソ友好に努めた。

その久原房之助の四女は、五島慶太の長男である五島昇に嫁いでいた。久原は、五島と閨閥関係にあったのである。

安藤は、書き終わると、二人の前で読み上げた。

志賀も島田も、この案に、賛成した。天下の五島慶太襲撃計画は決定した。

安藤は言った。

「この脅迫状を、五島慶太に届ける。どうだ、完璧じゃねえか」

二人も、うなずいた。

そこで、島田がまた質問をした。

「ですが、どうやって五島のところに届けるおつもりです？」

安藤には、そのパイプがあった。

「上野社長が、じつは、久原と泥懇《じっこん》の仲だ。久原は、日産自動車、日産コンツェルンの創始者、鮎川義介《あいかわよしすけ》の義弟だ。上野さんの日産建設は、日産の子会社だ。上野社長にこの手紙を久原に届けてもらい、秘密裡《ひみつり》に、久原から直接、五島慶太に話をしてもらう」

安藤は、上野社長への紹介状を書いた。

安藤は、島田に、その上野への紹介状と五島への脅迫状を手渡した。

「ここから先は、おまえが連絡をとってやれ。おれには、報告だけでいい」

「はい、わかりました」

島田は、手紙を折れないように、紙袋にしまいこんだ。

島田と志賀は、山口洋子のアパートから消えて行った。

ことのなりゆき上、安藤は五島翁を狙っているが、五島翁は、日本のトップ3のワルとはいえ、反面安藤の尊敬してやまない人物でもあった。じつは憧《あこが》れの的でもあった。

自分の長所も短所も人前でさらけ出し、天衣無縫《てんいむほう》、一片のてらいもなく、自己の思うところを実行していく人物に、たまらない魅力を感じるのだ。安藤はその英傑をさらい、サシで談判する。そのときの状況を一人で夢みるように想像した。

〈ピストルを胸に突きつけられた五島翁は、いったいどんな顔をするだろうか〉

安藤は、二とおりの姿を脳裏に浮かべた。

「金は、いくらでも出す。生命だけは助けてくれ！」

そう訴え、安藤の前に膝を折って哀願するか。それとも、

「小僧！　なかなか味なまねをやるな！　この老いぼれの生命が欲しければ、くれてやるぞ。ハハハ……」

そう笑いとばすか。

安藤はおそらく後者であろうと信じた。安藤が尊敬する英傑がそうであって欲しいとすら思った。不思議な心理状態であった。

あたりが暮れていくころ、山口洋子は、両手いっぱい買い物を抱え込んで東映の撮影所から帰ってきた。

「ただいま。遅くなってごめんなさいね！　差し入れ、うんと買ってきたの」

メロン、イチゴ、チョコレート、煎餅《せんべい》、雑誌、着替えの下着などなど。女性らしい細かい心遣いがあふれている。

彼女は、声をはずませた。

「撮影所の人たち、安ちゃんの噂で持ちきりよ。だけど、誰一人、悪く言う人いなかったわ……。涙が出るほどうれしかった。もう日本にいないとか、香港に行っちまったとか、そばで聞いているわたしは、とてもおかしかったわ。だけど、なんだか変な気持ちね」

捜査迷走――小笠原指名手配

安藤昇に逮捕状が出た翌日の六月十四日には、横井事件の鍵を握る人物として、三栄物産社長の元山富雄も逮捕された。

六月十五日の昼近く、安藤のいる山口洋子のアパートに志賀から電話が入った。

「『東興業』の赤坂支部、世田谷区下馬の安藤社長の家、別宅として借りてあった赤坂丹後町《あかさかたんごちょう》のアパート、同じく代々木八幡《よよぎはちまん》のアパート、渋谷の店『くるみ』、すべて警察の手が回り、家宅捜索されました」

志賀は、興奮を抑えきれないふうにしゃべった。

「そりゃ、蟻《あり》の這い出る隙もないほどで、いまも全部に警察が張りこんでまさあ」

安藤は、事務所の様子を訊いた。

「他のやつらは、大丈夫か」

「幹部十四人全部に、警察の尾行がついてます。まるっきり、身動きとれませんや」

安藤は、ずっと気にかかっていることを訊いた。

「千葉は、どうした」

「あいつは、いまだ立川にいます。それにあいつは、指名手配になっちゃいません」

「おまえ、千葉の面倒だけ見てやれ」

「はい！」

志賀は、「また電話を入れます」と元気よく言うと、電話を切った。

六月十六日、志賀から安藤に電話が入った。

「小笠原が、指名手配になりました」

安藤は、あまりにとんちんかんな人違いにあきれて訊いた。

「なんで、小笠原なんだ？」

「いやね、それなんですよ」

志賀は、笑いながらつづけた。

「東興業として、熱海かどこかに社員旅行に行ったときの全員の集合写真を、たまたま警察に出入りをしていた新聞記者が持っていたそうです。その写真を、横井襲撃の現場にいた四人の男のうちの一人、横井の秘書に見せたところ、そいつが写真の小笠原を指さして言ったそうなんです。『犯人は、こいつだ』って。もう、決まりですよ」

「で、小笠原は、いまどうしてるんだ」

「いやね、島田たちのほうが手を回すのが早くて、島田たちがどっかに匿ってるらしいですけどね」

「そうか。そうか！」

「でも、似てませんよね」

「うん、あんまり似てねえな」

安藤も、おかしくて仕方がなかった。

〈千葉じゃなくて、小笠原が勘違いされてるのか。おもしろくなってきたじゃねえか〉

安藤は、志賀に命じた。

「いいか、小笠原を徹底的に匿え。絶対に捕まらせるな！」

いっぽう小笠原の指名手配で、安藤組の内部は、大混乱に陥った。当の小笠原が、騒ぎたてたのである。

「なんで、おれなんです。冗談じゃない！」

小笠原は、島田に文句を言った。

島田は、小笠原の顔をジッと見た。千葉の顔と、あらためて見比べた。

「ああ！」

島田は、急に声を上げた。

「おまえが、千葉と間違えられた理由が、いまわかったよ」

「何なんです」

「おまえのその顔の、アザさ」

島田は、小笠原の左頬を指した。

小笠原は、島田に食ってかかった。

「これは、昔、つまんねえ喧嘩でついた傷だ。これが、何の関係が……だって、千葉は、顔に傷なんかないでしょう」

島田も、小笠原を諭すように言った。

「あいつ、あの二、三日前、喧嘩したとかなんとかで、たしか顔を腫らしてた。顔にすり傷があったんだよ。で、顔の傷だけおぼえていた横井の秘書が、それだけを頼りにおまえだってタレこんだわけよ」

「そんな馬鹿な……」

「まあ、いまさら焦っても、仕方ねえだろう。とにかく、社長は、おまえに絶対自首するな、という方針だ。なるようにしかならん。おまえも、すぐ身を隠せ」

小笠原は訊いた。

「東京、離れるんですかい」

「あてがなければ探してやる。とにかく、おれの車にでも隠れてろ！」

この日夕刻には、花形敬にも逮捕状が出た。

日に日に、警察の焦りが見えてくるのも、安藤には楽しかった。安藤は、自分が警察を翻弄しているようで、おもしろくて仕方がなかった。

狭まる包囲網に反転攻勢

横井襲撃の昭和三十三年六月十一日から六日後の六月十七日、安藤組幹部の島田宏が、安藤昇組長が隠れていた山口洋子のアパートにやって来た。

安藤は、上海の風景画を描き、次に春画を描き始めたところであった。洋子もそばで見ていて「上手ね……」と感心しているところだった。

島田が言った。

「まったく、やつらをまくのにひと苦労します。ここも、どうやら危険です。嘉悦のところに移ってください。彼も快く引き受けてくれました」

嘉悦義人は、安藤の法政大学時代の同級生だった。このときは、社員数人の自動車販売会社を経営していた。

〈友人というやつは、まったくありがたいものだ……〉

六月十八日、安藤は、麻布のソ連大使館裏にある、嘉悦のアパートに向かい、洋子のアパートを出た。

嘉悦夫婦が住むアパートは、アパートというよりも「高級マンション」と呼ぶにふさわしいものだった。ソ連大使館横の細い坂道を下りきったところにある古い洋館が、嘉悦夫婦の住まいである。寝室、応接室、居間、女中部屋、キッチン、バス、トイレと、すべてがそろっていた。

安藤が嘉悦夫婦のアパートにいるとき、警察による包囲網は、ますます厳しさを増していた。ある日、スイッチを入れたままのラジオから、こんな言葉が漏れてきた。

「安藤組長、熱海に潜伏か」

当局は、依然として安藤の行方をつかめなかった。

安藤は、せせら笑った。

〈間抜けめ！〉

すると、そこに買い物籠を下げた嘉悦夫人が、駆け込んできた。

「安藤さん！　とうとう、来たわ！」

夫人は続けた。

「いま十人くらいの制服が、あっちから一軒一軒調べているわ……」

「そうですか」

安藤は、意外にも冷静だった。煙草に火を点《つ》け、窓から外を見下ろした。確かに、警官のような制服を着た者が二人一組になり近所の家を出入りしている。

嘉悦夫人は、うながした。

「安藤さん、急いで服を着て、ベッドに入りなさい」

「え？」

「いいから、早く早く！」

安藤は、言われるままに上着をとり、ベッドにもぐり込んだ。

夫人は、氷嚢《ひょうのう》をキッチンから取り出すと、安藤の頭の上に乗せた。急ごしらえの病人である。

いよいよ、アパートの入口で声がした。

「嘉悦さーん！　消防署です。電灯配線を調べますから……」

安藤は、ベッドの中で声を殺しながら吹き出した。近所を練り歩いていたのは、同じ制服姿でも警察官ではなく消防署員だったのである。

いっぽう潜伏している島田に連絡を取ってきたのは、安藤の古くからの知り合いであった右翼系の大物であった。しかも、直接本人からではない。本人の代理という弁護士からの連絡であった。

「例の五島さんの件で、ご相談なんですが、じつは、金額のことでご相談が」

「なんて言ってきてるんだ」

「三千万で手を打ってほしいと」

五島慶太に要求した一億円は出せず三千万でどうか、というのだ。

島田は答えた。

「おれは、直接判断する権限を持っていない。とにかく要件は承《うけたまわ》った。明日、また連絡させてもらう」

島田は、嘉悦のアパートに例の暗号名で電話をしてきた。

「もしもし、松平と申しますが、徳川様いらっしゃいますでしょうか」

電話に出た嘉悦夫人が、安藤に代わった。

安藤が打ち合わせの暗号名を名乗った。

「徳川ですが」

島田はしゃべり始めた。

「五島から、第一報が届きました」

安藤は、急に声を張り上げた。

「なんと言ってきた！」

「はい、三千万円で手を打ってくれないかと」

「三千万？」

「はい」

「相手は天下の五島慶太だろ。一億円ビタ一文欠けても駄目だ、と言え！」

安藤は、それだけ言うと、一方的に電話を切った。

安藤から横井を撃った千葉一弘のめんどうをみろと頼まれている志賀日出也が、立川に逃げていた千葉を都内に呼び寄せた。

志賀が千葉と待ち合わせをしたのは、よりによって横井事件の捜査本部のある築地警察署の裏手にある森脇《もりわき》文庫の前であった。

森脇文庫は、高利貸しとして有名な森脇将光《まさみつ》の経営している出版社であった。志賀の父親は、森脇の番頭の一人であった。

先についた千葉が、おののいた。

〈こんなやばいところで待ち合わせをして、兄貴も何考えてるんだ!〉

志賀は、千葉に一歩遅れて到着した。

志賀は、開口一番、千葉に言った。

「おう、おまえ、昨日、新宿で眼鏡買ったんだって」

「はあ!」

「だって、言ってたぜ」

そこまでいうと、志賀は急に声を小さくし、つづけた。

「ニュースで」

志賀は、ふざけて言ったのである。

千葉は、バツの悪そうな顔をした。

志賀と千葉は、とりあえず森脇文庫の中へ入った。

部屋に落ち着くなり、千葉は太い眉を釣り上げるようにして文句を言った。

「兄貴、やばいですよ。往来であんなこと言っちゃ」

「そうだな、悪い悪い」

千葉は訊いた。

「で、次に行く場所は決まったんですか。ちょっと、ここは勘弁してほしいですよ。よりによって、警察の裏なんだから」

しかし千葉は、森脇文庫にいる間、大胆にも銀座のクラブにも顔を出した。

千葉は、仲間に恵まれていた。銀座の仲間は、安藤組の千葉がやって来ても警察に通報することはなかった。安藤や志賀の人徳もさることながら、千葉は友人に愛されていた。

千葉は、森脇文庫に隠れて三日後、志賀に訴えた。

「警察と隣り合わせのところで、これ以上すごすなんてまっぴらだ‼」

「じゃあ、他に行く場所でもあるのか」

千葉は、一刻も早く、築地から離れたかった。

千葉と志賀は、それから二日後、森脇文庫をあとにした。安藤の賭場で常連客だった日本特殊産業社長の猪俣功の自宅である千駄ヶ谷の家に移ったのである。

犯人を匿う猪俣の度胸は、たいしたものであった。志賀日出也の父親、ひいては森脇将光への義理を果たす意味があったのであろう。

「造船疑獄」では、森脇に告訴された猪俣も、ここでは森脇や志賀の父親に義理立てたことになる。しかし、昭和二十九年の造船疑獄で告訴した側とされた側である。いずれにせよ、なんらかの理由で、猪俣にとって、志賀の父親は、大恩人だった。自身が犯人蔵匿罪で告発されてもかまわないと思い切れるほど、義理を感じていたのであろう。

志賀は、ニヤニヤしながら千葉にささやいた。

「犯人は、小笠原ということになっているのさ。当分、おまえのところに来やしないさ……」

その数日後の午前九時、安藤は、嘉悦夫婦と日系二世のスタンレー・アリタといっしょにフォルクスワーゲンに乗り込んだ。

フォルクスワーゲンは、目黒、自由が丘、溝ノ口を経て厚木街道を西へ走った。嘉悦夫婦の取り計らいで、鬱屈《うっくつ》した安藤の気持ちを解きほぐそうと、山中湖へゴルフに向かったのである。嘉悦夫婦も、なんとも大胆だった。

フォルクスワーゲンが、箱根仙石原から御殿場のトンネルに差しかかったとき、眼前に検問する警察官の姿が見えてきた。

四人は、さすがに一瞬緊張した。が、それは、トラックの重量検査だった。四人は、ホッと胸をなでおろした。

御殿場の街並みを抜ける手前で、安藤は、定年退職間近とおぼしき老警官を見つけた。警官は、片足をついて自転車を停めている。安藤に、ムラムラと茶目っ気が湧いてきた。

「スタンレー、ちょっと待ってくれ。あのポリ公に、道を訊いてみる」

「え?」

スタンレーは、眼を丸くしながら車を徐行させた。フォルクスワーゲンは、老警官の横にピタリと停止した。

安藤は、車窓から警官を見上げ、あえて老警官に顔をさらすようにした。

「ちょっとおたずねしますが、河口湖への道は、これでいいんですか」

安藤は、心の中で老警官に語りかけた。

〈おまわりさんよ、全国指名手配の犯人であるおれに気づいたかな。もし、気づいたら、あんたは大金星だ。あんたも、そろそろ定年だ。わたしも、遠からず逮捕される身だ。どうせ捕まるなら、都会の悪ずれしたやつに捕まるよりも、あんたのように地味で、モクモクと長い一生を縁の下の力となって働いてきた善良な警察官に、手柄を立てさせたい。そうすれば、あんたは一躍、この村のスターだ。この村の名士になり、子供や孫への語り草ができるだろうよ〉

しかし、老警官は、ろくに安藤の顔も見なかった。

「そうずらなぁ……。この道を真っ直ぐ行きなさって、左手に曲がるだよ」

安藤は、サングラス越しに警官にウィンクした。

「どうも、ありがとう」

心の中で、老警官に別れを告げていた。

〈おまわりさん、あんたはやっぱりついてないなぁ。勲章をもらい損ねたぜ……〉

午後三時、四人は、山中湖ゴルフクラブに無事到着し、束の間の平穏を楽しんだ。

安藤は、嘉悦夫婦の熱い友情によって数日間にわたり匿われた。

しかし、その間にも捜査の手が安藤に迫っていた。嘉悦宅一カ所に留まることは許されなかった。嘉悦の家を出ることにした。

逃避行中の愛人との邂逅《かいこう》

いっぽうの警察は、安藤の女性関係を片っ端から調べあげ、愛人に的を絞って捜査していた。が、安藤は、用心深く、愛人の住所はみだりに口外していなかった。捜査は難航した。

安藤は、警察が愛人関係に的を絞って捜査していることがわかりながら、女性への耐えがたい思いを断ち切れなかった。

六月二十二日、安藤は、赤坂丹後町のアパート『丹後荘』に住む岸久枝に電話した。

久枝は、まったくの一般人だったが、安藤とはこの六年前から付き合っていた。このとき二十五歳であった。二人の間には、三歳になる男の子がいた。

久枝は、電話で伝えた。

「先ほど、家宅捜索されました」

安藤は決断した。

家宅捜索直後は、捜査の死角になり、かえって安全だと踏んだのだ。

「よし！」

そこで安藤は、スタンレー・アリタに赤坂丹後町まで車で送ってもらった。

もちろん丹後荘の表口には、刑事が張っていた。そこで、安藤は、裏口からするりと夕闇《ゆうやみ》にまぎれて丹後荘に忍び込んだ。

張り込みの刑事も、まさか家宅捜索の翌日に、安藤は来まいと油断していたようだ。

久枝の部屋にいる安藤にとって、十数メートル先で張り込んでいる刑事の眼を意識しながら飲む酒は、なんともスリルがあった。

数日ぶりの酒が堪えたのか、安藤は、翌二十三日の昼まで眠り続けた。

目を覚まして間もなく、島田宏から安藤に電話が入った。

「次の隠れ家が、見つかりました。明日、迎えに行きます。クラクションは短く三つ」

久枝は、最後の晩餐《ばんさん》ならぬ最後の昼餐である昼食を、心をこめて用意していた。安藤は、心ゆくまで久枝の手料理を味わった。

久枝は、安藤が逮捕されることも、二度と帰らないことも承知していた。

安藤は、六年間付き合った久枝に何一つしてやれなかったことに慙愧《ざんき》の念を抱いていた。

安藤は、久枝に三十万円を手渡した。『週刊読売』が、安藤が逮捕されたとき、その三十万円を「手切金」と書き立てた。が、手切金でなく、あくまで「生活費」であった。当時の三十万円は、いまの六百万円ほどに相当する。安藤は、横井襲撃の夜、熱海の賭場でツキにツキ、百万円稼ぎ、そのうち四十五万円を手にしていた。安藤の、彼女へのせめてもの心尽くしであった。

三歳の子供は、大人の事情などわかりはしない。子供は、安藤に甘えた。

「パパ、ドライブ……」

安藤は、心がきしんだ。

〈この子が成長したら、父をなんと言うだろう……〉

しかし、安藤には感傷にふける余裕はなかった。丹後荘の外で、島田の迎えの車のクラクションが三回鳴ったのである。

久枝は、最後の言葉をふりしぼった。

「体に、気をつけてね」

彼女の泣くまいとする眼が、すでに泣いていた。

なおその後、安藤が逃走中、久枝は、詐欺に遭っている。

犯人は「安藤に会わせる」との口実で、久枝を連れ出して、金を騙し取ったのである。安藤の恋人を騙すとは、不届き者と言うべきか、なんとも大胆と言うべきか。

とはいえ、久枝も、もう一度安藤に会いたいという衝動を抑えられなかったのであろう。

さらに久枝は、のちに安藤が捕まったとき、再度家宅捜索を受ける。そのとき、安藤からの三十万円、当時一万円札がなかったので千円札三百枚が、ベッドの間から発見される……。


昭和三十三年六月二十三日、安藤を乗せた安藤の参謀の島田宏の車は、渋谷区代々木上原の静かな小高い丘に向かった。

そこには、渋谷でバー『ベラミ』を経営する田村好人の家があった。

安藤には、二階の十二畳ほどの洋風の居間が与えられた。暖炉が設えられた部屋には、ランプ式の照明がことさら落ち着いた雰囲気をかもしだしていた。

子供がいない田村夫妻は、何くれとなく親切に安藤の面倒を見てくれた。

田村邸のすぐ目と鼻の先である代々木富ヶ谷に、二十二歳になる安藤の愛人の一人である田村秀子がいた。

彼女は、日劇ダンシングチーム十期生だったが、一年の課程を終えると、やめてしまった。安藤とは、銀座のクラブで知り合っていた。安藤との間に、岸久枝のように子供はいない。

彼女の家に電話を入れると、先日家宅捜索を受け、彼女の家に安藤が隠しておいた賭博に関するメモ、人名簿などが押収されているという。

もちろん安藤は、秀子の身辺にも見張りがついていることは充分承知していた。それでもなお、警察の鼻を明かしてやりたい気持ちもあり、秀子に無性に会いたくもあった。

しかし、かりに安藤が逢瀬を事前に秀子に知らせれば、秀子の化粧が急に変わるなど、警察側に異変を察知されかねない。

彼女が買い物籠を下げて家を出たときが、警察も一番油断するだろう。

そこでその日の夕方、島田が秀子の家の近くの物陰に車を止めて、買い物に出た彼女をさらうように車に乗せ、田村邸に連れてきたのである。

安藤としても、捜査陣が突然消えた秀子の行方を死にもの狂いで探すだろうことは予想していた。実際、秀子との田村邸での同居が、安藤逮捕の端緒になるのである。

安藤は、嘉悦の家にいたときよりはいっそう追い詰められていた。田村邸では、秀子と二人きりで窓を閉めっきりで、さすがに一歩も外に出なかった。

なお、のち安藤が逮捕されたとき、『週刊読売』が、安藤は事件直後、妻の昌子がやっている渋谷のバー『ルポ』で数回妻と落ち合い、逃亡資金を取りに行ったと書いている。

さらに、二週間後の六月二十四日の夜も、自動車で彼女に会いに来ていると書いている。

が、安藤によると、これはまったくの嘘という。逃亡資金は、熱海の稲川組井上喜人の開いた賭場での稼ぎの五十万円で十分だったという。

ただし、安藤は、追い詰められながらも、なお余裕を感じていた。横井を撃った千葉一弘がいまだマークされていなくて、警察は小笠原郁夫を犯人とまちがえて追いつづけているのだ。

〈千葉が犯行に着用した衣類は、すべて焼却しているはずだ。使用した拳銃も、本人以外絶対に探し出すことは不可能であろう。仮に当局が小笠原を犯人と錯覚して逮捕しても、犯人としての証拠は無い。面通ししたとしても曖昧《あいまい》であろうから、裁判に持ちこんだときにおもしろいことになる〉

安藤は小笠原に対して、徹底的に犯人を装って逃走するように、また逮捕された場合もニセの犯行自供をするように指令しておいた。

〈おれが逮捕され、小笠原がニセ自白して裁判になれば……〉

安藤は次に打つべき手をあれこれと思いをめぐらしほくそ笑んですらいた。

ただ、安藤にとっては、すでに逮捕されている三栄物産社長の元山富雄と、「銀座警察」元顧問の熊谷成雄が、横井のところに安藤といっしょに行っているゆえに事件の全貌《ぜんぼう》を知っていることが心配だった。いずれ二人のうちどちらかが洗いざらいしゃべるだろう。

ところが、六月二十八日の朝、安藤は『毎日新聞』の朝刊に眼を通し、自分でも顔が強ばるのがわかった。

《撃った男は別人。熊谷ら自供、小笠原は見張り》との見出しが躍っているではないか。

取調べを受けていた元山と熊谷が、ついに六月二十七日の調べで、

「小笠原は、ピストルを撃った犯人ではない。彼は、見張役で共犯者にすぎなかった」

と重大なことをしゃべったのだ。

《襲撃犯として新たに安藤組子分某（二五）が浮かんできた》と新聞にある。まだ名こそ明かしていないが、年齢からして、千葉とわかったようだ。

安藤は、千葉と志賀の顔を脳裏に浮かべた。

〈二人、無事に逃げてくれよ……〉

田村邸に世話になって四日目の六月二十七日、東洋精糖会社乗っ取り問題で揉めていた秋山利郎社長と東急会長の五島慶太の間で和解契約が調印された。

五島は、安藤の横井英樹襲撃事件で、東洋精糖乗っ取りから手を引いたわけである。

翌二十八日には、東洋精糖の株主総会が無事終了した。

安藤は、株主総会に出席している五島慶太の姿を、当時としては珍しく一般家庭にあった田村邸のテレビで見ていた。

小柄な五島慶太は、警護の警官十数人と、屈強なボディーガードたち二十数人ほどに囲まれて、埋まってチラリとしか見えなかった。彼らはすべて特別許可の拳銃を所持しているという。

〈ボディーガードは、『愛連』の連中だな……〉

安藤は、愛連（日本愛国青年連合会）の会長である大沢武三郎とは、顔馴染《かおなじ》みである。ボディーガードの若い衆も知っていた。

〈まったく、笑わせやがる。ビクビクするなら、初めから狙われるようなことはしないほうがいいんだ！〉

功成り名を遂げ、金も名誉もある五島慶太ではあるが、画面から明らかに怯えている様子が伝わってきた。大ワンマン翁の姿は、安藤の眼には、おかしくもあり、気の毒でさえあった。

〈おれが要求する「一億円」を、「三千万円」に値切った代償さ〉

殺人未遂容疑への切り替えと全国指名手配

この間、当局が安藤ら五人を殺人未遂容疑者に逮捕状を切り替え、全国指名手配するなど、追及がいっそう厳しくなっていた。

新聞では、「安藤、都内潜伏説」が書き立てられていた。安藤は、決意した。

〈よし、東京を脱出しよう〉

七月四日、島田から安藤に連絡が入った。

「かねて、極秘に借りていた葉山の別荘の準備が完了しました」

島田は、知人のバンドマネージャーの広瀬礼次に今後の身のふり方について相談していた。広瀬は、たまたま新築して借主を探していた神奈川県葉山町堀内の別荘を月三万円、二カ月契約で借り受けていた。

安藤は、葉山への移動手段を車にすることを決めた。横須賀線や京浜急行線では、成功の見込みはない。やはり、大捜査網破っての東京脱出には、電車は使えない。残るはただ一つ、自動車である。が、要所要所に厳重な非常線が張られていることは明らかだ。しかし、人に顔を見られずに行くには、車しかない。

安藤は、タバコの煙を吐き出しながら言った。

「変装して行くよりないな」

「え？　変装……」

「ジムのところへ行って、パイロットの制服を二着借りてきてくれ」

「わかりました」

「それから、広瀬から、車を借りてきてくれ」

ジムは、パン・アメリカン航空に勤務する日系二世である。

制服を着る警察官は、制服に対して絶対の親近感を持つものだ。安藤は、そこを突いたのである。まして、当時のパンナムは、アメリカを代表する企業であり、日本人の対米コンプレックスも現在の比ではなかった。

広瀬は、真っ赤な高級スポーツカーＭＧを所有していた。広瀬は、二つ返事でＭＧを貸してくれた。

その夜のうちに、パイロットの制服も二着用意された。外国海軍将校風の制服は、海軍経験がある安藤にはよく似合った。

島田は、愉快そうに「ＰＡＮ ＡＭ」の社旗を広げて悦に入っている。

「車は、明朝四時に来てくれます。それから、パンナムの旗とシール、こいつを別荘の入口に立てることにしました。それに、玄関には英語の標札とくれば、サツはアメ公には弱いから」

安藤は心に決めた。

〈とにかく、徹底的に逃げる。そして、かならず目的を果たす〉

安藤たちは、捜査当局の鼻を明かそうというのが合い言葉だ。

安藤は、口にした。

「正しきをおこないて、何をか恥ずべきことあらん。法は力にして正義に非ず。天道に恥ずべきことなくば、天自らわれらを導く」

安藤たちは、酒を一気に飲み干した。

翌五日午前四時、朝霧が立ち込める中、真っ赤なＭＧのボディーが、異様な輝きを放っていた。

安藤と島田と広瀬が乗るＭＧの前に、ドイツ車ゼファーシックスを走らせることにした。それには、安藤組でもとくにガラの悪い若い衆の四人を乗せて先導車にした。ゼファーシックスを囮《おとり》にした陽動作戦だった。

二台の車は、田園調布を過ぎ、神奈川に入ろうとする橋のところで第一の検問に停められた。

警視庁の提燈が、白い霧の中で左右に揺れている。

パトカーと白バイは、朝の四時過ぎにもかかわらず、物々しい台数が停車していた。

案の定、ゼファーシックスが、まず停められた。

五十メートルと離れていなかった真っ赤なＭＧも、じきに停車させられた。

〈南無三！〉

安藤は、ゴクリと唾を飲んだ。

あごひもをしめた警官が、安藤たちをジッと見つめる。

安藤は、静かに敬礼をした。

警官は、安藤たちの制服を見ると、免許証をたしかめることもなく、大きく懐中電灯を振った。

「どうぞ」

安藤の読みどおり、制服は制服に弱かった。

ＭＧは、ゆっくりと滑り出した。

〈助かった！〉

先導していたいかにも不審者が乗っているゼファーシックスは、まだ尋問を受けている。安藤には、それがおかしくてたまらなかった。

安藤は、別荘に近い駅の販売所で七月五日の『朝日新聞』の朝刊を買い、眼を走らせた。

《警視庁、横井事件に大捜査陣　下山（下山事件）以来の組織　首相の要望にこたえて》の見出しが飛び込んできた。

《警視庁は岸首相の「街の暴力追放に努力せよ」との要望にこたえて、四日庁内で幹部会議を開いて緊急協議の結果、横井社長襲撃事件を早急に解決するため、新井刑事部長名で都内の全警察官に「警察の全組織を挙げて安藤組一味の逮捕に努力せよ」と指示した。築地署の捜査本部を警視庁内に移し本部直属の刑事を百人以上に強化、捜査一、二、三課合同捜査という「下山事件」以来はじめての大捜査陣を作る。

また新井刑事部長は同日、警視庁管内各方面本部、全署、全警官に「安藤組一味は殺人未遂容疑の悪質暴力団である。キャバレー、バー、深夜喫茶、料飲店、アパート、貸間などに手配書をくばって一味の情報をつかみ、バク徒、グレン隊、手形ブローカーなどを内偵せよ」と指示した。これまで、各署の捜査係刑事が中心となって情報集めや内偵を続けてきたが、交通係や少年係など全警官が同事件の解決に努力す

るよう指示したもの。同日から毎日機動隊五小隊（約百八十人）を出動させる》

安藤は、読み終わると奥歯を噛みしめた。

〈チキショーめ！　こうなりゃ、意地でもパクられてたまるか！〉

葉山の別荘には、午前七時過ぎに到着した。

白い二階建ての洋風別荘の前に、パンナム旗が翻っている。ドアにもパンナムのワッペンが張り付けられた。どこから見ても、日本人の住む雰囲気ではない。安藤は、なんとも滑稽に思えた。が、当時は「パンナム」「アメリカ」というだけで、日本人には近づきがたい雰囲気を醸していたのである。

安藤は、二階に上がると、極度の緊張が徐々に解けていくのがわかった。

窓からは心地よい潮風が部屋いっぱいに吹き込んでくる。朝日を反射した夏の海が、安藤の鬱屈した心を明るく照らした。

安藤と島田は、昼近くまで泥のように眠った。

いっぽう六月二十三日から渋谷区代々木富ヶ谷の安藤の愛人の田村秀子の家に張り込みつづけていた刑事たちの眼を眩《くら》まし、姿を消していた田村秀子が、七月五日の朝、中野区江古田の実母のもとに、やつれた姿を現わした。

そこにも張り込んでいた刑事のグループが、彼女を問い詰めた。

「どこに、行っていたんだ」

「千葉のおじのところに行っていました」

刑事たちは本格的に取り調べようとしたが、彼女は拒んだ。

「いま生理中で、体調が悪いですから」

刑事たちは、とりあえず裏取りに千葉県警に連絡を取った。

安藤と島田の二人は、七月五日の昼下がり、目覚めると麦わら帽子にサングラス姿で釣りに出かけた。

誰が見ても、暢気《のんき》なバカンス客であった。

　夕方、安藤は、かねてより安藤事務所に会見を申し込んでいた毎日と読売の新聞社編集局にあてて手紙を書いた。

《潜伏中、幾度か「暴力追放」という言葉を聞いた。どこへ追放しようというのか？　青年の納得する環境すら与えずに〝暴力追放〟と言う。これは表面のみを追った政府の欺瞞《ぎまん》政策ではないか。

　私は結果に対して必ず原因があると思う。これを追究し是正するのが、真の政治であり、政策ではないのか。彼らは少しは、現在の日本青年層の夢もなく希望もない暗い心境を、思いやったことがあるのだろうか。

　これが、われわれ暴力団と称される人間に限らず、すべての青年層の心に澱《よど》む憤懣《ふんまん》だと私は断言する。日本の将来は、われわれを含めたすべての青年層が担っていかなければならないものだ。言いかえれば、われわれの時代ではないか。

　いま、その日本の代表たる首相が、どのような背後の圧力か知らぬが、一財界の若者の機嫌とりとしか受け取れぬ行動を見ても、現在の日本政治の片鱗をうかがえたようで、真に残念であり暗い気持ちになる。法は守らなければならぬが、あくまでも人事のなすところ、完全無欠とは言い難い。それをいかに生かすかは、人道の大義にあると信ずる。

　金銭がすべてではない。

　他人の立場を知り、己の身を処してこそ、初めて底を流れる暖かい心の交流に触れ、平和な生活が得られるのではないだろうか……》

　安藤が、最後に署名捺印して、ジムに東京から投函するように依頼した。

　また、安藤は、追い詰められたこの時期にも茶目っ気を失わなかった。

　七月八日、渋谷区宇田川町に、飲食店『シャングリラ』がオープンした。バーや喫茶店が開店すると花輪が贈られるものだ。が、そこにひときわ目を引く花輪があった。

そこには、墨の太文字で書いてあった。

「祝開店　東興業安藤昇より」

渋谷署は、安藤が直接指示したものではないとしていた。が、実際は、安藤が悪戯心《いたずらごころ》から花輪を贈ったのだった。

横井事件の捜査担当者は、渋い顔だった。

「警察に対する挑戦状だ」

読売三田記者、小笠原に接触

横井英樹事件で、やはり運命を狂わされた人物がいる。『読売新聞』社会部のスター記者であった三田和夫である。三田は、安藤組の小笠原郁夫の逃走を手助けしたとして、犯人隠避の罪で逮捕される。

三田は、大正十年六月十一日、岩手県盛岡市に生まれた。昭和十八年十月一日に読売新聞社に入社していた。

昭和三十三年六月十一日、横井英樹襲撃事件が起こった。

月刊『文藝春秋』昭和三十三年十月号の三田の手記《事件記者と犯罪の間》によると、次のようだ。

当時の『読売新聞』は、『毎日新聞』や『朝日新聞』に追いつけ追い越せという発展途上にあった。元来、「新聞社は特ダネを抜いて当たり前、できなくてボロクソ」という空気がある。

さらに、当時の『読売新聞』は、発行部数で他社の後塵《こうじん》を拝していたことから、スクープ獲得への義務感は他紙以上であった。そのような職場環境は、三田の負けん気魂に火を点けた。

横井事件の翌日の六月十二日、検察庁担当記者であった三田のもとに、取材で知り合っていた国籍不明で「過去の無い男」と呼ばれていた王長徳《おうちょうとく》から電話があった。

「問題の元山（富雄）に会いたいなら、会えるように斡旋《あっせん》してあげよう」

三田は即答した。

「会いたい」

じつは、小林と王と元山の三人は、横井事件の発端となった蜂須賀家の債権取り立てのスクラムを組んでいたのだ。小林元警部は、安藤昇の兄弟分の高橋輝男《たかはしてるお》ひきいる、いわゆる「銀座警察」の顧問になっていた。

六月十二日夜、王と小林に伴われて元山社長が、三田宅に来た。

元山の会見記は、翌十三日の『読売新聞』朝刊に掲載された。スクープであった。もっとも、元山側にも、逮捕される前に自分の言い分を宣伝しておきたいという気持ちもあったのだろう。

七月三日、三田、王、小林、それにフクと呼ばれている男と四人で渋谷の喫茶店『ポニー』で会った。フクは、安藤組の若い衆だった。のちにわかるのだが、フクは福島という、安藤組大幹部である花田瑛一の子分であった。

『ポニー』で、王と小林は、フクに嚙《か》みついた。

「なんだ、二日という約束なのに、どうしたっていうんだ。いまだに、なんの連絡もないじゃないか」

「いまどきのヤクザは、なんてダラシがないんだ。他人に迷惑をかけやがって」

三田は、黙って会話を聞いていると、だんだん様子が飲みこめてきた。王、小林は、横井事件の犯人の誰かを二日間の約束で預かった。が、そのまま背負い込まされているので、連絡係のフクに食ってかかっているのだ。

三田は、嘴《くちばし》を入れた。

「いったい、その男は誰かね」

王が答えた。

「安藤組の幹部で、山口二郎という人だ」

三田が知らない名前だった。安藤昇、小笠原郁夫、千葉一弘、志賀日出也、島田宏の五人の指名手配犯のうちの誰かの変名に違いないと踏んだ。

三田は、身を乗り出した。

「そんなみっともない喧嘩は、やめなさい。それより、その男に、わたしを会わせてくれ」

王と小林は、渡りに舟とばかりに、即答した。

「ヨシッ、それなら、あんたにやるよ」

それから三十分後、三田は、〝山口二郎〟に会うことになった。

三田は、渋谷の大橋の先の広い通りで、読売新聞社の車を停めて座席に座っていた。

一台の車が、向かい側に停車した。その車のドアが開き、一人の男が、三田の車のほうに走ってきた。

三田は訊いた。

「山口さんですね？」

〝山口〟は、うなずいた。

三田は、すかさず車中に山口を招じ入れた。フクも乗り込んだ。

三田は、運転手に指示した。

「『奈良』へ」

旅館『奈良』は、赤坂見附にある読売新聞社の指定旅館だった。三人を乗せた車は、旅館に到着した。

三田は、旅館の明るい灯に照らされて、〝山口二郎〟の顔を見た。

〈どうやら、小笠原郁夫だな……〉

新聞に出ていた顔写真から見当はついた。

旅館の部屋で、三田は、小笠原らしい人物と話し合い、自首を勧めた。

「しかし、自首といっても、形はあくまでも逮捕ですよ。犯人が自首して出るなんてのは生意気ですからね。警察というものは、犯人を逮捕しなければ、威信にかかわるのです。だから、わたしは、あなたをあくまでも逮捕させるのに協力するのです。そしてウチの紙面でも、もちろん『逮捕』と書きます」

相手は、首を横に振った。

「まだ、自首はできない」

小笠原らしき人物は、自首できない理由をさまざま述べた。

時刻は、深夜になっていた。

三田は、原稿を書く仕事もあり、その日は、そこで切り上げようと思った。

そして、厳しい口調で諭した。

「ともかく、一晩ゆっくり考えて、自首する決心をつけなさい。もし、どうしても自首できないならば、明日の夕方までに、ここを立ち去ってもらいたい」

翌七月四日、三田は、仕事が忙しく、奈良旅館へなかなか出向けなかった。夜十一時ごろ、三田がようやく旅館に着くと、小笠原らしき人物は、帰り支度をして、玄関に立っていた。

三田は、男を引き止め、ふたたび旅館の一室で話し合った。

ついに男は、三田に名乗り出た。

「わたしは、じつは小笠原郁夫です」

三田はうなずいた。

小笠原は続けた。

「自首するときは、かならず三田さんの手で自首して、読売の特ダネにする。自首まで、もう四、五日間時間をかけてほしい。かならず連絡する」

三田は、小笠原に自宅と記者クラブの電話番号を教えた。そして、小笠原を台東区《たいとう》の鶯谷《うぐいすだに》まで送り、そのまま別れた。

犯人隠避の危険と野心

七月十一日、三田のもとに、安藤組の福島から電話がかかってきた。

「小笠原が、会いたいと言っている」

三田は、よろこんで会う段取りをつけた。ソワソワするほどうれしかった。

〈上手くいけば五人の指名手配犯の逮捕第一号が、うちの新聞の特ダネになる〉

自首の段取りができたら、この事件の担当である深谷、三橋記者を呼んで、逮捕数時間前のカッチリした会見を取材する。取材が終わったら、この両記者が、花を持たせたい捜査主任に連絡して、小笠原を放し、路上で職務質問のうえ逮捕させよう。あるいは、小笠原の自宅に張り込みをさせてやって、逮捕してもよい。

その日、小笠原は上野の不忍池《しのばずのいけ》に現われた。三田は、小笠原を車でひろい、奈良旅館にとって返した。そこで三田は、福島の案内で現われた花田瑛一に初めて会うことになる。

三田は旅館に着くと、風呂で汗を流した。

その間、三人は、何事かを相談し合っていた。

三田は、風呂から出ると、花田を紹介された。

「東興業副社長の花田さんです。なんにもヤマがないので、幹部で逮捕状が出ていない唯一の人です」

花田は、三田に礼儀正しく挨拶した。

「ご迷惑をおかけしていますが、何分ともよろしくお願いします」

花田は、そのまま一人先に帰って行った。いかにも小笠原より兄貴分らしい貫禄だった。

花田が去ったあと、三人が話し合ったが、いっこうに三田が期待する「自首」の話が出てこない。三田は、思い始めた。

〈変だぞ……〉

そのとき、小笠原は、福島に向かって命じた。

「おまえは、しばらく風呂に入ってこい」

三田は、小笠原と二人きりになった。

小笠原は、三田に切り出した。

「もう一週間ほど、匿ってくれ」

三田は、新聞記者である自分に匿えという小笠原に度肝を抜かれた。

が、のちに三田が福島から聞くところによれば、そのころ小笠原は、王や小林を信用できない人間だと不審に思い、いつ警察に密告されるかと心配していたらしい。

もちろん、三田も検察庁担当の記者だったので、小笠原も会った当初は不安だった。しかし、三田と会っていた七月三日、四日の二日間が無事だったことに味をしめ、小笠原は、三田をすっかり信用していたのであろう。小笠原は、三田に頼みこんだ。

「花田さんにも、フクにも内緒で、三田さんと二人だけの話ですから。北海道にでも、しばらく隠してください。しかし、決して逃げ切ろうというのではなく、せめて社長（安藤）のあとから、自首したい。時間もそう長いことではない。かならず三田さんの手で自首する。ご迷惑を、決してかけない」

小笠原の言う「ご迷惑を決してかけない」とは、自首しても逃走経路は黙秘するという意味である。

三田は、短い時間で決断を迫られていた。

〈小笠原の申し出を、きっぱりと拒絶するか。聞いてやるか。当局へ連絡して逮捕させるべきか。あるいは、黙って逃しもせず別れてしまうか……〉

三田は、小笠原と出会ったのはまったくの偶然である。そもそも安藤組とは誰一人として、なんの義理も因縁もなかった。王と小林にも、「匿ってくれ」とは頼まれていない。むしろ、先方でもてあましていた小笠原を、三田が「会わせろ」と言っただけのことだった。

王たちは、あたかも厄介払いができて清々したように、「よし、あんたにやるよ」と応えたのである。三田にとって小笠原は、あくまでも新聞記者としての取材対象以外の何物でもなかった。もちろん金で頼まれたりするようなことも無い。

三田は、小笠原からの突然の、虫の良すぎる申し出を、まったく煮て食おうが焼いて食おうが自由であった。小笠原の意志に反して、彼の眼前で警視庁へ電話して突き出すことにも、恐怖を感じなかった。三田はそれまで取材で、はるかに恐ろしい目に遭ってきている。

三田は、決断を迫られ黙り込んだ。

小笠原は、誠心誠意、人間の信義をかけて、ふたたび頼みこんできた。三田は、彼の眼をジッと見つめてしばらく考えこんだ。

数分にも感じた数秒後、三田は決心した。

「よろしい。やってみましょう。ただ、北海道といえば、頼める人はただ一人、旭川にいたわたしの昔の大隊長だけです。その人がウンと言ったら、紹介してあげます。もし、駄目だと言ったら、あきらめて自首しなさい」

三田は、この瞬間、大勝負へ踏み切ったのであった。新聞記者として、一世一代の大仕事である。まさに伸《の》るか反《そ》るかであった。戦争と捕虜生活で「人を信ずる」という教訓を得た三田は、小笠原を信じたのである。

人は笑うかも知れない。「何だ、たかが愚連隊の若僧に……」「信じべからざるものを信じるなんて……」と言うかもしれない。そして、三田は、実際そのような言葉を聞くことになる。

しかし、三田にも、決断するだけの根拠があった。まず第一に、絶対に一点の私心さえない純粋な新聞記者としての取材であったことである。これこそ、天地に恥じない三田の気持ちであった。

三田の計画の根拠は、花田の出現であった。花田が福島に連れられて奈良旅館に現われたことは、当然なんらかの連絡のためであったはずだ。福島は、小笠原が王の家のときもいっしょにいたのだから連絡係だ。

三田は、花田の出現を、小笠原に逃走費用を渡すためだと見たのである。あとでわかるのだが、実際、花田は、小笠原に一万五千円を届けていた。逮捕状の出ていない花田は、副社長だと名乗っていた。社長である安藤が潜行し、いっぽうの副社長の花田が合法的に表立って動いている。三田は、花田を通じて安藤に会えるはずだと考えたのである。

安藤に面会し、自首へと説得したかった。三田は、逃走者の心理に通暁《つうぎょう》していた。というのも、そもそも自身が公安記者のオーソリティだったからだ。また日本共産党をはじめ、スパイの思考パターンがよくわかっていたことから、組織のトップを説得する意味も承知していた。

〈安藤を説得できれば、安藤の命令で他の四人は簡単だ〉

そうなれば、三田の手中に横井事件の犯人五人が入ってくる。いずれも三田の手から警視庁へ引き渡す。事件解決である。本部専従員八十人、全国十五、六万人の警官を動員し、下山事件以来の大捜査陣を敷いたといわれる横井事件も、一新聞記者の自分の手によって一挙に解決する。

三田は、スクープの様子をさらに具体的に描いてみた。

〈五人の犯人を手中におさめたら、すぐ各人に記者が一名ついて監視する。まず第一日目に、一人を出す。これが読売の特ダネになる。特捜本部では感謝感激して、この犯人を逮捕するだろう。翌日、また一人を逮捕させる。これも読売の特ダネだ。こうして、五日間にわたり、最後の安藤逮捕まで、連日の朝刊で犯人逮捕を抜き続けたら、これはいったいどういうことになるだろう……〉

三田の胸は、ワクワクせざるを得なかった。

横井事件は一挙に解決し、しかも、読売の圧勝である。三田は、自分こそ「日本一の社会部記者」だと胸を張ることができる。そしてまた、警視総監賞を受けるべき最高の捜査協力者である。本年度の菊池寛賞もまた三田個人に与えられるかもしれない。各社の横井事件担当記者は、いずれも進退伺いを出さざるを得ないであろう。

五日間連続特ダネの報道で、読売の名声はつとに高まり、「事件の読売」「社会部の読売」の評価が、全国四百万読者に湧き起こるであろう。会社の名誉でもある。「百年記者を養うのは、この一日のため」である。

二人目の犯人を出したとき、警視庁は、三田を怪しいと勘繰るかもしれない。そして、「残りを一度に欲しい」と、社会部長か編集局長に交渉してくるであろう。刑事部長と捜査二課長の懇請を入れて、三日目に全員を逮捕させてもいいだろう。

三田の構想は、とてつもない大きさで広がっていった。

他の記者は、その計画を空想として笑うかもしれない。

しかし、三田には三田の読みがあった。

〈安藤親分のただ一言、「横井の奴、身体に痛い思いをさせてやれ」で、現実に部下が撃っているではないか。おなじように、安藤が「みんな、自首しろ」と命令しさえすれば、この計画の実現性はある〉

とはいえ、三田にも不安はあった。

〈花田に「安藤に会わせろ」と交渉して、はたして安藤のアジトを数えるだろうか……〉

たとえ三田が、安藤に会うことができても、五人の自首を説得できるだろうか。一介の新聞記者にすぎない三田が、安藤を説得することは難しい。かりに安藤が自首すれば、早くて四、五年はこのシャバとお別れだ。共産党であれば、政治的にそのことに価値があれば、まだ説得できる。しかし相手はヤクザだ。ヤクザにはヤクザらしい説得法があるはずだ。

〈安藤たちは、義理を大事にするに違いない〉

三田は、さまざまな状況を考え抜いたうえで、小笠原を一時的に北海道へ落としてやろうと考えた。

〈わたしは、あくまで小笠原に頼まれただけだ。わたしが「犯人隠避」という刑事訴追を受ける危険を冒しても、ここで一度彼らへの義理を立てるのだ。わたしが、職を賭して彼らへ義理立てさえすれば、「安藤に会わせろ」の要求も、安藤の説得も可能になる〉

三田流の「一歩後退、五歩前進」の戦略だった。

三田は、思った。

〈たとえ、最悪の場合でも、指名手配犯五人のうち四人が逮捕されても、小笠原一人が残る。そこで、小笠原を逮捕させて、事件は解決する……〉

小笠原は、北海道に土地勘もツテもない。金もあまりないので、旭川に預けておけばふらふら道内を歩くことはまずないだろう。

小笠原が、自首の決心さえつけば上京させる。決心がつかなければ、旭川にいる。三田は、小笠原を自分の目が届くところに、しかも彼が一人歩きできないところに置いておくに限ると確信した。旭川という〝冷蔵庫〟におさめておくのだ。

小笠原が「匿ってほしい」と頼んできた昭和三十三年七月十一日夜、三田は、小笠原を伴い、東京にある塚原勝太郎宅に向かった。

三田は出征し、満州国の首都である新京で敗戦を迎えた。そこでソ連軍に捕まり、三田は、捕虜としてシベリアのシトウリヤナ炭鉱へ送られた。地獄のような捕虜生活の中で、三田は、塚原勝太郎大隊長と出会う。

栄養失調の日本人に、スターリンの重いノルマが遂行できるわけがなかった。ノルマが達成できないと、塚原が、大隊長としての責任罰で、土牢にぶちこまれた。

寒暖計温度が零下五十二度という土地で、一日に黒パン一枚、水一杯しか与えられない土牢である。そのような中で、なお毅然としている塚原大隊長の姿を見て、三田は、過酷な環境下でも「人を信じる」という信念が生まれた。

三田は、寝ていた塚原を叩き起こした。

そして、頼み込んだ。

「ある事件の関係者だが、四、五日預かっていただけないだろうか」

塚原は、何も訊かずに、一言「うむ」と引き受けた。それが、小笠原を旭川に紹介するきっかけであった。と同時に、塚原も、その「うむ」によって、のちに築地署の留置場に二十三日間ぶちこまれることになる。

塚原は言った。

「明朝、外川に速達を出しておこう」

外川とは、旭川の外川材木店のことだ。

三田は、その返事で覚悟した。

〈運命は、すべて決まった〉

小笠原をまた社会部の指定旅館である奈良旅館に帰し、自宅へもどった。すでに深夜であり、妻や子供、老母は平和に眠っていた。

三田は、書斎に入ると、六法全書のページを繰った。前年の夏、司法クラブのキャップになってから、使い馴れた六法全書だ。刑法篇だけが手垢で黒く汚れている。

《刑法第百三条　罰金以上ノ刑ニ該ル罪ヲ犯シタル者又ハ拘禁中逃走シタル者ヲ蔵匿シ又ハ隠避セシメタル者ハ二年以下ノ懲役又ハ二百万円以下ノ罰金ニ処ス》

三田は、六法を閉じた。自身の行為は、この行為だけを取り出してみるならば、明らかに「犯人隠避」

である。つまり、捜査妨害と見なされる。が、三田は、捜査妨害だとは思わなかった。逆に、事件解決のための捜査協力だと信じた。

〈一時的に、しかも逃さないために北海道にやるのだ〉

そもそも新聞記者の取材活動には、しばしば不法行為がふくまれるものである。三田は、密航ルートの調査のため、台湾人に化けて密航船に乗りこみ、密出国（出入国管理令違反）し、香港まで行ったケースもある。その場合は、密航ルートの調査資料を、当該当局に提供することによって、訴追を免れているのだ。犯人を逮捕させることによって、その経過の中の不法行為もまた許されると考えたのである。

翌七月十二日正午すぎ、塚原は、最高裁内の記者クラブに三田をたずねてきた。それから二人は奈良旅館へ向かった。

三田は、旅館に着くと、塚原に小笠原をあらためて紹介した。

塚原は、事務的に、旭川の外川材木店の住所と駅からの略図とを書いて教えた。

約三十分の会見で塚原は、立ち上がった。

そのとき、小笠原は、三田に一万円を渡して頼みこんだ。

「下着類と旭川までの切符を、買ってください」

三田は、そうすることに若干の抵抗は感じた。が、もはや計画は実行段階に入っている。いまさら嫌とも言えなかった。

三田は、塚原を東京駅に送ると、交通公社で切符を買い、三越で下着類を買い、ふたたび奈良旅館へ戻った。

三田は、小笠原を車に乗せて上野駅に向かった。上野発十六時五分の急行列車に小笠原を乗せようと車を飛ばし、十五時五十分に上野駅に到着した。

小笠原は、車を降りて、上野駅構内に向かった。

それから三田は、一、二時間ほど恐怖感にジリジリしていた。

〈もしかするとメングレ（顔見知り）の刑事が駅に張り込んでいて、小笠原を逮捕するかもしれない〉

しかし、メングレでなければ、手配写真などでは、絶対にわからないだろうと思い直した。小笠原が列車に乗りさえすれば、旭川着は間違いない。計画の第一歩は成功であった。

ところが、事態は意外な進展をみせ、自分が逮捕されることになる……。

劇的な安藤逮捕の瞬間

安藤昇の愛人田村秀子の「千葉のおじのところにいました」とのアリバイ供述は、千葉県警の調べで覆えされた。

捜査本部は、憔悴《しょうすい》している秀子の回復を待ち、七月十二日、安藤の逃走幇助《とうそうほうじょ》の疑いで逮捕し、厳しく追及した。

その結果、秀子は、泣きながら自供した。「代々木上原の田村好人さん宅にいた」

当局は、秀子が六月二十四日から七月四日まで渋谷でバー『ベラミ』を経営している田村好人の家で、安藤と同棲していたと推定した。

また、それが島田宏のお膳立てだともわかった。

秀子は、七月四日夜に安藤と別れてから、その後の安藤の行方はわからないとしていた。

しかし、捜査主任からのたび重なる追及によって、秀子は、ついに証言する。

「わたし、知りませんが、田村さんが安藤さんといろいろと相談していました」

七月十四日夜、田村好人は、犯人隠避容疑で逮捕された。

が、田村好人の逮捕を発表すれば、すぐにラジオが放送する。その放送を聴いて、安藤がただちに逃亡する。発表をのばしていた。

いっぽう神奈川県葉山町の貸別荘に隠れつづけていた安藤は、覚悟していた。

〈女性の秀子が、警視庁の厳しい尋問に耐えることはむずかしい。また田村好人は、おれたちの葉山の住所を知っている。警察の次の一手は、明白だ〉

安藤は、そのように追い詰められた中で、なお漫画を描いていた。岸信介内閣総理大臣が背広姿で「政権山」にハングクライミングしている姿である。

垂直の絶壁に、右手で「暴力岩」にようやくしがみつく岸総理は、「貧乏」という名の荷物を背負い、「汚職」という名のバッグを左手に握りしめ、宙ぶらりんだ。下にはのどかな富士山がある。

安藤は「大変ですな！」という文字も書き込んだ。いまにも落下しそうな政権の危うさを見事に皮肉った、当時政治漫画の大家であった近藤日出造《こんどうひでぞう》ばりの風刺画である。

いっしょに隠れている島田宏が、安藤に切り出した。

「香港ルートが、ついたそうです」

安藤は、溜息をついた。

「香港か……」

「パスポートから向こうでの生活、すべてＯＫだそうです」

即刻ここを出発すれば、日本脱出はまず成功するだろう。が、その後のことが安藤には気にかかっていた。

〈いまのおれが日本を離れれば、おれのために逃げまわっている志賀は、どうなる。千葉は、どうなる。島田は、どうなる。香港から、指示を送りつづけることは、まず無理だろう。子分たちを捨ててまで、おれは自分を守りてえのか〉

黙っている安藤に、島田はつづけた。

「サツは、明朝、別荘に来るに違いありません」

島田の声が、安藤にはあまりにも悲痛に聞こえた。三十四日間の逃亡のためか、島田は痛ましいほど疲労していた。頬はそげ落ち、落ちくぼんだ眼だけが異様に光っている。

安藤は言った。

「来たら来たまでのことさ」

安藤の肚《はら》は決まっていた。

翌七月十五日早朝から葉山の太陽は、どこまでも高かった。

田村好人は、七月十五日午前十一時、ついに供述した。

「安藤と島田は、森戸海岸の海べりにある貸別荘の白い洋館に潜伏している」

島田は、そのころ、冗談を言いながら、将棋盤を持ち出してきた。

「これでもやって、時間を潰してましょうや」

安藤は、最後まで気を使ってくれる島田に心が締めつけられた。

安藤は、思わず声をかけた。

「島田、ご苦労さんだったな」

「いや、これくらい、なんでもありませんよ」

二人は、ジムの作ってくれたサンドイッチを頬張りながらコーラを飲み、別荘二階の六畳間和室で将棋に熱中していた。二人とも、水着にビーチタオルをひっかけただけの姿だった。

次の手を島田が考える。安藤も島田の手が気になってジッと見つめる。

将棋は、終盤に入っていた。安藤は、そのうち、別荘の周囲の異変に気づいた。二階の窓から周囲を見渡すと、警官がたくさんいた。

「おい、島田。おまわりが見ているぞ」

「ずいぶん、来ましたね」

なんと、屋外には五十人ばかりの武装警官が、二重、三重に別荘を取り囲んでいたのである。

それでも二人は、将棋を続けた。午後一時半、一階の玄関口で、主婦の声がした。

「こんにちは」

警察が、いきなり踏みこむのを避け、近所の主婦に声をかけさせたのである。

安藤たちと同居していたバンド・マスターの広瀬礼次が、ドアを開けた。

待ちかまえていたのは、刑事だった。

「警察の者だが、どなたです」

「広瀬だ」

二階にいた安藤は、ふと背中に視線を感じた。階段のほうをちらりと見ると、顔が三つ並んでいる。三つの顔のうち、二つは制帽をかぶっている。一人は刑事だ。

〈とうとう来たか！〉

安藤は、肚を据えると、警官に尻を向けたまま声をかけた。

「入れよ」

「……」

「何も持ってないから、入れよ」

それでも、三人は入ろうとしない。安藤が拳銃を持っていて発砲するにちがいないと身構えているのである。

安藤は、ふたたび将棋の勝負にもどった。

警官は、緊張感から声が高ぶった。

「ここは、武装警官が取り巻いている。神妙にしろ！」

警官の声を聞くと、安藤は、わざとあたり一面にひびくような大声で言った。

「よーし、最後の手だ。いっちょう、ぶっぱなすか！」

警官は、安藤の言葉を勘違いしたらしい。

拳銃をかまえて部屋に入って来ると、安藤の胸に銃口を向けた。

安藤は、啖呵を切った。

「馬鹿！　神妙にしてるじゃねえか！　そうガタガタするねえ！」

安藤は、持っていた将棋の駒を盤の上に叩きつけた。

「見てのとおり、裸んぼうよ。何もありゃしねえよ」

それでも、警官は、脂汗を吹き出しながら詰問した。

「拳銃は、どこだ！」

「拳銃なんか、持ってないよ」

他の警官が、戸棚からなにから拳銃はないかと引っ掻き回した。

もう一人の警官が、声を張り上げた。

「安藤、逮捕状だ！」

安藤は、ニヤリと笑った。

「ちょっと待ってくれ、着替えをするから……」

安藤は、島田に注意とも冗談ともつかない言葉をかけた。

「お洒落《しゃれ》していけよ。武士のたしなみだぁナ」

安藤は、真新しい下着、仕立て下ろしの紺色の背広、チェック柄のシャツ、ブルーのストライプ柄のネクタイを締めて、捜査陣の前に戻ってきた。

島田は島田で、純白のスーツに蝶ネクタイにパナマ帽に着替えた。ちょび髭《ひげ》とパナマ帽が似合っていた。

その瞬間、安藤と島田、それに、犯人隠避罪に問われたバンド・マスターの広瀬礼次の左手に、冷たい手錠がガチリとはまりこんだ。

安藤は、まず葉山警察署に護送された。

護送は、あきれ返るほど物々しかった。白バイ二台が先導し、その後には白いジープ、安藤は、そのあとの黒い外車のセダンに乗せられた。もしも、手錠がなければ、まるで首相扱いの大名行列だった。

大名行列が葉山署に着くと、安藤は、三十分ほどそこに留まった。すぐに記者会見がセッティングされた。安藤は、刑事が差し出した水を一気に飲み干すと、平然とタバコの「富士」を吹かした。

興奮した記者が、訊いた。

「安藤さん、今回の逮捕についてどう思われますか？」

安藤は、平然と答えた。

「秀子が捕まったと聞いて、もう来るころかなと思っていた。それにしても、ゆっくり休養できたよ」

カメラマンが、フラッシュを焚《た》く。

記者は続けた。

「逮捕容疑については？」

「どうも逮捕状の内容がおもしろくねえなあ。三十万円の恐喝なんて、おれには覚えがないよ」

安藤は、終始飄々《ひょうひょう》としていた。

その後、安藤は、神奈川県警に護送された。そして、護送車は、あらためて東京に向かった。

臨時ニュースを聞いたのか、沿道には無数の人々があふれていた。また新聞記者の車がすごいスピードで東京方面から飛んできて、安藤を乗せた車を見つけて、Uターンして、それを追った。

安藤を乗せた車は、午後五時十五分、東京桜田門前の警視庁に入った。警視庁前には、五百人以上の野次馬と報道陣が群がっていた。

安藤が車から降りたとたん、カメラマンたちが安藤を囲んだ。

「もっと、ゆっくり歩いてくれ！」

「安藤、こっちを向けよ」

「馬鹿！　痛いじゃないか」

熾烈な安藤争奪戦だった。

安藤は終始黙って百メートルの廊下を揉みくちゃにされながら十分もかかって取調室に辿り着いた。

その途中、安藤はテレビカメラに笑顔を見せた。

その夜テレビ映像を見た東映第四期ニューフェイスの山口洋子は、会心だった。

〈約束どおりだわ。わたしのために微笑んでくれた！〉

洋子は、彼女のアパートに安藤を匿っていたときに、安藤にこんなお願いをしていた。

「捕まったら、テレビカメラに笑いかけてね」

洋子は、てっきりその約束が果たされたと思った。つまり、「わたしに」微笑んでくれたと確信したわけである。

いっぽう、警察と報道の人間に揉みくちゃにされていた安藤には、洋子の約束を思い出すような余裕は無かった。ただただ笑みがこぼれたのである。

第6章「横井事件」結審

安藤逮捕からの余波

昭和三十三年（一九五八年）七月十五日、横井英樹襲撃事件で逃亡中の安藤組の安藤昇組長が、神奈川県葉山町の貸別荘で逮捕された。

そのときのことを、安藤の妻であった昌子が、『ヤング・レディ』昭和四十二年十一月二十日号の《ヤクザ（現映画俳優）の妻として生きた悲しみの記録》で次のように打ち明けている。

昭和十七年以来、十六年間連れそってきた安藤の妻の昌子はテレビのニュースに夫の安藤の姿が映り、子供たちに見られるのを恐れていたという。

彼女は、子供たちには、安藤の仕事についてはそれまで打ち明けていなかった。

長男の隆朗が小学校に上がるようになったとき、家庭調査表の「父の職業欄」になんと書き込むか、彼女はいつも悩んだ。「会社経営」と書くのは、とかく気が重かった。確かに東興業という会社は持っている。が、それはあくまでも隠れ蓑《みの》にすぎない。彼女は思いあまって「自家営業」とごまかすことが多かった。

彼女は、女親として、絶えず不安に苛《さいな》まれていた。

〈いつ、子供たちが真相を知るか……〉

今回、十一歳になり、小学校の上級生になっている長男の隆朗は、さいわいニュースの時間には教科書を広げて勉強に打ちこんでいた。

〈これでいい。なんとか親の哀れな姿を見せないですみそうだわ〉

ところが、安藤逮捕の夜、渋谷で安藤が経営するバー『ルポ』に出ていた昌子に、隆朗から涙声で電話がかかってきた。

「お父さんが、いま、テレビに映ったよ。何をしたんだよ」

昌子は呆然《ぼうぜん》とした。

翌日、昌子は、長男の隆朗と七歳になる次男の章に、初めて父親の仕事と事件の経緯を説明した。

幼い章は、どこまで理解したかはわからないが、げんなりとして黙りこくっていた。

いっぽう、長男の隆朗は、いくらか父親のことを感づいていたようだ。

「やっぱり……」

そう言うと、うなだれた。友人にも、すでに何か言われていたのであろう。

安藤組の小笠原郁夫を北海道の旭川に匿っていた『読売新聞』社会部記者の三田和夫は、安藤が逮捕されたことで計画が狂ってしまった。

つづいて十七日には、三田が小笠原を北海道で匿う前に会っている花田瑛一までが犯人隠避で逮捕されてしまった。

三田は、唖然《あぜん》とした。まったく、アレヨアレヨと思う間の急展開である。想定していた最悪の事態であった。

もはや、警察への捜査協力という面では、指名手配の連中を次々と自首させるどころか、小笠原一人の逮捕協力以外に手がなくなっていた。

もちろん安藤組大幹部の志賀日出也と実行犯である千葉一弘は、まだ逃走中だ。が、連絡係として頼りの綱だと思っていた花田の逮捕がなんとも痛かった。

七月十九日に、安藤組の花田の子分の福島が、三田に電話をかけてきた。

「会いたい」

三田は、渋谷で福島に会った。

が、小笠原から福島に連絡が入ったわけではなかった。

三田も、無制限に小笠原を旭川に置いておくつもりはなかった。

小笠原は、あくまでも「一週間か十日待ってくれ」と言っていた。三田としても遅くとも七月二十二日には、「小笠原はこういう事情で、わたしが旭川に匿っておいた。住所はここだから、すぐ捕えてくれ」と、警視庁へ連絡する予定だったのである。

もちろん、その前に、小笠原が上京してきて、逮捕の特ダネと逮捕数時間前の会見記の特ダネと、二本の記事で読売の紙面を飾れるものと信じていた。

ところが、三田自身が逮捕されることになる……。

逃亡者の翳《かげ》を消す大月の親分

いまだ逃走中の志賀日出也と横井英樹を撃った千葉一弘は、安藤の賭場で常連客だった日本特殊産業社長の猪俣功の自宅である千駄ヶ谷の屋敷に匿われつづけていた。二人は、猪俣の屋敷で、安藤逮捕のテレビを見た。

その翌日の七月十六日、志賀が、千葉に言った。

「いつまでも猪俣さんに迷惑をかけるわけにはいかない。一日も早く、ここを出よう」

「いまとなっては、匿ってくれる人がいますかね」

「山梨県の大月の田中親分のところに行く手筈《てはず》をつけてみる」

田中潤一親分は、五代目落合一家の大竹仙太郎総長が率いる大竹仙太郎一家の大幹部だった。しかし、昭和二十五年十一月十日、大竹総長が亡くなると、横井事件の数年前から山梨県大月市に拠点を移していた。

そもそも田中親分は、落合一家の五代目大竹仙太郎総長、六代目高橋岩太郎総長などと兄弟分であり、落合一家の上部組織である國粋会の三代目木村清吉会長とも兄弟分だった。さらに、小金井一家の八代目総長になる堀尾昌志の兄貴分でもあった。

田中親分は、しばしば渋谷に遊びに来ていたこともあり、志賀とは仲が良かった。

落合一家とつながりが深かった志賀は、七代目落合一家・関谷耕蔵総長のつながりから、田中親分とも親しかった。

千葉は、しみじみと言った。

「田中親分には、あらためて世話になることになるなぁ……」

じつは、横井事件の二年前、志賀と千葉は、やはり田中親分に世話になっている。

志賀と千葉が渋谷宇田川町のクラブ『ハリウッド』で飲んでいるとき、住吉会の前身の阿部重作率いる港会の幹部の子分の一人が入ってきて、大喧嘩《おおげんか》になった。

その喧嘩がきっかけで、その子分は、安藤組関係者に嫌がらせを始めた。

志賀と千葉は、その子分への報復を決めた。

ある日、二人は、その子分と宇田川町の広場でバッタリと会った。

千葉は、とっさに近所の寿司屋に駆け込んだ。柳刃包丁を握るや、店を出てその子分の首を切りつけた。

奇襲は成功であった。

ただし、千葉は、港会に宣戦布告したことにさすがに不安になった。

千葉は、事件が起きたその日のうちに、世田谷区池ノ上にある落合一家の山本善太郎の家へ、そっと様子をうかがいに向かった。というのも、港会が、山本邸にこの件で相談に来ると読んだのである。

山本邸には、港会の「銀座警察」こと浦上一家の顧問熊谷成雄が、かつて娘とともに住んでいた。山本は、そういう縁もあり、港会とは昵懇《じっこん》だった。熊谷は、今回、横井事件で三栄物産社長の元山富雄とともに逮捕されていることでもわかるように、安藤とも顔見知りである。

千葉が池ノ上の山本邸に着くと、案の定、港会のものと思われる車が三台も並んでいるではないか。

千葉の予感が的中した。千葉は、すかさず踵《きびす》を返し、しばらく成り行きを見守った。

間もなくして千葉は、ふたたび山本邸に行った。三台並んでいた車は、すでに山本邸をあとにしていた。

千葉は、港会の人間がいなくなったことをさらに確認してから、山本邸におもむいた。

山本は、静かに千葉に言った。

「千葉、まずいことになっているぞ」

千葉は、事態の深刻さを痛感した。

〈こりゃ、本格的にヤバイなぁ……〉

そこで、千葉は、志賀と合流して、大月の田中潤一親分のところに一時身を隠すことに決めた。

千葉は、大月に向かうとき、じつは懐に手榴弾《しゅりゅうだん》を隠し持っていた。手榴弾は、かつて立川にいたとき、立川の米兵から手に入れたものである。

千葉には、悲壮な覚悟があった。

〈港会のやつらが来て、もし捕まるようなことがあれば、安藤社長にも迷惑をかける。手榴弾で、自爆しよう〉

大月で田中親分の世話になっているうち、志賀の父親から、志賀に電話が入った。

「話がついた。帰って来い」

事態は、急転回した。

そもそも志賀の父親は、高利貸の森脇将光の会社の番頭である。森脇関係の財界人といえば、阿部重作総長にとっても、ダンベ（賭場の上客）なのである。ダンベの依頼は無下にできない。阿部総長は、森脇の番頭である志賀の父親への配慮から、志賀と千葉を許したのである。それが「話がついた」ということだった。

千葉は、手榴弾で自爆せずにすんだ。

二人は、志賀の父親に東京に呼び戻されて、この喧嘩の仲裁に入った志賀の父親の代理人とともに、港区芝浦にある阿部重作邸に向かった。

阿部は、背こそ高くはないが、ズングリ、ドッシリとした風格で、やはり大親分のそれであった。阿部は、志賀と千葉に向かい、さらりと言った。

「元気だなぁ」

阿部の舎弟である高橋浅太郎親分も、千葉に向かい、半ばあきれながら言った。

「おまえは……　元気過ぎるよなぁ」

志賀の父親と森脇とのラインが、二人の命をぎりぎりのところで救ったのである。

さて、田中親分と連絡を取ってから二日後の七月十八日、志賀が千葉に声をはずませて伝えた。

「田中親分が、引き受けてくれた」

「よかった……」

「問題は、どの道を通って行くかだな」

かつて志賀と立川にいたことがあり、そのあたりの地理にくわしい千葉が言った。

「山梨に抜けるには、所沢を通って行ったほうがいい。まっすぐ甲州街道を抜けて行っては、警察の思うツボだ。甲州街道は、立川の先の日野橋あたりで検問をやっているはずだ。所沢を通れば、日野橋を越えて甲州街道に出られる」

　七月十九日の午後、二人は、組の者が手配してくれたハイヤーで大月に向かった。その運転手には、志賀と千葉が追われているとは打ち明けていなかった。

　志賀は、運転手に言った。

「所沢を経由して、大月に向かってくれ」

　が、所沢を経由したまではよかったが、所沢から甲州街道に抜けた場所は、日野橋の手前の立川のところであった。

　甲州街道に出たところで、志賀は運転手に訊いた。

「ここは、どの辺だ？」

「まだ立川です」

　立川、と聞いて志賀はギクリとした。

〈このままじゃ、完全に検問にぶつかる〉

　案の定、志賀たちを乗せたハイヤーは、十五分しないうちに、検問で停められた。

　警官が、車内に首を突っ込んできた。

　志賀は、わざと千葉に話しかけた。

「おまえ、昨日酔っぱらったことを、どこまでおぼえてる」

　千葉は、志賀が芝居をしてる、と気がついた。自分もとっさに横を向き、志賀と顔を見合わせるようにして調子を合わせた。

「え、三軒目までだけど、その後も、どっか行ったの？」

　運転手と話し合っていた警官は、顔を引っ込めた。ハイヤーは、無事検問を通過することができた。

　二人同時に、大きく息を吐いた。

運転手に変に思われるのも困る。志賀は、急に窓を開けると、大きく息を吸いこみ、深呼吸の真似をした。

「いやあ、田舎は、空気がおいしいねえ」

千葉も、芝居はまだつづいていると察したのか、相槌を打った。

大月に着くと、二人は、田中親分に電話を入れた。その近くの小さなホテルのロビーで待て、という指示が来た。

二人が、そのホテルのロビーで待っていると、二十分ほどで、田中親分が姿を見せた。

田中親分が、志賀に近づくと、いきなり声をかけた。

「おまえ、懲役八年ぐらいだな！　ハハハ……」

田中親分は、大声で笑うと、志賀の肩を叩いた。

二人は、案内され、田中親分の家に向かった。田中親分の家は、豪農を思わせるような、立派な造りであった。

志賀が、千葉を指差した。

「横井をやったのは、こいつのほうなんです」

田中親分が、千葉を見た。

「じゃあ、人違いだったなあ」

田中親分は、千葉に言った。

「もう一遍《いっぺん》言いましょう。あんた、懲役八年ぐらいだねえ」

千葉は、思わず反論した。

「でも、親分。おれは、なにも殺したわけじゃないですよ」

「そうそう、でも八年」

志賀は、二人のやりとりを聞いていて実感していた。

〈おもしろいところに来たな〉

その気持ちは、千葉も同じだった。

〈これは、退屈しねえや〉

話の途中で志賀のほうに振り返った千葉の顔に、逃亡者の翳《かげ》は消えていた。

「自首」と「逮捕」の狭間

志賀と千葉は、七月二十一日、田中親分に対して恩義も感じていたので、地元で逮捕されまいと決めていた。失礼にならぬよう、田中親分に連れられて「自首」を決心した。

二人は、田中親分に申し出た。

「明日、自首します。いつでもいいですから」

自首を決めた二人は、さっそく東京の安藤組の細野顧問弁護士に電話を入れた。

「志賀だけど……」

細野弁護士も、志賀と千葉からの連絡を渇望していたようだった。

「いま、どこにいるんです！」

「山梨の大月にいる」

「社長は、捕まったぞ」

「知ってる。だから、電話したんだ」

「千葉も、いっしょか」

「そうだ。明日、千葉といっしょに、こっちの警察に自首する。その前に、女房に連絡をとってほしいんだ」

志賀は、あわせて千葉の女にも連絡をとるよう、細野弁護士に頼んだ。ちなみに千葉の恋人は、渋谷の飲み屋の女性である。

田中親分は、二人の決意を知り、彼らが自首する前にどうしたら一番いいかを、地元大月警察の署長に相談しに行った。

「じつは、ちょっと重要なことで、明日の朝、おたくにうかがうことになる」

「どんなご用件で」

「いや、いまは言えない。とにかく、明日の朝うかがうので、空けておいてほしい」

田中親分は、大月署から帰って来ると、最後の最後まで二人に気をつかった。

「シャバでの最後の夜だ。入ったら、もうちょっとは出てこれないでしょう。今夜は、思うぞんぶん騒いで下さい」

田中親分は、二人に封筒に入った現金を差し出した。中身は、十万円もあった。

外に送り出す田中親分は、二人に言葉を添えた。

「明日の朝、七時に床屋を呼んでおきます。さっぱりして、おつとめに行きなすってください」

二人には、田中親分の心づかいがうれしかった。胸が熱くなった。

二人は、シャバの最後の夜を満喫し、明け方近くに田中親分の家に戻った。

田中親分は、寝ずに二人の帰りを待っていた。風呂を沸かし、背広も用意されていた。

二人は、朝の七時の散髪のことを考えると、ほとんど寝ている暇がなかった。

散髪の支度が整うまでの間、志賀は、千葉ともども、正座して田中親分に礼を言った。

「親分、長い間本当に世話になりました。志賀、千葉ともどもお礼を言わせていただきます」

田中親分は、大きな体を揺らせながら言った。

「いや、志賀さんには、おれも世話になった。義理は果たさねばならん、と前々から思っていた。返せてうれしいよ」

散髪の用意ができた、という声とともに、二人は応接間をあとにした。ところが……。

昭和三十三年（一九五八年）七月二十二日の朝、山梨県大月の田中潤一親分のところに横井英樹銃撃事件で匿われていた志賀日出也と横井を撃った千葉一弘の二人は、自首することに決め、田中邸に呼んでいた散髪屋による散髪が始まった。

志賀の散髪が終わり、千葉の番になった。

もうすぐ終わろうか、というときに、玄関のほうがにわかに騒がしくなった。

「警察だ！」

床屋の手が、一瞬止まった。

びっくりした千葉は、切った髪が散らばるのも気にせず、勢いよく立ち上がった。

志賀も、いきなり部屋を飛び出した。

田中親分が、大声を張り上げているのが聞こえた。

「話が、ちがうぞ！　きみたち、おれは、昨日、おたくたちの署長と話し合ってるんだ。今日の朝、おれは、二人を自首させるために署長と会う肚《はら》を決めていたんだ！」

刑事であろう、私服を来た警官がムキになった。

「こっちは、東京の警視庁から連絡が入ってるんだ。問答無用」

田中親分が説得するには、警官の数が多すぎた。

指名手配になっていた千葉は、床屋の前かけをかけたまま、最初に捕まった。

千葉につづくように、志賀だけでなく、田中親分にも手錠がかけられた。

それを見て、志賀は絶叫した。

「この人は、まったく関係ない！」

「いや、犯人蔵匿罪だ」

「なんだとお！」

が、手錠がかけられていては身動きもとれない。

田中親分が、志賀に言った。

「わたしも、覚悟はできてました。いいんです。気になさらないで」

志賀は、田中親分の言葉を聞き終わらないうちに、外に連れ出された。

いっぽう警察とタッチの差で田中邸に到着した志賀夫人である細木弘恵と千葉の恋人は、遠目に自分の男たちを眺めることしかできなかった。

田中親分の家の前には、事件の大きさを示すかのように、機動隊まで出動していた。

千葉と志賀は、別々の車に乗せられ、そのまま機動隊に先導されて、東京までノンストップで護送された。

のちに千葉たちは知るのだが、当時の警察としては、「自首」ではなく、あくまでも「逮捕」でなければ社会に対して面目が立たなかったからだといわれている。

「自首」と「逮捕」では、罪の重さが違う。

千葉は、思わぬ方向である逮捕劇を演出したのは、安藤組の弁護士である細野弁護士だと思った。

細野弁護士が警察側に「二人に自首する意志がある」と事前通知していたのではないか。その理由は、法曹人の正義のためか、自己保身のためかは定かではない。

細野としては、

〈安藤組長が逮捕されたのだから、もはや千葉たちには一刻も早く出てきてもらい、早々に事件決着を見たい。しかも、警察の顔を立てながら……〉

との思いがあったのかもしれない。

読売記者逮捕の「大変な予断」

いっぽう『読売新聞』社会部記者の三田和夫は、七月十二日に、横井英樹襲撃事件で逃亡中の安藤組の小笠原郁夫を北海道旭川に逃がし、外川材木店に匿ってもらっていた。

七月十五日には、安藤組安藤昇逮捕、七月十七日には、やはり三田が会っていた安藤組大幹部の花田瑛一が逮捕された。

そして二十日の日曜日ことだった。日曜日は、三田の公休日だ。夜八時ごろ、家で芝居のためのガリ版刷りなどをしていると、記者クラブの寿里記者から電話が入った。

「大阪地検が月曜日の朝、通産省をガサ（家宅捜索）って、課長クラスを逮捕するが、原稿を書こうか」

三田は、記事を寿里記者に任せてもいいと思ったが、出勤することにした。

「いますぐ社に行く。待っていてくれ」

三田は、翌朝の手入れのための手配をとり終わって、ふと、デスク（当番次長）の机の上を見た。

本社旭川支局発の原稿が眼に入った。

何気なく読んでみると、外川材木店にいた男を小笠原郁夫と断定して捜査している、という原稿だった。

三田は茫然《ぼうぜん》とした。

〈我が事、破れたり……〉

志に反して、ついにここにいたったのだ。それでも三田は、当局より先に、事破れたりを知ることができた幸運をよろこんだ。

〈天まだ我を見捨てず〉

三田は、自身が、逮捕と目いっぱいの二十日間の勾留は間違いないとも覚悟した。

〈よしっ、二十三日間、入ってこよう〉

三田は、当局がどうして旭川を割り出したかを自分なりに分析してみた。

どうやら、七月十七日の花田逮捕だと睨《にら》んだ。小笠原は、安藤組の下っ端の福島には旭川にいることは連絡をしなかったのであろうが、大幹部の花田には連絡をしたのであろう。

小笠原は、三田に「花田にも内緒の二人きりのお願いだ」と言っていたにもかかわらず、その約束を破ったにちがいない。

花田としても、当局に居所を自供してはいないだろうから、これはガサ（家宅捜索）で小笠原からの手紙を押さえられたにちがいない。

事実、小笠原は、旭川市外川材木店方の「山口二郎」の偽名で花田に手紙を出し、花田はこの住所をメモしておいて、ガサで押さえられていた。

当局は、「山口二郎とは何者か」と、十八日から外川材木店の内偵を始めたが、それらしい男の姿が見えない。

そこで、二十日午後に踏み込んで調べたのであった。

三田は、すぐ社を出て、シベリア抑留中の大隊長であった塚原勝太郎を訪ねた。塚原に頼みこみ、小笠原を外川材木店に匿ってもらっていたのである。

三田は、塚原に事情を説明して詫びた。

「あなたは、なんの関係もない方なのに、事件の渦中に引きずりこんで申し訳ない。明朝、警視庁へ出頭して、わたしに頼まれたと事情を説明してください。なまじ嘘を言うと、かえって疑われますから……」

二十二日午前、三田の辞表は、読売新聞社の重役会で受理された。その日の正午、三田は、警視庁に出頭した。ところが、逮捕された三田は、愕然とした。捜査当局が、三田の行為に対して、「大変な予断」を抱いていて、色メガネで見ているということがひしひしと伝わってきた。

警察側が説明するには、小笠原というのは、安藤組随一のバクチ打ちで、賭場では中盆をつとめるほどの腕利きだったという。いい中盆を抱える安藤組の賭場は、圧倒的に流行っていた。警視庁の描いた予断は、その前提に、三田を組み込んだものだった。

　仮説は、こうだ。

「王長徳は国際バクチの三大親分の一人で、その盛んな安藤の賭場というのは、王の縄張りである。三田は王との関係で安藤一派と以前から付き合いがあり、その一味だったのだから、安藤組の腕利きの小笠原を、取材というカモフラージュで逃がしてやった。そうでなければ、十五年も勤めた記者経歴を棒に振ってまで匿い、しかも捕まってから平然としていられるはずはない。だから、三田、王、小林（元警部補）、安藤、小笠原とつながるもっと重大な犯罪の背景があるにちがいない」

　三田は、自分を取り調べる石村主任警部補とは、どんな人物かとつぶさに観察し、石村を信じるに値する人物だと判断した。

〈この男にだけは、なにもかも話してもわかってもらえる〉

　三田は、二十二日、二十三日の両日で、すべてを正直に打ち明けた。取調べは、終始なごやかだった。

　三田が留置場に入った翌日、三田は、朝の運動時間に、誰かから声をかけられた。

「おい、読売、身体は大丈夫か」

　三田は、辺りを見回した。が、声の主はわからなかった。

　三田は、石村主任に訊いてみた。

「ねえ、今朝、房内で洗面の時、『おい読売、身体は大丈夫か』って、声をかける奴がいるんだけど、金網はあるし眼鏡はないし、誰だかわからないんだが、誰だろう」

　石村主任は、笑って答えた。

「ふふ、そんな奴がいたら、なれなれしく言葉をかけるなって、言ってやれ」

　また、看守も、三田に親切に注意した。

「いいかい、留置場の中には、どんな悪い奴がいるかわからないのだから、決して本名や商売のことを言うんじゃないぜ」

その翌日のことだ。また「おい、読売！」と三田に声をかけてきた人物がいる。

三田は、その人物を見かけ、その容貌《ようぼう》がおぼろげにわかった。

相手は、丁寧に言った。

「あなたは、読売の記者でしょう？」

三田は、思わずうなずいていた。

その日のその人物との会話は、それで終わった。

三田は、あらためて石村主任にたずねた。

「今朝、運動の時、声をかけたやつがわかったよ。左頰《ひだりほほ》に傷があるんだけど、誰だい？」

「何だい？　オメエ知らねぇのかい？」

「ハハン、安藤かい」

房内には顔に傷のある男が多いが、左頰の傷と言ったときの主任の態度からやっと安藤だとわかった。

安藤は、その後の運動時間のときにもしばしば三田に声をかけた。

「このたびはご迷惑をかけてしまって、なんとも申し訳ありません」

「会社のほうは、大丈夫ですか」

「身体は、悪くありませんか」

安藤の丁寧な言葉づかいから、三田は何度か安藤とやりとりするようになった。

留置場内への〝電話〟

ある日、通称「浅草のヨネさん」という売春防止法違反の罪を問われている獄中の男が、第十三房にいる三田に声をかけてきた。

「オイ、ブンヤさん。電話だよ」

「えっ！　電話？」

三田は、自分の耳を疑い、思わず上半身を起こした。留置場に電話とはなんとも奇妙である。

ヨネさんは、留置場の外側の金網にへばりつくと、看守の巡回通路の壁に向かって、無線電話調で話しかけた。

「安藤さん、安藤さん、ただいま、三田さんが出ますから、しばらくお待ちください」

ヨネさんは、呆気にとられている三田をうながした。

「おれが、シキテンをキッてる（見張りをしている）から、あの便器にまたがって、用便と見せかけて話をするんだよ」

電話とは、留置場の第十一房にいる三田と第九房にいる安藤が、第十房を挟んだ壁越しに会話をすることだった。

三田は、教えられたとおりにして、安藤がいるとおぼしきあたりに向かって、小さな声で答えた。

「はい、三田です」

壁の向こうから声がした。

「あ、三田さん？　じつはね、『文藝春秋』からわたしに手記を書けって言ってきたんだけど、どうしましょう」

「なに、手記？　いいじゃないか。あんたの横井を撃ったことについての感想を書けばいいよ」

そのとき、巡回の看守が来た。ヨネさんが、低く押しつぶした声で叫んだ。

「ブンヤさん！　担当！」

電話は一時中断した。が、しばらくして、復旧した。

三田は、安藤に訊いた。

「それで、締め切りは、いつだって?」

「八月二十日までに書いてくれって。どうせ、弁護士への口述になるんだけどね」

「ふーん。紙と鉛筆ぐらい、調べ室でくれないのかい?」

「うん。……それでね、何を書いたらいいいか。少し教えてくださいよ」

そこでまた、「担当!」というヨネさんの鋭い声で、電話は断線した。

最終的に三田は、安藤からの相談に、こう答えた。

「ただ、申し訳ないと、謝らなければいけないよ。そして、横井が悪い奴ならば、その悪党ぶりをばらしてやれよ」

月刊『文藝春秋』が安藤の手記を要請していることから、三田は、自身の手記も月刊『文藝春秋』に掲載してもらおうと考えた。新聞ジャーナリズムに活躍の場がなくなった以上、雑誌ジャーナリズムに言論の場を求めたのである。

三田は、さっそく差入れにやって来る妻に伝言を頼んだ。

「わたしが、手記を書きたいという意志を、『文藝春秋』に伝えてくれ」

三田は、締め切りまでに保釈されれば、書けると思い、妻に『文藝春秋』の締め切り日を確認させた。

安藤に八月二十日までと言うことから、実際は八月二十五日ごろが締め切り日だと考えた。

後日、三田に、妻の報告があった。案の定、締め切りは、八月二十五日だった。

八月十三日、三田は、「犯人隠避ならびに証拠隠滅」罪で起訴される。

が、八月十五日には保釈出所できた。逮捕から拘禁を解かれるまで二十五日目であった。

三田は、保釈出所した翌日、当時銀座にあった文藝春秋社に、月刊『文藝春秋』の田川博一編集長をたずねた。

休養充分の三田は、元気いっぱいに切り出した。

「わたしは、横井事件を一挙に解決しようと思って、小笠原を一時的に北海道という〝冷蔵庫〟へおさめておいたのです。それは、安藤以下、五人の犯人を全部生け捕りにするためです」

田川編集長は、驚いた。

「なに？　五人の犯人の生け捕り？」

「そうです。そして五日間、読売の連続スクープにして、しかも、事件を一挙に解決しようという計画だったのです」

「しかし、あなたは、大変な悪徳記者だと思われていますよ」

「そうです。わたしは、各社の記事を見て、そう思いました。しかし、新聞ははたして、真実を伝えているのでしょうか」

「……」

「なるほど、わたしが一番に感じたことは、少なくともわたしの場合、新聞の時間的、量的（スペース）制約を考えても、新聞は真実を伝えていないということです。同時に、わたしも、あのように、わたしの筆で、何人かの人を殺したかしれない、という反省でした」

「うん。『我が名は悪徳記者』っていう題はどうです」

「誰が、どうして、わたしを悪徳記者にしたんです。新聞ジャーナリズムがそうしたんだと思います」

「よし、それでいきましょう。あなたの弁明もうんと入れてください。自己反省という、新聞批判も忘れないでください」

田川編集長は続けた。

「五十枚、いや、もっと書ければもっと増えてもいいです」

そして、雑誌『文藝春秋』昭和三十三年（一九五八年）十月号は、安藤の《やくざ獄中記》と、三田の

《事件記者と犯罪の間》の両方を掲載するのである。

なお、その後、三田は、昭和三十四年、マスコミ・コンサルタント業の「ミタコン」株式会社を設立する。が、二年あまりで倒産した。

三田は、昭和四十二年、元旦号をもって『正論新聞』を創刊した。

三田は、『正論新聞』紙上で、田中角栄、小佐野賢治、児玉誉士夫、河井信太郎検事など大物の一連の攻撃キャンペーンを展開した。

三田は、ブラックジャーナリズムを代表する右派論者として、ロッキード事件のときは同じ右翼の児玉誉士夫を批判して名を馳せることになる。

筆者も、十三年間の『週刊文春』記者時代、三田和夫からはいくつかの情報をもらい、大いに役立ったものである。

千葉への「未必の故意」の適用

安藤組の安藤昇組長は、昭和三十三年七月十五日に横井英樹襲撃事件で逮捕されてから、警視庁監房で、連日取調べを受けた。

が、土曜日は取調べが無かった。安藤は、退屈しのぎに、競馬がやりたくてムズムズしてきた。

そこで、安藤シンパの刑事を監房に呼び出した。

安藤は、生意気にもコーヒーを飲みながら、競馬新聞をチェックして、刑事に言った。

「刑事さん、①⑤を買ってこいよ」

なんと刑事は、合点承知とばかりに大井競馬場に馬券を買いに走ったのである。

ふつうの容疑者がそんなことを言おうものなら、刑事に「ふざんな！」と一蹴されていたであろう。安藤シンパのエネルギーは計り知れない。刑事と犯罪者の立場の垣根も超えてしまっていたのである。

その刑事は、当然ながら馬券の掛け金をポケットマネーで支払っていた。馬券が当たればいいが、実際はハズレばかりで、財布が軽くなる一方だった。

が、そこはそれ、安藤の妻である昌子や愛人たちが気を利かせ、安藤への差入れがてらに、掛け金分の金を刑事にきちんと渡していた。

ただし、刑事が容疑者に指示されて馬券を買うという珍事は、さすがに後日警視庁内で問題になったという。

そのころ東洋精糖の秋山利太郎会長が、砂糖二升を持って安藤の面会にやって来た。

秋山は、砂糖とは別に、山のような札束を差し出した。

「二百万円、差し上げたい」

秋山は、横井が東洋精糖乗っ取りを企てたときに、買収防衛策として株主署名を集めており、安藤も武井組組長の武井敬三からの要請に応じて百人分の判子を押して署名を集めて渡していたのである。

さらに、安藤は、別件とはいえ、東洋精糖の株の買い占めに動いていた横井を襲撃したのである。

そのおかげもあって、横井のバックについていた東急コンツェルン総帥の五島慶太と秋山は手打ちができ、会社を守ることができていたのである。秋山は、安藤にひどく感謝していた。

しかし、安藤は、受け取りを拒んだ。

「そんな半端な金なんか、いらねぇ」

安藤は、二百万円を受け取る筋じゃない。すべては自身の判断で行動したまでのこと、秋山に義理立てされるにおよばないと思ったのである。

いっぽう横井を撃った千葉一弘は、七月二十二日に逮捕され、警視庁に送られていた。

千葉は、当初、取調べで黙秘を通した。

〈安藤社長が自供しないなら、おれは死んでもしゃべらない〉

なにしろ、港会ともめたとき、もし港会の連中につかまるようなことがあれば、安藤に迷惑がかかるから手榴弾で自爆しようと覚悟したことがあるほどだ。

しかし、千葉は、間もなく、思わぬ人物から安藤の伝言を聞く。

伝令役は、当時日本国粋会に加盟していて、後年の昭和四十二年六月に、稲川聖城の若い衆になり、やがて大幹部になる中国人ヤクザの趙春樹だった。

安藤は、千葉が横井英樹を撃った六月十一日の夜、静岡県熱海の稲川会の井上喜人の開いた賭博に、趙といっしょに出かけているほど趙とは仲が良かった。

安藤と千葉は同じ事件で捕まっているから、接触はできない。しかし、安藤と趙は、逮捕された事件が違っていたから接触できた。

安藤は、趙に頼んだ。

「千葉に、伝えて欲しい。『おれは、隠さずしゃべる。おまえも、正直にしゃべっていいぞ』と」

趙は、取調官にそのことを伝えたらしい。取調官は、趙と千葉を取調室で二人きりで会わせてくれた。

千葉は、趙に入った差し入れの寿司を取調室でいっしょに食べた。

そのとき、趙は、千葉にささやいた。

「もう、いいよ。しゃべれ。そのほうが楽だよ。安藤さんも、いいよと言っている」

そこで、千葉は、横井の襲撃について正直に自供することにしたのである。

七月二十四日『読売新聞』夕刊は、《千葉ついに自供〝安藤の命令で私が撃った〟》と題して、こう伝えている。

《横井事件を追求中の警視庁特別捜査本部は二十四日午前十時横井英樹社長が撃たれた犯行現場にいた翠川陽子さん（二一）ら目撃者五人を呼び、同庁鑑別室に千葉一弘（二五）志賀日出也（三一）らをまじえた安藤組逮捕者数人を入れ面通しを行ったところ翠川さんら五人は全員千葉が横井社長を撃った犯人に間違いないと証言した。

　これに引き続き取調で志賀は「お手数をかけて申訳ない。安藤親分の命令で横井社長襲撃に出かけ千葉にピストルでやらせた」また千葉も「自分が撃った」と自供、事件はこれで全面的解決をみた》

　当初千葉は、もちろん横井を撃った三十二口径ブローニングの行方もしゃべらなかった。発砲直後、安藤組の島田宏に手渡した、あのブローニングである。

　が、自供してからは、安藤と志賀が合意のうえで、志賀の妻である細木弘恵に警視庁に五丁の拳銃を提出させた。

　そのなかに、千葉が横井を撃った三十二口径ブローニングもあった。

　ちなみに細木弘恵は、たんに拳銃を持ってきただけだから罪には問われなかった。

　しかし、千葉は、その後の取調べで、殺意だけは断固否認した。

　横井の心臓のないほうの右肩を撃つと決めていたが、とっさのことで、向かって右側の左肩をつい右肩だと錯覚して撃ったことを正直に供述したのである。

　ところが、当局は、弾が横井の左肩に当たったことを重くみていた。それを材料に、誘導尋問したのである。

　取調官は、気軽な感じで同意を求めた。

「横井社長は、体の左側を撃たれたんだ。左側には心臓がある。弾が心臓に当たれば、死ぬでしょ？」

　千葉は、何気なく相槌を打った。

「そりゃ、そうですね」

　誰もが「血は、赤いでしょう？」と問われて、「青い」とは言えないのと同じように、弾が心臓に当たっても死なないとはいえない。千葉は、あくまで世間の常識に同意したまでのことだった。

　が、その瞬間、それまで無機質な眼で取り調べていた取調官の眼が、かすかに輝きを放った。

た。

〈引っ掛かったな！〉

そういう雰囲気であった。

なんと、千葉の容疑は「殺人未遂」となったのである。いわゆる「未必の故意」が適用されたのであった。

法律用語の「未必の故意」とは、犯罪事実の発生を積極的には意図しないが、自分の行為からそのような事実が発生するかもしれないと思いながら、あえて実行する場合の心理状態のことである。

「未必の故意」を適用する判例は、過去にもあった。昭和二十四年十一月八日の「殺人未遂、銃砲等所持禁止令違反被告事件」の最高裁判決は、「未必の故意」を認定している。

《「若し日本刀や匕首で相手を斬りつけるときは、斬り所によっては当然相手を死にいたらしめることを予想しながら」本件犯行に出た。自己の行為が他人を死亡させるかもしれないと意識しながらも敢えてその行為に出た場合が殺人罪のいわゆる未必の故意ある場合に当たることはいうまでもない……》

最高裁の判例は、その後の判決に決定的な意味を持つ。

昭和二十四年以降、刑法三十八条の「罪を犯す意思」における〈故意〉と〈過失〉の境界線が微妙な場合は、〈故意〉と解釈する方向に傾斜していたのである。

とはいえ、昭和三十三年当時、ヤクザの発砲事件において「未必の故意」が適用されることは、きわめて珍しかった。

つまり、千葉を担当する弁護士にとっても、想定外の法解釈であった。それゆえ、弁護士は、千葉に対して「未必の故意」に関する法的アドバイスをすることすらなかった。

逆にいえば、かりに千葉が放った弾丸が、横井の体の右側に当たっていれば、やはり傷害罪ですんでいた可能性が濃厚だったわけである。その場合は、三年程度の懲役もありえた。

そこまで当局が「未必の故意」にこだわったのも、「あくまでも安藤組を逃さない！」という意気込みの表われであった。

東洋郵船の横井英樹社長といえば、世間的には一応有名な財界人である。横井の行状には眉《まゆ》をひそめざるを得ないところもあるが、当局としては、事件を国家・社会への挑戦と受け止めた。もはや警察の面子の問題であった。

千葉は、取調べで強く主張しつづけた。

「島田宏と花形敬は、拳銃で撃てとは言っていない」

というのも、横井襲撃の前の相談で、島田はあくまでも銃撃には反対だったからだ。

「丸太ん棒で、ひっぱたいたらどうだ？」

花形もまた、島田に近いニュアンスのことを主張していた。

島田宏は、千葉の証言により執行猶予三年になる。

指名手配になっていた安藤組幹部はすべて逮捕され、八月二十九日、第一回の公判が始まった。

安藤は、久しぶりに法廷で仲間たちと顔を合わせた。思ったより元気そうな幹部たちの顔を見てホッとした。

揺れ動く横井事件裁判の背景

横井事件裁判の裁判長は、「砂川《すながわ》事件判決」で有名になる伊達秋雄《だてあきお》だった。

砂川事件は、昭和三十二年七月八日、東京調達局が東京都北多摩郡砂川町（現在の立川市内）にある米軍の立川基地拡張のための測量で、基地拡張に反対するデモ隊の一部が、米軍基地の立ち入り禁止の境界柵を壊し、基地内に数メートル立ち入ったとして、デモ隊のうち七名が刑事特別法違反で起訴された事件だ。

安藤らの判決後の昭和三十四年三月三十日の第一審判決で東京地方裁判所の伊達秋雄判事は、こう判定した。

《日本政府がアメリカ軍の駐留を許容したのは日本国憲法第九条及び前文の平和主義は自衛のための戦力保持も禁止している。在日アメリカ軍は指揮権の有無、出動義務の有無に関わらず戦力にあたり、また日米安全保障条約（旧安保条約）の極東条項「極東における平和と安全の維持に寄与するため」は違憲である。したがって、刑事特別法の罰則は日本国憲法第三十一条に違反する不合理なものである》

そして全員無罪の判決を下した。

と同時に、伊達判決は、日米安全保障条約を違憲とした。戦後史において注目すべき判決である。

いっぽう検察側は、伊達判決に対し、直ちに最高裁判所へ上告した。

昭和三十四年十二月十六日の最高裁判決では、日米安保は高度に政治性のある条約として司法判断すべきではないとし、伊達判決を覆している。

それでもなお、伊達判決のインパクトは大きかった。三権分立の教科書どおり、司法が巨大権力である行政と距離を保ち、独立性をしめした画期的な判決だったからである。

そんな独立不羈《どくりつふき》の精神に溢れる伊達裁判長はまた、悪辣《あくらつ》な巨大資本家である横井英樹と戦った安藤にも好意的な面があったようだ。

安藤の弁護団は、東京裁判の林逸郎《はやしいつろう》、三文字正平《さんもじしょうへい》、細野良久、西山義次ら八人の精鋭弁護士が揃っていた。

昭和三十三年八月二十九日に始まる横井事件の裁判は、日を置いて、二回、三回と審理が繰り返された。

十月一日、安藤は小菅拘置所に移された。

十一月十五日、安藤は、小菅拘置所から巣鴨の東京拘置所に移監された。

伊達裁判長は、公判中、安藤の弁護団が下手な質問をすると、鋭く諫《いさ》めた。

「弁護士さん、それは被告人の不利ですよ」

ふつうの裁判長ならば、黙って甲論乙駁《こうろんおつばく》を聞いているが、伊達裁判長は、明らかに違った。

法廷は毎週審理が繰り返された。色の黒い小柄な法廷検事は、安藤たちに「殺意」を認めさせようと必死になっていた。

「被告は殺意はないと申しております。ならば何ゆえに拳銃を発射したか？　こらしめのためというが、ならば木刀でも丸太ん棒でもよいと思うが？……」

法廷検事が、どうだと言わんばかりの目つきで安藤を見つめる。

安藤は反論した。

「冗談じゃないよ、検事さん。いい兄哥《あにき》がだよ、銀座のど真ん中を丸太ん棒担いで歩けると思うかい？」

そのとたんに傍聴席、記者席で哄笑が湧いた。

検事は真っ赤になって怒り、しかし、言う言葉が無かった。

こんな調子であったから、安藤は検事から憎まれて十二年の求刑を受けた。

なお、その伊達裁判長は、なんと、安藤が巣鴨の東京拘置所にいるときに東京拘置所に面会にやって来るのである。

さすがの安藤も、狐につままれたような気分だった。

伊達の面会をいぶかしがる声もあった。

「裁判長が被告のところに面会に来るなんて、ちょっと、おかしいんじゃないですか」

しかし、伊達は、おかまいなしに面会して帰って行った。

十一月一日、警視庁は全国にさきがけて暴力取締りの専門課である「捜査四課」を設けた。

十一月二十六日の『朝日新聞』朝刊は、《ほとんど前科者　保釈防ぎ資料を整備》と題し、誕生したばかりの警視庁捜査四課の課題をあげている。

《いままで暴力犯は捕まってもすぐ保釈や不起訴、起訴猶予処分となるものが多く、十日間の傷害を与えても二、三千円程度の罰金で簡単に出てきている。昨年一カ年間に同庁が捕まえたヤクザ、愚連隊など一万二百二十七人の内訳でも、愚連隊六千九百七十人のうち五千三百四人（七六％）、景品買い二千二百五十五人のうち千九百六十七人（八七％）、テキ屋千九百四十四人のうち千八百二人（九三％）、バク徒八百五十八人のうち八百五人（九四％）までがいずれも再犯者だった。担当刑事も「捕まえては放し、捕まえては放しで、年中イタチごっこだ」とこぼしている。

盲点の一つは警察当局内にもあった。暴力団の資料がいたってズサンだったため、捕まえてもその男が前にどのような犯罪を重ねていたか、すぐには分からなかった。前科が明らかなら〝常習の恐れがあるもの〟として保釈を許されないし、起訴猶予も防げるところだった。送検のさい犯罪経歴を徹底的に調べたのは、例の横井英樹東洋郵船社長襲撃事件でつかまった安藤組幹部らの場合が初めてだ。

その結果、幹部の一人花形敬（二七）は十九回、千葉一弘（二五）は十五回も警察に捕まった前科者であることが分かった。それも、傷害や暴行で一カ年に三回ないし四回も捕まるという常習犯だった。新しい捜査四課は二つの係に分かれ、事件検挙には第二係が当たり、第一係は暴力団の動きや構成メンバーの調査に全力をあげ、送検者にはいつでも前科リストをそえて再犯者に厳しい処罰を望むといっている》

その記事からも、横井事件に絡む安藤組への徹底捜査がきわめて異例だったことがわかる。

結果的に、横井事件と、通称「丸暴」と呼ばれる捜査四課の誕生、それに続くヤクザ組織取締り強化に連動していく……。

右翼からの動きと横井の破産宣告

安藤組の組長安藤昇の横井英樹襲撃事件の裁判では、右翼からも応援があった。大物右翼の佐郷屋《さごうや》留雄《とめお》である。

佐郷屋は、明治四十一年十二月一日、満州（現・中国東北部）に生まれた。そして玄洋社系右翼団体愛国社党員になった。佐郷屋は、昭和初期、政府の経済政策と軍事政策に不満を持つようになる。昭和四年七月二日に第二十七代内閣総理大臣に浜口雄幸が就任した。浜口首相は、慢性的な不況状態の悪の連鎖を断ち切るため、日銀総裁の井上準之助を蔵相に抜擢した。

井上蔵相は、緊縮財政をすすめるとともに、昭和五年一月十一日、かねてより懸案だった金解禁を実施した。つまり、金本位制度へ復帰したのである。世界恐慌が広がる中であえて金解禁を実施した井上のやり方を、当時の人々は非難した。

「まるで嵐に向かって窓を開けたようなものだ」

また、当時、経済政策のみならず、軍事政策でも、政府批判が高まっていた。

佐郷屋は、そのような浜口内閣の経済政策と軍事政策に憤懣を募らせた。井上日召《いのうえにっしょう》らとともに「一人一殺主義」の提唱者である佐郷屋の鬱積《うっせき》した感情が、昭和五年十一月十四日、東京駅で浜口雄幸首相を銃撃して重傷を負わせるにまでいたる。

浜口は、一命を取り留め「男子の本懐だ」と言ったという。しかし、翌年この傷が原因で逝去する。

佐郷屋は「浜口は社会を不安におとしめ、陛下の統帥権を犯した。だからやった。何が悪い」と言い張った。

佐郷屋は、昭和八年死刑判決を受けた。だが翌九年、恩赦で無期に減刑になる。そして昭和十五年に、仮出所した。

その後、佐郷屋は、愛国社社長岩田愛之助の娘婿になり後を継ぎ、右翼活動を続けた。

戦後、佐郷屋は、公職追放を受けるが、佐郷屋嘉昭《よしあき》と改名し、右翼活動を続行した。昭和二十九年、血盟団事件の中心人物である井上日召と共に右翼団体護国団を結成、第二代団長となる。横井事件の翌年の昭和三十四年には児玉誉士夫らがいる全日本愛国者団体会議（全愛会議）の初代議長となる。

そもそも安藤と佐郷屋との出会いは、佐郷屋側からのアプローチに始まる。

戦前から右翼のテロリストとして名を馳せていた佐郷屋自身が、戦後愚連隊として暴れていた安藤の根城である渋谷の藤松旅館にまで足を運んできたのであった。それだけ見ても、佐郷屋の安藤への親近感がうかがえる。

いっぽう安藤も、嫌いな人間とは付き合わない主義だから、佐郷屋のほうにも、安藤をも惹きつける独特の魅力があったのだろう。

安藤は、佐郷屋の私利私欲のない心根も立派だと思っていた。安藤は、戦時中、特攻隊員であったこともあり、右翼的考えへの共感は強かった。しかし、右翼は、おのれの欲を捨て、主義に殉じなくてはいけない。女も好き、贅沢もしたい、という欲は捨て切れない安藤は、右翼にはなれなかった。が、半端でない右翼には好意を抱いていた。

佐郷屋は、みずから横井英樹に掛け合いに行き、安藤らへの「減刑嘆願書」を取り付けた。それは、あくまでも佐郷屋の自主的な判断であり、安藤側から頼まれたことではない。銃弾を撃ち込まれたばかりの横井とすれば、佐郷屋自身による掛け合いには、下手に「ノー」とは言えない面もあったようだ。

ちなみに安藤は、昭和三十九年九月十五日、仮出所後、肝臓癌《かんぞうがん》で入院していた佐郷屋を見舞ったことがある。佐郷屋は、八十キロ以上もあった体重も半分に見えたが、眼は相変わらずギラギラと輝いていた。

そのとき佐郷屋は、安藤に言った。

「きみは、最近本を書いているな。あれはおもしろいよ。うん、きみの思想がよく出ている。まとまったら、持ってきてくれよ」

佐郷屋は、安藤が双葉社の『週刊大衆』で連載していた『激動』を褒めた。それが安藤への最後の言葉になった。佐郷屋は、昭和四十七年四月十四日に逝去する。

横井事件の裁判中の昭和三十三年十二月二十三日、横井は、破産宣告を受けている。

昭和三十三年十二月二十四日付け『毎日新聞』朝刊は、《横井社長に破産宣告　蜂須賀家の債権不払いで　東京地裁》と題して、興味深い記事を掲載した。

《株買占めや安藤組襲撃事件の被害者として話題の東洋郵船社長横井英樹氏（四四）＝大田区田園調布三の六三＝が二十三日東京地裁から破産宣告をうけた。これは横井氏襲撃のキッカケともいわれる元侯爵、蜂須賀家との二千万円の債権問題が原因で、債権者の蜂須賀正氏氏未亡人智恵子さん（四九）＝熱海市野中＝から破産申請が出されていた。この決定に対して、横井氏側では即日抗告した。同地裁民事二十部石原裁判官は、破産決定の理由として「横井氏は申立て債権者（蜂須賀家）のほか三人に対し約三千九百五十万円の確定債務があり、ほかにも数億円の債務がある。横井氏が支払不能の財産状態にあることは明白だ」と述べ、破産管財人として小泉英一弁護士＝世田谷区上馬町三の九一八＝を指名した。これに対し横井氏側は、同日夕、抗告したので、同高裁は改めて横井氏と蜂須賀家との債権問題につき事実審理を行う。

この抗告審は相当期間かかるので、横井氏の破産決定は抗告審の結論が出るまで持ち越される。この事件は、去る二十五年暮、蜂須賀家が港区芝三田綱町の約一千坪の邸宅を調達庁に約五千万円で売却、当時横井氏は白木屋の株買占め問題で金策に困り、蜂須賀家から月二分の利子で三千万円を借りた。その後蜂須賀正氏氏が急死し、未亡人の智恵子さんが財産を相続した。この間横井氏は一千万円だけは支払ったといわれるが、残りの二千万円は返済をしぶったため、智恵子未亡人は貸金の返済請求の訴えを起こし、最高裁まで争った末、三十一年勝訴が確定した。しかし、横井氏が返済しなかったので昨年十月、東京地裁に横井氏の破産申請を行った。

蜂須賀家側の話によると、最高裁の勝訴確定で横井氏に対し財産の強制執行を試みたが、同氏は大田区の大邸宅の二階応接間以外は全部義父の名義にかえてしまった。このため差押さえたのは金額にして二万数千円だったといわれる。これがこじれて蜂須賀家は安藤組に債権取立てを依頼、横井氏襲撃事件となったもの。横井氏は現在東洋郵船社長だが同社の資本金は一億円。株の大半は義父の佐藤哲氏ら二十八人の株主がもち、横井社長は千株しかもっていないという。旅行など、居住地を離れる場合は裁判所の許可を必要とし、逃走または財産を隠匿する恐れのある場合は裁判所が監守を命ずることになる》

破産法第百二十六条によると、債務者に支払い能力がないとき、裁判所は申立てにより破産を宣言する。宣告と同時に裁判所は、破産、管財人を指定し、債権者の届出期間、第一回の集会日、債権調査の期日を決めることになっている。

さらに記事は、横井の反論を掲載した。

《東京地裁の決定は遺憾だ。私の経済界における活動の信用の実体を知っていれば、三千万円ぐらいのわずかな債権で破産をうける必要のないことはわかるはずだ。お家騒動の蜂須賀の取り立てで重傷をうけ、最近ようやく、健康を取り戻したばかりなのに……。今度の決定には法的に徹底的に争うつもりだ》

紙面で、蜂須賀家の代理人である小久江美代吉弁護士は、こう述べている。

《横井氏は、財産のほとんどを他人名義で隠匿しているが、この破産決定で財界での信用は全くなくなると思う》

つまり、安藤らの横井裁判の判決が出る二日前に、東京地裁は、蜂須賀家の申立てを受理し、横井に対し破産宣告をしたのである。横井の不埒《ふらち》な財産隠しに、司法が「ノー」を突きつけた形である。

安藤は、伊達裁判長が動いたせいで、横井の破産宣告も可能になったと聞いている。

判決言い渡し

昭和三十三年（一九五八年）十二月二十五日午前十時、東京地方裁判所第二十一号法廷で、伊達裁判長から判決が言い渡された。

求刑十二年であった安藤昇は、殺人未遂、監禁、銃砲刀不法所持、火薬類取締法違反、賭博開帳で、懲役八年。

千葉は、判決前、三栄物産取締役・元山富雄に裁判所で会う機会があった。元山は、千葉に、あっけらかんと声をかけた。

「千葉ちゃん、悪い。どんなに長くても、六年以下だよ」

そもそも蜂須賀家の債権問題は、元山が安藤に持ち込んだトラブルであり、元山は焚《た》きつけた側なのに、なんとも暢気《のんき》な希望的観測だった。とはいえ、それが当時の一般的な考え方でもあった。

求刑十年であった千葉一弘は、殺人未遂、銃砲刀不法所持、火薬類取締法違反で、懲役六年。

求刑十年であった志賀日出也は、殺人未遂、銃砲刀不法所持、賭博開帳で、懲役七年。

結局、安藤と志賀は殺人教唆で共同正犯になった。志賀に関しては、東興業・赤坂支部で横井襲撃の共謀に加わっていた志賀は、さらに安藤から直接指示を受け、なおかつ自分の舎弟である千葉が襲撃を実行したことが重く見られた。

求刑六年であった花形敬は、殺人未遂幇助《ほうじょ》、監禁、暴力行為、銃砲刀不法所持で、懲役二年六カ月。

求刑五年であった島田宏は、殺人未遂幇助で、懲役二年、執行猶予三年がついた。千葉が、島田はあくまで銃を使うことを反対したと主張したことが功を奏したといえよう。

千葉と間違えられて逃亡した小笠原郁夫は、求刑二年であったが、賭博開帳、銃砲刀不法所持、火薬類取締法違反で、懲役一年。

しかし、安藤は、社会が自分たちに共感していることがわかっていた。

〈まあ、それなら懲役八年でもよかろう……〉

安藤は、横井事件判決以前にも博打で捕まっているが、初めての懲役刑であった。

判決要旨はこうだ。

《安藤は横井社長にば倒されたのを怒り腹心の志賀と共謀、横井氏をピストルでそ撃することを決意、千葉がその任にあたった。島田宏、花形敬、浅井立成はこの企画を知り犯行を思いとどまらせようと説得したが安藤の決意が強いことを知り、子分の立場からやむなくこれに協力した。この点、検察側の主張する〝共同正犯〟は、安藤、志賀、千葉に適用され、島田は〝従犯〟として殺人未遂幇助が適当である。

主犯安藤は横井氏が蜂須賀家の債権問題にからみ最高裁判決が出ているにもかかわらず、二千万円を支払わないことに義憤を感じ横井を撃ったといっているが、これは口実で実際の動機は個人的感情だったとしか考えられない。このような考えは全く思い上がった感情であり反社会的といわなければならない。

志賀、千葉については安藤の命に従わなければならないという立場上の苦しさはわかるが、それもことによりけりで、法律上共同正犯の責任は同じく免れない。島田は安藤の愚挙をとめようとしたが最後には決行もやむをえないと従った気の毒な点が認められるので執行猶予が相当である。花形、浅井についても島田同様同情すべき点を認めるが、いずれも前科があり、執行猶予にすることはできない。

各被告は必ずしも悪質な人間とは思われず、また能力も一般社会人に劣るとは思われない。十分反省して立派な社会の一員として再出発するよう心がけてもらいたい》

安藤は、判決を聞いて、検事にニヤリと笑みかけた。それが、検事の心証を害したのか、検事は直ちに控訴する。もちろん、安藤たちも、対抗して控訴した。

刑が確定した千葉は、刑務所に行くことはなかった。確定前から、すでに執行停止になっていたのである。

刑が確定するまで巣鴨拘置所にいた千葉は、咳をするたび血痰を吐いていた。それまでも千葉は、渋谷の飲み屋で喀血しては、血を拭ったちり紙をカウンター下に捨てていたものだった。仲間はみんな顔をしかめたが、それでも「帰れ」とは言わないのは、千葉が仲間だったからである。

いっぽう志賀も、千葉とおなじく肺病を患っていたが、執行停止にはならなかった。

その違いは、症状の重さである。千葉は、咳をするたびに鮮血を吐いた。かたや志賀は、そこまでひどくなかったというわけである。それでも結核に苦しむ志賀は、八王子医療刑務所に入った。

　そのようなわけで千葉は、執行停止になり「これから病院に行く」というちょうどその日、花形たち安藤組の仲間が千葉を渋谷の焼肉屋に連れて行った。焼き肉屋では、不思議なことに千葉は血を吐かなかった。そのときから、心理的に余裕が生まれたのかもしれない。自然治癒が始まっていた。

　執行停止になった千葉は、南武線沿線の武蔵新城《むさししんじょう》駅そばにある京浜病院（現・京浜総合病院）に入院した。その病院は、新宿の愚連隊元祖であり、安藤の兄貴分だった万年東一の知り合いが経営する病院であった。

　その理事長は、万年の兄弟分であるとともに、中野正剛《なかのせいごう》の関係者だった。中野正剛は、昭和期のジャーナリストで右翼団体・東方会総裁、衆議院議員も務めた人物である。

　千葉の場合、引き起こした事件が事件だけに、どの病院も引き取ることに躊躇《ちゅうちょ》していたはずであり、京浜病院は特別だったといえよう。

　千葉は、入院したとたん喀血が完全に止まった。千葉は、その病院に二年間入院することになる。その間、結核の手術も受けることになった。医師は、千葉に提案した。

「いい麻酔器が、ドイツからきたから、手術をしませんか」

　半ば最新医療機器の実験台という面もあったが、千葉はあえて手術を受けることにした。千葉は、手術中には、ドイツ製の麻酔器の効果か、まったく痛みもなく、気がつくと手術が終わっていたという具合だった。肺の一部と七本の骨を切除されていた。

　手術の最中は痛くも痒《かゆ》くもなかったが、問題は、手術後だった。肺というものは、切除すると巨大に膨らんでしまう。それは、非常に危険な状態である。肺の膨らみを抑えるために、千葉の胸部に重さ五キロほどの砂袋が乗せられていた。術後一週間は、圧迫感による胸の痛みを耐えるのが辛かった。

　それから半年後、手術は成功したようで、上がりにくかった左腕が上げられるようにまでなっていた。また失われた七本の骨は、細いながらも再生した。

運命のいたずらか、「懲役確定→執行停止→入院手術」というプロセスが千葉の命を救ったのである。

もしも千葉が懲役に行っていなければ、無茶苦茶な生活を続けて肺病が進行していたはずだ。千葉自身も、そのまま好き放題の生活をしていれば死んでいた可能性があったという。

安藤は、小菅拘置所、東京拘置所と約二年の未決期間を経て、昭和三十五年十月三十一日、第二審が下った。原審どおりの判決で、二週間後に刑は執行された。安藤は、巣鴨の東京拘置所から中野分類刑務所に送られた。

なお、伊達裁判長は、昭和三十六年五月に裁判官を辞め、弁護士になった。

伊達は、後年、前橋刑務所に収監された安藤をたずね、面会している。そのときも伊達は、安藤の体調を気遣った。

「元気ですか」

かつての裁判長が、自分が裁いた人間に刑務所で面会することはきわめて異例だった。安藤への格別な好意がうかがえる。

安藤は、昭和三十九年九月十五日に出所してから、伊達に会いに行こうと思っていた。が、ついに、その機会を逸してしまう……。

第7章　凶星墜つ

残光の組に苛《いら》立《だ》つ花形

東洋郵船社長の横井英樹襲撃の謀議の中心にいなかった花形敬は、昭和三十三年（一九五八年）十二月二十五日、安藤昇、志賀日出也、千葉一弘の三人が殺人未遂に問われたのに比べ、島田宏こと久住呂潤、浅井立成らとともに殺人未遂幇《ほう》助《じょ》ということで刑が比較的軽く、殺人未遂幇助・監禁・暴力行為・銃砲刀不法所持で、一審の判決求刑六年に対し〝懲役二年六カ月〟を言い渡された。

ところがその翌日、保釈が認められた。

横井事件に直接関係していない安藤組幹部の花田瑛一は、その間、拘置所の花形に、気をつかっていた。身分帳に自分の名前を載せさせて、本やノートを送った。

花形が出てくるときは、迎えに行った。小遣いまで用意し、住むところまで準備しておくほどであった。

花田は、花形をしっかり摑んでおけば、組の中でも自分が大きくなれるだろうと計算していたのである。

花田は、花形に高い背広までつくってやった。花形も、花田の考えをわかっていて、黙ってそうさせていた。

花形は、安藤を欠いた安藤組を何とか立て直そうと、意気ごんだ。

〈社長がいなくて、おれに任せておいたばっかりに、組が潰れたと言われたくねえ〉

花形ばかりでなく、花田も同じ気持ちであった。

組織として動くには、どうしても資金がいる。

花田は、幹部候補になった者たちを集めて言った。

「おい、資金調達の方法を、いろいろ考えようじゃないか。金がなかったら若い連中もおまんまが食い上げになっちまう。これ以上、組員を減らすわけにもいかねえ……」

花形が、そこで口をはさんだ。

「とにかく、現状維持できるにこしたことはねえ。去る者は追わず、来る者は受け入れればいい」

花田が訊いた。

「何か、いい方法はないか」

山下鉄が、提案した。

「右翼のほうへ、手を伸ばしたらいいんじゃないですか」

花形が、すかさず言った。

「トラブルは、ご免だぜ」

花田も、溜息《ためいき》をついた。

「おまえ、頭はいいんだけど、実行力がないもんな」

山下も、花田に本当のことを言い当てられた気がして苦笑した。

〈資金源か……〉

みんな真剣に考え始めた。

山下が、もう一つ意見を出した。

「やっぱり、賭事《かけごと》でしょう。社長がいなくて、賭場が駄目なら、競馬のノミ屋をやればいい」

花田が言った。

「ノミ屋か……やっぱり、それが一番てっとり早いよな」

結局、山下の進言どおり、ある程度の資金を調達して、競馬のノミ屋を始めることになった。が、資金は集まったものの、情報を流す組員が、集まらなかった。動いても、決まった金をもらえるという保証がなかったからである。

安藤組は、資金を持ち出しただけで、ノミ屋は失敗に終わった。

安藤組は、ますます組織としての力が弱体化していった。

森田雅も、小笠原郁夫も、石井福造も、決まった時間に事務所に出てくるわけでもない。たまに顔を出しても、せいぜい若い衆たちと麻雀をする程度である。

みんな自分の生きていく金と遊ぶ金を確保するのに、精一杯であった。彼らをまとめようというほうが大変である。

花田は、安藤組を復興するのを半ばあきらめてしまった。

花田は、冗談まじりに山下に言った。

「なあ、鉄、おれに『レジャーの花田さん』ってあだ名つけてくんねえか」

山下は、あまりに突拍子もない花田の話にびっくりして訊いた。

「レジャーの花田？　なんです、それ」

「ああ、おれ、宵越しの銭は持たないほうだろ。ちょっと金あると、すぐどっか行っちまう。下呂温泉行ったり、日本アルプス回ってみたり、レジャー好きだろ」

「そういや、そうですね」

夏になれば、湘南に海の家を借りる。花田は、ことあるごとに慰安会や忘年会などを企画しては、若い衆を楽しませていた。

二人は笑って話のやりとりをしていたが、花形は、その話を縁なし眼鏡の奥の刺すように鋭い眼で睨《にら》みながら聞いていた。

花形は、糖尿病を患っていた。糖尿病には、イライラが一番悪い。悪いとわかっていても、苛立たずにはいられなかった。

花形は、心の中でつぶやいていた。

〈経済的にゆとりがねえっていうのに、花田の野郎、精神的に余裕だらけだ〉

花田は金儲けの才があるほどではないが、日銭を稼ぐくらいの才はある。その金儲けの才能が、花形には微塵《みじん》もなかった。

花形は、自信家である。いつも隙なく突っ張っている。ノーエラーできた自分が、ここにきて花田に差をつけられているというのが、どうにも悔しくてたまらない。

花形は、自分には金儲けはできないという引け目からか、二人の話を黙って聞いているしかなかった。そのような状況のなかで、花形が萎縮《いしゅく》していたかというと、そうではない、かえって、粗暴さを露《あらわ》にする……。

昭和三十四年六月二十日の午前二時、安藤組幹部の花形敬は舎弟たちを引き連れて、渋谷区円山町のバー『蘭』に車で乗りつけた。

「いらっしゃいませ」

と、大声で出迎えたまではよかったが、客が花形であることがわかると、ボーイはとたんに顔色を変えた。バーテンも、花形の姿を見て、そそくさと奥に入ってしまった。

店長が、苦りきった顔で花形に言った。

「大変申し訳ありませんが、ただいま満席でございます」

が、ちらりと奥を見回した花形の舎弟の一人西原健吾が、声を上げた。

「なに！　おれには、手前のソファが空いているように見えるがな！」

「いえ、あそこは、予約席でございまして、これから次のお客さまがみえるところでございますので……」

「なんだと……」

そこへ、花形がおさめに入った。

「まあまあ、こちらさんもおれが、どこぞの誰と知っててやってるんだ。たいした度胸じゃねえか。それに免じて、今日のところはおとなしく引き揚げてやろうじゃねえか」

「兄貴がそういうんなら……」

西原も、しぶしぶその場を立ち去ろうとした。安藤組の安藤昇はじめ幹部が横井英樹襲撃事件で逮捕されていた。安藤は懲役八年を言い渡されている。安藤組は一挙に衰退すると見て、バーの連中まで安藤組への態度をガラリと変えたのであった。

が、西原は、腹の虫がおさまらなかった。帰り際に、立看板を叩き割ってしまった。

店長は、おびえた。

〈これ以上放っておくと、花形たちに、何をされるかわかったものではない……〉

店長は、ただちに渋谷警察に通報した。

「いま、うちの店で、安藤組の花形に嫌がらせをされました！」

花形たちは、次の店を捜して鬱陶《うっとう》しい雨の降る中を円山町界隈をうろついていた。

そこへ、警察が大勢でやって来た。

「花形、器物破損で逮捕する！」

いきなり花形と名指しされ、花形は抗う間もなく連行されてしまった。

が、看板を壊したのは花形ではない。花形は、取調べを始めようとする警察官に向かって大声で食ってかかった。

「おれは、事件には関係ない。関係ないから、帰るぞ！」

が、警察も、署まで連行してきて、取調べもなしに無罪放免するわけにはいかない。

取調室には、三人の警官がいた。花形は立ち上がった。

三人の警官は、花形を席に戻そうと反射的に花形に飛びかかった。

花形は、頭にきた。酒を飲みにバーに入っただけで、その酒さえ、一滴も飲まないで店を出たのに逮捕されてはたまったものではない。

花形は、暴れ出した。

「何するんだ、てめえら！」

花形は、三人の警官に殴りかかった。彼のパンチ力は、並みではない。三人とも、殴り倒された。一人の警官は、全治一週間の傷を負ってしまった。

花形は、公務執行妨害で、そのまま留置場にぶちこまれた。

花形の暴行により、渋谷界隈の警察の取締りはさらに強化された。安藤組では、十五人もの組員が検挙された。

花形は、留置場から出てくると、心を入れ換えたつもりで頑張った。

花形は、みんなに釘を刺した。

「いいか、喧嘩《けんか》は絶対にするな。喧嘩をすると、社長が仮釈をもらえなくなる。もし喧嘩をしても、ケツはいっさいもたねえ。いいな」

この花形の言い方が、若い衆たちの反感を買った。花形は、安藤と違って金を出さない。若い衆も、食っていかねばならない。金も出さずに口だけ出すでは、いつくわけがなかった。花形がいくら努力しても、安藤の代役は無理であった。

安藤がいたころは、安藤組というだけで、渋谷の街を大きな顔で歩けた。が、いまは、渋谷に進出し始めていた静岡県の熱海を本拠とする稲川一家の眼を気にし、博徒の落合一家やテキ屋の武田組を牽制《けんせい》しながらの毎日である。

最盛期には三百人を抱えた安藤組も、一人減り、二人減りして、いまではその数も三分の一以下になってしまった。

組存続への足掻《あが》き

花形はそれでも、組を存続させたい一心で毎日を送っていた。

山下鉄に「花形の仕事を手伝え」と命じたのは、池田であった。池田は、海城高校に在学中に渋谷に出入りしていた。明治大学に進んでからは、渋谷に入り浸っていた。池田は、山下と組んでいた。

賭場は、花田瑛一に任せるとして、山下は、手形を割り引くことからはじめた。とにかく、やっていることは、ようは花形の使う小遣い稼ぎであった。山下は、あちこちから日銭を回してもらっては、花形に渡していた。

が、毎日わずかずつ稼いだところで、たかが知れている。とにかく、稼ぐよりも、花形が使う金額のほうがはるかに大きいのである。

〈これじゃ、いくら働いても、まるっきり埒《らち》があかねえ。なんか他の手を考えなくちゃな〉

とにかく、毎日稼ぐことは稼いでいるのだ。使うのをやめれば、少しはまともに事務所を運営できるはずである。

山下は、花形に相談することにした。

「花形さん、花形さんだってわかってやってるんでしょ。このままやってたら、事務所は本当に潰れちゃいますよ」

山下は、自分だってそんなに経済能力があるほうとは思っていない。経営能力だってそうだ。花形は、それに輪をかけている。

花形は、笑いながら答えた。

「わかった。わかった。おれもそう思う。花田も一生懸命やってるんだから、おれたちも、ここで何か一つやらねえとな」

山下は、資金源としてまったく新手の商売をすることにした。山下が考えた商売は、ビールにおつまみをつけて売るというものであった。

池田の知り合いに、三田の酒問屋の社長がいた。そこで、ビールだけを原価で分けてもらう。つまり、普通の小売店の利鞘《りざや》より儲けは多いのである。それを顔見知りのバーやスナックに卸す。しかも、各飲み屋への卸値は、普通の酒屋と変わらない。それで、おまけにおつまみがついてくるのだから、これは売れないはずがなかった。商売は、いままでやったどんな商売よりも、うまくいった。

花形も、金を持って気分がよかったのか、大盤振舞いをするようになった。

そんなある日、山下は、花形といっしょに渋谷の街に出かけた。

「今日は、久しぶりに休みにしようや」

花形が靴を買うという。山下も、花形の買い物に付き合った。当時、フローシャイムというアメリカ製の革靴がはやっていた。高級で、一般の人にはとても手が出ない。花形も前々から欲しい、と思っていたのだが、金は飲み代に消えて靴までまわらなかった。

花形は、黒いフローシャイムがどうしても欲しくて、めったに入らないデパートに入った。

フローシャイムを試しているると、横で山下がじっと見つめている。

山下は、花形にうらやましそうに言った。

「いいなあ。欲しいな、欲しいな」

花形は、とたんに履いていた靴を脱いだ。

そして、店員に、山下に合うサイズを出してくるように言った。

山下が出された靴を試すと、サイズはちょうどである。

「どうだ」

「ぴったりです！」

山下がそう答えるが早いか、花形は店員に言っていた。

「その靴、いくら、もらうぜ」

山下は、急に恐縮した。

「いや、兄貴悪いですよ。兄貴が買ってくださいよ」

花形は、鼻の横を指でかいた。

「おまえは、本当わがままで、ぼんぼんなんだから。おまえが、欲しいな、欲しいなっていうと、おれが欲しいのより、おまえが欲しいっていうほうが比重が大きく聞こえる。実際、そうだろ？」

花形は、そう言いながら、山下の頭をぽんぽんと叩いた。

「今日は、おれん家に来い。ご馳走する」

そのまま、二人は、渋谷の花形のアパートに向かった。

じつは、このときの花形の妻は、二人目の妻であった。前の妻の千鶴子は、昭和三十一年に花形が服役していた留守に、アメリカ人二世といっしょに駈け落ちしてしまったのである。

が、花形は、千鶴子に未練があった。

宇都宮刑務所から出てくるなり、仲間の一人を呼び出して頼んだ。

「おい、ちょっと、顔貸せよ」

「なんでだよ」

「なんでもいいから、とにかく頼むよ」

仲間の連れていかれた場所は、花形の前妻の千鶴子の実家であった。

その家には、逃げた千鶴子が、彼女の両親と花形との四歳になる男の子といっしょに住んでいた。もちろん、事前に行くという連絡はしていない。

夏の盛り、それも深夜のことである。花形は、その夜泥酔していた。突然、花形が顔を出したものだから、千鶴子の父親は、震えあがった。

花形は、強引に言った。

「まあ、上がらせてもらいましょう」

花形と仲間は、そのままズカズカと居間へ上がりこんでしまった。

花形は、刑務所から出てきて淋しくて仕方なかった。花形は、懇願した。

「お父さん、とにかく、子供に会わせてくれ。別に連れて帰ろうっていってるんじゃねえ」

花形の言葉を聞いた仲間は、花形の本心は違うな、と思った。

〈花形は、本当は、子供に会いたいだけじゃねえ、子供以上に女房に会いてぇんだ〉

花形は、なおも父親を口説いた。

「本当だ。いますぐに、いっしょに海水浴に連れて行ってやりてえんだ。それだけだ」

いくら酔っているからとはいえ、仲間は、花形のあまりに突拍子のない言葉に口をはさんだ。

「花形、いますぐに海水浴に連れて行くったって、いまは夜中だ。よせよ」

が、花形はもともと他人の意見を聞き入れる性分ではない。花形は、いつまで経っても、腰を上げようとしない。

ついに、父親は立ち上がった。花形に懇願した。

「お願いだ、帰ってください。あの娘には、もう旦那がいるんだ。子供も寝ている。帰ってくれないんなら、警察を呼ぶ」

父親は、そう言いながらも、恐ろしさに震えていた。

花形も、立ち上がった。

「警察でもなんでも、呼べよ、この野郎！」

騒ぎは、当然隣近所にも聞こえているだろう。とうとう、花形の別れた妻の千鶴子が出てきた。

花形は、白い歯を剝《む》いて食ってかかった。

「おまえ！」

彼女も、負けてはいなかった。まるで、啖呵《たんか》を切るように言った。

「もう、あんたの顔なんか、二度と見たくもありません。二度と、来ないでください！」

彼女は、半狂乱になり、泣き崩れた。

騒ぎに気づいた近所の者が、警察に通報したのだろう。パトカーのサイレンが響いてきた。

二人は、そのまま、逃げ出すように家を出たのであった。

さて、山下は、花形に案内され、花形が借りている渋谷のアパートに着いた。

部屋に上がると、花形の新しい妻が、子供をあやしている。彼女との間にできた女の子である。赤ん坊は、ちょうど二つで、危なっかしく部屋の中を歩き回っていた。

山下は、思わず声をかけた。

「いや、かわいいですね。名前、なんていうんです？」

「なんだおまえ、おれの子供の名前も知らねえのか。しょうがねえやつだな」

花形は、笑いながら子供を抱きあげた。

「咲子っていうんだ。ほら、お兄さんに挨拶しろ」

花形は、子供にキスをする真似をした。

山下は、感動した。

〈花形さん、こんな優しい面もあるじゃないか！〉

暴れ者で、誰にも恐れられていた花形が、こんなにも子煩悩である。意外な発見のできたことに、山下はうれしかった。

が、花形の幸せな日々もそう長くはつづかなかった。酒の卸業に、警察が介入してきた。安藤組の若い者が、昼間一生懸命ビールを山ほど運んでいる。どうもおかしい、というたれこみがあったのである。花形は、酒税法違反で、あっさり逮捕されてしまった。

この件は、罰金ですんだのだが、これでまた安藤組は、新たな資金源を見つけざるを得なくなってしまった。

渋谷を狙う各組織の蠢《うごめ》き

安藤組幹部の花田瑛一は、安藤昇組長が懲役でシャバを留守にしている間、組の経済を支えなくてはならなかった。

安藤組の組員のなかには、テキ屋の真似をしてトウモロコシを売る者も出た。組員の熊沢進のまわり舎弟の男がやっていた。しかし、他の愚連隊と揉《も》め、殺人事件にまでいたった。

昭和三十四年八月五日の『読売新聞』夕刊は、《屋台の客、殴り殺される　グレン隊トウモロコシ売りに　渋谷》と題して〝トウモロコシ事件〟をこう報じた。

《東京渋谷の盛り場で五日未明グレン隊のトウモロコシ売りとその仲間たちに客のトビ職三人が袋だたきにあい一人は死亡、二人が重傷を負うという事件が起こった。

五日午前二時十分ごろ渋谷区栄通り一の五さきで品川区荏原六の六八トビ職栗本昭さん（二五）と同僚の川崎市小倉一〇二六長瀬武人さん（二一）同市中丸子六〇一大塚勇さん（二一）の三人はトウモロコシ売りの屋台を出していた若い男に「焼き方がたりないから焼き直せ」といったことから口論になった。そこにどこからともなくトウモロコシ売りの仲間らしいグレン隊十人くらいが現われ、栗本さんら三人を取り囲んで「いんねんをつける気か」と袋だたきにした。

通行人の一一〇番急報で渋谷署員がかけつけたがグレン隊は逃げたあとで、同番地さきの恋文横町入口に三人が倒れていたので近くの大和田病院に収容、栗本さんはたいした外傷がなく、腕などに全治一週間の診断で帰され渋谷署に寝かされていたが苦しみだしたので再び同病院に運んだが同四時四十分頭内出血が原因で死んだ。長瀬さんは左腕骨折、大塚さんは左肩打撲などでそれぞれ一カ月の重傷。同署は渋谷にたむろするグレン隊のしわざとみて警視庁捜査四課の応援で捜査を始めた。

なお被害者の栗本さんは武蔵小山付近のグレン隊「鹿十団」のもので、さる三十一年六月強盗で荏原署につかまったほか数回の逮捕歴がある》

なお、安藤組のトウモロコシ売りに因縁をつけた鹿十団の連中は、安藤組のトウモロコシ売りをせせら笑った。

「なんだ、安藤の奴ら、トウモロコシを売らなきゃ、飯食えねぇのか！」

本来、安藤組は、博徒をも凌駕《りょうが》する愚連隊の雄である。その安藤組の人間を、「テキ屋のような仕事をしているぞ」とこき下ろしたわけである。

さらに鹿十団の連中は、トウモロコシを焼いている七輪に足をかけたという。

そのゴタゴタを始末したのが花田瑛一だった。

花田と、その舎弟である熊沢は、ある仲介者の仲立ちもあり、品川区の武蔵小山の鹿十団の事務所に出向いて手打ちをした。

安藤組は、鹿十団とは手打ちにしたが、人が死んだ以上、懲役刑は免れなかった。安藤組の人間七人が逮捕された。

横井英樹襲撃事件後、安藤組をおびやかすヤクザ組織の渋谷進出があからさまになっていく。昭和三十三年九月十七日『読売新聞』夕刊は、こう伝えている。

《渋谷のグレン隊安藤組が東洋郵船横井英樹社長を襲撃した事件で当局のきびしい追及を受けてその組織が寸断されたため、そのすきにテキ屋武田組、バク徒落合一家が勢力をのばし、さらにこれまでの手入れで追い立てられた極東組、松葉会、住吉一家の一味が入りこんで住宅街、商店街に新しい足場をつくりはじめていた》

稲川会、当時「鶴政会」と名乗っていた組にとって見れば、渋谷は、やはり垂涎《すいぜん》の的だったにちがいない。

といっても、稲川会が組として狙っていたわけではない。稲川会碑文谷一家の岸悦郎一派が狙っていたのである。

碑文谷一家は、伝統のある名門であった。江戸の幕末の侠客として、浅草の新門辰五郎《しんもんたつごろう》をはじめ、魚河岸の佃屋三吉、大川端の小島屋和吉等にならび、碑文谷一家初代の四文安太郎の名が残されている。この伝統ある碑文谷一家を稲川会が受けついだのは、東京西銀座七丁目の南欧ビル四階に稲川興業の連絡事務所を開いた昭和三十四年の夏であった。

碑文谷一家七代目総長高橋喜之助から稲川角二（のち聖城）が引退の相談を受け、跡目として稲川会幹部の西山実を八代目総長に据えたのである。

碑文谷一家は、稲川会の東京都内の組織のうちでは、最大となる。縄張は、大井、大森、目黒、五反田、品川周辺と広い。

岸は、そもそも、関東一円の競輪、競馬、ボートレースの予想屋を仕切っていた。いい場所を確保し、彼らの売り上げの半分を上納させていた。その後、碑文谷一家に入ったのである。

なお、岸は、のち昭和三十九年六月十六日、稲川会三本杉一家の四代目総長となる。さらに稲川聖城の結成する右翼団体大行社の会長となる。

そもそも岸は、渋谷のキャバレー、クラブによく飲みに出かけていた。そこに、渋谷の風雲児・安藤昇が横井事件で留守になった。岸には、好都合だった。渋谷は、もともと稲川会にとって空白地帯だった。

岸は、決意した。

「渋谷に進出しよう！」

岸は、渋谷進出のため、まず渋谷区南平台に事務所を構えた。

渋谷侵攻の急先鋒が、稲川会の中原隆だった。なお、中原は、昭和三十九年十一月九日に、安藤組の大幹部の西原健吾を殺害する人物である。

もともと渋谷は、落合一家、武田組、そして安藤組が占めていた。そこに、岸一派が「事務所もあるし、遊ばせてくれ」などと言いながら渋谷の街に浸透していく。

稲川会岸悦郎と台頭する三本菅啓二

のち大行社の二代目会長となる三本菅啓二は、昭和三十七年の春、渋谷の街で喧嘩をしていたとき、安藤組の若い衆、小池賢英がその仲裁に入った。

それが縁で、二人は意気投合した。三本菅は、そのとき、まだ十七歳の少年で、高校二年生だった。

三本菅は、昭和十九年一月十一日、神奈川県横須賀市に生まれた。両親は、呉服問屋に勤務し、自分で小売りもしていた。

比較的裕福な家庭に生まれた彼は、いつも元気に跳ねまわるいたずらっ子であった。

彼は、いつも母親に言っていた。

「お母ちゃん、ぼくは大きくなったら、絶対パイロットになる。パイロットになって、いろんな国を飛びまわるんだ！」

彼は、子供のころは、みんなといっしょに、仲良く遊んだ。どちらかというと、おとなしい子供であった。

彼が小学校に進級するころ、一家は東京で商売することになり、目黒区上目黒に移り住んだ。

昭和二十五年四月、目黒区立五本木小学校に入学した。

昭和三十一年四月には、目黒区立目黒第六中学校に進学した。その後まもなく、世田谷区立駒沢中学校に転校した。

彼のおとなしい性格は、中学校に入ってからも相変わらずであった。彼の存在はとりたてて目立つというふうでもなかった。

ただし、性格は、一貫して負けず嫌いであった。滅多に喧嘩はしないが、いざ喧嘩となると、自分が倒れるまでかならずやった。

中学の成績は、常にクラスで上位であった。中学も三年になると、友達は、進学で躍起になった。が、彼は、そういう友達を見ても、あまり焦らなかった。

〈あくせくして勉強しているやつら、馬鹿じゃねえのか〉

彼は、他人が必死で勉強しているのを横目に、マイペースを崩さなかった。ただし、成績は、中の上まで落ちた。

彼は、それでも高をくくっていた。

〈なーに、どこかには、すべりこめるだろ〉

小学校へも中学校へも、地域の指定公立学校に入学していた彼は、高校もそれと同じようにエスカレーター式に行ける高校へ行こうと考えたのである。したがって、進学するのは、普通高校でも、商業高校でも、工業高校でもかまわない、と考えていた。

昭和三十四年四月、彼は都立第一商業高校に入学した。しかし、三本菅にとって、目的もなく入学した高校生活がおもしろいはずがなかった。おもしろくないから、ついつい学校をさぼるようになる。学校をさぼっては、学校のある中目黒から東横線に乗り、渋谷の街に繰り出すようになった。

三本菅は、何度も喧嘩を売られた。相手は、ほとんどが安藤組の若い衆であった。三本菅は、彼らと渡りあった。負けたことはなかった。小池と出会ったのは、そんなときであった。

小池は、かつて青山学院に通っていたことがある。小池に安藤組幹部の西原健吾を紹介された。

西原は、國學院《こくがくいん》空手部のＯＢでもあったが、金銭面では厳しかった。三本菅にも教えた。

「金は、借りちゃ駄目だ。借りたら、利息がつく。恩を受けることにもなる。その人に、従いたくなくても、従わざるをえない場面も出てくる」

西原は、礼儀作法も厳しかった。それでいて、変に親分がることもなかった。垢抜《あかぬ》けしていて尊敬できた。

西原は、男として肚《はら》は据わっていた。いわゆる算盤《そろばん》勘定もできた。硬軟併せ持つ西原は、金儲けも上手かった。

仕事でいえば、興行もその一つ。興行とは、人脈が物をいうものである。

西原は、当時、飛ぶ鳥を落とす勢いの映画俳優石原裕次郎《いしはらゆうじろう》、その兄である石原慎太郎《しんたろう》ともいい仲だった。石原慎太郎は、昭和三十一年に『太陽の季節』で芥川賞を受賞し、参議院議員、衆議院議員を経て、東京都知事にもなった。

三本菅も、西原の下にいた関係から、石原兄弟が住む葉山の森戸海岸まで連れて行かれたことがある。

西原は、石原裕次郎はもちろん、おなじ日活の俳優の赤木圭一郎《あかぎけいいちろう》などを、国道二四六号沿いにある青山の高級クラブ『青い城』に連れて行ったものだった。俳優たちの面倒を、細やかに見ていた。

西原は、そういうことから、映画会社の日活とも縁があった。その関係から自身の若い衆を日活に俳優候補として送り込んでいる。

「シー坊」「マー坊」と呼ばれた堀江繁雄と正雄の双子の兄弟のうち、シー坊が俳優になったのである。

三本菅にとっては、いわば、西原グループの先輩に当たる。堀江繁雄は、小林旭《こばやしあきら》の『渡り鳥シリーズ』の喧嘩場面によく出ていた。結局、俳優としては芽が出なかった。

が、才能とは、どこで開花するかわからない。堀江繁雄は、のちに昭和時代には珍しい「ホスト業」を始めたのである。いまではお馴染みの職業だが、いわばその走りだった。堀江繁雄は、新宿か池袋にホストクラブをかまえて、事業は成功した。

が、それもいつしか廃業し、堀江繁雄は、安藤組を解散したのち俳優として華やかな活躍を見せた安藤昇のところに世話になった。

西原の交際範囲は広く、稲川会の人間ともいい付き合いをしていた。八代目横須賀一家の金澤伸幸総長(現・稲川会会長補佐)とも、二代目稲川会会長になる五代目横須賀一家石井隆匡総長の下にいた富山正一(現・六代目佃政一家)とも付き合いがあった。

のちの金澤総長たちは、当時西原を「けんちゃん、けんちゃん」と守《も》り立てていた。

安藤組のなかでは、かつて花形敬にひどい目に合わされた人もいたが、花形は、三本菅の前では、紳士的で一度も粗暴にふるまったことはなかった。それは、花形晩年の円熟というべきだったのであろうか。

安藤組がカスリをとっていたダンスホール『ハッピーバレー』は、宮益坂交差点を明治通りを新宿方面に百メートルほど行ったところの、東映系の映画館である渋谷全線座の地下にあった。いま『渋谷東急イン』のある場所である。

ハッピーバレーのカスリは、安藤組が握っていた。花形や西原が月々のカスリを得ていたのである。また三本菅たち若い者も、ハッピーバレーで用心棒をしていた。もちろん、ダンスホールへは顔パスである。

当時稲川会碑文谷一家の岸悦郎一派は、渋谷侵攻の手始めとして渋谷区南平台に事務所をかまえていた。

岸は、三本菅たちがタダで地下に入って行くのをどこかで見かけたのであろう。ある日、岸は、ハッピーバレーにふらりとやって来た。たまたま、そこに三本菅がいた。

ソフト帽を小粋にかぶった岸は、大正十四年生まれで、昭和十九年生まれの三本菅より十九歳ほど年上、三十代後半の男盛りで、なんともダンディーだった。

岸は、三本菅に、突然切り出した。

「稲川の者だけど、ウチの若い者に、券を分けてくれないか」

ハッピーバレーに自由に出入りするために、招待券をくれというのである。

三本菅は、岸のダンディーさに似合わない唐突で場違いな提案に、首を傾げた。

〈おれは、まだ若僧なんだぜ。安藤組じゃ、まだまだ下っぱなのによぉ……〉

三本菅は、自分に高度に政治的な要求をぶつけてくる真顔の岸が、ますます不可解であった。

〈この人、何を言ってんだろうな？　ちょっと変わっているな……〉

三本菅は、突っぱねた。

「ここはね、券だとかなんとかで出入りしているわけではないんです。もちろん、ウチで面倒見てやってるんだけど、出入りは券なんかじゃないんです。そういうものは、いっさいありませんよ。まして、あったとしても、それは、ヨソの人に分けるようなものではないですから！」

それが三本菅と岸との最初の会話だった。

三本菅は、安藤組から、のち稲川会に入ることになる。さらに大行社に加わり、岸大行社会長のもとで活躍することになる。現在は、岸の跡を受け継ぎ大行社会長である。その意味では、岸とは運命的な出会いであった。

岸は、どこまで納得したのか、そのまま帰って行った。岸自身は、その後ハッピーバレーに来ることはなかった。

がしかし、それで岸一派が、渋谷から手を引いたかといえば、まったく違う。逆に、若い衆が、どんどん攻め始めたのである。力ずくでカスリを取りにきた。

三本菅は、それから間もなく、花形敬と渋谷宇田川町の喫茶店『絵夢』に飲みに行った。

そこに、岸一派七、八人がぞろぞろ入ってきた。喧嘩を売りに来たのである。つまり絵夢にやって来た岸一派は、新参者の挨拶まわりという意味だったのだろう。

岸は、花形に迫った。

三本菅は、とっさに立ち上がった。

「この野郎！」

両者は、殺気立ち、睨み合いになった。が、乱闘にはいたらなかった。

岸一派は、絵夢を立ち去った。

なお、三本菅は、岸一派と戦ういっぽう、なんと、新宿の愚連隊東声会の人間とはいい仲であった。東声会のジョー・カミロ、中島兄弟らとは、新宿、渋谷の飲み屋から五反田のクラブ『カサブランカ』や品川のダンスホール『パラマウント』で遊ぶ仲だった。のちに起こる東声会による花形殺害という悲劇など想像できないほど、良好な関係だった。

のっぴきならぬ東声会との喧嘩

昭和三十八年（一九六三年）九月、渋谷で、安藤組幹部の矢島武信の若い衆だった田中眞一が抱えていた若い衆が、北星会の若い衆と乱闘事件を起こした。北星会は、銀座にシマを持つ岡村吾一《おかむらごいち》率いる埼玉、群馬の博徒を結集した組織である。

その仲裁に、右翼の大立て者児玉誉士夫の門下生である町井久之《まちいひさゆき》率いる東声会の人間が入った。が、仲裁しきれなかった。

町井久之は、大正十二年に東京で生まれた。在日韓国人で、本名は鄭建永という。昭和二十年の終戦直後、朝鮮建国青年同盟東京本部副委員長となり、興行会社の「中央興行社」を設立。それらをベースに、愚連隊・町井一家が形成された。町井は、「銀座の虎」「雄牛」とも呼ばれた。

町井は、昭和三十二年には、東京・銀座で、町井一家を母体として、「東洋の声に耳を傾ける」という理念のもとに、東声会を結成した。

東声会は、在日朝鮮人連盟（現・朝鮮総連）や在日朝鮮統一民主戦線などへの防波堤という意味もあった。

東声会は、その後、東京、横浜、藤沢、平塚、千葉、川口、高崎などに支部を置いた。構成員は千六百人と勢力を急拡大してゆく。

東声会の町井久之会長は、この年昭和三十八年二月、神戸市須磨区の料亭「寿楼」で、三代目山口組の田岡一雄組長と兄弟盃を執りおこなっていた。この結縁式には、稲川会の稲川角二（のち聖城）会長、関根組の関根賢組長、住吉会の阿部重作名誉顧問、住吉一家四代目磧上義光会長が出席した。

つまり、ヤクザ世界で、東声会が正式に山口組の親戚団体になり、それまで以上に面子にこだわるようになっていたのである。

しかも、仲裁に入ったはずの東声会が、北星会の側についてしまった。岡村吾一も町井久之も、ともに児玉誉士夫で繋がっている。

そこで、また田中の若い衆が喧嘩を起こした。今度は、北星会ではなく、東声会の若い衆とであった。

田中は、安藤組の事務所のそばの『サボイヤ』という喫茶店でお茶を飲んでいた。そこに、若い衆が入ってきた。

田中に、耳打ちをした。

「東声会の野郎に、やられました」

「なに！」

田中は、頭に血がのぼった。若い衆に、すぐに命じた。

「何がなんでも、そいつをすぐに探し出せ！」

若い衆は、すぐにその東声会の若い衆を連行してきた。

屋台で飲んでいるところを、無理矢理さらうようにして『サボイヤ』に連れて来たのである。

田中は、東声会の若い衆に訊いた。

「おい、この野郎、どういうわけなんだ」

東声会の若い衆は、なんの弁解もしなかった。どうやら、仲裁に入ったはずの自分たちが仲裁しきれずに向こう側に寝返ったことを考え、このさい何を言われても仕方がない、とあきらめてのことのようだった。

喧嘩の理由以外は、その男は素直に答えた。

その男は、小川と名乗った。ボクシングの四回戦ボーイだという。

小川は、開き直った。

「どうにでも、してくれよ」

小川がそんな言葉を吐かなければ、結果は違うものになっていたであろう。その言葉を真に受けた田中は、「よーし」と言って立ち上がった。

小川を連れ、店を出た。

この事件が、花形敬の命を奪うことになろうとは……。

田中は、小川を渋谷の公園通りの中ほどにあった海軍練兵場跡に連れて行った。

小川を、草叢《くさむら》に放り出した。

田中らは、円陣を組むように、小川を取り囲んだ。

小川は、覚悟を決めたらしく、眼を閉じ、歯を食いしばった。

田中らは、七人である。田中は若い衆の一人に、尺七寸五分の刀を持ってこさせていた。田中が愛用している刀だった。

田中は、若い衆たちを制した。

「おれが、やるんだ。おまえたちは、手を出すな！」

小川は、両肩を震わせている。

田中は、すぐ横にいた若い衆から刀を奪うように取った。蒼ざめて正座している小川に、吐き捨てるように言った。

「死ね！」

田中は、小川に斬りかかった。

小川は、その場にうずくまった。

田中は、今度は、刀を小川の腹に突き立てるようにして斬りつけた。

さらに引き抜き、また腹に斬りつけた。小川の腹から、腸がこぼれ落ちるのが見えた。

小川は、すでに気を失っていた。

〈死んでいるのか、生きているのか……〉

田中は、狂ったように斬りつづけた。あとでわかったことだが、合計二十八カ所も刀で斬りつけていた。

田中は、われにかえると、見守っていた若い衆に命じた。

「タクシー、拾ってこい！」

「へい！」

田中は、血まみれの小川を、小川の背広の上着で覆った。その上から、若い衆が持ち合わせていた荒縄で、巻き上げるように縛った。

すぐにタクシーが来た。が、運転手は、異様な姿をした血まみれの小川を見て、びっくりして逃げ出してしまった。

若い衆が、すぐにもう一台のタクシーを呼んできた。

田中が、若い衆に叫んだ。

「てめえら！　今度は、タクシーを逃すなよ」

若い衆が、タクシーの運転席のドアを無理矢理開けると、運転手を捕まえた。運転手が抵抗する間もなく、血まみれの小川を後部座席に放りこんだ。

そのまま、近くの病院に連れこんだ。

すぐに、緊急手術になった。出血多量であったが、小川は、奇跡的に一命を取りとめた。

本来、ヤクザ組織同士ならば、「やった、やられた」の当事者が組織末端の少年の場合、双方の上層部の人間が出て行って、子分の不始末の解決を図るものだ。

「どうしてくれるんだ。このままじゃ……」

「じゃ、わかった」

と、こうなるはずだった。

ところが、当時の安藤組は、そうしなかった。田中眞一の一件では、安藤組側から東声会にアプローチすることはいっさいなく、交渉のホットラインも絶たれていた。いわば、やりっぱなしであった。

安藤組全体にこんな空気があったともいわれる。

「矢島さんのところの人間の眞一がやったことで、おれたちには関係ない」

現在右翼の大行社会長として組織を率いている三本菅は、当時の安藤組には、組織としてケジメをつけて筋道を通すという発想が無かったと振り返る。

やった以上は、最後までやり抜くのか。あるいはどこかで手を打つのか。手を打つのなら、早いほうがいい。やられたら、やり返してから話をつける。それがヤクザの鉄則のはずだ。

かりに戦うのならば、組織内にこのような通達があってしかるべきだったという。

「みんな気をつけろよ。田中眞一の件は、まだ話がついてない。これは、組織全体に話をするべきなんだ」

ところが、そういう通達すらなかった。

要するに、昭和三十八年当時の安藤組には俯瞰《ふかん》的に組織を見て動かすという「組織力」が決定的に欠落していた。「組織力」さえあれば、自分のトップの命を狙われる前に、打つべき手筈があったはずだ。

一つは、中間的な地位の人間が泥をかぶる。あるいは、ある特定の部隊だけが戦う。もちろん、肝心要の安藤昇が不在だったのだからしょうがないといえば、その一言に尽きる。

しかし、それを差し引いてもなお、あまりにも組織がバラバラだった。悪い意味での愚連隊根性が横溢《おういつ》していた。根源的に、それが愚連隊とヤクザの違いともいえる。「おれは、この組織の一員だ」という自覚に乏しかった。もっとも、そもそも安藤昇自身に、がっちりしたヤクザ組織体をつくろうという気持ちは薄かったともいえるという。

花形殺害のほのめかし

九月二十七日の朝、安藤組の山下鉄に、友人である東声会の小倉から電話があった。

小倉は、花形殺害をほのめかした。

「今日やるんだ……」

山下は、つい大声を出した。

「今日!?」

小倉は言った。

「だから、鉄ちゃんだけは、花形のそばにいないで欲しい。頼んだぜ」

小倉は、それだけ言うと電話を切った。

〈今日、花形さんが危ない！〉

山下は焦った。幸い、今夜花形と賭場で会う約束をしている。そのとき、遊びの金を渡すことになっている。

〈付添いは、佐藤の兄貴か、それとも……〉

花形が危ないとわかっていても、それを直接言うことはできない。自分が東声会に知り合いがいることがいまわかれば、猜疑心の強い仲間は、自分に白い眼を向けるかもしれない。山下は、迷いながらも、約束の賭場へ向かった。

東声会の小川を半殺しの目にあわせておきながら、安藤組の誰も、東声会に詫びに行かなかった。東声会は怒り狂っていた。

「話し合いや詫びに来なけりゃ、安藤組の誰か一人を殺さなきゃしょうがねえ。頭の安藤を狙うのが筋だが、安藤はムショでいねえ。それなら、いま一番名の売れている花形を殺《や》ろう」

安藤さえシャバにいれば、東声会との話はついていたのかもしれない。

山下は、賭場として借りた代々木の旅館の二階に着いた。すでに賭場は熱くなっていた。花形との約束の時間までは、まだ三十分以上もある。

山下は、先に博打をして時間を潰すことにした。勝負に勝てば、なんとなく花形も命が救われるような気がした。

山下は、必死でサイコロの目を読んだ。

〈次に丁がくれば、大丈夫〉

が、目は、裏目、裏目に出た。溜息をついているところに、花形がやって来た。

「なんだ、やられてんのか、しょうがねえな」

花形は、そう言いながら、手を出した。金を早くくれ、という意味である。

花形は、佐藤昭二と細田健といっしょであった。

山下は、花形に金を渡しながら訊いた。

「今日は、どこ行くんです？」

花形は、こともなげに言った。

「なあに、酒飲んで、早めに帰るさ……今日は、娘の咲子の誕生日だしな」

それを聞いて、山下は安心した。

〈花形さんは、この間住まいを変わったばかりだ。そこまでは、東声会の連中も探し出して手を出すまい〉

が、万が一ということもある。

山下は、いっしょにいた細田に言った。

「今日は、花形さん、特別な用事があって早く帰るそうです。心配ですから、申しわけないですが、送ってってください」

「そうか、わかった」

細田の言葉も、山下には心強かった。

それだけ言うと、三人は賭場を出て行った。

山下は、出て行こうとする花形の自分よりひと回り大きい背中を見つめながら、今夜裏目裏目に出た丁半博打のジンクスを忘れようと、大きく首を振った。

賭場を出た花形は、したたかに酔った。佐藤、細田の三人で、渋谷の飲み屋をはしごした。夕立の中を駆けこむように入った栄町通りにある店に落ち着いた。

花形は、普段から青白い顔をしている。酒を飲んでも、決して顔に出ない。出るどころか、顔はますます青白くなる。

佐藤は、花形の血色の悪さを見かねて注意した。

「花形さん、もう切り上げたほうがいい」

いつもなら、いや、もう一杯と食い下がるはずの花形が、その日に限って黙っている。

佐藤はつづけた。

「例の一件も、まだ話はついちゃいねえ。変な噂も耳にする。充分気をつけてもらわねえと……」

心配そうな佐藤の顔に、花形は、素直にうなずいた。

「そうだな、そうするよ」

佐藤の言っていた例の一件とは、田中眞一による東声会との揉め事のことである。

話がついていないのは、その落し前がまだついていないという意味である。

同席していた細田が、花形に言った。

「花形さん、今日は車を置いて行ってくださいよ。わたしが送っていきますから」

「そうだな、そうするよ。ところで、どっかで人形売ってるとこねえか」

「え、人形？」

「人形だよ、子供が抱く人形だ」

細田と佐藤は顔を見合わせた。花形と人形の組み合わせが、あまりにおかしかったからである。

花形は、二人の心中を察して言った。

「今日は、おれの子供の誕生日なんだ」

花形は、七つもの疵《きず》のある顔に笑みを浮かべ、飲んでいたグラスを大きく上に挙げた。

「咲子の三つの誕生日に、乾杯してくれ」

佐藤と細田は、笑いながらグラスを合わせた。

花形は、いままで見たこともないような優しい顔つきで、話しつづけた。

「もう、おれの顔を見ると、パパ、パパって、うるせえうるせえ。朝も、おちおち寝てられねえぜ」

佐藤と細田は、花形の意外な一面を見て、また顔を見合わせていた。

三人は、人形を買うために外へ出た。

夜遅くて人形を売っている店は開いていない。ガード下の露店でテキ屋から人形を手に入れた花形は、すぐにでも家に飛んで帰りたかった。

花形は、三十分ほど前の細田の忠告を振り切るように、自分の車の停めてあった駐車場に向かって歩いていた。

花形は、自分のあとを追うようについてくる二人に言った。

「社長も、面接がかかったそうだ。もうすぐだな。社長が仮釈で帰ってきたら、おれはちょいと休みをもらって、子供とどっか旅行してくるぜ」

佐藤が言った。

「さてなあ、オリンピックの前になるか、あとになるか」

細田が、口をはさんだ。

「花形さん、おれ、やっぱり送って行くぜ。そんなに酔っ払って運転したら、危ねえもん」

花形は、細田を振り切るように言った。

「なあに、酔っちゃいねえさ」

そう言いながらも、人形を抱きしめたまま、花形の肩は左右に大きく揺れていた。

花形は、愛車のルノーに乗りこんだ。ルノーは、図体がでかい花形には不釣合いなほど小さかった。

佐藤と細田は、花形が乗り込むところをじっと見ていた。

花形は、車に乗り込むと、窓から顔を出していった。

「ふん、おまえたち、おれの車がちいせえっていいてえんだろう。おれはな、社長が帰ってくるまで、こいつでいいんだ。おれの体を運んでくれさえすればな……」

花形は、安藤が留守の間だけでも、贅沢をしないようにしようと、心に決めていた。

花形は、エンジンを吹かした。

細田は、もう一度花形に念を押した。

「花形さん、本当に気をつけてくれよ」

「大丈夫だよ」

花形は、そう言い残すと、勢いよく加速して消えて行った。

佐藤と細田は、まさかそれが花形の見納めになるとは思わなかった……。


東声会、花形を刺殺!!


花形敬は、このころには、難を避けるため、ひそかに渋谷のアパートを引き払って、二子《ふたこ》玉川《たまがわ》の橋を渡り切った先のアパートに引っ越していた。

が、東声会も、連日安藤組の事務所前に張り込みをつづけていた。そして、ついに、花形尾行に成功していたのである。

花形のアパートを突き止めた東声会は、花形を襲撃する計画を練っていた。

東声会は、組の面子にかけて、どうしても安藤昇の留守中の安藤組の長である花形を殺る必要があった。いまや全国的に名のとどろいている安藤組のトップ、花形敬を殺れば、全国に組の名を売ることもできる。

町井会長は、田岡組長との兄弟盃をきっかけに、東京で派手な打ち上げ花火を上げたかったともいわれる。

が、いくら武装して花形を取り囲んでみても、花形には一分の隙もない。逆に、花形のほうが役者が一枚上手であった。

少なくとも、花形を昼間殺ることは、不可能である。

花形に夜襲をかける。東声会は、それで意見の一致をみた。そして、その実行の日が皮肉にも九月二十七日のこの夜であった。

事件数日前に、安藤組は、落合一家の高橋岩太郎総長から「東声会の町井久之会長に話し合いに行くように」と進言されていた。そこには、仲立ちする人間も用意されていた。しかし、決定的にタイミングがずれてしまう。高橋総長を交えての町井対談ができなかった。

そのころ、安藤組の事務所にいた三本菅のところに、落合一家の親分の高橋岩太郎総長から電話が入った。三本菅は、高橋総長とは、懇意にさせてもらっていた。

「三本菅か。東声会の空気が、ちょっと悪いぞ。動き出したみたいだから、気をつけたほうがいいぜ」

高橋は、東声会との付き合いが深く、東声会の情報が耳に入るらしかった。

高橋は、さらに言った。

「東声会が狙うとすれば、花形だ。気をつけたほうがいいぞ」

三本菅は、事務所にいるみんなに、高橋の話を伝えた。

さっそく、みんなで花形の居場所を探しにかかった。

が、いくら探しまわっても、花形の居場所はつかめない。

三本菅は、組織トップに迫り来る危機を知りながらもなお、そのトップに連絡がつかない愚連隊という組織の悲哀を噛《か》みしめることになる。

東声会の小倉ともう一人は、九月二十七日、夕方から花形が新しく引っ越してきた家に帰ってくるのを待ちつづけていた。

〈花形は、車で出かけている。だから、車で帰ってくるに決まっている。駐車場で待ち伏せしていれば、まちがいなく襲える！〉

小倉たちは、花形の家の前の駐車場に停めてあるトラックの陰に隠れて、花形の帰りを待ちつづけた。

午後十一時を回った。

もう六時間も待った。夏着のままでは、腕さえ寒く感じる。

小倉は、持ってきた紙の手提袋におもむろに手を突っ込んだ。

トラックの陰から、街灯の届く位置まで体をずらし、中を確認した。

紙袋の奥に、きらりと光るものがあった。

刃渡り二十五センチの柳刃包丁であった。小倉は、その柄を一度強く握り、また袋の中に返した。

そのまま灯のある場所で、左の懐をさすった。左の胸には、ホルスターにおさめたブローニング製の拳銃がひそませてある。

小倉は、これもまた正確に機能するかどうかたしかめて、懐におさめた。

小倉が、もとの暗がりにもどって間もなく、遠くから車のエンジン音が聞こえてきた。

小倉は、小声で相棒にささやいた。

「間違いねえ。花形のルノーだ」

待ちくたびれていた相棒も、背筋をただし、武器を確認した。武器は、小倉と同じ柳刃と拳銃である。

小倉は、最終確認をするように言った。

「いいか、ここらで拳銃ぶっ放せば、またたく間に響きわたって、おれたちはすぐ御用だ。拳銃は、おれたちの身が危なくなるまで使うな！」

ルノーは、小倉たちが隠れているトラックの隣に並ぶように駐車した。

花形は、かたわらに置いてあった人形をかかえた。車を降り、勢いよくドアを閉めた。

花形は、生涯で一度だけ、敵に背中を見せた。

車のドアに鍵をかけようとして、花形は人影に気がつき、振り返った。

小倉ともう一人は、トラックの後ろから花形をはさみこんでいた。

花形の不意をつくように、小倉が声をかけた。

「花形さんですか」

「そうだ」

次の瞬間、二人同時に、両側から花形に柳刃包丁を突き立てた。

ズブリ、という鈍い音がした。

「うッ！」

花形は、刺した男の顔を見た。

小倉の眼は血走り、顔を真っ赤に上気させている。

花形は、渾身の力をこめて相手を睨んだ。

声を限りに叫んだ。

「やりやがったな、ちくしょう！」

二人は、包丁を突き立てたまま、二、三歩後ずさりした。

花形は、咲子にプレゼントする人形を左手にかかえたまま、右手で胸のあばら骨の間をすべるように刺さっていた柳刃包丁を抜いた。手に、生温かい感触があった。

白いレースの人形が、真っ赤に染まって、そのレースの端から地面に血がしたたり落ちている。

「おまえら……」

花形は、右手の包丁を振り掲げながら、二、三歩前に歩み出た。

花形の顔は、縦横に入った傷が影を落とし、夜叉《やしゃ》のごとく変貌している。

小倉たちは、恐怖にかられた。走って逃げ出した。

「うォー！」

花形も、襲いかからんばかりに、小倉たちに向かって走った。

が、二百メートルほど進んだところで、崩れこんだ。

花形敬、三十三歳。ここに、力尽きた。

三本菅によると、花形がいくら喧嘩に強いといっても、組織に狙われたら最後だという。プロの殺し屋は、綿密な下調べをする。その結果を踏まえて、決行するのである。失敗はまず無い。

安藤組の事務所には、花形の死を知るや、安藤組に縁ある者が、みな顔を出した。

小笠原郁夫も大塚稔も、みな真っ赤に眼を腫らしている。その場にうずくまって、声を上げている若い衆さえいた。

落合一家の高橋岩太郎総長の顔も見えた。

高橋総長が、今回の事件の発端を作った田中眞一のところにやってきた。

田中は、いたたまれなくなり、高橋に言った。

「すんません！　おれがあんなつまらねえことしちまったばっかりに！」

田中は、高橋に深々と頭を下げた。

高橋は、しなだれる田中の肩を二度、三度と叩いて言った。

「おい、眞一。死んでしまった者は、もうもどらないよ。それよりな、これが解決したらな、おまえをウチの養子にするつもりでいるからな」

田中は、高橋の説得もあり、自分の起こした傷害事件に自首することにした。

渋谷署に電話を入れた。

「おれは、三日前の渋谷の傷害事件を起こした田中眞一だ。おれは明日、かならず自首する。逃げも隠れもしねえ。だから、今日だけは、見逃してくれ。花形さんの骨だけは拾わせてくれ」

田中は、泣きながら訴えた。

明日の午前八時に出頭する、と約束して、田中は電話を切った。

が、田中がそのまま火葬場に向かうと、刑事が八人も来て、田中の身柄を預かった。

その場で、手錠をかけられた。

田中は、刑事に必死で訴えた。

「お願いだ。骨だけは拾わせてくれ。拾わせてくれたら、なんでも言うことをきく。だから頼む。一生のお願いだ！」

田中は、じっと刑事の眼を見据えた。

田中の願いは聞き入れられた。

田中は、手錠を嵌《は》めながら、骨を拾うことになった。

火葬場の中に入ると、花形の母親の姿が眼に入った。

田中は、花形の母親である美以とは初対面であった。横にいた若い衆の一人が、小声で教えてくれたのである。

花形の母親は、小さくて、腰の少し曲がった、とても物静かで上品な女性であった。

手錠姿の田中のもとに、美以がやって来た。

田中の眼をじっと見つめながら、彼女は声をかけてきた。

「あなたが、シン坊という人ですか」

田中は、ひたすら謝って、許してもらおうと思った。

「すみませんでした！　すみませんでした！」

三本菅は、ただちに花形の復讐《ふくしゅう》に動いた。三本菅は、誰かに「殺れ」と命じられたわけではなかった。

あくまで自分で行動したのであった。

東声会の会長、町井久之の命を狙った。

町井会長が、港区麻布に住んでいることを知っていた。

細長い路地の突き当たりの二階建ての町井会長の家に向かった。

報復を恐れたのか、門は、鉄板や卓球台で厳重に閉ざされていた。

三本菅は、仲間と二人で、路地の角で町井会長の帰りを待ちつづけた。三本菅だけは、懐にハジキを忍ばせていた。

が、何日待っても町井会長は自宅に帰ってこなかった。

あとでわかったことだが、町井会長は、韓国へ行って留守であった。

矢島武信は、花形の葬式に際して、祭壇に飾られて仏になった花形に誓った。

〈花形さん、きっとこの恩は返しますぜ〉

いっぽう前橋刑務所にいた安藤昇が、花形殺害の事実を知らされたのは、昭和三十九年八月のことであった。事件発生から、およそ一年が経とうとしていたころである。

もちろん、シャバでは安藤組と東声会が揉めだしたことなどはまったく知らない。ただし、花形の、突っ張る性格は気がかりではあった。

そのころ安藤は、委員面接という仮釈審査を受け、出所を前にしていた。それだけに花形の悲報は、いっそう衝撃であった。

安藤には、花形がかわいくてならなかった。巷間言われる通り酒乱の気はあったものの、人間の性根がさっぱりしており、そこが好きだった。

安藤は、残念でならなかった。

〈もうひと足早く出ていれば、彼を殺すような真似はさせなかった……〉

第8章　最後の血の抗争

稲川・安藤の親密さと裏腹に……

花形敬が昭和三十八年（一九六三年）九月二十七日に殺されて間もないある日、三本菅啓二が、渋谷の宇田川町にあるバー『ランプ亭』で飲んでいた。このバーは、安藤が経営していた。安藤が前橋刑務所に入っている間は、安藤の妻の昌子がやっていた。店長は、阿部錦吾《あべきんご》であった。なお、のちに作家となる安《あ》部《べ》譲二《じょうじ》は、この阿部錦吾の若い衆であった。

三本菅は、外に出た。そのとき、背後に四、五人の男の影があった。鶴政会（現・稲川会）碑文谷一家の岸悦郎一派の連中だった。

できあがっていた三本菅は、そんなことは気にも止めないで、帰路につこうとした。

そのときである。

「うッ！」

三本菅は、背中が燃えるように熱くなるのを感じた。不意に、アイスピックが突き立てられたのである。アイスピックは、わずかに心臓をそれ、左の肺を貫通した。

〈やられた！〉

三本菅は、ランプ亭のそばにあるいきつけのバーに駆けこんだ。

知り合いのバーテンダーから包丁を借りると、岸一派のやつらを殺そうと外に出た。

背中からは、血が吹き出している。三本菅は、表に飛び出したところで息ができなくなった。そのまま病院に担ぎこまれた。全治三カ月の大怪我《おおけが》を負ったのであった。

三本菅は、その後、岸一派の襲撃を気にかけて行動するようになった。

いっぽう稲川聖城は、昭和三十八年十月十六日に、鶴政会を錦政会とあらためた。

昭和三十九年には、数百人規模に膨れ上がっていた錦政会系岸一派は、ますます勢いを増していた。

昭和三十九年六月十六日、三本杉一家の跡目継承披露が大田区大森の料亭で開かれた。ここで、碑文谷一家にいた岸悦郎は、正式に四代目三本杉一家総長となるのである。岸一派も、正式に錦政会三本杉一家となる。

安藤昇組長が前橋刑務所に入っているとき、渋谷では岸悦郎一派が安藤組を攻めていたが、稲川会長が、前橋刑務所に二度ほどやって来た。

とはいえ、面会するわけでもない。ただ前橋刑務所の所長に託《ことづ》けして帰っていった。

「わたしのような素性の人間が面会すれば、なにかとお上の心証も悪くなるだろうから……。来たことだけ伝えてください。くれぐれも安藤をよろしくお願いします」

稲川会長は、自身が面会すれば、安藤の査定に悪影響が出るとわかっていた。が、それでもなお、足を運んで激励してやりたい。揺れ動く気持ちが、来訪しても面会しないという形になった。

とはいえ、稲川会長は、自分の若い衆のところには、面会などには滅多に行かないのだから、安藤のため前橋刑務所に二度も足を運んだのは、やはり例外中の例外であった。

そもそも稲川会長と安藤との出会いは、東京は台東区根岸《ねぎし》の「おしまさん」という女博徒の引き合わせによるものだった。

おしまさんは、神田周辺を縄張りにしていた博徒の親分の愛人だった。が、その親分が亡くなり、おしまさんが跡目を継いだのである。芸達者なおしまさんは、女義太夫《おんなぎだゆう》語りもやり、人気を博していた。そのうえ、おしまさん自身が大の博打《ばくち》好きで、熱海を本拠に置いていた稲川の賭場にもよく顔を出し、いい顔になっていた。博打が三度のメシより好きなおしまさんは、安藤の賭場にもやって来た。

そして、安藤にこう言った。

「世の中でなにが好きって、博打ほどおもしろいものはない」

おしまさんにはまた、こんな武勇伝もある。ある日、おしまさんは、博打場で当時名の売れた男と喧嘩《けんか》になった。しまいに、その男は、拳銃を抜き、おしまさんに銃口を向けた。間髪入れず、おしまさんは、着物の裾をつまんで見得を切った。

「さあ、撃ちやがれ！」

女だてらにケツをまくったのである。

おしまさんの啖呵《たんか》に気圧された男は、撃とうにも撃てない。ケツをまくった女を撃っては男の名折れ。勝負は即決、おしまさんの完勝であった。その一件で、おしまさんの侠名は、ますます上がったという。

東興業を立ち上げて間もない安藤は三十歳前後だ。いっぽう、おしまさんは五十歳ぐらいである。侠の血が騒いだのか、おしまさんは、ひと目で安藤を気に入った。

間もなく、安藤を稲川の賭場に連れて行ったのである。

三十歳前後の安藤と、四十歳前後の稲川もまた、ウマが合った。これは偶然だが、二人は、ひと回り違いの同じ寅年生まれである。

それからというもの、安藤と稲川は、お互いの賭場に顔を出すようになる。

稲川は、安藤が賭場を開く代々木の旅館にやって来ると、自分では博打をせず、女と二階に上がって行った。

百万円を自分のところの「鉄旦《てつだん》」のあだ名の博打責任者に渡して博打させるのである。当時の百万円は、いまのおよそ二千万円であろうか。

鉄旦は、博打に勝つために安藤の賭場に来たのではない。あくまでも、博打場を活気づかせるためである。鉄旦の博打場を盛り上げる技術は、超一流だった。盛り上げるように張り、ほかの客にも張らせる。その腕は、いつもならば稲川の賭場で発揮される秘術であった。

最終的に鉄旦は、百万円をすっかりすって博打を終えた。それは、稲川流の安藤への粋な御祝儀《ごしゅうぎ》だった。安藤としても、じつにありがたかった。

昭和三十一年ごろ、稲川と安藤は、共同で賭場を開帳した。横浜のホテルを借り切り、安藤・稲川双方の客が勢ぞろいとなり、博打は大いに盛り上がった。

そのころから稲川組長は、安藤を「安ちゃん」と呼んでいた。いっぽう安藤は、稲川組長を「貸元」と呼んでいた。

後年、安藤は、稲川聖城をこう評している。

「一番『俠』らしい、男気が一流で、おれは稲川さんが好きだった。一番好きな親分だったね……」

じつは、このおしまさんが、のちの東映の藤純子《ふじじゅんこ》演じる『緋牡丹博徒』こと矢野竜子のモデルなのだ。のち俳優になった安藤は、京都の撮影所に来ていた、ヤクザ映画のヒット作をつくりつづけていたプロデューサー俊藤浩滋《しゅんどうこうじ》に、おしまさんの話をした。

俊藤は、身を乗り出した。

「それはおもしろい。会わせてくれる?」

そこで、安藤は、おしまさんを東映側に紹介することにした。おしまさんは、安藤の依頼を快諾し、東映側の取材に応じた。

取材の席には、東映側からプロデューサーの俊藤浩滋、日下部五朗《くさかべごろう》、そして監督で脚本家でもある鈴木《すずき》則文《のりぶみ》たちが大きな「デンスケ」と呼ばれる録音機を持ってきて、おしまさんの話を録音した。

俊藤たちは、おしまさんの話を聞いているうちに、なんとなく作品のイメージが湧いてきたのだろう。おしまさんの話がベースになって、膨らませて映画にしたのが『緋牡丹博徒』シリーズであった。

昭和四十三年の父の仇を求めてさすらう女ヤクザ矢野竜子、人呼んで〝緋牡丹お竜〟の啖呵や殺陣は人気を呼び、藤純子は、高倉健と鶴田《つるた》浩二《こうじ》と並ぶ任侠スターとなった。

安藤出所での動き

昭和三十九年（一九六四年）の九月に入り、安藤組幹部の矢島武信は、群馬県の前橋刑務所に服役している安藤が出所してくるという情報をひそかに聞いた。

安藤の出迎えには、組とはまったく関係のない者が行ったほうがいい。安藤は、組織と縁を切るという名目のもとに、仮釈放をもらったに違いないからである。仮釈放をようやくもらえたのに、その祝いに大勢の若い衆が出迎えていたら、その場で取り消しになる。

その意味からも、安藤が前橋刑務所を出てくる日時は、組の者にも秘密になっていた。矢島は、横井事件の発端となったもつれ話を安藤に持ちこんできた三栄物産の元山富雄と親しい。そのため、元山から安藤の出所の情報をもらえたのである。

矢島は、元山につきそって、前橋刑務所に同行した。しかし、同行したといっても、いっしょに出迎えたわけではない。あくまで人眼をはばかり、遠く離れたところに停めておいた車に乗ったままである。

九月十五日の正午、安藤は、ついに出所した。懲役八年のうち二年は拘置所、六年の刑務所生活のはずが、四年になった。二年の仮釈放をもらっての社会復帰であった。

安藤の先輩たちや、安藤組の若い衆たちが一堂に会し、長野県須坂市の百貨店の食堂で盛大に出所祝いがおこなわれた。

安藤には、その席に花形敬がいないのが、悔やまれてならなかった。あらためて思った。

〈おれさえシャバにいたら、こんなことにはさせなかった……〉

安藤は、出所した翌日、世田谷区経堂にある花形の実家を訪問した。花形の実家へは、山下鉄ら若い衆五人も同行した。花形の死から一年あまりも経つ。

山下は、花形が服役していたとき、ひそかに頼まれていた。

「なあ鉄、頼みがあるんだ。おれがムショ入ってるときに、おふくろの誕生日がくるんだ。おれは、おふくろに毎年スプーン贈ってるんだ。悪いけど、今年はおまえが買って、おふくろのとこへ届けてくれよ」

山下は、約束どおり、花形の母親の誕生日にスプーンを買い、花形の実家を訪ねた。花形の母親は、まるで息子が帰ってきたようによろこび、もてなしてくれた。

花形には似合わず小柄で品のある母親の姿に、意外な感じがした。

山下は、花形の母親に頼まれ、花形の公判の裁判に同行した。その法廷で、花形の母親は、裁判長にこう証言した。

「敬が、悪いんじゃありません。わたしの教育が、悪いんです。わたしは、敬に、『喧嘩には絶対に負けるな、帰ってくるときは絶対勝って帰ってこい』と教えてきました。そのわたしの教育方針が、まちがっていたのです。敬に罪はありません。わたしは、ここで敬に言います。『今度からは、負けて帰ってきてください』と。敬の罪は、わたしの罪です。どうか裁判長、わたしのその罪もお裁きください」

花形の母親は、泣きながら裁判長に訴えた。山下には、そのときの花形の母親の毅然とした態度が忘れられなかった。

花形の母親の美以は、安藤の顔を見ると、さすがに息子の死の悲しみを思い出したらしく、涙を見せた。

山下も、花形の母親を見て、また涙を誘われた。

花形の母親は、涙声で安藤に言った。

「安藤さん、あなたさえいてくれたら、敬もこんなことにはならなかった……ご免なさい。もう愚痴《ぐち》を言うまいって誓ったはずなのに、あなたの顔を見たら、つい……さ、敬もあなたが来てくれてとてもよろこんでますよ。お線香をあげてやってください」

　優しい花形の母親の言葉が、安藤の胸に鋭く突き刺さった。

　応接間に上がると、机に祭壇が設けてあった。真新しい位牌の横に、花形の遺影があった。遺影の花形は、やけに淋しそうに見えた。安藤は、思わず花形の遺影に語りかけた。

〈花形、おまえ、どうしておれの帰りを待てなかったんだ！〉

　安藤は、机に手をつき、うつむいた。眼から、堰《せき》を切ったように、涙があふれ出てきた。

　花形の母親が、涙している安藤に、優しく話しかけた。

「安藤さん、紅茶を入れましたよ。それから、このクッキー、わたしが焼いたんですけど、敬は、『これはうまい』といってよく食べてくれました。いっしょに、食べてやってくださいね」

　いままでこらえていた山下も、声をあげて泣き始めた。

　安藤が言った。

「花形のことは、本当にすまなかったと思っています。おふくろさん、じつは頼みがあります。花形家の墓地に、花形の墓を建てさせてほしいんです。それから、慰霊祭もさせてください。申し訳ない。本当に申し訳ない」

　安藤の出所一カ月後、花形敬の墓の建立と同時に、花形の慰霊祭が、世田谷区豪徳寺でおこなわれた。慰霊祭には、三百人もの弔問客が参会した。

　安藤はその席で、できたばかりの花形の墓に頭から酒をかけた。

「花形、おまえの好きな酒だぜ。思うぞんぶん飲んでくれよ……」

　が、安藤には花形がまだ生きているような気がしてならなかった。花形は、安藤の心の中で、永遠に背中を見せないで生きつづけていた。

安藤昇は、昭和三十九年九月十五日、前橋刑務所から出た。

安藤昇の妻の昌子は、七年ぶりの夫の帰宅を喜んだ。が、昌子には不安があった。

〈夫は、壊滅した安藤組を再建するのだろうか。またヤクザの世界に還るのか……〉

不安を隠しきれなかった。

いっぽう、子供たちは、帰宅した父親を素直に歓迎していた。

昌子は、あらためて思った。

〈やはり、子供には父親が必要なんだわ〉

昌子は、久しぶりの一家団欒《いっかだんらん》にやすらぎをおぼえた。

安藤は、花形の慰霊祭が終わって数日後、知り合いの医師のすすめで目黒の病院に入院した。

診断結果では、「軽度の栄養失調。多少、肝臓が弱っている」ということだった。長年蓄積された疲労と、六年間の社会との断絶は、安藤にはこたえた。

日本船舶振興会（現・日本財団）の笹川良一会長の代貸しクラスである日本船舶振興会副会長の藤吉男が、安藤の放免祝いを申し出た。安藤は、横井事件の前から笹川とは数回会ったことがある。が、仕事をいっしょにしたことはなかった。

安藤は、藤に湯河原の旅館に呼ばれた。

藤は、笹川の代理として袴《はかま》を穿《は》いて、安藤にいろいろと世話をした。

食事に出てきた鯛が、あまりに大きく、安藤も驚いた。だが放免祝いも、あくまでも藤吉男が中心となり面倒をみてくれたが、笹川から祝儀が出たわけではなかった。

安藤は、後日、湯河原での放免祝いのお返しに、かつて右翼団体「日本天狗党」の党首をしていた太田三吉とともに、日本船舶振興会の事務所に出向き挨拶した。

太田は、昭和二十年十二月十一日に笹川がみずから巣鴨プリズンに入獄したとき、軍楽隊付きで見送った人物である。敗戦直後の昭和二十年秋には、日本刀などで武装した隊員を動員して旧海軍を襲い、食糧を奪い、有楽町のガード下などで無料の炊き出しをした。また、銀座の街に「天狗党」というビラに檄文を箇条書きにして撒《ま》いたりと、精力的に活動していた。

そもそも太田は、右翼の大物・関山義人のもとにいた。関山や西山幸輝の関係から、太田は、戦前戦後を通じて右翼の大物として名を馳せる笹川良一と縁があったのである。

安藤がシャバに帰ってから間もなく、三崎清次が進言した。

「たしかに組は大事です。が、何よりもいまは、まずお体を……」

安藤は、ひとまず、熱海に静養に出かけた。

そのころ静岡刑務所では、横井襲撃の実行犯である千葉一弘は、錦政会（現・稲川会）系の囚人仲間から、こう言われていた。

「ウチに来るんでしょ」

稲川会の人間は、稲川会長と安藤との蜜月関係を知り、安藤組の人間が、稲川会に入るものだとばかり思っていた。それゆえに、千葉に対して、稲川会の連中は優しかった。

安藤組の熊沢進や三本菅啓二も、出所した安藤昇が稲川会に入るのではないかという噂を耳にしていた。

三本杉一家と安藤組が大揉めする前後の時期だ。

三本菅の周りでは、こんな言葉が飛び交った。

「社長は、どうしたんだ？」

「熱海に行っているというけど……」

そのころ、錦政会三本杉一家の岸悦郎の下で渋谷の安藤組を攻撃しつづけていた中原隆も、こんな噂を聞いていた。

「安藤は、出所後すぐに稲川聖城のもとに挨拶に行き、錦政会に入るんだ」

三本杉一家の中原も、安藤が錦政会入りするため、早々に稲川聖城に挨拶に行くものだと思い込んでいた。しかし、安藤は、花形敬の慰霊祭など多忙をきわめ、すぐに稲川のもとに挨拶に行かなかった。

そのうち中原は、安藤が稲川会入りするという噂に疑念を抱くようになる。熱海行きが遅すぎたからである。

〈安藤がいない間、安藤組を守ってきたのは西原だ。西原あたりが反対したんだろう。『安藤社長、冗談じゃないですよ。わたしは錦政会には入らないですよ』と。最後まで残っていたのは、あそこの一派だけだ。他はみんないなくなっている。西原一派が反対したからこそ、安藤の熱海入りが遅れたに違いない〉

また中原は、安藤組の幹部である西原健吾が九州出身ということから、西国の雄である山口組と付き合おうとしていると読んでいた。

実際、西原のそばにいた三本菅も、その山口組から協力を打診されているとの噂は聞いていた。

安藤は、一段落すると、ようやく熱海に行った。錦政会の稲川会長が、安藤の放免祝いをしてくれるというのである。

稲川会長は、安藤のために、箱根の老舗《しにせ》旅館『翠紅苑《すいこうえん》』に部屋を取ってくれた。

そこには、安藤が若かりしころ、二人を引き合わせた女博徒のおしまさんもいた。

そのとき、稲川会長は、安藤に百万円の御祝儀を渡した。いまでいえば、一千万円ほどである。出所したとき刑務作業での賞与金、わずか三万八千数百円しか持たなかった安藤にとっては、ありがたかった。

三本杉一家との死闘

安藤がムショから出てきたことにより、渋谷の街での三本杉一家と安藤組の対立は、ますます激化していった。

昭和三十九年十月末、安藤組と錦政会三本杉一家が揉めた。

十一月初旬、事態を収拾するために、安藤組大幹部の西原健吾と三本杉一家の中原隆が雀荘で会うことになった。

中原は、雀荘に着くと、雀卓を囲んで西原に対した。

麻雀が始まった。雀卓を囲む四人のメンバーのうち二人は、西原関係の人間のようだった。

中原は、拳銃が無ければ、西原たちに襲撃される可能性もあった
中原は、左の懐に入れた三十八口径スミス&ウェッソンを、わざと西原にチラチラ見せた。

右利きの敵陣に一人乗り込んだ中原も、拳銃で武装していることを誇示しつつ、会談にのぞんだのである。じつは、このとき中原が左懐に拳銃を入れていることを誇示したことがあとで、安藤組との争いで大きな意味をもつことになる……。

麻雀をしながら、会談が始まった。

西原は言った。

「これからは、お互いに仲良くやっていきましょう」

西原としても、揉めてゴタゴタするよりは、むしろ三本杉一家と協力していこうということにしたのである。そのように、安藤組と三本杉一家の間で、相互不可侵条約が結ばれた。

中原は、三本杉一家の幹部クラスに伝達した。

「これからは、安藤組と揉めるようなことはしないように」

ところが、相互不可侵条約発効間もない十一月六日、渋谷区宇田川町プリンスビル地下三階のバー『どん底』で、三本杉一家の人間が三本菅啓二たち安藤組に牙《む》を剝いたのである。

村野昭南など幹部以下、若い衆のなかには日頃《ひごろ》から安藤組への憤懣《ふんまん》を募らせていた者が少なくなかった。

三本杉一家内の連絡不行き届きというよりも、若さに任せたエネルギーの爆発を食い止められなかったともいえる。それこそが、数百人に膨れ上がっていた三本杉一家の勢いでもあった。

十一月六日、『どん底』で、安藤組の小池賢二と若い衆の三本菅が酒を飲んでいた。『どん底』は、西原健吾が面倒を見ているバーであった。

このバーには、出入り口が一つしかない。要するに、襲われれば逃げ場がない。このバーでも、安藤組の若い衆は、しばしば岸一派に襲われていた。が、何度もこの店で襲われていれば、逆に安藤組の連中も、あの店は危ないということで、自然と足が遠のく。安藤組の連中が行かなければ、三本杉一家の連中も店に出向く意味がない。

三本菅も、じつに一年前にバー『ランプ亭』でアイスピックを刺された一件以来、三本杉一家の襲撃を気にかけて行動するようになっていた。が、自然と三本杉一家もこの店に現われなくなったことから、小池と三本菅の二人は、ふたたびこの店に顔を出すようになったのである。

この夜、小池と三本菅が『どん底』で酒を飲み始めて三十分ほどしたころであろうか。ビールをもう一本注文したとき、入口のドアの外が、にわかに騒がしくなった。

〈なんだ、うるせえな〉

三本菅がそう思ったときには、すでにドアが開き、八人もの男がなだれこむように店に入ってきた。

男たちは、この店に現われるはずがないと思いこんでいた三本杉一家の若い衆であった。手に手に、日本刀を持っているではないか。

三本菅も小池も、さすがに、一瞬体が凍りついた。

〈どうする?〉

三本菅と小池は、目と目を合わせた。

三本菅はいつも、護身用にドスを忍ばせていた。が、この日は、たまたま持っていなかった。

そのうえ、二対八である。勝負は、戦う前から歴然としていた。小池の眼は、あきらかに恐怖に怯《おび》えていた。

〈逃げ出そう、助っ人を呼ばなきゃ〉

小池は、何も言わずに立ち上がると、入口のドアに向かって走り出した。

小池が、入口のドアに着こうというとき、三本杉一家の一人が、横からドアの前に立ちふさがった。

「おう、ずいぶん急いで、どこに行くんだい、兄ちゃん」

小池も、虚勢を張った。

「どけよ、急いでるんだ」

「何の用事か知らねえが、連れをほっとくっていうのは、感心しねえな」

幸い、立ちふさがっている男は、あわてたせいか、席に日本刀を置いてきている。

三本菅や小池たちがここにいるということを聞きつけての襲撃であろう。

そのとき、三本杉一家の若い衆の一人が、両手で日本刀を構えて、小池に向かって突進した。

ブスリ――。

鈍い音がして、小池に日本刀が突きささった。

「痛てえ！」

小池の胸ではなく、尻であった。

その男につづくように、残りの三人も、小池に斬りこもうとしている。一瞬遅れれば、小池が殺られる。

そう判断した三本菅は、相手の一人に飛びかかった。

「てめえら、安藤組を、舐《な》めんなよ！」

三本菅は、足でその男の股間を思いきり蹴りあげた。

「ウオー！」

急所を蹴られた男は、その場にうずくまった。

三本菅は、小池に、その隙に逃げろと眼くばせした。が、日本刀で尻を刺されている小池は、足がもつれて、うまく逃げ出すことができなかった。それでも、必死で、ドアを開けて階段を駆け上がった。

三本杉一家の者たちが、いっせいに小池を追って店から出た。

三本菅も、ここからは、自分一人で八人を相手にすることになった。

三本菅は、肚《はら》を決めた。

〈どうせやつらは、おれをさらいに来たんだろう。生きて恥をかくぐらいなら、ここで死んだほうがましだ。よし！　ここが死に場所だ〉

三本菅は、立ち上がってカウンターを乗り越えた。肉切り包丁を摑んだ。

肉切り包丁を持って階段を駆け上った。地上に出た。

三本菅は、八人の敵を睨み付けた。

「おい、なんだよ」

相手の一人は、不敵に言い放った。

「事務所に、来てくれよ」

やはり、さらいに来たのである。

三本菅は叫んだ。

「何言ってんだよ！」

すると、四十にもさしかかっているだろうか、一番兄貴分と思われる一人が、三本菅に日本刀で斬りかかってきた。

「てめえ！」

男は、三本菅に向けて、大きく日本刀を振り降ろした。

間一髪、三本菅は、体を右にかわした。

三本菅は、そのまま肉切り包丁を相手に叩きつけるように斬り降ろした。

男は、背広を着ていた。胸から腹にかけて、背広の上着ごとざっくりと切れた。血が、ドバッと吹き出した。

相手の鮮血が、雨垂れのように三本菅の顔を濡らした。

男は日本刀を投げ出して、その場に倒れこんだ。のたうちまわっている。

出血量に驚いたのは、三本菅だけではない。仲間が切られた三本杉一家の人間も、びっくりすると同時に、いきり立った。

三本菅は、さらに肉切り包丁で別の男に襲いかかった。

相手は、左によけた。そのとき、スッという音がした。

三本菅は、生温かい血を顔からかぶった。眼に入りそうになり、あわてて横を向いた。

「ウアウアアアアッ！」

男は、左の耳をおさえてうずくまった。血は、あとからあとから泉のように吹き出してくる。

八人中三人は、すでに三本菅の闘志に恐れをなしたのか、それとも日本刀では手こずるので拳銃でも取りに走ったのか逃げた。

三本菅が三人目に狙ったのが、三本菅たちにさんざん喧嘩を吹っかけてきた斎藤忠であった。

三本菅は、追いかけていって、背後から斎藤の頭に斬りつけた。

「ギャーッ」

積年の怨《うら》みを晴らす一太刀であった。

三本菅は、三人ほど斬ったところで、気がつくと自分のレインコートと靴が真っ赤なペンキを塗りたくったようにベトベトになっている。大量の返り血であった。

が、仲間がいなくなったのに、一人だけ、なお立ち向かってくる男がいた。

村野昭南である。村野は、のちに稲川会の六代目三本杉一家総長になる人物である。

「てめぇ、この野郎！」

村野は、日本刀を振りかざしてきた。

〈くそ度胸のあるのがいやがる！〉

三本菅は、そう思いながらも、瞬時に右上から肉切り包丁を村野の額から眉間《みけん》にかけ振り下ろした。

村野の額が割れ、血が吹き出した。

三本菅は、肉切り包丁を持ったまま、渋谷区神宮前の宮下公園まで走った。

その下の川に肉切り包丁を捨てると、青山にある東興業の事務所に走った。

三本杉一家急襲の逆王手

事務所には、まだ西原たち数人が残っていた。

そこへ、三本菅が返り血を浴びて、赤く染まった顔をして帰ってきた。事務所は、騒然となった。

三本菅が、大声で叫んだ。

「兄貴！　小池が、やられた！」

西原も、声を張り上げた。

「何！　死んだのか！」

「いや、生きてる。だが、怪我をしてる。いまごろは自分で病院に駆け込んでるだろう。心配ない。それくらい元気だ」

西原は、三本菅の顔と服が血だらけになっているのを見て訊いた。

「おまえは、大丈夫なのか」

三本菅は、不敵に笑みを浮かべた。

「これは、返り血でさあ」

三本菅は、ソファにどっかと腰を降ろした。顔からレインコートから靴まで全身返り血の赤銅色だったが、不思議なことに三本菅自身は、傷一つ負っていなかった。

西原が訊いた。

「やったのは、三本杉一家の者か」

三本菅は、黙ってうなずいた。

西原は、怒り心頭に発した。

〈話をつけたばっかりなのに！〉

相互不可侵条約を結んだ矢先、三本杉一家側の裏切りであった。とはいえ『どん底』の一件は、じつのところ中原が命じたわけではなかった。が、安藤組側は、当然ながら中原が命じたと考えたのである。

西原は、声を大にして言った。

「安藤組が、これ以上舐められてたまるか！　社長も帰ってきたんだ。やってやろうじゃねえか！」

いままでは、社長が帰るまで、社長が帰るまで、と耐えに耐えてきた。が、ここにきて、安藤が帰ってきたことで、西原の溜まりに溜まっていた鬱憤《うっぷん》が爆発したのである。

西原は、三本杉一家に報復すべく、近くにいた体格のいいのを五、六人集めた。

「三本杉一家も、怪我人が出てるんだろう。いま行けば、手薄になってるに決まってる。やるなら、いまだ」

西原は、若い衆たちを武装させると、そのまま渋谷区南平台にある三本杉一家事務所へ向かった。

三本杉一家の事務所は、閑静な住宅街の真ん中にあった。当時、南平台には、岸信介元首相の自宅があった。それだけに、付近は警察の警備も、厳重なるものがあった。事務所は、ごく普通のしもたや風の一軒家で、石段を上がったところに、ピンク色に塗られた観音開きの門があった。「三本杉一家」という看板が掲げられていなければ、普通の住宅と見まがうばかりである。

西原は、呼び鈴のない入口の門を、けたたましく叩いた。大声で怒鳴った。

「中原、出て来い！」

いっぽう中原は、事務所のなかでじっとしていた。そのまま出て行かなかった。なんと、手持ちのハジキがゼロだったのである。

もっとも中原は、安藤組が南平台事務所にまで来るわけがないとタカをくっていた面もあった。そのいっぽう、戦争する気だけは満々だったので、武器を事務所以外の場所に散らして保管させていた。つまり事務所だけが、盲点だったのである。

追いつめられた中原は、肚をくくり文房具のハサミを分解し始めた。

〈しょうがない。刃物になりそうなのは、ハサミぐらいなものだ……〉

ほかに武器といえば、木刀のみ。事務所には、十人ほどが詰めていたが、徒手空拳では戦えない。

中原は、ハサミを片手に握りしめ、表に出ようとした。

そのとき、岸悦郎総長の姐さんが、制止した。

「出ちゃ駄目よ！」

じつは、そのころ、トップの岸をはじめ、主だった幹部たちも懲役に行っており、シャバを留守にしていた。姐さんとしても、これ以上人員が減ると、三本杉一家の存亡に関わると危惧を抱いていたわけである。

にっちもさっちもいかない。中原は、絶体絶命だった。もしも、安藤組が、そのときに無理やりにでも攻め込んでいれば、中原たちは一巻の終わりであった。

さらに、そこには、岸悦郎の懐刀である佐野代行もいた。しかも丸腰である。シャバに残った三本杉一家の中核は、一瞬にして全滅しかねない。シャバにいる幹部を失えば、組織は崩壊状態になってしまうにちがいない。岸総長は、刑務所の中で、組織壊滅の報を聞き途方に暮れるという構図も充分ありえる。

まさに八方塞《はっぽうふさ》がり。中原の脇の下に、タラリと冷たい汗が流れた。

いっぽう、西原たちは、三本杉一家事務所の中から応答がないことをいぶかしく思った。

何度も戸を叩いた。が、物音一つ聞こえてこない。

裏へも回りこんで見た。事務所の電気は消えている。

西原は、舌打ちをした。

「誰もいねえのか……」

いっぽう中原は、ハサミを握りしめながら、体中から蒸気が沸き立つような緊張に包まれていた。

ジリジリと時間だけが過ぎていく。

その瞬間である。表で、車のエンジン音がした。なんと、西原たちが、その場を去ったのである。

中原によると、西原も、薄々は事務所に中原がいることは感づいていたと思われる。しかし、なんらかの理由で攻撃を躊躇《ちゅうちょ》した。少なくとも中原は、〈躊躇した〉と思った。

もしも中原が西原の立場ならば、扉を突き破ってでも乗り込んでいたはずだ。そうなれば、安藤組が、息を吹き返す可能性もあった。

ポイント・オブ・ノーリターン。

安藤組が三本杉一家を叩き潰すチャンスが、エンジン音とともに立ち去った。

中原は、西原の躊躇は安藤昇の錦政会入りの話に配慮したものだと推測した。西原が安藤社長の行く末を案じれば、必然的に、錦政会配下である三本杉一家との決定的な対立関係は避けねばならぬ。西原が二の足を踏んだのは、臆病風《おくびょうかぜ》に吹かれたのではなく、安藤社長のことを思えばこそだったのではないか……。

理由はどうあれ、中原は、ほっと胸をなでおろした。まるで、切っ先が心臓を一センチ逸れたようなものだった。奇跡的にも、命が長らえた。そして三本杉一家の命も……。

その夜、西原は、事務所に戻ると、そのまま散会した。

不調談判「渋谷から出て行け！」

翌七日、安藤組の事務所の幹部たちは、一堂に会して三本杉一家対策の今後の方針を決めることになった。

安藤は、まだ熱海で静養中である。

道玄坂を上りきった国道二四六号線の角のところにある喫茶店『ライムライト』で、安藤抜きで話し合いがおこなわれた。

話し合いに顔をそろえたのは、西原健吾、矢島武信、山下鉄、西条剛史、小池賢二、大林善久男、三本菅の七人である。

矢島が、口を切った。

「このまま、いつまでも三本杉のやつらとの喧嘩をひきずっていくわけにもいかねえ。なんとか決着をつけなくちゃな……」

西原健吾が、訊き返した。

「じゃあ、どうするんだい」

「とにかく、これ以上渋谷の街ん中で抗争をつづけていても決着がつかないことは確かだ。三本杉一家と、一度話し合いの場を持つしかない」

矢島は、賭博場などで、南平台に進出してきた三本杉一家の幹部とは何度か会ったことがある。その幹部に話をしてみようと考えていた。

三本菅が、口をはさんだ。

「冗談じゃないですぜ。話し合いだなんて、おちゃらけてもらっちゃあ」

こちとら殺されかかったんだ。三本菅の奮然とした顔は、いかにもそう物語っていた。

西原も、三本菅の意見に賛成した。

「おれもそう思うな。こんな場面で話し合いをしたって、喧嘩のさなかなんだ。どっちがいいとか悪いとかなんて、問題は関係ない。第一、万が一話がついたとしても、こっちの立場が弱くなるのは目に見えてる」

三本菅も言った。

「おれも思うんです。おれ、まだガキだけど、相手はきちんとした博徒でしょう。上下関係もぴっちりしてるはずだし、下同士で話しても、トップがうんと言わなきゃ、同じなんじゃないですか」

矢島は、ずっと黙りこんでいる。

西原が言った。

「とにかく、いまは話し合う時期じゃねえ。じつは、おれはいまあることを画策してるんだ」

矢島は、ギロリと西原を睨んだ。

「画策してる？」

「そうだ、画策だ」

西原は、神戸に付き合いのある人がいた。その人に、前々から言われていた。

「いやあ、この間、山口組のお偉いさんが言ってたよ。『山口組も怖いもの知らずだが、東京にも、安藤組っていう怖いもの知らずがいる。手を組んだら、さぞかし怖いだろうよ』ってな」

山口組は、日本でも有数な組であった。

西原は、啖呵を切った。

「社長はどういうか知らねえが、おれは山口組と縁を組むかもしれねえ。それくらいの覚悟でやってるんだ。文句は言わせねえ」

横井英樹襲撃事件に関わった島田宏は、刑務所から出てきて間もなく肺を病んで入院したまま、安藤組の仕事とは絶縁状態になっていた。西原は、安藤組の中の西原グループを守り切ろうと、必死になっていた。

山下鉄が、意見を取りまとめるように言った。

「とにかく、まずは社長に相談すんのが、一番いいんじゃないですか」

矢島が制した。

「いや、社長はまだ帰ってきたばかりだ。しかも静養中だ。話が耳に入らないうちに、話をつけたほうがいい」

山下はうなずいた。

「うん、それもそうだな……」

矢島が、一段と声を張り上げるように言った。

「ことは、穏便にすますのが一番だ。おれが明日にでも三本杉一家に電話を入れてみる。会って話をつける段取りにする。それが壊れてからでも、襲うのは遅くねえ」

七人は、喫茶店を出るとそれぞれ別れた。

西原と矢島は、事務所へ戻った。

矢島は、すぐに三本杉一家の中原隆に電話を入れた。

電話を受けた中原は、安藤組のなかでも矢島を話がわかる人物だと見ていた。会えば「矢島さん」と呼び、礼も尽くしていた。仲良しというほどではないが、話ができる相手というわけである。それゆえ、安藤組としても、矢島が自分とのパイプに適任だと思ったにちがいないと読んだ。

矢島は、二対二での話し合いを提案した。

が、中原は、突っぱねた。

「一人じゃなきゃ、おれは駄目だ。矢島さんだけなら行くけれど、ほかの人間が来たんじゃ行かない。こっちは事務所まで来られているんだから。一対一で会うんだったら、出て行くよ」

が、結局二対二で会うことになった。

約束は、十一月七日土曜日の午後六時に神宮外苑にあるレストラン『外苑』で会うことになった。

中原は、三十八口径スミス&ウェッソンを握りしめた。

〈きっと、西原もやって来る。おれは、西原をかならず殺すことになるだろう〉

襲撃後の逃走経路も綿密に計画した。

三本杉一家の先輩たちも、中原に加勢しようとレストラン外苑に来ることになった。しかし、あくまでも、話し合いの席には多勢では顔を出さないという段取りであった。

中原は、いつも修羅場《しゅらば》に連れていた相棒を探した。が、たまたまいなかった。そこで、偶然事務所に入ってきた桜井正美に声をかけた。

「桜井、おまえ、来いよ」

『外苑』では、二対二の真剣勝負になるはず、どうしても相棒が必要だ。

桜井は、急遽、中原とレストラン外苑に向かうことになった。

拳銃が無いので、自分で柳刃包丁を買いに走った。桜井は、かつて不定期刑で十年ほど少年院にいたことがある強者だった。さらに板前経験があるので柳刃包丁がしっくり手に馴染んだようだ。桜井は、レインコートの下にそれを潜ませた。

背広姿の中原とレインコートを着た桜井は、レストラン外苑に向けて車を走らせた。

いっぽう矢島は、三本杉一家から話し合いの約束を取りつけたことで、ひとまずほっとした。

〈これがうまくいって社長に報告できれば、花形さんを見殺しにしてしまった恩返しにもなる……〉

謝るところは潔く謝る。それでも駄目なら、安藤社長にケツをもってもらえばいい。矢島は、そう思って話し合いにのぞむことにした。

十一月七日、神宮外苑は秋晴れであった。

矢島は、話合いには、西原と二人で出向くことにした。

グレーのダッチに乗り、西原と矢島、三本菅のほか二人の若い衆を連れ、合計五人で『外苑』に向かった。

西原は、万が一のため、懐に拳銃を忍ばせようとした。が、矢島が、それを制した。

「約束なんだ。入るときに身体検査でもされたら、それだけで話は壊れる」

西原も、矢島の言葉に納得し、丸腰で話し合いにのぞむことになった。

神宮外苑は、晩秋の夕暮れどきのせいか、人影もまばらで、閑散としていた。午後五時五十分、外苑前に着いた。

矢島と西原は、三本菅ら三人を車に待たせ、レストラン外苑に向かった。

階段を上り、二人はレストランの中へ入った。待ち合わせは、二階席である。

レストランは、思ったよりもすいていた。

あたりを見回してみた。中原隆は、まだ来ていないようであった。

二人は、手近なテーブルに陣取った。矢島は、西原を奥の席に座らせた。

万が一、殺し合いにでもなれば、手前にいる自分が盾《たて》になって、西原を助けてやることができる。西原を助けてやることが、花形敬に対する罪滅ぼしになる。花形殺害事件の発端をつくった田中眞一は、そもそも矢島の若い衆だったのである。矢島はそう考えて、西原を奥に座らせたのである。

階段をドスドスという音を立てて、男が上がってきた。

矢島は、時計を見やった。ちょうど午後六時であった。

中原が『外苑』に到着すると、すでに安藤組の人間を乗せたグレーのダッチが表に一台待っていた。

中原は、ダッチを横目に、一人でレストラン外苑の二階に上がっていた。

そこには、矢島のほかに西原がいた。

〈やっぱり、西原が来たな……〉

中原は、踵を返して階下に降りて行った。

一階の外で、桜井が車の横で小便をしていた。中原は、桜井に声をかけた。

「早く来いよ」

中原は、桜井を連れ二階へ向かった。想定通りの展開となった。

矢島は、もう一人のレインコートの男を品定めでもするように見た。レインコートの左胸が盛り上がっているのを見逃さなかった。

〈あの野郎、刃物を持ってやがる！〉

しまった、と矢島は思った。矢島は、西原が万一のときのことを考えて、懐に拳銃を忍ばせようとしたのを止めていた。

矢島は、西原に気をつけろ、と知らせたかった。が、もうふたりは自分たちのテーブルのところまで来ていた。矢島は、ほぞを噛む思いであった。が、ここまで来たら仕方がない。

〈なるようにしかならん。来るなら、きやがれ！〉

矢島は、開き直った。

中原が通路側である右側、桜井は奥の左側に、どっかと席に腰を下ろした。いざとなれば中原がまず動けるように通路側というわけであった。

テーブルをはさんで、中原の正面が矢島で、桜井の向かいが西原だった。

西原は、中原の背広の左胸に素早く眼を走らせた。一週間ほど前に中原と麻雀屋で交渉したときには、黒光りするスミス＆ウェッソンを左胸の懐にこれみよがしに入れていた。ところが、今日は、中原の背広の左胸にふくらみがない。西原は察した。

〈中原は、丸腰だ〉

　いよいよ、二対二の話し合いが始まった。

　矢島と西原は、不可侵の約束を反故《ほご》にされたことに苛立《いらだ》っている。いっぽう中原は、自分がさらわれそうになったことに対しては癪《しゃく》にさわっている。

　元を正せば、中原たち三本杉一家が約束を反故にしたのだから、筋論でいえば、やはり中原が悪い。中原は、会談当初は低姿勢でのぞんだ。矢島は迫った。

「きのうのケリは、どうつけるんだ。怪我人も出てるし、放っておけないから、こうしてやって来たんだ」

　西原も、怒気を露《あらわ》にした。

「これからは、共存共栄だったはずじゃないのか！」

　確かに、不可侵条約を破ったのは三本杉一家のほうだった。

　しかし、低姿勢だった中原は、急に逆切れして居直った。

「そうはいっても、おれは、昨日、さらわれそうになったんだ。それは、どうしてくれるんだ！」

　中原も必死だった。自分を正当化しなければ、金を出さなければならなくなる。ヤクザである以上、安目は売れない。

　話し合いは堂々巡りだった。

　中原が、腕を組んだ。中原は、鼻で笑うように言った。

「ふん、だったら、渋谷から出て行くんだな」

　西原は、中原を睨みつけた。

「なんだと」

「だから、渋谷から出て行けって言ってるんだ」

　渋谷にいるのは、安藤組のほうが早い。矢島も、中原の一言で頭に血がのぼった。

「それは、おまえの考えなのか、組の考えなのか」

「そんなこと、どっちでもいいだろう」

グループ長西原健吾射殺

矢島が食ってかかった。

「おまえたちは、話に来たのか、喧嘩に来たのか、どっちなんだ！」

中原は、また繰り返した。

「話つけたきゃ、おまえたちが渋谷から出て行くんだな」

「そんなふざけた話、聞くわけねえだろ！」

話し合いは、二、三十分過ぎてもなお折り合わなかった。

レストランのそばに待機している三本杉一家の先輩たちが、もたつく中原に苛立っていた。

〈遅い……。中原の野郎、道具を持って行って、殺るという態勢をとっているのに、まだ始末をつけねえ。いったい、何をやっているんだ！〉

ついに二階に上がってきて、いくつかのテーブルに着いた。

矢島は、あたりの異変に気づいた。レストランに入ってきた二組の客は、どれもこれも男同士の客ばかりである。しかも、その男たちは、自分たちの方をちらちら横目で見る。矢島は、その男たちを、どこかで見たような気さえしてきた。

〈どうもおかしい……〉

話し合いは、なおつかない。

最後に、中原が叫んだ。

「もう、渋谷から出ていけ！」

そのとき矢島の眼の端に、周囲に散らばるように座っていた男たちが、音もなく階段を降りて行くのが入った。

〈おかしい、やばいぞ!〉

話し合いが、二時間にもおよんだ午後八時十分ごろだった。矢島が、立ち上がりかけた。

その瞬間、レインコートを着た桜井のほうが先に反応していた。

「この野郎!」

パッと立ち上がると、コートの下に隠していた柳刃包丁を振り上げるや、矢島の顳《こめかみ》を斬りつけた。

〈あッ!〉

矢島は、一瞬眼をつぶっていた。矢島の頭に、ガツンと、殴られたような鈍痛が走った。何が起きたのか、自分では一瞬判断できなかった。

矢島は、崩れ落ち、床に手をついた。

気がついて、もう一度立ち上がろうとした。そのとき、矢島はもう一度斬りかかられた。眼の下が、横なぎに切られた。

そのとき、西原の怒りが、ついに爆発した。西原は、立ち上がると、テーブルに手をかけた。テーブルをひっくり返そうとした。

「小僧! よくも、舐めやがったな!」

その瞬間、テーブルをはさんで西原の斜向かいにいた中原は、〝右懐〟から〝左手〟で拳銃を取り出した。西原は、てっきり中原は丸腰だと思っていただけに、虚を衝かれた。

〈拳銃を、右胸に隠していやがったのか!〉

それこそが、中原の心理戦の効果だった。

そもそも西原は、空手の達人である。いくら中原が拳銃を持っていようと、それだけでは、西原にはかなわない。まず、十中八九やられる。西原には隙がないのである。

じつは、三本杉一家は、一カ月前から西原を狙い続けていた。もちろん拳銃装備の殺人部隊である。しかし、西原には一分の隙もなく、安藤組の取り巻きもまるで哨戒機のように周囲を徹頭徹尾警戒していた。蟻《あり》の這い出る隙もないとは、まさにこのことだった。

中原は、思案していた。どうすれば、西原の隙が突けるか。

中原は、一週間ほど前に雀荘で西原に会っている。そのときは、左懐に入れていた拳銃をこれみよがしに見せつけた。一転、『外苑』では、わざと右胸に拳銃を潜ませ、あたかも素手のように装い、西原に油断させたのである。

しかし、利き腕でない左手で、銃を抜くことは難しい。そこは、抜け目のない中原、あらかじめ左手で銃を抜く練習をしていた。

中原は、ついに練習していた左手で拳銃を抜いた。持ち替えず、そのまま左手で西原めがけて撃った。

西原に命中した弾は、一発は、腹を食いちぎった。拳銃から出た炎が中原の左手に降りかかった。バックファイヤーの跡は、後年まで残るほど左手の火傷《やけど》になっている。が、その刹那《せつな》、中原自身は、無我夢中で熱いとも痛いとも感じなかった。

中原は、ふたたび拳銃の引き金を引いた。

二発目は、西原の喉《のど》から肩に抜けた。

中原は、また拳銃の引き金を引いた。

三発目は、西原の心臓の横をかすめ、貫通した。

中原は、さらに四発目の引き金を引いた。

弾は矢島の頭をかすめて、なんと、斜め上へ飛び、幅三十メートルの通り一つへだてて新築中の『主婦と生活』本社ビル三階のガラス窓をぶち破った。その部屋は、工事の設計管理をしているＮＯＵＳ設計事務所の一室で、所員ら五人が計画会議の真っ最中であった。厚さ六ミリのガラスに穴があき、蛍光灯をかすめ天井近くのベニヤ壁に突き刺さった。そのとき会議中の設計士たちが、たまたま下を向いていた。顔を上げていれば、弾に当たって死んでいたといわれる。民間人を巻き込んでいれば、中原の求刑は無期懲役だった可能性もあった。

とはいえ、一発外したものの、四発中三発は命中したのだから、中原の左手もなかなかのものだった。左手では、銃弾発射時の反動は大きく、連射は難しい。が、それを差し引いても、西原が巨漢だったうえ、近距離で撃ったことが命中率を高めていた。

中原は、連射しながら後ずさりするように逃げた。

もしも西原が立ち上がってきて、中原に覆い被さってくれば、手負いの熊の反撃のようにやられるに違いない。中原は、血だらけの西原から目を離さなかった。

拳銃は、三十八口径スミス&ウェッソンだったが、激しい音は外に漏れなかった。レストランは、それほど広かった。

いっぽう外でグレーのダッチに乗って入口を見張っていた安藤組の三本菅ら三人は、まさか西原が狙撃されたとは知らなかった。

三本菅は、江ノ島の海の沖に舟を出し、先輩たちが見張ってくれているなかで、四十五口径の拳銃の襲撃の練習をしていた。音が耳に響くので、耳に綿を詰めていた。それゆえ、拳銃の音を聞けば何口径か察しがついた。四十五口径の音は、バーン、バーンバーンと重い。三十八口径の音は、パン、パンパンと軽い。三本菅は、今回三十八口径の軽い音を聞いて、隣のボウリング場で花火でも上げたのだろうくらいにしか思わなかった。

西原は、中原が逃げ去ったあとの虚空を睨みつけた。

「汚ね……え……」

西原は、勢いよくテーブルをひっくり返した。が、その場に蹲《うずくま》り、息絶えた。ベージュ色の絨毯《じゅうたん》に、鮮血が染み広がった。

中原は、階下に駆け降りた。降りきって、振り向いた。

二階から矢島が観賞用の植木鉢を投げているのが見えた。一心不乱に逃げる中原は、植木鉢を投げる矢島に恐怖を覚える余裕すらなかった。

矢島は体勢を崩し、その場でよろめいた。

「畜生！」

階段のところで、そのままその場に座りこむように倒れた。矢島は、そのまま意識を失った。

いっぽうダッチに乗りこみ、入口を見張っていた三本菅の眼にも、二人の男がレストラン外苑から飛び出してきたのがわかった。

〈あいつらだ！〉

中原と桜井は、停めてあった車にあわてて乗りこむと、すぐさまエンジンをかけた。

中原は、あらかじめ逃走経路を綿密に計画していた。事務所には行かない。別の地点に向かう算段をしていた。車は、前もって考えていた地点に向かって走り出したかに思われた。

いっぽう三本菅らも、丸みをおびたダッチを発進させた。

が、逃走する中原たちは、余裕を持っていた。中原は、助手席に座りながら、弾倉から空の薬莢《やっきょう》を抜き、新しい弾をこめることを忘れなかった。

三本菅は、大声で言った。

「あいつらだ！　なんとしてでも、捕まえろ！」

もう一人の若い衆が言った。

「でも、車に乗ってるんですぜ。あのスピードじゃ、前に回るなんて無理だ！」

「じゃあ、体当たりしろ！」

「おう！」

三本菅たちは、ダッチで中原の乗った車の後ろからぶつかって止めようとした。ドーンという大きな音とともに、車はぶつかった。

中原たちは、さすがに驚いた。が、中原たちの車は、横にずれただけで、車の右側を電柱に擦りつけながらも、なお走りつづけた。

三本菅らは、前を走る車を追ってはいたが、中の二人が、西原を撃ってきたとは知らなかった。それでも彼らの異常さに気づいていた。

三本菅らのダッチは、彼らの前に付くかたちになった。

中原たちは、左横にすり抜けるようにして、二四六号線をまっすぐ渋谷方面に逃げて行った。

夜八時過ぎ、二四六は、非常に混雑していた。その中を、中原たちの車は猛スピードで逃げていく。

三本菅たちは、追いつづけた。

そのとき、三本菅は、初めて前の車から男が身を乗り出し、自分たちに向かって拳銃を撃とうとしていることに気づいた。が、三本菅は高をくくっていた。気にかけなかった。

〈こんなスピードで飛ばしてるんだ。まぐれ以外当たるはずがない〉

中原は、逃走中、車の窓を開け、三本菅たちのダッチ目掛けて銃撃した。

ダッチが近づけば、撃つ。撃てば、ダッチはあとずさる。徐々にダッチは後方に離れていった。

予定では中原たちは、事務所ではなく別の地点に向かうつもりだった。が、運転手が何を勘違いしたのか、南平台の三本杉一家事務所に乗り着けてしまった。

岸悦郎総長の舎弟分である幹部の一人が、そわそわしながら事務所から飛び出してきた。中原に、八つ当たりした。

「なんで、事務所に来たんだ！」

中原は、そんな幹部の怯えと、運転手の不手際に苛立った。

中原は、土足のまま事務所に上がりこんだ。

「ふざけんな！　こっちは、体を賭けてきたんだ！」

中原は、そう啖呵を切ると、そのまま事務所の外に出た。

カッカしながら、事務所の近所をぐるっと回ると、近所の大きな屋敷の塀の中に、ポンと拳銃を放り投げた。とりあえず拳銃を隠し、あとで取りに来ようと思ったのである。

中原は、拳銃を処理して、事務所に戻ろうとした。そのとき、中原らを追って来た三本菅らを乗せたダッチが事務所前に着いた。

三本菅たちは、中原の姿を見つけるや、あわてて車を停めた。

三本菅は、車内にあったバットを持って外に飛び出した。中原に声をかけた。

「てめえ、待ちやがれ！」

三本菅の姿に気づいた中原は、一目散に事務所内に駆けこんだ。

三本菅が追いついたか、というとき、玄関の扉は閉められた。

「この野郎、このままですむと思ってんのか！　かならず、やっつけてやるからな！」

三本菅は、バットを思いきり扉に叩きつけると、車へ戻った。三本菅が車に乗りこんだとき、パトカーのサイレンが聞こえた。

三本菅たちは、ふたたびレストラン外苑に向かって、車を走らせた。

第9章　安藤組解散

安藤の解散決意の焦点《ポイント》

昭和三十九年（一九六四年）十一月七日の深夜から、熱海一帯に、激しい雷鳴がとどろいていた。

東興業の安藤昇社長は、悪夢にうなされたときのように、ハッとして眠りから覚めた。

頭を横に大きく振ったとき、ふたたび雷はとどろいた。

〈何時ごろだろうか……〉

安藤は、枕元においてあった目覚し時計を見た。時計は、八日午前一時を回っている。

〈こんな起き方をしたのは、何年ぶりだろう……〉

いやなことが起きなければいい。安藤は、大きく溜息《ためいき》をついた。

そのとき、隣室にある電話がけたたましく鳴りひびいた。

一回、二回、三回、四回。

安藤は、静かに受話器をとった。

「もしもし」

「もしもし、しゃ、社長は、おりますか」

電話の声は、三崎清次であった。三崎の声は、あわてていた。安藤には、三崎が緊迫しているのがよくわかった。

　安藤は、冷静を装って答えた。

「おれだ」

「三崎です」

「いまごろの電話じゃ、何かあったんだな」

「西原が、やられました」

「何？　三本杉一家か。それで、怪我《けが》はひどいのか」

「いえ、殺されました」

「……！」

　激しい衝撃が、安藤の体を貫いた。

　安藤は、絶句していた。

　殺されました、という三崎の声が、安藤の頭の中を何度も何度も行ったり来たりした。

　激しい衝撃が、安藤の体を貫いた。

　三崎は、なおも話しつづけている。

「矢島も、傷を負いました。矢島はどうやら助かる見込みですが、西原のほうは即死でした」

「よし、すぐ帰る。事情は、それから聞く」

　安藤は、手から受話器をすべり落とすように置いた。

　熱海までお供をしてやって来ていた志賀日出也が、夜中の電話に気づき、安藤のところへ近づいた。

　志賀は、安藤の顔色が悪いのに気がついて、訊いた。

「社長、どうかなすったんですかい。顔色が、物凄《ものすご》く悪いですぜ」

　安藤は、志賀に言った。

「おれは、夢を見てるんだよな。寝ぼけてるんだよな！」

志賀は、安藤の取り乱した姿を初めて見た。

志賀は、安藤のただならぬ姿にあわてた。

「どうしたんです、社長！」

安藤は、ぼそりと言った。

「西原……死んだ」

「死んだ！」

志賀も、口を開いたまま、その場に座りこんでしまった。

それから三十分後、安藤と志賀は、大雨の中を車で東京に向かった。

車中、安藤と志賀は、一言も言葉を交わさなかった。

安藤の心は複雑だった。錦政会三本杉一家とは別に、その背後に控える稲川聖城会長とは、ずっと親しくしている。その三本杉一家の者に、西原を殺されたのである。

滝のように流れる雨で、視界はほとんどきかない。それでも運転手は、思いきりアクセルを踏んでいた。

雨の中、百キロ近いスピードで、東海道をつっ走った。

安藤たちの車が、第二京浜で東京へ入ったとき、夜はしらじらと明けはじめていた。

昭和三十九年十一月八日の『毎日新聞』朝刊は、《暴力団、レストランで乱闘　外苑　刃物振い短銃撃つ　二人死傷恐怖の客逃げ出す》と題して、西原殺害を報じた。

十一月九日、西原の葬儀が、雨のそぼ降る中、大田区蒲田《かまた》の自宅でしめやかにおこなわれた。

安藤が姿を現わしたときには、幹部たちが殺気だった声をあげていた。

「おい、これからでも、仇討ちに行こうじゃねえか！」

前の日の晩、西原の郷里である九州・福岡から、急を聞いて母親が駆けつけてきた。

安藤は、まだ母親に正式に挨拶することができないでいた。早くしなければ、しなければと思っていたが、葬儀の準備や何かで、そのきっかけを失ってしまっていた。

祭壇に飾られた西原の遺影は、何の屈託もなく、にこやかに微笑んでいる。この明るさが、生前の西原を偲《しの》ばせ、弔問に来る客ごとに涙を誘っていた。読経の中、焼香がつづく。

出棺を目前にして、僧侶が棺桶の上の錦布を外し、棺《ひつぎ》の蓋《ふた》を開けた。西原の顔は、傷もなく、寝ているように穏やかな顔をしている。が、そのすぐ下の首筋は、弾痕《だんこん》を隠すために、真っ白なガーゼが当てられていた。

このとき、安藤は初めて西原を見た。首筋のガーゼがあまりに痛々しく、眼をそむけそうになった。

〈いや、西原の供養のためにも、おれはこの西原の姿を見とどけなければいけない。西原を殺したのは、このおれだ〉

安藤は、こぼれ落ちそうになる涙を必死でこらえようとした。

参列者が、一人一人、菊の花を死者にたむける。

安藤も、西原の体に花をそえた。

最後の一人が花を置き、顔を残し、西原の体が菊の花で埋もれた。

そのとき、いままで耐えに耐えていた母親が、動かない西原にすがりついた。

「健ちゃん！」

老いた母親は、肩をふるわせ泣き崩れた。

母親は、しがみつくように西原に添い、花をかきわけるように、泣きながら頬ずりをした。

「健ちゃん！　健ちゃん！」

老母は、何度も自分の息子の名を呼び、頬をすり寄せた。

安藤は、西原の母親が、早くに夫を亡くし、女手一つで西原を育て上げたことを知っていた。一人息子に先立たれた哀れな老母の姿を目《ま》の当たりにして、安藤の体の中は、自責の念でいっぱいになった。

老母は、なおも西原にすがりつき、話しかけている。

「健ちゃん、おまえ、どうしてこんな姿になってしまったの！　健ちゃん、お母さんですよ。わかるわね、痛かったろうにね」

息子を亡くした悲しみに身をよじる母親の姿が、安藤には耐えられなかった。

安藤は、自分の体が震えているのに気づいた。胸がきりきりと締めつけられ、手足の感覚がなくなっていた。それが、さながら針の筵《むしろ》に座らされたような痛みに思えた。

生きた子に語りかけるような母親の言葉を耳にしながら、安藤は考えていた。

〈おれは、西原よりも何年も多く生きている。花形を犠牲にし、西原を犠牲にし、おれは他人の命を散らせた分だけ生きながらえている。かわいい舎弟たちを犠牲にしてまで、求めていたものは、いったい何だったんだ！〉

時間がきて、そろそろ出棺だというのに、老母はまだ西原の遺体から離れようとしなかった。

組の幹部たちが、無理矢理棺から剝がすように母親を連れてきた。

母親は、安藤に、泣《な》き腫《は》らした眼を向けた。

安藤の背中に、戦慄《せんりつ》が走った。

老母は、安藤に言った。

「子供が親より先に逝くなんて、こんな不孝なことはありませんよね」

安藤は、背中を後ろから叩っ斬られたような気がした。

言い知れぬ孤独感が安藤を襲った。

〈こんなことを、つづけていちゃいけない。やめるなら、いましかない……〉

血で血を洗う果てしない抗争。いま、そこに終止符を打つときがきた。

安藤の気持ちは、複雑だった。刑務所まで訪ねてくれ、放免祝いまでする稲川聖城会長率いる錦政会の下部組織に、西原を殺されたのである。

安藤は、老母に土下座して謝った。

「お母さん、おれが悪かった。すまなかった。もうこんなことは、二度とさせない。組は解散する。どうか、許してください！」

式場は、一瞬、水を打ったように静まりかえった。そして誰もが、わが耳を疑った。

そこで、安藤が解散を決意するのだが、もしも東興業を単独で維持してゆく方法があるとすれば、西原を殺した錦政会も敵に回し、花形敬を殺した東声会も敵に回し、闘争を続けるということになる。

しかし、安藤は、その道を選ばなかった。

安藤は思った。

〈このまま東興業が闘争をつづければ、また何人も、死ぬ。刑務所に行く者も出るだろう。それは、あまりにも辛い……〉

安藤は、その夜、妻の昌子に口にした。

「組をやめたいと思うんだが……」

昌子は、ただひと言「そう」と答えるしかなかった。

結婚して二十年、夫が初めて見せた態度だった。なにをするにも、事後承諾させられてきた昌子だったが、その夜だけは、夫がしんみりと語りかけたのである。

組を解散して、ヤクザの道から足を洗うことは、獄中でも考えていたことかもしれない。しかし、つい先ごろ、かわいがっていた子分の一人西原健吾が無謀な若者に射殺された。その葬儀に九州から上京した母親が、息子の死体を抱いて泣き崩れる姿を見たとき、はっきりと「安藤組解散」の決意は固まったようだった。

安藤は、妻の昌子にハッキリ言った。

「決めたよ！」

昌子は、笑顔を向けた。

安藤は、昌子をねぎらった。

「これからが大変だよ。苦労をかけるよ」

昌子は、何年ぶりかに優しい言葉をかけられて、うれしかった。

いっぽう矢島が、安藤組の解散を聞いたのは、入院先の病院のベッドでのことであった。矢島は、西原が殺されたときそばにいて柳刃で斬られて重体のまま、まだ入院していた。

急を聞いた若い衆が、わざわざ病院まで知らせに来たのである。

「社長が、西原さんの葬式で、安藤組を解散するって……」

矢島は、落ち着いて言った。

「そうか、解散するのか……」

矢島は、純粋に、安藤のことが好きであった。だから、安藤が解散したほうがいい、と決めたのなら、そうしたほうがいいと思った。

黙りつづけている矢島に、若い衆が訊いた。

「矢島さんは、どうするおつもりで」

矢島は、若い衆に言った。

「組を解散するのは、長が決めることだ。それに対して、とやかくいうのはいけない」

そう言いながらも、矢島の中には一抹の悔しさと寂しさが残った。

昭和三十九年十一月十一日付け『毎日新聞』夕刊は、安藤組解散を決意した安藤昇のインタビューを掲載している。

《――涙がかわいたらまた（解散の）考えが変わるのではないか。

安藤　そんなことはない。刑務所に入っていたころから考えていたことだ。四、五日前にも幹部を集めて了解してもらった》

社会は、安藤組の解散に半信半疑だった。

本当に安藤組は解散するのか。たとえ組長が解散するといっても、若い衆はどうするのか。解散は口実で、地下に潜るだけではないか。偽装解散ではないか。世間の目は厳しかった……。

「解散式」次第

安藤組の解散式前、安藤昇は、石井福造の経営しているバー『かっぱ』に電話を入れた。

石井は、その直前に名古屋刑務所から出所していた。

安藤は言った。

「六本木の中華料理屋『楼園』で待っている」

石井は、楼園に車を走らせながら、あらためて出所してきたときの淋しさを想い出していた。

石井は、シャバの事情がわからなかったから、渋谷に帰ると、てっきり百人くらいの安藤組の連中が出迎えてくれるだろうと思っていた。が、出迎えたのは、わずか十人程度であった。

「おい、いったい、どうなってるんだい」

「いまや、渋谷の街は、錦政会にすっかり占領されちまいました。ウチの組の者は、ほとんど出歩いちゃいません。兄貴も、渋谷の街は歩かないほうがいいですよ。錦政会の者にやられてしまいますよ」

石井の落胆は大きかった。

〈これじゃ、ムショへ行ったのが、何のたしにもならねえな……〉

石井は、渋谷に帰った夜、ムショに入るまで顔だったバー『あかね』に入ると、マスターに言われた。

「ウチは、錦政会に面倒を見てもらうようになりましたから、お引き取りください」

石井は、いまさらのように渋谷の変わり様におどろいた。

安藤組の者が錦政会が面倒を見ているバーでツケをすると、翌日、錦政会の若い衆が来て体をさらっていき、ツケを払わされていることもわかった。

石井は、楼園に入り安藤の待っているテーブルに着いた。

安藤は、いきなり切り出した。

「石井、カタギになれよ」

「………」

「な……」

「おれは、いやです。もう一回、頑張りましょうよ。渋谷の街を、昔のようにおれたちの場所にしましょうよ。おれ、頑張るから」

安藤は、静かに首を振った。

「石井、もうやれないよ」

「みんなでやれば、なんとかなります」

「石井、おれは、テレビで、カタギになる、と宣言しちまったんだよ。いまさらその言葉を裏切れねえよ。長たる者、そうそう自分の意志をひるがえしたりしねえもんだ。これで解散しなけりゃあ、おまえたちも、ずっと後ろ指を差されて生きていかなくちゃいけなくなる」

「いや、おれは……」

「そう言わねえで、石井、いっしょにカタギになろう」

「おれは、ヤクザしか、生きる道がないんです」

石井の決心は固かった。

安藤も、それ以上はすすめなかった。

「そうか。わかった。それじゃあ、心当たりの親分に頼んでシマをもらってやるよ」

「いえ、おれは、いまさら組には入りません。おれは、愚連隊として、一人でやっていきます」

昭和三十九年（一九六四年）十二月九日の解散式の日、安藤の妻昌子は、紋付きで正装して安藤を送り出した。

家に残り、ひっそりと静かな応接室に座って庭の池を眺めた。

〈たとえ、世間の目がどうあろうと、わたしは夫の解散の決心を守ってあげなければいけないのだわ。もうヤクザの妻の悲劇は、わたしだけで充分〉

昌子の瞼の裏には、二十年の間に、死んだり、傷ついた〝夫の仲間〟たちの男らしい顔が浮かんだ。が、その陰には、多くの家族の嘆きがあった。

昌子は、あらためて心に決めた。

〈それだけは、忘れまい〉

十二月九日、渋谷区千駄ヶ谷の区民会館で安藤組の解散式がおこなわれた。

石井は、安藤組の解散には反対であったが、やはり解散式のことが心配であった。

『かっぱ』のホステスに命じた。

「おい、安藤組の解散式にふさわしく、華やかでなくちゃいけねえ。おまえたち、会場へ行って、コンパニオンをつとめろ！」

六人ばかり、ホステスを派遣した。

いざ解散式といえども、もはや若い衆がひしめく安藤組全盛ではない。石井の想定では、安藤組本体からの参加者が多くは見込めなかった。

この日午後一時三十分、渋谷区千駄ヶ谷の区民会館で安藤組の解散式が始まる。

石井は、なんとか参加者をかき集め、十人ばかり連れて解散式に参加した。石井は、会場に顔をそろえた親分衆に感謝した。住吉会の立川連合の顔である稲葉一利親分と小西保親分、落合一家の六代目だった高橋岩太郎親分、七代目の関谷耕蔵総長という錚々《そうそう》たるメンバーが若い衆を連れて来ていた。

石井は、ほっと胸をなでおろした。

〈少しは、体面が保たれたな……〉

いっぽう三本菅啓二は、原宿警察署に十一月中旬から逮捕勾留されていた。本部に送検され、起訴処分になった。懲役に向かう少し前、安藤組の解散式がおこなわれた。

担当官が、三本菅にわざわざ教えてくれた。

「安藤組が、解散するそうだ。その解散式が、今日おこなわれるそうだ」

三本菅には、とっさのことでよく意味が呑みこめなかった。

〈安藤組が、解散する!?〉

担当官が、わざわざ教えてくれたのだ。嘘ではないはずだ。

三本菅は、担当官に頼んだ。

「どうか、ひと眼だけでいい。解散式に出させてください」

担当官も、三本菅の気持ちを察した。

「まあ、近いから、連れて行ってやるか」

三本菅は、手錠をかけられたまま、警察官といっしょに、パトカーで千駄ヶ谷の区民会館へ向かった。

三本菅は、着ていた上着で両手首を隠すようにして、区民会館へ入った。

三本菅が会場に入ると、ちょうど安藤組長が、解散の声明書を読みあげるところであった。

《　解散声明書

この度、安藤組を解散したことを声明いたします。
この声明と同時に、今後は如何なる形においても、安藤組を称号してことをなすことはありません。
ここに、社会のみなさまに、過去においておかけした御迷惑をお詫び申しあげます。あわせて、今後は、深い反省のもとに、おのおの、善良なる一市民にたちかえって、再度貢献する覚悟でありますから、なにとぞ、御協力をお願い申しあげます。

昭和参十九年拾弐月九日

安藤組解散委員会代表

安藤　昇〉

それは、安藤が前夜遅くまで書いていた直筆毛筆の声明文だった。

解散声明に続いて東京保護観察所長島田善治があいさつをし、続いて担当保護司を代表して山本門重が挨拶した。

「この種の団体が解散する困難さは実情に通じた人でなければなかなか理解できないものです。ある幹部が、わたしにこう申しました。『更生更生といっても何をすればよいのか。われわれが渋谷から姿を消して、それで平和になるなら結構だ。しかしわれわれが消えても他のものがやってくる。消えた意味がないじゃないか』と。この言葉は社会の欠陥をよくついた言葉だと思います。国民一人一人が保護司になったつもりでみてほしい」

社会の協力を呼びかけた。

ここまでは、平穏だったが、来賓挨拶になると、だいぶ様子がかわってきた。

横井英樹襲撃事件のとき、安藤の減刑の嘆願書を書いてくれた右翼の佐郷屋留雄は、こうぶちあげた。

「安藤組などというものの存在は、勝手にジャーナリストや警察がいったことで、そんなものはなかった。存在のないものがどうして解散するのか。正業につく、更生する、といっても、いままで強盗、盗人をやっていたのではない。安藤君が世間に知られた横井事件は、法にふれない暴力をなじったので、正しいとまではいわないが、やむを得なかった」

変わり種としては、友人として俳優の森繁久彌《もりしげひさや》がメッセージを贈った。

安藤と森繁は、かねてより交流があった。

森繁は、安藤が根城にしていた渋谷のバー『アトム』に、直筆の《酒、酒、酒……》という詩を贈っていた。

その詩は、安藤が森繁に頼んで書いてもらったわけではなく、森繁が勝手に送ってきたのである。森繁は、安藤の何かに魅了されていたようだ。安藤も、よろこんでそれを店に飾っていた。

そんな付き合いがあったとはいえ、愚連隊の解散式に、名のある俳優がわざわざメッセージを寄せたのは、やはり異例であった。森繁は、安藤に強く惹かれていたようだ。世間の狭い常識に囚われないのがまた、森繁らしくもあった。いっぽう安藤も、森繁主演の喜劇映画『社長シリーズ』が大好きであった。

東宝のプロデューサーが、森繁のメッセージを代読した。

「これは、何も俳優森繁久彌を売り出すというわけでもなく、組の若い人に強要されたわけでもありません」

そう前置きして、続けた。

「この決心は、有形無形の社会への貢献です。今日の初心を忘れることなく、明日の設計へ邁進《まいしん》してください」

それから、全員がジュースで乾杯に移った。

テーブルに並べられているのは、オレンジジュース、コーラ、サンドイッチにミカン。まるで会費制結婚式を思わせる。区民会館に隣接した千駄谷小学校ＰＴＡの要望で、花輪、酒類はいっさいやめたのだということ。

三本菅も、ジュースを受け取り、乾杯に加わった。

午後三時半、解散式が無事終わった。

帰る段になって、三本菅は、安藤と顔を合わせる機会があった。同行していた担当官が、三本菅に許してくれた。

「おまえ、挨拶してくるなら、行ってもいいぞ」

が、三本菅は、あえて断った。

「体がきれいになってから、あらためて挨拶に出向きます」

あまりに突然の解散に、心の整理もついていなかったのである。

三本菅は、そのまま警察署にもどっていった。

安藤は、稲川聖城が自分を組の幹部として欲しがっていることは察知していた。

実際に、安藤に対して、稲川のほうから間接的な打診もあった。安藤が乗ろうと思えば、乗れた合併話である。しかし、安藤は、あえて断っている。

安藤は、いかに大きな組の大幹部とはいえ、あくまでも子分である。「子分になる道」を拒んだのではないか。それまで安藤は、ずっと親分として生きてきた。誰かの子分になって、ヤクザ生命を長らえる、あるいは、ある種の安全圏で生き残るという発想がまるでなかったであろう。

安藤は、この世でただ一人の「親分」と認める稲川聖城とさえも縁を組まないのである。稲川聖城を個人的に好きであることと、自身が稲川の組に入ることとは峻別していたのであろう。

かりに安藤が稲川会のような大きな組織に入っていれば、自身はトップではなく、ナンバー3やナンバー4になってしまう。結果論だが、稲川会の大幹部である長谷川春治、森田祥生、趙春樹らと並び大名になっても、「安藤伝説」は、いまのような形では残っていなかったであろう。

安藤昇という男が渋谷で暴れて、最後は稲川会に入って安定したという物語だ。伝説にはなっていなかったろう。もちろん、安藤が自身の伝説化を欲したわけでもないし、そんなことを予見していたわけでもない。

安藤組解散後、残された組員の新たな修羅《しゅら》の戦いが始まった……。

第二期東興業の胎動

三本菅啓二は、昭和三十九年十二月九日、手錠をかけられたまま安藤組解散式に出ることを許されたが、十二月二十日に原宿警察署から東京拘置所に移された。

獄中の三本菅は、自分なりに思いを馳せつづけた。

〈はたして、安藤組が解散しないですむ方法はなかったのか……〉

やはり、伝統的な〝シマ〟概念は大事だったのではないか。そもそも渋谷のシマは、博徒の落合一家のものだ。落合一家となんらかの養子縁組はありえたのではないか。安藤組が、そのままの形で存続しようとすれば、それが一つだ。

戦後とは、落合一家の縄張りなど関係ないほどの動乱期だったことはまちがいない。だから安藤組もシマを無視して暴れることもできた。それはそれでよかった。しかし、やはりシマは大事だ。シマを握る落合一家ともっと上手くできなかったものか。

安藤組は、落合一家を舐《な》め切っていたことは確かである。本来であれば、渋谷で賭場を開く場合、落合一家に挨拶するのが筋である。

が、昭和二十年代から三十年代にいたるまで全盛の安藤組は、落合一家六代目の高橋岩太郎総長に日本酒を一升下げ、形ばかりの挨拶しかしなかった。というのも、安藤組の勢いが、落合一家の不満を押さえつけていたからである。

たとえ落合一家幹部から安藤組に文句が出ても、安藤組側が「何を言ってんだ！」と一蹴すれば、それ以上は言い返さなかった。

と同時に、安藤組最盛期には、衰退していた落合一家が自前で賭場を開くこともなかなか難しかったことも事実だ。

安藤組と落合一家の関係は、一部で小競り合いもあったが、おおむね良好であった。

高橋総長は、安藤組の事務所にふらりと現われては、安藤のいる前でのんびりと昼寝をすることさえあった。

高橋総長は、三本菅たちが麻雀《マージャン》をやっているところにも、女性を伴いしばしば現われたものだった。ご隠居さんではないが、日がな一日、三本菅たちの麻雀を眺めては、声をかけた。

「おお、三本菅、いい手してるねえ」

いっぽうの三本菅も、高橋総長を気の置けない〝おじさん〟と慕っていた。

「おじさん、いくらかこちらで用意するから、今日博打《ばくち》に来ませんか？」

「じゃ、頼むよ」

そんな具合で軍資金を手にした高橋総長は、博打場で、一日中でも一晩中でも座っていた。そして、三本菅が用立てて使ってもらう金を気持ちよくすべて張ってしまうのであった。

三本菅は、高橋総長と親しかっただけに、安藤組が博徒の落合一家となんらかの縁組みができなかったものかと、いっそう悔いるのである。

昭和三十年代後半、日本社会が安定期に入ってくると、風向きが変わった。安藤組といえども、昔ながらの博徒集団を重視せざるをえなくなっていたはずだった。住吉会、稲川会、山口組という巨大組織による、全国的な寡占化も同時並行で進んでいた。

つまり、昔ながらの博徒でシマ持ちの落合一家か、新興大組織である稲川会などとの縁組み。あるいは若い衆を送り込むか、もらうか。戦国時代の人質のやりとりではないが、養子にやったりもらったりしながら縁を組めば、お互いのつながりが強固になる。

インテリ集団の安藤組が、その手の計算ができなかったわけではない。戦わずして、一つの存在感を示すこともできたはずだ。

ところが、結局安藤組は、落合一家とも稲川会とも盃を交わすことなく解散となった。


三本菅啓二は、昭和四十二年（一九六七年）三月、成績優秀な模範囚として三年の刑期のところ一年早い二年で中野分類刑務所を出所した。

出所したばかりの三本菅の頭は、あくまでも徹底抗戦だった。

〈戦おうじゃないか。この世界で生きようとするなら、やっぱり戦うよりしょうがない！〉

三本菅の心は、懲役前と少しも変わっていなかった。

そのころ、かつての安藤組幹部の花田瑛一を中心に、かつての安藤組の仲間が再結集し、『第二期東興業』を立ち上げた。メンバーは、花田瑛一、矢島武信、志賀日出也、大塚稔、森田雅、浅井立成、熊沢進、三本菅啓二。

ただし、俳優としてカタギになっていた安藤昇は、ヤクザ者と接触しまいと心に決めていた。第二期安藤組には、まったく口出ししなかった。

第二期安藤組は、まず神宮前二丁目あたり、すなわち国道二四六号の神宮前三丁目の交差点を左に外苑方面に行ったところのビルの二階に事務所をかまえた。

なお、三階には、俳優の若山富三郎《わかやまとみさぶろう》の事務所があった。表札には、若山の本名である「奥村《おくむら》」と書かれていた。当時、若山富三郎は、借金問題を抱え俳優として不遇の時代であった。そこで第二期安藤組は、若山にしばしば金を貸していた。

三本菅は、第二期安藤組を盛り上げるために、安藤組の千葉一弘先輩がどうしても必要だと思っていた。

三本菅は、千葉を京浜急行品川駅のジュース売場に迎えに行った。

三本菅は、呆《あき》れたように語りかけた。

「千葉さん、何？　こんなところで、ジュースを売っている暇は無いでしょ。もう一回、渋谷でやんなきゃしょうがないじゃないですか」

千葉は、うつむき加減で答えた。

「おれだって、気持ちはあるけどさ……」

じつは、横井英樹襲撃事件の実行犯である千葉一弘は、昭和四十一年夏、仮釈放で出所していた。

なお、千葉が静岡刑務所で安藤組が解散した、という知らせを聞いたのは、組が解散してから半年も経ってからのことであった。

千葉は、安藤組解散のニュースを静岡刑務所に面会にやって来た、義理の母親である大宮福之助夫人から知らされた。千葉は、そのころ大宮福之助の養子になっていたのである。養子縁組みは、昭和四十三年に結ばれていた。そこで大宮夫妻は、あくまでも「親」として静岡刑務所にいる千葉に面会できたのである。

そもそも縁組みの話は、大宮福之助が希望したものだった。みずから千葉の実父を訪ねて申し入れている。

「一弘君を、養子にください」

そして、続けた。

「そのほうが早く帰ってこられる。ましてや初犯でもあるのですから」

千葉の実父は、大宮の提案を受け入れた。

しかし、なぜ大宮が、そこまで千葉を大切にしたのだろうか。

それは、大宮が千葉を幼少のころから、さらには千葉がチンピラになってからもずっとかわいがってきたからである。自身の使い走りとして大手企業を駆け回る千葉の有能さに一目も二目も置いていたからでもあろう。

と同時に、表社会にも裏社会にも顔が利く大宮は、総会屋の元締めという顔も持っていた。大宮には、裏の仕事で千葉に力になってもらおうという気持ちもなかったわけではないようだ。

いっぽう、養子縁組みについて、千葉の仲間である三本菅は、別の解釈をしている。そもそも横井襲撃事件以前からの二人の深い交流と信頼関係がすでにあったことにくわえ、横井襲撃事件そのものが、大宮に千葉をより身近なものに感じさせたのではないかという。おなじ「俠」の匂いを感じ取ったというべきか。

事件前から大宮は、千葉のみならず、安藤や志賀の面倒も見ていた。

安藤が開くロカビリー興行でも助力を惜しまなかった。また皇族である賀陽宮恒憲《かやのみやつねのり》殿下を安藤に紹介するなど、人的ネットワークづくりでも安藤組に貢献している。

大宮は、安藤にできそうな仕事があれば、すべて持って行ったものだった。もちろん、大宮が安藤を厚遇した裏には、自身の裏の世界での力を磐石なものにしたいとの思いもあったのだろう。

千葉は、大宮福之助の戸籍に入った。じつは、大宮福之助の「大宮」というのは稼業名であり、本名は「田中」という。つまり、静岡刑務所の中で「千葉一弘」は、「田中一弘」になったのである。

大宮夫人が昭和四十年五月に面会に来たとき、忘れていたことを思い出すように言った。

「そうそう、安藤組が、解散したよ」

千葉は、母親がてっきり冗談を言っているのだと思った。

千葉は、軽く否定してみせた。

「そんなの、嘘だよ」

「でも、みんな言ってるよ」

「嘘だって」

千葉は、大宮夫人との面会を終え、そのまま舎房に引き上げてきた。が、どうしても、大宮夫人の口にした「安藤組解散」の言葉が頭から離れない。千葉は、看守にそれとなく訊いた。

「安藤組が解散したって、本当ですか」

看守も、そっけなく答えた。

「本当だよ。半年前だ。新聞見せてあげたいけど、見せらんないよ」

「まさか……そんなことがあるわけない」

しかし、本当らしいとも思った。というのも、面会に来た大宮夫人の横には、千葉の兄貴分である志賀日出也の夫人である細木弘恵も同席していたからである。細木弘恵も、解散話を否定しなかった。なお、細木弘恵は、占い師の細木数子の姉である。

その様子を見て、千葉は悟った。

〈ああ、これはまちがいないな……〉

千葉は、シャバの変化をまったく知らなかった。安藤組が稲川会系の三本杉一家に押され、渋谷の勢力図が変わっていることも、東声会などの勢力台頭によって愚連隊の安藤組が追い詰められていたこともわからなかったのである。千葉の心に、疑問符だけが渦巻いた。

〈なぜ？〉

ただし千葉は、いずれはきっちりしたヤクザ組織が伸張して、愚連隊が生きづらい時代になることは入獄前から薄々予感していた。

ちなみに、面会に来ていた細木弘恵は、そのときすでに志賀日出也とは離婚していた。獄中の千葉は、二人の離婚すら知らなかった。その事実を知るのは、出所後である。

安藤組解散を知った千葉は、肚を決めた。

〈自分は、自分なりにやっていく〉

出所した千葉は、さっそく義理の父親である大宮福之助のもとを訪れた。

大宮は言った。

「おまえはまだ仮釈なんだから、働けよ。そこで見張っていればいいんだから」

千葉は、大宮の紹介で京浜急行電鉄の川崎駅や品川駅でのジュース販売の元締めのような仕事に就いたのであった。なぜ京浜急行電鉄かといえば、そもそも財閥解体令により昭和二十三年六月一日に東京急行電鉄から京浜急行電鉄、小田急電鉄、京王電鉄が分離・独立したという経緯があったのである。つまり京浜急行電鉄は東急の流れを汲む会社だった関係から、大宮の顔が利いたというわけである。

出所した千葉は、大宮から東急関連の諸々の権利をもらった。大宮としては養子になった千葉には、ゆっくりその後の人生を送ってもらいたかったのであろう。

三本菅は、千葉に再会し、あらためてその存在感の大きさを実感した。

〈ああ、この人は先輩として、やっぱり尊敬できるなあ〉

大宮福之助の養子になっていた千葉だったが、三本菅に強く誘われ、心が動いた。

〈新しい安藤組に、賭けてみよう〉

三本菅の話に乗ることに決めた。

武道家森田雅の誇り

石井福造が花形敬を子分の牧野昭二に撃たせたあと、逃げ込んだ相手であった森田雅は、昭和四十三年七月、梅雨が明けきっていない日の早朝、七年余りを過ごした小菅刑務所の門を出た。

森田の著『修羅場の人間学』によると、森田は、出所後、そのまま世田谷区用賀の実家に戻って、とりあえず母親が開いていたトンカツ屋を手伝うことにした。

ところが、コックの着る白い服と帽子に身を固め、カウンターの中に立ったまではよかったが、それから先が問題だった。なんといっても客商売である。店に出ていれば、すぐに森田がシャバに戻ったことがかつての仲間に知れ渡る。

ある日の夕方、トンカツ屋のカウンター席は、なんと十三人の森田の弟分たちによって占領されてしまった。

弟分たちは、森田に打ち明けた。

「安藤組は解散したが、森田一派は解散せず、兄貴が出所して来るまで待ち、安藤組の解散式にも出なかった」

森田は、複雑な心境であった。安藤組解散後、組員はそれぞれカタギになったり、他の組織に移ったりして散り散りになっていった。かろうじて、かつての安藤組幹部の花田瑛一を中心に、かつての安藤組の仲間が再結集し、第二期東興業を起ち上げていた。

いっぽう森田一派も、そのまま渋谷に居残っていたのだ。森田自身が、生来、不器用な人間だから、弟分にもそんな連中がそろっていたのであろう。

「解散式をやってないなら、明日やろう。おまえたちも、カタギになって出直してくれ」

翌日、森田は、ふたたび集まった十三人をコック姿で迎えた。

「待っていてくれてありがたいとは思うが、安藤組の森田一派は、今日で解散する。わずかだが、これで紺の背広でも作って出直してくれ」

薄い茶封筒を、一人ずつに渡した。母親から借りた金であった。

森田が復帰の旗を揚げるなら、もっと人数は集まると、名前を指折り数える者もいたが、安藤や安藤の兄貴分であった小林光也・通称「小光ちゃん」のように〝組〟を〝企業〟へと変身させる器量は自分にはないとわかっていた。

安藤は、安藤組を『東興業』という会社にして事業をしていた。小林は銀座で不動産屋もやっていて、森田はその仕事を手伝っていたことがある。

森田がビールとトンカツで昔話をし、十三人を送り出したのは深夜だった。

やはり後ろめたい思いはつきまとい、苦々しい気持ちを抑えることはできなかった。

ただ、しきりに自分に言いきかせるだけだった。

〈これでいいのだ〉

しかし、森田は結局、子分たちに請われて、コック服を脱ぐことになった。

多摩川べりに農家の離れを借り、一人暮らしを始めた。

そこへ、子分たちが次々に集まってきた。

そしてまた、かつてのような喧嘩の日々となり、ついには大乱闘事件まで引き起こした。

大乱闘の数日後、事件の顚末《てんまつ》を耳にした元安藤組大幹部の矢島武信と、のちに作家安部譲二として華やかに売り出す安部直也が、酒を持って森田の家を訪ねてきた。

なんと、大きなブルドッグも連れていた。

「このブルドッグは、番犬にしてくれ」

矢島らは、お祝いに来たのであった。

「今回のおまえさんの勝ちっぷりは、まことに気分がいい」

森田は、森田一派と矢島ら第二期東興業の一隊が合流すれば、相当な戦闘力を持つ集団ができあがるとわかっていた。

〈もう一度旗を揚げれば、集まってくる安藤組残党も少なくないだろう。だが、その旗頭となるべきおれには、安藤社長や小光さんのような器量はない。せいぜい二、三十人の戦闘部隊を率いて暴れるのがいいところだ〉

自分のような器の者が総大将となって戦《いくさ》を始めたら、兵は不幸になる。個々の局地戦では勝利をおさめても、長期的には、より多くの者を不幸にするにちがいない。すでに闘争心と武力だけでは渡りきれぬ世の中になっていることをひしひしと感じていた……。

昭和四十三年（一九六八年）の秋もだいぶ深まったある日、剣術と柔術を中心とした武術「鹿島神流」の師範である森田雅は、久し振りに渋谷で横井英樹襲撃事件の実行犯である千葉一弘と会った。

話がはずみ、もう一軒寄ろうということになった。

「それなら、鍋だ」

世田谷区駒沢の居酒屋へ向かった。

その居酒屋の主人は、森田の小学校時代の先輩だった。寄れば旨いものが食えるだけでなく、じつに気分よく飲める店だった。

暖簾《のれん》をくぐると、中央が一メートル半ほどの通路で、左右は一段高い畳敷きの座敷になっている。そこに、それぞれ四つほどテーブルが置かれ、衝立《ついたて》で仕切られている。

その日は、衝立を取り払った左手の座敷に、男ばかり二十人ほどの団体客が入っていていてひどく騒がしかった。

一番奥のテーブルに、当時、城東地区、つまり、葛飾区、墨田区、江東区、江戸川区地域から安藤組の解散した渋谷へ進出を開始した大手組織につながりのある親分が座っていた。

その横でビールを注いでいるのは、横沢康平というこの付近の地つきのヤクザであった。互いに子供のころから顔は知っていた。

二十人ほどの一隊は横沢の配下で、今日は、見回りにきた親分を接待しているらしかった。すでに大鍋が四つと十数本のビール瓶が並べられている。

右側の座敷には、客が入っていなかった。

森田と千葉は、一番奥のテーブルに着いた。そのため親分と横沢の囲んでいるテーブルと、通路をはさんで並ぶ形になってしまった。

森田らがビールを飲みながら、湯気を立て始めた鍋を、もう少しかなと待っているときだった。

背中の後ろから、横沢の声が聞こえた。

「アイツは、解散した安藤のところで、少しはいい顔だった森田ですよ。いまだに侍の真似をしてるフーテンです。先輩、挨拶させましょうか」

森田は、一瞬、わが耳を疑った。「鹿島神流」の師範である自分を「侍の真似をしているフーテン」とまで揶揄しているのだ。

森田は、隣の席にも届くように、はっきりと言った。

「千葉君、聞こえたかい」

千葉は、温和そうな顔をゆっくり左右に振りながら答えた。

「まいったなぁ……」

二人は、顔を見合わせニヤリとした。

相手は、森田といっしょにいる男が、横井英樹を撃った命知らずとは知らないらしい。

〝戦う人間〟をやめない男の果て

二人は、座敷の端に腰掛ける形で靴を履き始めた。

横沢たちは、二十人もいるので油断しているのか、それとも暴言を暴言とも思っていないからか、まったく動こうとしない。

靴を履いた千葉は、ふたたび座敷に上がった。鍋が乗ったテーブルを通路側へすーっと押し出し、横沢らのテーブルを向いて大胡座《おおあぐら》をかいた。〝開戦〟と同時に、煮えたぎった鍋を浴びせかける構えだ。

通路に立った森田は、チンピラのころ〝ヘイ公〟と呼ばれていた横沢康平の名をもじって声をかけた。

「おい、兵児《へこ》さん」

二十人の視線が森田に集中した。店内の空気が強張《こわば》った。

横沢は、キッとなって森田を睨み返してきた。

「ヘコさんて、誰だい？」

「男の子のことさ。もっとも鹿児島じゃ、男のイチモツも、そう呼ぶんだけどな」

森田は、そう言いながら一同を見渡した。

〈飛び道具を持っていそうな奴はいねぇな〉

道具はあっても、せいぜいナイフ程度だろう。

「おい、兵児さん、おれを誰かに紹介するとか言ってたな。でもなあ、テメエの紹介じゃぁ、総理大臣にだってお断りだ」

横沢は、苦虫を噛みつぶしたような顔になり、親分のほうを見た。

「こういうフーテンなんですよ」

大組織の看板と、頭数さえそろっていれば負けないと思っているらしい。

親分は何も言わずに、ジッと森田の顔を見ている。

森田はつづけた。

「おい、兵児さん、組は解散しても、森田は森田だ。おまえに挨拶させられるほど落ちぶれたつもりはないよ。おれのことを、二度と言うな！　いま、便所へ行ってくるから、文句があるなら、それから聞いてやる」

森田は、便所に向かった。

残念ながら、便所には武器になる物は何もなかった。急いでベルトを抜いた。ネクタイを外してベルト代わりに締めた。ベルトは、右手にグルグルと巻いた。

〈これでナイフか包丁くらいなら、拳《こぶし》で叩き落とせる〉

森田は、気を鎮めて作戦を立てた。

〈ベルトパンチで叩き落としたナイフでも手にできれば、それでよし。光り物が出てこなければ、調理場に駆け込めばよい。手頃な武器は、いくらでもあるはずだ〉

いっぽうの千葉は、何度も修羅場を潜ってきた猛者《もさ》だ。まちがいなく煮立った鍋を横沢に命中させるだろう。

二十人いても、すぐに応戦できるのは三人か四人がいいところだ。

〈よし、やれる〉

そう確認したところへ、ドア越しに横沢の声がひびいた。

「森田の野郎、ぶっ刺せ！」

森田は、その瞬間に便所のドアをすさまじい勢いで蹴破った。

〈いまが勝負の機だ〉

たとえ親分が命令を発し、それに従うべき武器を持った人間が二十人いようと、その命令は、特定の誰かが当事者として明確に受諾しないかぎり、有効なものとはならない。人数が多ければ多いほど、それはむしろマイナスに作用する。二十人いれば、その誰もが自分が命令を受けたとは思わず、いったい誰がやるのだろうと、第三者的な考えを持ってしまうものだ。

だから、「ぶっ刺せ」と命令を出すなら、誰か一人を指名しなければならない。そして、その指名を受けた者が「よし、自分が刺す」と覚悟を決めるには、どんな男でもたいてい五秒くらいの時間がかかる。その五秒は長い。喧嘩の場面での五秒は、一勝負ついてしまう時間である。その五秒をどれだけ縮められるかが、戦闘部隊の強弱を決定するとも言える。横沢が「刺せ」と命令を出したものの、特定の個人が出現していないそのときこそ、一気に勝負に出る瞬間なのだ。

森田が便所のドアを蹴破った突然の大音響に、一団は茫然として立ちつくしていた。

森田は、声をかぎりの大一喝を浴びせた。

「この野郎！　やる気か！」

ベルトを巻きつけた右手にグッと力を入れ、横沢に向かった。

座ったままの横沢の上体が、後ろにのけぞった。

森田は、ベルトを巻きつけた右手を横沢の顔面に叩きこんだ。

いっぽう千葉は片膝を立てて腰を浮かし、グツグツと音を立てている鍋の乗ったガスコンロに手を伸ばした。

横沢に、煮えたぎる鍋を投げつけた。

「ぎゃあ！」

横沢の悲鳴が上がった。

横沢の二十人の配下は、通路と座敷に立ったまま木偶《でく》人形と化している。

森田は、彼らに怒鳴った。

「文句は、無えのか！」

「……」

「無けりゃあ、帰るぞ」

そう宣言して、通路を塞いでいる連中のほうへ一歩踏み出した。

連中は、ザッと左右に割れた。

「千葉君、帰ろうか」

ニヤリと笑った千葉は、横沢と親分を一瞥すると、一万円札を一枚テーブルの上に置いた。落ち着きはらい、ゆっくりと立ち上がった。

森田は、彼らを睨みつけた。

「右に寄れ！」

店の玄関に向かって左側に立っている連中に命じた。

すでに気合いで勝っているとはいえ、通路を歩いていけば刃物の至近距離だ。一方向からならともかく、左右から出てきては、なかなかかわせるものではない。

左側の連中が、音も立てずに右に移動した。玄関まで六、七メートルの通路だ。

森田は、いつでもベルトを巻いた右手を繰り出せる体勢で、ゆっくりと進んだ。

森田は、並んで立っている連中の目を、一人一人とらえた。手足の動きに注意を払うより、目の色の変化を見ていなければならない。目で目を抑え込み、手出しをさせないと言ったほうが正確だろう。

玄関近くに立っていた男の目が、動いた。

が、それは敵意のある変化ではなかった。不可解なことに目礼をするような動きだ。

続いて、その付近の数人が同じ表情をした。なんと、安藤組時代、森田が親しくしていた男の若い衆たちではないか。どういう経緯か、いまは横沢の下にいるらしい。

森田と千葉は、無事に玄関を出た。

店の前に停めてあった車に乗り込んだ。

目礼をした四人が、店から出てきた。

「先輩、気をつけて……」

一人の若い衆が、小声でささやいて頭を下げた。

森田は、その一言がズシンと胸に応えた。森田は、振り返った。

〈つまらない喧嘩を売られたものだ……〉

売られたと思ったから、ついつい買ってしまった。が、相手には売ったつもりすらなかったのかもしれない。

〈組織は、個人に対して、こんな馬鹿げた喧嘩を売るのか〉

森田は、安藤組という組織の傘が頭上から消えて初めて、それに気づかされた。

渋谷の街に、いや東京の街に秩序が回復してくると、一人の人間の闘争心と武力に個人は畏怖《いふ》しても、組織は畏怖しない。次から次へと喧嘩の大バーゲンセールを仕掛けてくるにちがいない。それを買い続ければ、挙句《あげく》の果てに待っているのは、懲役か、さもなければ花形敬と同じ運命だ。森田に声をかけた若い衆は、それを気遣った。

にもかかわらず、森田はうかつにも、そんな事情が身に染みていなかった。その後、同様の喧嘩を繰り返した。三十八年間の半生を省み、自分の気性が侮辱や屈辱に耐えられないようにできあがっていることは明白だ。しかも、それはいまさら変えられるものでもないし、第一、変える意志もない。

ようやく、一つの決心をした。

男として〝戦う人間〟であることはやめない。いや、やめようがない。だが喧嘩のバーゲン会場からは身を引こう。みずからに戦いを許すのは鹿島神流の名においてのみだ。

〈東京にいれば、払わねばならぬ火の粉が多すぎる。武術にしか生きられない自分なら、そんな男を受け容れる土壌のある地に身を置くのが一番だ〉

森田は、「安藤組・森田雅」から「鹿島神流・森田雅」に生まれ変わる決心を固めて、やがて九州に渡った。九州・福岡で鹿島神流・森田雅の名乗りを上げた。

さすがに九州男児たちで、血気の武術家、あるいはその卵たちが次々に手合わせを挑んできた。それはそれで波瀾の連続ではあったが、喧嘩ではなく武術の専門家として立ち合ったものである。

挑戦者のなかから一人、二人と門弟を志願する者が出現し、若いころからの夢であった〝剣術の道場〟を再び開くのに必要な用地や建物を提供してくれる篤志家とも巡り合った。

電話はもちろん、電気、ガス、水道もない山奥だったが、収入もほとんどないのだから、かえって好都合だった。そこで、森田は悟った。

〈人生、捨てたものではない〉

矢島武信は小金井一家へ

レストラン『外苑』の事件で生き残った矢島武信は、昭和三十九年十二月九日の安藤組解散の前から、渋谷を離れて、新宿を根城に愚連隊として活躍していた。新宿駅東口側の要通りから新宿二丁目あたりである。

小金井一家新宿五代目の堀尾昌志が、昭和四十二年、第二期東興業のトップである花田瑛一に話を持ちかけてきた。

「矢島を、くれないか」

なお、小金井一家は、江戸時代末期の慶応年間、小金井小次郎が神奈川県、東京西多摩郡、杉並、渋谷、世田谷区などを縄張りとして結成された伝統ある博徒である。

小金井一家は、八王子一家、親之助一家とともに『二率会《にびきかい》』を構成する。二率会は、のち昭和四十七年三月に結成される関東博徒の親睦団体である『関東二十日会』にも加盟する。この会には、住吉連合会、松葉会、国粋会、義人党、交和会、双愛会、東亜友愛事業組合（旧東声会）、稲川会が加盟していた。

堀尾は、小金井一家新宿のシマである新宿でも力を見せつけている元安藤組の大幹部矢島武信を仲間に引き入れ、勢力を拡大しようと決心したわけである。矢島にやがて自分の持つ新宿のシマを譲ることを譲渡の条件とした。

堀尾は、昭和三年生まれ。九州の出で、若いころ小金井一家新宿四代目田中松太郎の若い衆になった。田中松太郎は、新宿駅西口から新宿御苑の前辺りまでを縄張りにしていた。田中は、一度も笑ったことがないので「トンガリ松」とか、「不気味の松」と渾名されていた。

堀尾の上に有力候補が二人いた。が、二人ともポン中（覚醒剤依存症）でヤクザ人生を棒に振り、覚醒剤に手を出さなかった堀尾が新宿五代目になったという。

花田は、堀尾の提案を受け入れた。

〈矢島を親分にするならば、快く送り込んでやろう〉

花田は、あらためて第二期東興業の仲間を集めて言った。

「あいつも、ここまで安藤組のためにがんばってきた。これから、もっといい親分にさせてやろう。気持ちよく送り込もうじゃないか」

第二期東興業のトップがゴーサインを出したことで、矢島は堀尾預かりが決まった。

その後の矢島を語るうえで、欠かせないのが、かつて矢島の配下で、のちに作家になる安部譲二である。

安部譲二の本名は、安部直也。昭和十二年五月十七日、東京に生まれた。父親は日本郵船に勤務していた。

安部は、裕福に育ちながらも、麻布中学在学中から安藤組事務所に出入りしていた。そのため、麻布高校への進学が認められず、慶応義塾高校に通学した。が、暴力団との関係のため退学となった。

昭和二十九年、十七歳の時、安藤昇が渋谷は宇田川町に出していたバー『ルポ』の支配人だった阿部錦吾の舎弟になった。阿部錦吾は、かつて日劇のダンサーだった。踊りならば、タップダンスでも何でもお手の物であった。

バー『ルポ』は、安藤が妻昌子に任せた店であった。が、事実上切り盛りしていたのは阿部錦吾であった。いわば「雇われ支配人」である。ただし経理面は、安藤の妻昌子がきっちり取り仕切っていた。

阿部錦吾は、安藤組の中では傍系も傍系、大傍系というポジションだった。

昭和三十年の大晦日のことだった。安部直也は、町内の火の用心の防火活動をしていた。町の旦那衆が玄関口まで出てきてこう声をかけた。

「錦ちゃんのところの若い衆さんだね」

そう言って、オヒネリを渡してくれた。

安部は、ニッコリ頭を下げた。

「ありがとうございます」

安部は、各々のオヒネリの小袋に「○番町の○さん」と書いて懐に入れた。

阿部錦吾は、安部が帰ってくると何かを察したらしい。

「カタギにもらったものは、ミカン一つでもおれに言え。おれに言わないと、あとでその旦那にお目にかかったときに、お礼が言えなくなる。おまえが、それを黙って自分のものにしたことで、おれが恥をかく。ひいては社長の安藤昇が恥をかく。安藤組四百人が恥をかく」

安部は、やむを得ずオヒネリをすべて阿部錦吾に差し出した。

「はい」

オヒネリの分け前は無く、そっくりそのまま阿部錦吾に取られてしまった。安部は、未練タラタラでオヒネリが阿部錦吾の懐に吸い込まれていくさまを眼で追った。

阿部錦吾は、安部の未練を断ち切るように言った。

「小遣い銭はなぁ、若い衆には毒なんだ」

さて、堀尾から矢島を欲しいという話があって間もなく矢島に、一年半ほどの懲役刑が決まった。

そこで、新宿の高級中華料理店の『東京大飯店』で送別会が開かれ、矢島一派が勢ぞろいした。

安部もこの席にいた。阿部錦吾は、安藤組解散を機に東興業から離れていた。安部は、したがってこのとき兄貴無しであった。

その席で、矢島は切り出した。

「じつは、堀尾昌志から跡目ということで話があるんだ。おれは、小金井一家に行く」

矢島は、安部に声をかけた。

「安部も、いっしょに新宿に行かないか」

安部としても光栄な話だった。また、矢島一派にとっても、愚連隊がシマ持ちとなるとは、夢のような話であり、歓迎すべき提案であった。当時、安部は、誰かに自分の身の振り方を相談する必要はなく、自分で決意すればよかった。

安部は即答した。

「とにかく、懲役に行ってきてください。出てくるときに、おれが迎えに行きますから」

それは、安部も矢島に従い小金井一家に入るとの意思表示であった。

昭和四十四年夏、矢島は、一年半ほどの懲役をつとめあげ、満期で網走刑務所を出所した。

当時、安部には六人ほどの若い衆がいた。安部グループ全員で矢島に従い小金井一家に行くと宣言したのである。

矢島は、自分のグループの筆頭である堀内剛夫や白橋常治、大野寛、安部直也など二十五人の配下を引き連れて小金井一家に入った。

安部が、愚連隊からヤクザになって一番驚いたのは、ヤクザ独特の指詰めの論理である。安藤組には、指詰めなどなかった。安藤昇は、常々言っていた。

「小指を切ってみろ。鼻クソだってホジれねぇじゃねぇか」

第10章　破天荒な俳優転身

組解散後の二つの動き

安藤昇は、昭和三十九年（一九六四年）十二月九日に安藤組を解散してからも、じっとしてはいなかった。昭和四十年二月から三月にかけて、タイのバンコク、フィリピンのマニラ、シンガポール共和国のシンガポールなどの東南アジア、さらに香港、台北、沖縄に二十三日間にわたって旅行した。

安藤のビザは、観光であったが、じつははっきりした目的があった。東南アジアを舞台にした事業の下調査である。

タイでふんだんにとれるパパイア、マンゴー、パイナップル、バナナなどは日本の市価の十分の一ほどであった。

タイ政府は、社会に蔓延する貧富の格差を是正すべく、外資に門戸を開放し、設備投資についてはいっさい税金をかけない方針を決定。時代は、いわばタイ国進出の好機であった。

ボルネオでエビ漁業を手がけて成功し、「ボルネオの海のエビを独占する男」と称された青年実業家の九里尚志《クノリ・ショウシ》や、バンコク在住で十三年来の友人とも連絡をとり、相談をもちかけた。

友人はバンコクにビルをもち、中規模の貿易商を営んでいる人物で、立教大の出身だった。この二人をブレーンに、煮詰まってきた計画が三つあった。サイロ事業とゴルフ場の建設、果実専門の缶詰会社の経営であった。

　サイロは、トウモロコシや牧草などの飼料を保存する貯蔵庫のことで、東南アジアではこれが不足しており、企業化のメリットは充分ある。安藤は、この三つのプランを引っさげてバンコクへ向かったのである。

　いま一つ、そのころ全国モーターボート競走会連合会長の笹川良一が競艇の輸出構想を練っていた。日本ではすでに限界にきているので、東南アジアで選手を養成し、現地に競艇場をつくって、いくらかでも外資を稼ごうというものだ。

　安藤は、昭和三十九年に前橋刑務所から仮出所したとき、笹川良一の右腕であった藤吉男に出所祝いをしてもらっていた。

　第一候補地はバンコクだった。バンコクは水が豊富で、土地がびっくりするほど安い。郊外の密林地帯なら、三・三平方メートル（一坪）あたり百円以下で買える。そこで、密林地帯の一部を切り開き、人工湖を建設して、競艇場を造る雄大な計画が立てられた。

　安藤は、この競艇場造りが実現すれば、遊んでいる元組員に仕事を与えられるという考えもあり、現地調査を引き受け、ついでに東南アジア各国を回って来たのである。

　しかし、笹川から委託された競艇ビジネスの芽は、早々に摘まれてしまう。バンコクでは、競艇場の認可が下りないことがわかったのである。

　そのいっぽう、安藤は、事前に計画していたサイロ事業、ゴルフ場の建設、果実専門の缶詰会社という三つの共同企画は、勝算を確信した。

　また、現地タイに行ってわかったのだが、土地売買ビジネスも有望であった。坪単価百円の安い土地をブルドーザーで整地するだけで倍額の二百円で売れることもわかった。手つかずの土地は広大にある。

　安藤は、それ以外にも、新ビジネスを思いついた。東南アジアの果物生産者がパイナップルを輸出する際に、「チーク材」で梱包《こんぽう》することに目をつけたのである。

チーク材は、中南米産のマホガニー、北米産のウォルナットとともに世界三大銘木に数えられる。材木のなかでもひときわ人気のある高級銘木である。安定性に優れ、そのうえ腐食、磨耗《まもう》等に対する耐久性や耐水性も優れている。曲げ、圧縮、剪定《せんてい》強度もあり、白蟻《しろあり》や害虫等にも強く世界で最も有用で人気のある材の一つである。

いまなお高級建材であるチーク材は、昭和四十年当時の日本では、輸入禁止品でもあり、輪をかけて希少価値があった。目が飛び出るほど高値で取引されていたのである。

パイナップルの輸入をすれば、おのずと輸入禁止品で希少価値が高いチーク製の箱が手に入るというわけである。箱を分解して加工すると、チーク材の高級床材として利用できる。かりに、パイナップルを一個当たり原価百円で輸入して、新宿の『高野フルーツパーラー』に原価百円で卸しても採算が取れる。本来ならば、高級食材であったパイナップルで利益を上げようと思えば、無論それもできた。が、安藤の狙いは、あくまでも箱にあったのである。

安藤は、意気揚々と帰国した。

安藤は、高野フルーツパーラーに話をつけた。

「箱だけをください」

相手は、快諾した。

「それでいいでしょう」

〝箱詰めパイナップル〟輸入計画の下打ち合わせはできた。

さて、いよいよ事業開始というときである。マスコミの一部が安藤の東南アジア旅行を批判した。

「仮釈放中の危険な安藤昇を、放っておいてよいのか」

安藤の刑期が完全に終わるのは、昭和四十一年十一月八日である。すると、外務省は、安藤の仮釈放中を理由に旅券を発給しなくなった。

安藤は、外務省の理不尽な仕打ちに納得いかなかった。外務省に直接乗り込み、直談判した。

「なんで、最初は旅券を出しておいて、今度は駄目なんだ！」

しかし、相手はお役所らしく、木で鼻をくくったような対応に終始する。なんだかんだと理由をつけては、結局、旅券を発給しなかった。そこで、安藤の東南アジアビジネスの夢は潰《つい》えてしまった。もしも、事業計画がそのまま進んでいれば、「事業家・安藤昇」が生まれていたはずであった……。

また、安藤はそのころ、『激動』というタイトルで、双葉社の『週刊大衆』に自伝を発表することになり、書き始めていた。

安藤の友人が、映画製作会社「第七グループ」の湯浅浪男《ゆあさなみお》監督に『激動』についてしゃべったのであろう。湯浅監督が、その友人とともに安藤のもとをたずねて来た。

「原稿を、見せてほしい」

安藤は、まだ活字になっていない、手書きの原稿を湯浅に見せた。

湯浅浪男は、生年経歴が不明で、水戸の映画館をふくめ、二十年間映画館に勤めたあとで、ピンク映画を作り始めたという変わり種の映画監督であった。

数日後、湯浅監督は、安藤に突拍子もないことを申し出た。

「これをぜひ、映画化させていただきたいのですが」

安藤は、映画化などさらさら考えていなかったので、びっくりした。しかし、洒落《しゃれ》でこんな条件を出してみた。

「おれが見て気に入らなかったら上映させないけれども、それでよければいい」

湯浅監督は、あっさり承諾した。

「どんな条件でも呑みます。とにかく、製作させてください」

そこで、安藤は、『激動』の映画化にゴーサインを出さざるをえなくなった。それが、映画『血と掟』製作の始まりであった。

いざ製作するとなると、松竹のプロデューサーである斎藤芳朗が、安藤のもとをおとずれ、映画化を応援した。

「安藤さん、ぜひ映画にしてください」

斎藤は、松竹所属、往年の大女優である桑野《くわの》通子《みちこ》の夫であった。二人の間にできた娘が、同じ松竹の女優である桑野みゆきである。いわば松竹側から、映画の配給を約束されたようなものだった。

それから、さらに安藤は驚くことになる。しばらくして、『第七グループ』社長兼プロデューサーの吉原繁子が、安藤をたずねてきた。

吉原は、思いも寄らないことを口にした。

「安藤さん、主役をやってくださいよ」

裕福な医師の妻である繁子は、湯浅監督のスポンサーだった。つまり、第七グループの大蔵大臣が直々に主演要請してきたのである。確かに実在の主人公本人が映画に出演すれば、俄然《がぜん》迫力が違ってくる。

安藤は、原稿の映画化を認めたものの、自分が役者として出演するなどまったく想定外であった。

安藤は、かぶりを振った。

「やらないよ」

しかし、吉原もあきらめない。後日、ふたたび安藤をたずねてきた。

「そんなこと言わないで、安藤さん、出てくださいよ」

そう言うと、さっと百万円ほどの現金を差し出した。なんと、いまの貨幣価値でいえば、一千万円は下らない。

安藤は、東南アジアビジネスも足止めされ、経済的には八方塞《はっぽうふさ》がりに追い込まれていた。安藤には、吉原の差し出した出演料がやたらと眩《まぶ》しかった。

安藤は、主演の条件を提示した。

「おれは、芝居なんか知らないぞ。それに、おれが気に入らなかったら、上映しないぞ」

吉原は、再三再四繰り返した。

「とにかく、安藤さんは、監督の言うとおりにすればいいんですから」

そこで、安藤は、ようやく主演を引き受けるのである。安藤は、差し出された百万円を受け取った。

安藤は、湯浅監督が脚本書きのために宿泊していた茨城県の大洗《おおあらい》にある旅館に行ってみた。脚本作りの現場に立ち会うことに興味があった。映画監督というものは、じっくり脚本を書いているのかもしれない。ところが、湯浅監督は、〝じっくり〟とはほど遠い執筆環境であった。湯浅は、もともとピンク映画の監督だったためか、用もないのにピンク映画の女優たちがやたらと旅館に集まっていた。湯浅に自分をキャスティングしてもらおうとお色気ムンムンである。

それでも湯浅監督は湯浅監督なりに、安藤の原作を見ながらシナリオ作りに励んでいた。

安藤は、シナリオの骨組みであるいわゆる箱書きの様子を見ているうちに、口をはさみたくなった。ついには、ちょこちょこアドバイスし始めた。

そのうち湯浅監督のほうから逆に、安藤に、脚本作りに参加するよう依頼してきた。湯浅監督には、安藤を脚本作りに取り込めば、たとえ映画の出来が悪くても、安藤に責任を押しつけるという魂胆がなかったわけではない。映画ができあがったところで、安藤がつむじを曲げれば、一発でアウト、公開はできない。そうなれば、零細映画プロダクションである第七グループは、巨額の負債を抱えて吹っ飛んでしまう。安藤による脚本参加も主演も、第七グループ側による一種の保険でもあった。

いっぽう安藤自身も、湯浅監督の肚は百も承知で脚本作りを楽しんだ。もちろん、映画のスタッフロールに「脚本　安藤昇」とは出ないし、一円の脚本料も入ることはない。

脚本が仕上がり、ついに安藤の初主演映画の撮影が始まった。

初主演とはいえ、安藤は、〝映画現場〟の初心者ではなかった。というのも、東興業時代の安藤社長は、東宝で撮影となれば、部下を用心棒として新宿などに派遣していた。新宿のロケ現場に「東興業」という腕章を巻いた若い衆にガードさせていたのである。

自分も撮影現場に何度か立ち会ってきた。また、安藤自身が映画を観ることがそもそも大好きだった。

というわけで、安藤は、撮影現場にも映画そのものにも慣れていた。そのためか、ピンク映画あがりの湯浅監督の撮影現場の仕切り方には眉《まゆ》をひそめることもしばしばであった。とはいえ、安藤にとって初主演映画の現場は、実録物語を自分自身が演じるわけなので、それなりの面白味を感じた。現実の自分をスクリーンに移動させて演じる。そこに、不思議とテレは無かった。

『血と掟』には、俳優の丹波《たんば》哲郎《てつろう》、伊沢一郎《いざわいちろう》、そのころはまだ売れていない菅原文太《すがわらぶんた》、藤岡弘《ふじおかひろし》、高宮敬二《たかみやけいじ》らが出演した。それら配役も、松竹と密接な関係にある斎藤芳朗による差配だったといわれる。湯浅監督の力だけでは、とてもそのような面子をそろえることはできない。

安藤主演『血と掟』大ヒット

安藤昇が主演することになった『血と掟』の撮影が始まった。

安藤も、新人俳優ならではの失敗をする。安藤が裏拳で、相手役を殴るシーンの撮影のときだった。

もちろん本気で殴るわけではない。その瞬間、安藤は、あくまでも寸止めしたつもりだった。が、裏拳が止まらなかったのか、後ろから迫り来る俳優の睦五朗《むつみごろう》が勢いよく突っ込んできたためか、裏拳が睦の顔にほんとうに入ってしまった。

睦は、口から血を吹き出し、歯が二、三本折れてしまった。撮影は一時ストップした。安藤は、すぐさま睦に謝った。

そんなことがありながらも、白黒映画の『血と掟』は、八百万円で仕上がった。いまの貨幣価値で八千万円弱というところか。

映画撮影は、松竹の斎藤芳朗プロデューサーをはじめ松竹関係者になにかと面倒をみてもらっていた。松竹配給は半ば決定事項であった。ところが、映画会社の東映がちょっかいを出してきた。なんと湯浅監督に「松竹より高値で買う」と打診したという。

湯浅監督は舞い上がり、安藤のところに駆けこんできた。

「安藤さん、この作品は、東映に売ります」

安藤は、目先の金に目がくらんだ湯浅を睨《にら》みつけた。

「駄目だ！」

初めに松竹に売ると約束した以上、いまさら売らないというのは筋違いだ。安藤は、あくまでも筋を通すことにこだわった。

松竹は、『血と掟』を千二百万円で第七グループから買い取り、全国に配給することになった。いまの一億二千万円ほどである。

映画公開は、昭和四十年（一九六五年）八月二十九日と決まる。

ところが、公開の一カ月ほど前、昭和四十年七月十五日の『東京新聞』朝刊が、《波紋よぶ元親分主演映画　〝スター扱いはこまる〟警視庁が調査に乗り出す》と題して、安藤の映画出演に物言いをつけた。

《この映画が持ち込まれた松竹映画は七月はじめ社内試写会を開いた。幹部の間には「絶対ヒットする」との意見が強く、松竹と第七グループとの間で配給話は契約寸前にまで進んだ。ところがこの映画の中で安藤元組長に襲撃される横井氏側から〝待った〟がかかった。松竹の話では横井氏から「あの事件を一方的にみて、とりあげられてはた迷惑だ。もうとっくにすんだことを映画でもう一度やられてはかなわない。

世間から誤解されると困る」といってきているという。
またこの映画の製作を知った警視庁組織暴力取締本部は意図が「ヤクザ否定」でも、暴力団の元組長で、しかも仮出所中の男をスター扱いするのは好ましくないと事情を聞きはじめた。安藤組の元幹部らが〝われわれが生命をはってやったことを映画化するとは、けしからん〟と、不穏な言動をしているという情報もある。同本部はとりあえず十五日、松竹本社にこの映画を見せるよう申し入れ、試写を見たのち具体的な対策を検討する》

物言いをつけたのは、『東京新聞』だけではない。あの横井英樹襲撃事件の当事者横井英樹社長からも一言あった。

同じ七月、一部の新聞に、《松竹の大株主・横井英樹氏が中止を申入れ》と報じられた。映画は当然のことながら、〝横井社長襲撃事件〟にも触れる。この触れ方が、横井の名誉を傷つけるものとして、横井側が松竹に抗議した、と新聞は報ずる。

一部では、横井が松竹の大株主だったことが問題を大きくしたと言われる。横井は、松竹株を六十万株所有しており、小口株主の多い松竹では大の安定株主であった。

松竹は当時、京都撮影所の閉鎖や給料の三分の一配給などで苦悶を続けていた。映画で横井を怒らせて、松竹をガタガタされるのが怖いということになる。

さらに、某記者は付け加えてこうもいう。一時、松竹株が一挙に十二円も下げたことがあったが、これが横井による株価操作だったとの噂もあった。とすれば、つまりは『血と掟』に対する示威運動ともみられるとの憶測も飛んだ。

が、横井は、「一株だって売ってない」と株価暴落は無関係とした。もっとも映画『血と掟』の試写は観るのだが、それは松竹側から、「あなたも事件の関係者だから台本でも見てくれ」という事前の申し入れがあったからだという。

試写を見たあと、横井は感想を述べた。

「なかなか、いい映画だと思いましたですよ。暴力否定というんですか、暴力がいかに儲からないかということですねえ、アメリカさんが第二次大戦のあとで、戦争っていうのはいかにも儲からないって言っていましたですけど、ボクら、ということはボクと安藤クンですけど、ボクらについても同じことなんですね。暴力は儲かりません。それと、若い人が憧《あこが》れているヤクザの生活が、いかに秋霜烈日《しゅうそうれつじつ》なものであるか、いかに厳しいものであるか、いかにソロバンの合わないものであるかということですねえ、それをよく描いておりますよ。暴力否定、ヤクザ否定ということで、立派な映画だと思いましたですよ」

とまず概評はこのくらいにして、問題の横井英樹をモデルにした〝鬼頭〟をどう見たのかといえば、こうだ。

「なにぶん映画のおもしろさはフィクションにありますからねえ、実際は善人なのが悪人になったり、悪人が善人になったりするところがおもしろいんじゃありませんか。それに自分のことを書くとなると、どうしても自分のほうからしか見れない。たとえば自分の恋人のことを書くんでも、自分のほうからしか見れないで、相手に自分がどう見えているかなんてことが見えないのと同じでしてねえ……。友人や会社の連中のなかには、古傷にさわるような映画はケシカランじゃないかなんて言ってくれるのもおりますけども、まあ映画そのものは立派な出来ですし、上映されてしかるべき映画ですよ。安藤クンの再起の映画ということでもありますしねえ。ただ、安藤クンはもちろんのこと〝鬼頭さん〟も現存しておりますでしょう、ですからまあ、事実と相違がないようにというわけなんですよ」

とにかく試写のあと、横井と松竹幹部が一時間余の談合をもった。

横井は、安藤と自分をモデルにした鬼頭とのやりとりのシナリオ部分をほとんど削除するよう迫ったという。

そのような前哨戦もあり、映画公開前の七月二十日、安藤と横井は、松竹の仲介により、赤坂の料亭で七年ぶりに再会した。和気藹々《わきあいあい》としたもので、横井が「やあ、安藤君、おめでとう」と映画の完成を祝えば、いっぽうの安藤も「しばらくでした」と丁寧に応じた。

両人は、いまとなってはいずれも「若気のいたりだった」と言いあった。片や六年の年月を獄に下り、片や瀕死《ひんし》の重傷から立ち直ったものの、いまだに弾丸を体内にとどめる。ということで、手打ちとなり、めでたく幕が降りた。

『血と掟』は、八月二十九日に予定どおり公開された。セリフやシーンはいっさいカットされず、試写どおりだった。

なんと、空前の大ヒットとなる。当時、松竹は洋画作品を上映する系列映画館の洋画を取りやめ、『血と掟』を上映することにしたほどである。浅草では、同じ地区二館で『血と掟』を公開した。安藤は、客入り具合が気になり、映画館のそばまで出かけた。すると、映画館は長蛇の列。映画館にこそ入らなかったが、行列だけはしっかりと確認して帰宅した。

『血と掟』の興行成績、一億三千五万円は、その年の松竹の配給収入ナンバー1《ワン》になった。なお、二位は、一億二千五百八十三万円の井上梅次《いのうえうめつぐ》監督の『赤い鷹』、三位は、大島渚《おおしまなぎさ》監督の『悦楽』、四位は中村登《なかむらのぼる》監督の『暖春』だった。

『血と掟』は、最終的には二億円の興行成績を叩き出すのである。それは、いまの二十億円に相当する。『血と掟』は、左前になっていた松竹を一気に立て直したのである。この映画は、安藤昇一人の魅力で興行を支えたことは確かであった。

大ヒット映画の原作、主演、脚本指導ともなれば、傍目には安藤の懐もさぞや温かくなったと思いきや、さにあらず。安藤は、映画配給の松竹と契約していたわけではないので、映画製作会社の第七グループの吉原繁子プロデューサーからもらった百万円が収入のすべてであった。しかし、さすがに松竹も気がとがめたのか、安藤に金一封、百万円ほどを持ってきた。

なお、評論家の大宅壮一は、雑誌『サンデー時評』で、『血と掟』について語った。

《最初、この映画がつくられるという話を耳にしたとき、日本映画の転落はついにここまできたかという気がして慄然《りつぜん》とした。暴力を商品化するばかりでなく、暴力に生きた人間そのものを商品化するにいたったということだ。これは売春婦を商品化することにあきたらなくて、企業そのものを売春化したのと同じである。いやそれ以上であるという気がした。（中略）だがこの映画を見て私の予想は裏切られた。しかも、それはいい意味においてである。（中略）難点をいえば、このヤクザの親分の生活を支えている金の出所がわからないことだ。そういう難点はあるにしても、この映画は一見に値するものである》

松竹は、重役の白井昌夫製作部長を安藤のもとに送り込んできた。

白井部長は、切り出した。

「安藤さん、松竹と一年間、専属契約してくれませんか」

そのころ、映画界には五社協定があり、専属俳優は他社の作品に出ることができなかった。つまり、安藤を自社にしばりつけておくための専属契約というわけである。

安藤は、「専属料」など、いわゆる映画界の仕組みがまったくわからなかったので、いったん話を持ち帰った。

安藤は、専属契約の件を湯浅監督に相談した。湯浅は、なにごとも楽観的であった。

「安藤さん、なんでもいいから、吹っ掛けたほうがいいですよ」

安藤は、湯浅監督を無責任だと思った。が、いちおう映画業界の先輩である湯浅監督に、かりの専属料の金額を口にした。

「二千万円というのは、どうだろう」

二千万円とは、いまの二億円以上の貨幣価値である。湯浅は、こっくりうなずいた。

その後、安藤は、あらためて松竹の白井部長に会った。このとき、安藤は本気で俳優になろうとは思っていなかった。二千万円という破格値を突きつければ、さすがに白井部長も腰が引けるだろう、ぐらいの軽い気持ちであった。安藤は、白井部長に、ズバリと切り出した。

「二千万円持ってくれれば、おれは松竹の専属になる」

安藤は、内心覚悟した。

〈負けてくれと言うだろうな……〉

ところが、白井部長は、即答せず、一言。

「わかりました」

そのまま案件を持ち帰ったではないか。

後日、安藤は、白井部長から、政治家もよく使う赤坂の老舗料亭『満ん賀ん』に呼び出された。

白井部長は、神道の神事で使う神饌を載せるための台である三方《さんぽう》の上に、袱紗《ふくさ》に包んだモノを恭《うやうや》しく乗せていた。袱紗の中身は、なんと例の二千万円であった。松竹は、肚《はら》を決めたのである。そこで安藤も、本気で俳優をやらざるをえなくなった。ただ、契約とはいえ、書面による契約書などは無く、あくまでも口約束だった。

生き方の証明「男の顔は履歴書」

安藤昇の半生を描いた手記『激動』をもとに製作された映画『血と掟』が大ヒット。安藤は、二千万円の契約金で松竹専属の俳優となった。

安藤は、契約金の二千万円のうちの九百万円で港区六本木に『都』という喫茶店を買い、妻の昌子に経営させた。残りの千百万円は、手元に置いた。

安藤の二千万円という専属契約料も、ふつうではない。さらに、映画を一本撮るごとに発生する出演料もまた破格となる。

専属契約前のある日、安藤は、一本あたりの出演料の相場を松竹の白井部長にたずねたことがあった。

「松竹のトップ女優は、いくらもらっているんだ?」

「いま、岩下志麻《いわしたしま》が二百五十万円で、彼女が一番高い出演料です」

安藤は、持ち前の茶目っ気で、またまた吹っかけてみた。

「その倍の五百万円出すなら、出てもいいよ」

すると白井部長、なんともはあっけなくその条件も呑んだのである。

とはいえ、松竹側も、ほかの俳優と新人俳優安藤昇との出演料格差を表沙汰にしたくはなかった。格差を隠すために、手を打った。安藤の出演料を公称二百五十万円としつつ、裏で安藤に残りの二百五十万円を渡したのである。

安藤出演の作品のうち『血と掟』『やさぐれの掟』『逃亡と掟』の三本は、松竹の肝煎りでつくった製作会社である「CAG」製作となっている。CAGは、いわば俳優のギャラ体系を崩さないための松竹の隠れ蓑であった。安藤は、その裏事情をのちに知らされることになる。松竹にとって、それほど安藤の存在が特別であった。

またCAGは、斎藤芳朗プロデューサーが契約や出演映画の事務手続きをしていた。事務所の所在地は、松竹会館の裏手であった。所属していたのは、安藤以外に、当時まだブレイクしていなかった菅原文太、高宮敬二など五、六人がいた。

と同時に、松竹側にもCAG設立のメリットが無いわけではなかったようだ。CAGが安藤所属の会社ということを隠れ蓑に、制作費の一部をCAGから抜いていたとも言われている。

松竹本体のみならず、松竹撮影所もまた、新人俳優・安藤昇を特別待遇した。安藤のために用意された部屋は、往年の名優上原謙《うえはらけん》や田中絹代《たなかきぬよ》などが代々使っていたもので、撮影所一階の十畳ほどの床の間付きであった。

安藤は、待遇にはそこそこ満足した。が、ピンク映画監督出の湯浅監督への不信感は、『血と掟』『やさぐれの掟』『逃亡と掟』の三作を通じてますます募っていった。

〈いい加減だ。これが映画なのか……〉

湯浅監督は、安藤の三作の作品を手がけたあとの昭和四十一年十一月、日台合作の『母ありて命ある日に』の撮影をきっかけに台湾に渡った。安藤は、湯浅監督が台湾の女性といっしょになって、台湾で映画監督をしてると風の便りで聞いていた。が、湯浅監督は、その後、消息不明となる。

ところが湯浅監督は、昭和五十年ごろ帰国し、ひょっこり安藤宅に現われる。台湾女優を紹介した。安藤がその当時プロデュースしていた映画にでも使ってほしかったのだろう。ただし、安藤は、その女優になんら魅力を感じなかった。

昭和四十年十月二十五日号の『週刊文春』で、評論家の大宅壮一が安藤昇に興味を抱き、連載対談である《大宅壮一人物料理教室》で安藤と対談した。

この対談で大宅は、「清水の次郎長」を例に挙げ、ヤクザでも晩年は転向して、社会的な仕事をしたとして、あらためて安藤の活躍に期待を寄せた。

なお、この対談半ば、話がしばらく途切れた。

突然、安藤があらたまった表情で、大宅に頼んだ。

「先生、色紙を書いていただけますでしょうか」

すでに、女将に命じてあったとみえる。紙と筆が、ただちに運ばれてきた。

大宅が、筆をふるった。

《男の顔は履歴書である》

安藤は、その言葉を眼に刻みながら、いくどとなく深くうなずいた。

なお、この色紙の句をタイトルとして、安藤昇主演、加藤泰《かとうたい》監督で、昭和四十一年七月五日公開の『男の顔は履歴書』が製作される。

この間、安藤昇は、スター街道を驀進《ばくしん》していた。

加藤泰監督の『男の顔は履歴書』の公開は、昭和四十一年七月十五日だった。

その三カ月後の昭和四十一年（一九六六年）十月十五日には『阿片台地　地獄部隊突撃せよ』が公開される。じつは、この『阿片台地』こそが、公開こそあとだが、安藤にとって加藤監督との初仕事であった。公開が後回しになった『阿片台地　地獄部隊突撃せよ』のほうが撮影自体は先行していたのである。

『阿片台地　地獄部隊突撃せよ』の撮影現場で、安藤は、加藤監督の完璧主義を目《ま》の当たりにした。

加藤は、徹底的にローアングルにこだわった。地面から、見上げるようなカメラ目線である。

加藤には、画づくりに対する確固たる信念があった。

「芝居の座席は、前から六、七番目が一番いい」

カメラをガチャガチャ動かさず、じっと固定する。カメラを横に振る、いわゆる「パーン」すらしない。また、人間を高い視点でなく、低い視点で撮ることによって、生活者の視点から物を見るべきだとの信念があったのである。

加藤のローアングル絶対主義にしたがって、現場にはいつもスコップがあった。

加藤が、「ここを掘れ」と命じれば、ただちに助監督がスコップ片手に走り出して地面を掘る。そこにカメラを据えつけてローアングルで撮るのである。

しかし、ところによっては掘れない場所もある。たとえば、松竹大船のスタジオセットは、床がコンクリートで固められていた。それでもなお、助監督らはスコップ片手に待っていた。

が、さすがの加藤も、そこはあきらめた。

「ここは、掘れないですね……」

スタッフ一同、大爆笑。安藤も、苦笑いするしかなかった。

加藤監督はまた、本物志向の雰囲気づくりにもこだわった。安藤が演じる宇留木少尉が敵に斬り込んでいくシーンの撮影のときだ。斬られたほかの俳優は、全員がカメラに映るわけではない。が、加藤監督は、あえて無数の死体役を横たえたままの臨場感たっぷりに、安藤単独シーンの撮影をおこなった。それは、俳優が演技しやすいような雰囲気づくりであった。おかげで安藤も、演技がしやすかったという。

加藤監督は、脚本どおりの台詞《せりふ》回しにもこだわり、いっさいのアドリブを許さなかった。安藤は、それを納得できた。信念を持って映画を撮る監督ならば、「こういうわけでこの台詞が必要なんだ」という理屈がある。加藤監督は、理屈をいちいち説明しないが、安藤には、言わずもがなでそれがわかった。なおかつ納得もした。

とはいえ安藤は、信念のない監督の脚本にはかならず文句をいう。それが、俳優安藤昇でもあった。また、加藤監督による演技指導は、やはりプロであった。安藤は、つくづく感心した。

〈湯浅とは、大違いだな……〉

もしも、安藤が、安藤が初主演した『血と掟』の湯浅浪男監督とだけ仕事をつづけていれば、映画俳優にうんざりして早々と見切りをつけていたかもしれない。加藤泰という〝本物〟の監督との出会いが、安藤の役者生命を延ばしたのかもしれない。

安藤は、ますます演技することに面白味が湧いてきた。

安藤がスクリーンに登場すると、その存在感に圧倒される。二流の役者には、安藤のような醸しだす匂いや、ズシリとくる重味がない。安藤の存在感は、天性のスターが持つそれではないだろうか。

安藤は、東興業という舞台のスターだった。客と言えば語弊があるが、東興業に入ってきた若者たちは安藤昇の魅力に引き寄せられたのである。無数の愛人たちもまた、そうである。

ふつうの男には、想像もつかないことだが、安藤にとっては、そんな状態が当たり前であった。磁石に砂鉄がくっつくのは当たり前だが、砂鉄に磁石の感覚は一生わからないのである。そもそもスターだった安藤は、活躍する舞台を替えただけで、スクリーンでも天賦《てんぷ》の磁力で観客を引き寄せたのかもしれない。

安藤開店のレストラン・バーでの人間模様

安藤は、六本木の喫茶店『都』を買ってしばらくすると、青山にレストラン・バー『アスコット』を開店させた。

アスコットは、午後八時に開店し、午前四時まで営業するレストラン・バーだったが、ピアノ演奏を聞きながら美食を楽しむというスタイルの、いわゆる〝サパークラブ〟の走りでもあった。

安藤は、映画俳優のかたわら、飲食店経営者としても辣腕を振るった。かつては、東南アジア進出こそ断念させられたが、それでもなお安藤の事業家魂は旺盛であった。

アスコットの集客ポイントは、やはり安藤自身の存在であった。

安藤は、自分の白いベンツのスポーツカーを店先の道路に停めていた。現代のように、交通法規も厳しくない。駐車禁止違反は、ほぼ黙認されていた。

安藤ファンは、安藤が店にいようがいまいが、白いベンツを見れば、安藤がいると思いこみ、店にどっと流れこんでくるという具合であった。

アスコットには、当時松竹でくすぶっていた菅原文太も毎日のようにやって来ていた。文太は、安藤と『阿片台地　地獄部隊突撃せよ』で深く知り合ってから、安藤を慕っていた。

要するに、安藤の店に行けばただ酒が飲める。アスコットは、いわば売れない役者の溜り場でもあった。

また、小さいころから子役として売り出していた十代後半の松岡《まつおか》きっこもアスコットに顔を出していた。

店の二階は、歌手の雪村《ゆきむら》いずみの妹の愛子が経営するバー『ピーナッツハウス』だった。オーナーである安藤は、アスコット入店待ちの客に、ピーナッツハウスで待ってもらうようしばしば頼んだ。ピーナッツハウスも、アスコットのおかげで潤った面があったようだ。

当時、アスコットでは、作曲家の鈴木淳《すずきじゅん》がピアノを弾いていた。鈴木淳は、昭和四十二年に伊東《いとう》ゆかりの『小指の想い出』が大ヒット、作曲家として認められる。つまり、鈴木はアスコットでピアノを弾いていた直後に一躍時の人になるのである。

鈴木は、『小指の想い出』のあと、ちあきなおみの『四つのお願い』、安倍律子《あべりつこ》『愛のきずな』、八代亜紀《やしろあき》の『なみだ恋』など数々のヒット曲を生み出していく。

安藤を中心に芸能人の集う、お洒落なレストラン・バーはおおいに流行った。

そんなアスコットに、しょっちゅう顔を出す人物がいた。『太平洋テレビ』社長の清水昭《しみずあきら》である。

太平洋テレビとは、日本で昭和三十五年六月から昭和三十八年七月まで、NET（現・テレビ朝日）系列で放送され、大ヒットした『ララミー牧場』、さらに昭和三十四年から四十年にかけて高視聴率をマークした『ローハイド』などのテレビ番組を米放送局のNBCから買いつけた会社である。

清水の尊敬する人物は宮本武蔵。武蔵という男は、卑怯な戦術をとる男だったそうだが、奇襲戦法は、清水も好きなようだ。

そして人使いは荒く、自分が言いだしたら相手が何を言おうときかない。

しかし、偉い人を摑まえて利用することは天下一品だということだ。

「わたしには企画力と組織力とがある。それを買ってもらいたい」

確かに、企画力は一流である。現在では当たり前になっている外国映画やテレビの吹き替えを考え出したのも、清水だった。

清水は、いつも銀座でしこたま飲んでからアスコットに現われ、安藤を熱心に口説いた。

「安ちゃん、太平洋テレビに来てくださいよ。おれにマネージャーをやらせろよ」

当時の太平洋テレビには、早川雪洲《はやかわせっしゅう》、瑳峨三智子《さがみちこ》、三國連太郎《みくにれんたろう》、アイ・ジョージらが所属していた。

ある日、今度は逆に、安藤が清水の経営する銀座の高級クラブ『あぽろン』に招かれたことがあった。

あぽろン開店後の店主としての清水社長は、店専属のバイオリン弾きに、まず『ゴッドファーザー』のテーマ曲を弾かせたように、店では、客、従業員、ホステスたちの上に〝君臨〟し続けたという。清水をよろこばせるために、三、四十人の女性があぽろンに所属し、そのついでに、客に接待させているというふうだった。

だが、その〝お余り頂戴〟に甘んじて、夜な夜なこの店に現われたのは、常に一級の銀座紳士たちだった。

当時のホステスによれば、『日産』の石原俊《いしはらたかし》会長をはじめ、『三井物産』『トーメン』などの大手商社、『熊谷組』『五洋建設』といった建設会社の社長や副社長たちが〝溜り場〟にしていた。

かと思えば、外務省や通産省の高級官僚、森喜朗《もりよしろう》元文部大臣、小泉純一郎《こいずみじゅんいちろう》といった代議士が、清水社長を「先生」と呼んで顔をのぞかせたりしていたという。

清水社長は客の飲み方、遊び方を観察して、ABCとランクを付けていた。たとえば、コソコソと、背中を丸めて通った、当時の『リクルート』会長・江副浩正《えぞえひろまさ》や、ある大手銀行の副頭取などは清水社長のおめがねにかなわず〝常にC扱い〟だったという。「おまえなんか二度と来るな」と怒鳴られても、そういう人に限って、三日にあげずに通ってしまう。

女の子は、すべて『朝日新聞』の募集広告で集めていたので、ホステスは全員が水商売のシロウトばかりだ。が、この店で勤めたおかげで他店にスカウトされるときは、ほとんどが〝ママ〟扱いになる。

清水は、自分が気に入った女性を二十人ほどクラブで使っていた。まさにハーレムである。

客も客で大変だった。もしも清水に気に入られなければ、法外な値段を吹っ掛けられる。

ところが清水は、安藤からだけは一円も取らなかった。

「金はいらないよ」

その分を、ほかの客から補塡《ほてん》するのであった。当然ながらどんぶり勘定、やりたい放題のこの店は、厳密にいえば採算割れしていたようだ。

しかし安藤は、そんな清水の無茶苦茶ぶりが逆に気に入った。

安藤は、清水の人間性に面白味を感じると同時に、脚本の良し悪しを見抜く眼力にも一目置いていた。

そこで、それまで安藤のマネージャーをしていた嘉悦義人とともに、清水の太平洋テレビに入ることにした。

嘉悦は、安藤が法政大学時代からの友人で、安藤が横井事件で逃亡していたときには、この嘉悦夫妻が匿ってくれていた。

安藤は、横井事件で匿ってくれた嘉悦に恩義を感じていた。安藤が俳優になった当初、嘉悦が何もせずフラフラしていたので、安藤が自分のマネージャーということで引っ張ってきて、マネージメント料を払う仕組みにした。

ただし嘉悦は、映画界はズブの素人。実態は安藤の個人的な付き人のような存在であった。映画出演などの交渉事は、もっぱら安藤が自分でやっていた。

安藤は、大きなマネージメントを清水に任せたが、実際問題、それがプラスだったかどうかはよくわからない。ただ実務面に関しては、太平洋テレビの社員がつつがなくこなしてくれた。安藤にとって、組むべき相手の選択基準はきわめてシンプルだ。経済的なプラス・マイナスは二の次で、おもしろい奴か否かがもっとも重要な要素だといえる。

安藤は、自身が経営する『アスコット』にはホステスを置かず、バーテンとボーイの三、四人という男性スタッフだけで回した。

店は、開店から半年で元を取るほど繁盛した。が、しばらくすると安藤が京都に撮影に行くと、店のほうはガラガラになるという問題も出てきた。店が安藤人気におんぶにだっこだったのである。

それは、安藤も捨てておけなかった。

俳優安藤昇も、わざわざ来店客の相手をした。遊び半分ならばまだいいが、そうもいかない。安藤は、てこ入れに必死になった。知らず知らずのうちに、ホストのようになっていた。こっちのテーブル、あっちのテーブルへと渡り歩いては、客にさんざん飲まされる。いかに酒豪の安藤でも、毎晩それでは堪らない。

安藤は、ついに面倒くさくなり、『アスコット』開店から二、三年後に閉店するのである。

掟破りの東映移籍と菅原文太ブレイク

それまで安藤は、松竹で十一本ほど映画に出演したが、松竹側から演技指導を受けるようなこともなく、すべては独学で演技を覚えていった。

一部マスコミは「ヤクザの親分が映画出演するのはけしからん」という論調で安藤の映画を批判した。が、安藤は、まったく気にならなかった。こううそぶいた。

「〝やくしゃ〟も〝やくざ〟も、文字のうえでは一字違い、たいした違いは無い」

映画に出演すれば、金が入ってくる。俳優はビジネス。ただ、それだけのことであった。

昭和四十二年、松竹では、前年十一月八日に安藤昇が仮釈放の身分が解け、完全に自由になったことで、『ゴールデン・ぷろ』企画作品として、安藤昇主演映画を何本か用意していた。

計画としては、太平洋テレビの清水昭が進めた、ジャン・ギャバン、早川雪洲との共演、イタリアロケ大作『国籍のない男』、唐宝雲共演、台湾ロケ『青葉機関』、日華合作『マレーの虎』などがあった。

松竹本体の企画としても、三本の主演作品が予定されていた。

ところが、安藤は、ひそかに、東映への移籍に動いていたのである。

安藤の東映移籍のきっかけは、じつは加藤泰監督の勧めであった。

安藤が『男の顔は履歴書』や『阿片台地　地獄部隊突撃せよ』で役者の面白味を感じ始めていたころ、

加藤のほうから安藤に東映移籍の誘いがあったのである。

加藤監督は、俳優安藤昇という手土産を下げて、東映で思うぞんぶん映画を撮りたかったという側面もあったのかもしれない。

安藤としても、松竹へ必要以上に義理立てする気はなかった。

松竹は、「ここには、名優上原謙がいた」と、床の間つきの俳優部屋を恩きせがましく安藤にあたえていた。

が、安藤にとっては、大船の俳優会館自体がボロで、床の間つきも、特別ありがたみは無かった。待遇面では、おおむね不満はない程度のことだった。

また、安藤には、松竹の映画づくりの基本線がしっくりこなかった。そもそも松竹は、女性映画で売っている映画会社であった。男の色香が売り物である安藤には、松竹がかならずしも最適のパートナーというわけではなかったようだ。

しかし、考えてみれば、たとえ加藤泰が名監督だとしても、一介のフリー映画監督にすぎない。東映に強い権限を行使できる立場でもなかろう。加藤ただ一人では、具体的な移籍工作も難しかったはずである。

どうやら、加藤は、東映のプロデューサー俊藤浩滋に安藤移籍の件で助力を求めたらしい。

そのうち俊藤から、安藤に具体的な打診があった。

俊藤は、日本を代表する映画プロデューサーで、自他共に認める「任侠映画のドン」である。任侠映画の名花とされた富司《ふじ》純子《すみこ》は娘。寺島《てらじま》しのぶ、尾上《おのえ》菊之助《きくのすけ》（五代目）は孫。

俊藤は、大正五年十一月二十七日神戸市長田区に生まれる。夜間の神戸市立第二神港商業学校卒業。徴兵や軍需工場への動員で戦前・戦時を過ごすが、御影町の五島組の賭場に通うなかで大野福次郎親分に見込まれ戦後は興行の手伝いをしている。このため東映内部においても「あのひとは玄人上がり」という声が残っている。

結婚していたが別居し、昭和二十三年、京都のバー『おそめ』のママ上羽《うえば》秀《ひで》と出会い、同居するようになる。

上羽秀は、のちに東京銀座に出店。大佛次郎《おさらぎじろう》、川端康成《かわばたやすなり》、小津《おづ》安二郎《やすじろう》など、錚々たる文士や文化人が贔《ひい》屓《き》して集まるようになり、川口松太郎《かわぐちまつたろう》の小説の映画化『夜の蝶』のモデルともなった。

俊藤は、『おそめ』にも顔を出すことでこの夜の社会から、マキノ雅弘《まさひろ》の映画撮影の手伝いや、鶴田《つるた》浩《こう》二《じ》の東宝から東映への移籍、巨人監督を勇退した水原茂《みずはらしげる》の東映フライヤーズ監督招聘《しょうへい》などで、東映社長の大川博《おおかわひろし》と縁を深めていく。

昭和三十五年、俊藤は、鶴田の引き抜きに成功したことで、東映で鶴田のマネージャー兼プロデューサー見習いを始めることとなる。

昭和三十七年、『アイ・ジョージ物語　太陽の子』を初プロデュース。昭和三十九年、鶴田主演、小沢《おざわ》茂弘《しげひろ》監督による、初の本格的ヤクザ映画『博徒』を成功させ注目される。以降『昭和残侠伝』『日本侠客伝』など多くの人気シリーズを手掛け、東映を代表する大プロデューサーとなる。

若いころに賭場に出入りしたことで、多くの大物ヤクザとの知己を生かし本物のヤクザの所作を取り入れることができ、他社の生ぬるいヤクザ映画とは一線を画す作品を送り出した。プロデューサーという一人の裏方ではあるが、撮影所システムの牽引役、またアイデアマンとしても活躍。彼の存在なくしてヤクザ映画もその後の東映の隆盛もなかった、というのが衆目の一致する点である。

安藤は、俊藤に東映移籍を打診されて、考えた。

〈かつて松竹重役の白井昌夫と結んだ契約は一年間であり、すでに契約期間を過ぎている。一年で契約が切れるのだろう〉

が、じつは、この契約、役者側が異議申し立てしない限り、契約更新になるのが映画界の慣例であった。つまり自動延長であった。「一年契約は一年で期限切れ」と思い込んだのは安藤の勘違いなのである。

しかし、安藤は、そんな映画界の不文律をまったく知らない。もともと松竹とは書面による契約書もない。ただの口約束だった。安藤は、移籍を決意してしまう。

安藤は、松竹側に申し出た。

「東映に移らせてもらう」

五社協定が厳しかった折、極めて異例な、まさに掟破りである。

五社協定とは、昭和二十八年九月十日、松竹、東宝、大映、新東宝、東映の五社の首脳部会談により、俳優、演出、撮影その他の芸術家、従業員の無断引き抜きを防止するための協定であり、成文化され、発表された。

この五社協定によれば、専属契約期間中に他社出演は認めないし、特に新人俳優の場合には出演契約以来三年間の新人期間中は当該会社の承諾がなければ出演契約も雇用契約もできないことになっていた。以後、この五社協定は映画俳優にとっての大きな足かせになり、さまざまな問題を起こすことになる。

とはいえ、同床異夢の映画会社同士では抜け道も多く、新興映画会社日活対策の色彩が強かった五社協定だったが、次第に形骸化して行くことになる。

かつて安藤組は、「歌うスター桜祭り」で各社の歌うスターを集めたことがある。

「歌うスター桜祭り」は、安藤の社長をしていた東興業が昭和三十三年、千駄ヶ谷の都体育館で南極観測隊員の「家族慰安」という名目で開いたチャリティー・ショーだった。出演者は、東宝の森繁久彌、小林《こばやし》桂樹《けいじゅ》、久慈《くじ》あさみ、松竹の小《こ》坂一也《さかかずや》、榎本健一《えのもとけんいち》、脱線トリオら、出演映画会社を異にする三十八人の人気スターが集まった。

そのときの主催者が安藤とわかると、どの社も文句をつけてこなかった。

今回も、そのときと同じように、松竹は正面切って安藤昇に異議申し立てをしなかった。というよりも、できなかったというのが正確だろう。

もしも松竹が安藤に「映画業界から干す」などと言おうものなら、安藤からどんな反撃を受けるかわからない。松竹としては、触らぬ神に祟り無しという感覚だったのかもしれない。

それでもなお、松竹は、あの手この手で安藤引き止めを試みた。が、安藤は、すべて突っぱねた。突っぱねた、と口でいうのは簡単だが、他の役者から見れば、想像を絶する荒技だったのである。

ふつうの俳優の移籍であれば、五社協定の制約から大問題になる。

古くは南原宏治《なんばらこうじ》の昭和三十二年の『異母兄弟』上映中止事件から、昭和三十八年には山本富士子《やまもとふじこ》がフリー宣言したものの、五社協定に反旗を翻したということで映画ばかりか舞台でも干された。田宮二郎《たみやじろう》も、昭和四十三年に俳優の序列の問題で会社と衝突、所属していた大映社長永田雅一《ながたまさいち》に契約解除されて、どこの映画会社も五社協定を盾に使うことができなかった。

つまり、俳優はこの五社協定の厚い壁でさんざん泣いてきた経緯がある。契約していた会社を離れてしまえば、他の映画会社では使ってもらえず、スターといっても、ただの人に成り下がり、長い間苦労することになる。

しかし安藤は、結局「五社協定など知らない！」で通してしまった。映画会社は、安藤に安藤組親分の威光を勝手に感じ取っていたのかもしれない。

太平洋テレビ所属の安藤は、松竹専属から東映専属になった。

じつに、安藤は、東映に移籍したときも、松竹とおなじく書面による契約を交わさなかった。当時の日本は、ハリウッドなどとは違い、だいたいが口約束であり、それはお互いの信頼によるという危ういものであった。だからこそ多くのトラブルも発生する可能性を秘めていた。松竹作品でも、一本一本契約していたわけではない。

東映に移籍するといっても、安藤の出演料が上がったわけではない。松竹時代とほぼ同額であった。

安藤が昭和四十二年（一九六七年）二月二十四日公開の『懲役十八年』を東映京都で撮影していたとき

である。

菅原文太が、撮影中の安藤をたずねてきた。文太は、『阿片台地』共演から安藤をずっと慕っていた。が、松竹にいた文太は、相変わらず鳴かず飛ばずであった。

文太は、安藤に切り出した。

「俊藤さんと、会わせてください」

東映の大プロデューサーである俊藤は、東映京都の安藤の俳優部屋によく遊びに来ていた。

安藤は撮影で忙しかったので、文太をマネージャーの嘉悦に託して、俊藤のところに連れて行かせた。

安藤は、嘉悦に俊藤への託《ことづ》けを頼んだ。

「菅原文太の、面倒を見てやってくれよ」

もしも文太が俊藤と会っていなければ、松竹でくすぶりつづけて、のちのように大スターになっていなかったかもしれない。文太の俳優人生の節目に、安藤が果たした意味は大きい。

俊藤は、初対面の文太を大いに気に入ったという。のちに文太は、広島ヤクザの実録映画である『仁義なき戦い』シリーズの広能昌三役で大ブレイクするのである。

ただし、文太は、松竹から東映に移ろうとしたが、ただちにではなかった。半年もかかり、昭和四十二年の秋、ようやく移籍している。

文太の東映第一作目は、昭和四十二年十二月二十三日公開の石井《いしい》輝男《てるお》監督『網走番外地　吹雪の斗争』ということになる。

同じ時期に、松竹にいた俳優の高宮敬二も東映に移籍している。高宮もまた『仁義なき戦い』の山片新一役で人気を博する。

移籍後の安藤は、東宝や日活の作品にも出演している。掟破りの安藤は、移籍先の東映にさえ縛られることはなかったのである。

安藤は、東映移籍しょっぱな、移籍のきっかけを作った加藤泰監督作品『懲役十八年』に主演した。映画は、刑務所を舞台にしてこそいるが、基本的には、人間の信頼と裏切りがテーマである。そして、戦中、戦後で切り分けられた倫理観の断絶への強烈な疑問符ともなっている。戦前倫理を機軸とする、安藤演じる川田は、「変わりたくないんだ」という。

戦後倫理に適応しようとした、敵役の塚田は「世の中は変わっていく」と言う。

加藤監督は、単純な善悪二元論では片づけられない深遠なテーマを問いかけた。

また安藤は、川田の心情を見事に演じたといえよう。

『懲役十八年』は、評価が高かった。にもかかわらず、安藤昇と加藤泰との仕事は残念なことに、これが最後になる。

それは、安藤や加藤の意志ではなく、東映側の意向であった。

加藤監督は、もともとフリーだったが、その凝りすぎる撮影手法は、時間が予定以上にかかり、じつは東映でも歓迎されていなかった。現場で穴を掘るような完璧主義は、撮影時間がかかり過ぎるのが玉に瑕《きず》であった。金を出す東映側は、そんな加藤に辟易していた。加藤のやり方ではスケジュールが延びれば、経費も余分にかかる。東映は、次第に加藤を敬遠して使わなくなった。

いっぽう安藤自身は、あくまでも加藤泰を監督として尊敬していた。加藤には、映画監督の要諦たるべき「信念」があった。安藤も、加藤の「信念」には納得して仕事ができたという。

東映時代の安藤は、人気が高まるのみならず、加藤泰などに鍛えられたことから映画の水にも慣れていた。東映、日活など場数を踏むことで脚本を読み込む力もついた。さらに映画全体を見渡せるようになった。単なる俳優としてではない力を発揮し始めることになる。

それが、かつて自分が属していたヤクザの世界を描くとなればなおのことだった。

監督にも示す反骨

安藤は、監督面を下げて横暴を振るう監督に対して、さっそく行動で反骨を示した。

石井輝男監督の昭和四十二年十二月二十三日公開の高倉健主演の『網走番外地　吹雪の斗争』の撮影現場であった。

安藤は、かねてより石井監督をとっちめてやろうと思っていた。というのも、安藤自身は出演していなかったが、石井監督の昭和四十年公開の『網走番外地　北海篇』の撮影中に、若かった俳優千葉真一《ちばしんいち》を強引に海で泳がせて、溺れそうになったまま引き上げたというエピソードを聞いていたからである。

安藤は、若い俳優を死ぬ寸前まで酷使する石井が許せなかった。

『網走番外地　吹雪の斗争』の撮影が始まった。安藤は、現場で石井監督の所業を見るにつけ、その人間性にますます不信感を抱くようになった。

〈強い者には弱いし、弱い者には強い。こいつは、駄目だな〉

安藤は、撮影をはじめたばかりのころ、石井監督を呼びだした。

そして、わざと因縁をつけた。

「おまえ、今日のおれの撮り方は、なんだ！　カメラの大きさが、違うじゃないか」

じつは、それは安藤の一方的な言いがかりであった。映画用とテレビ用のカメラは大きさが明らかに違うが、安藤には映画用のカメラの違いはよくわからなかった。つまりケチをつける対象などなんでも良かったのである。

石井監督は、安藤を退けた。

「そんなことないです！」

安藤と石井は、そのように揉めた。

その翌日である。安藤たち俳優やスタッフ全員、スタッフが泊まる安ホテルのロビーに呼び出された。午前七時であった。早朝の大雪山での撮影のため、集合が早かったのである。

ところが、石井監督自身がなかなか撮影に出かけようとしない。スタッフやキャストたちは、ひたすら待たされた。天気は快晴。いわゆる〝ピーカン〟であったにもかかわらずである。

待機は、なんと、昼まで続いた。

五時間ほど待たされた安藤は、助監督の一人に言った。

「朝早くから呼んでおいて、おかしいんじゃないか。撮れよ！」

しかし、助監督に文句を言っても、どうにもならなかった。

そこで安藤は、石井監督本人に直接訊いた。

「天気はピーカンなのに、何で撮影をしないのか」

石井監督は答えた。

「撮らない。いまは、ピーカンすぎて撮れない」

さらに、つづけた。

「雲が出るまで、待ってください」

安藤は、怒鳴った。

「バカ野郎！　スモークを焚いてもいいじゃないか。早く撮影を始めろ」

それでも石井監督は、いっこうに撮影をしようとしない。

安藤の頭の中で、前日のカメラに言いがかりをつけた件と撮影遅延が結びついた。

〈向こうは向こうで、報復なのか……〉

安藤は、みんなの見ている前で石井監督に言い放った。

「撮影しないなら、おれは帰るぞ」

そこには俳優の谷隼人《たにはやと》や山本麟一《やまもとりんいち》もいた。

安藤は、さっさと自分のホテルに戻ると、マネージャーの嘉悦義人に帰り支度をさせた。

帰り際、安藤たちは助監督と出くわした。

助監督は、安藤と石井監督のやりとりを知らなかったのであろう。

「もう、お帰りですか?」

安藤は、すっとぼけた。

「おぉ、終わったから、帰るぞ」

助監督は、「お疲れさまです」と安藤と嘉悦を呑気に見送った。

二人は、そのまま旭川駅に向かった。

ところが、旭川駅に着くと、すでにスタッフたちが大挙して先回りし、あちらこちらから見張っていた。

安藤は、嘉悦に言った。

「あいつらに、見つかんなよ」

安藤たちは旭川駅で列車に乗ったまではいいものの、まだホーム周辺ではスタッフたちが大騒ぎで安藤を捜していた。

そこで安藤と嘉悦は、列車の座席に縮こまるように隠れて千歳空港に向かった。

そのころ、事態を聞かされた東映の常務が東京から千歳空港に飛行機で向かっていた。

安藤が乗っていた列車が千歳空港に着いた。そこで安藤と常務がバッタリ出会うのである。

常務は、開口一番。

「安藤さん、待ってくれ」

そして、懇願した。

「安藤さん、現場に戻ってください。撮影も、もうすぐ終わりますから」

安藤は断った。

「あの野郎は、やり方が気にくわないから帰る。それに、もう荷物を飛行機の中に入れたから駄目だ」

常務は、消え入るように言った。

「そうですか……」

安藤と嘉悦は、そのまま飛行機に乗りこみ、東京に帰ってしまった。

安藤がいなくなったので、現場はてんやわんやとなった。物語が、それ以後がつながらなくなってしまった。すなわち決定稿と、実際に撮影されて完成したものでは違うものになってしまったのである。

本来、ラスト・シーンは、夕陽を背に安藤と高倉健の〝二人〟が馬に乗って、雪原を去っていくはずであった。考え方が違う二人の男、つまり高倉健と安藤昇が互いに認め合うというのが本来の筋であった。

ところが、肝心の安藤がいないものだから、そのシーン自体が無くなった。

代わりに安藤の役は、ある悪党役に撃たれて死ぬことになった。高倉健の演じる役は、ラストシーンは、一人で立ち去るのである。何とも中途半端な結末であった。

撃たれて倒れる安藤役は、望遠で撮影されたこともあり、代役が演じた。安藤はすでに東京に帰っていたので、それ以外どうにも手の打ちようがなかったのである。

ストーリーは、いきなり安藤が充分な見せ場もなく死んでしまう。映画を観た観客も、さぞや呆気にとられてしまったことだろう。

ただし安藤は、共演した高倉健については「いい男です」と称賛を惜しまない。

また、鬼寅親分役の嵐寛寿郎《あらしかんじゅうろう》も、感じのいい人だったという。スクリーンで見せる迫力ある顔と、現場で見せるふだん着の顔が違った。ふだんの嵐寛寿郎は、腰が低く、感じのいい人だったという。

とはいえ、安藤が常に監督とガチガチ衝突ばかりしていたかといえば、そうではない。『網走番外地 吹雪の斗争』のようなドタキャンは、例外中の例外である。

第11章　愛に生き愛に死す

瑳峨三智子との愛と別れ

映画俳優安藤昇の女性のモテ方は、やはり尋常ではなかった。

無数の艶聞《えんぶん》のなかでも、女優瑳峨三智子《さがみちこ》との恋愛は大きな話題を世間に提供した。

この時期、瑳峨は安藤昇主演作品に出演することになる。

もちろん、当時の瑳峨三智子は、名女優山田五十鈴《やまだいすず》を母に持つ類い希な美貌《びぼう》と将来性を持った女優であったが、重要でない役への配役も多かった。かならずしも瑳峨本来の精彩を放っていたわけではなかった。

安藤との接点は、瑳峨が太平洋テレビの所属女優だったことに始まる。当時の瑳峨は、三十路超えの女盛りであった。

二人の出会いをセットしたのは、太平洋テレビの清水昭《しみずあきら》社長であった。

清水は、二人が同じ太平洋テレビ所属俳優ということで、一度は顔を合わせておいてもいいだろうという軽い気持ちであった。

瑳峨は、初めいやがった。が、安藤のほうは、瑳峨を女優として尊敬していたので、「ぜひに」と言ったという。

しかし、安藤と会うことに乗り気でなかった瑳峨は、いざ安藤と対面するや、その考えを一変させる。

つまり、瑳峨のほうが安藤に惚れてしまったのである。

当の安藤にとっては、瑳峨は五、六人いる愛人の一人、つまり「ワン・オブ・ゼム」にすぎなかったのだが……。

そもそも安藤からすれば、瑳峨タイプの女性に熱をあげることはなかった。

とはいえ、安藤は、現在にいたるまで、どんな女性に対しても自分から惚れて、追い回したことがないというのだから、瑳峨三智子への評価がかならずしも低いわけではない。

どんな男でも、あの妖艶な瑳峨三智子に迫られて、断る者はまずいまい。安藤ならではの、山の手の江戸っ子特有のストイシズムとハニカミから「嫌ではなかった」というわけであろう。

昭和四十二年（一九六七年）当時、瑳峨は、渋谷区松濤《しょうとう》に二百坪の敷地を持つ、大使館級の二階建の豪邸を借りて住んでいた。部屋は洋式で、二階の寝室は二十畳ほどあった。二階にはそれ以外に二部屋ほどあった。女中もいた。瑳峨の愛車は、流線型で近未来を思わせるフランスの高級車シトロエンＤＳだった。

安藤はいまでも、車体が上下する様子を印象的に覚えている。しかし、そのシトロエンも瑳峨が運転するわけではなく、専用運転手がいた。そのころ瑳峨は、仕事量も減っていたはずだが、不思議なほど優雅な暮らしぶりであった。

付き合い始めた当初、安藤は、瑳峨に経済的な援助をすることはなく、なにからなにまで至れり尽くせりの厚遇を受けていた。

じつは、その松濤の豪邸の賃料は、十数万であったといわれる。いまの八十万円ほどであろうか。

そのほかにも瑳峨の金遣いは荒く、青山の某美容室に約十万、京都・都ホテル数十万、ハイヤー会社四十万、宝石店八十五万、呉服店数十万など、すべて太平洋テレビに請求書が回されていたともいわれる。皮肉なことに、瑳峨のとびっきりの優雅さは、のちに泥仕合を演じる清水昭社長が支えていたわけである。

それはそれとして、安藤と瑳峨は、特別な信頼関係を深めていった。

ある日、安藤は、瑳峨に薬物乱用の噂について、率直に訊いてみた。

「なんで、薬をやるんだい?」

瑳峨は、噂をきっぱり否定した。

「いいえ、麻薬なんかやってないわ。ただ、子供の時に乗馬をして、足を折ったの。足の痛みがあんまりひどいから、痛み止めの薬を飲んでいたら、それが癖になっちゃったのよ」

不思議と安藤が瑳峨の家にいるときに、瑳峨が薬を飲んで酩酊している姿や、うずくまるところを見たことがない。松濤の家では、静かに寝ていることも多かった。

むしろ、甲斐甲斐しく尽くす瑳峨の姿が、安藤の目を惹いた。朝になれば、安藤に新聞を持ってきた。料理も、当時としては珍しいアスパラガスを調理して出した。瑳峨は、安藤に尽くすのが、楽しくて仕方ないという感じだった。

しかし、安藤と嵯峨には、波乱が待ちかまえていた……。

昭和四十二年六月十七日、工藤栄一《くどうえいいち》監督『日本暗黒史　血の抗争』が公開される。安藤昇と瑳峨三智子が共演した映画である。

『日本暗黒史　血の抗争』は、安藤が瑳峨の出演を製作者側に要請した結果、久々に瑳峨がスクリーンにカムバックできたのである。安藤は、斜陽になりつつあった瑳峨三智子になんとか復帰してもらいたかった。

『日本暗黒史　血の抗争』撮影中の昭和四十二年五月二十四日は、安藤四十一歳の誕生日だった。その夜、瑳峨は、京都の安藤の独り暮らしのマンションに、バラの花とジョニ黒と、肉や野菜を買い込んでやってきた。

マンションの狭い台所に立って、瑳峨は自分で料理を始めた。安藤は、瑳峨がトントンと野菜を刻んでいるその後ろ姿を見てあらためて思った。

〈やはり、とかく噂がある女優とは程遠いなあ……〉

瑳峨は、安藤がタバコを吸いたいなと思うと、以心伝心でスッとタバコをもってきて火を点《つ》けた。安藤は、瑳峨の女性らしい細やかな情感にあらためて惹かれた。

その夜も二人は、激しく愛し合った。安藤は、少女かと思うような細い、セクシーな瑳峨の華奢《きゃしゃ》な身体を抱きしめた。すると、そのまま骨が折れてしまうのではないかと不安になるほどだった。一見クールな瑳峨だが、ベッドの中ではとにかく激しかった。

昭和四十二年六月十七日公開の『日本暗黒史　血の抗争』の撮影が終わったころ、瑳峨は、それまで住んでいた渋谷松濤から東京都武蔵野市の吉祥寺《きちじょうじ》に住まいを移していた。

そのころ、瑳峨の身体は、ますます病魔に犯されていた。それもあり、仕事に穴を空けることが増えた。

安藤は、『日本暗黒史　血の抗争』の撮影が終わり、吉祥寺の瑳峨の家をたずねた。

安藤は、やつれきった瑳峨の姿を見て、驚いた。数カ月前より、また一段と痛々しくやせ細り、心臓が弱っていた。はっきり言って、臨終が近い人に思えた。

かといって、見舞い客など誰一人として来ない。安藤は、瑳峨の窮状を見て、あとには引けないと思った。

〈おれが、死に水をとってやろう〉

瑳峨は、三日間四十度を越す高熱を出した。体重も三十八キロまで減った。吉祥寺の瑳峨邸にいた安藤も、「もう駄目か……」と思うほどの病状だった。瑳峨は、高熱でうなされ、訳のわからないことをつぶやきつづけた。瑳峨は、あまりの痛苦から悶絶《もんぜつ》した。

それを看る安藤も、死に水をとるつもりで瑳峨を病院に連れて行った。

その後、安藤は、熱心に介護をつづけた。いや、熱心を飛び越えて、瑳峨にかかりきりになっていた。

安藤の所属していた太平洋テレビの清水昭社長は、安藤の瑳峨三智子への献身ぶりを証言している。

「彼女の生活費も治療費も、安藤の申し出で彼のギャラのなかからまわしてきた」

瑳峨にかかりきりになっていた安藤は、他人からいろいろ忠告された。

「それほどすることはない、彼女には、れっきとした母親の山田五十鈴がいるじゃないか」

確かに安藤の仕事には、マイナスだった。松竹時代は、一年間に十一本の映画に出演するなど多忙をきわめた安藤も、昭和四十三年には、わずか二本しか出演していない。一月十四日公開の『日本暗黒史　情無用』と五月十四日公開の『密告《たれこみ》』だけである。さらに、翌四十四年の初作品は、七月八日公開『日本暴力団　組長』となる。つまり、昭和四十三年半ばから四十四年前半にかけて、人気絶頂の俳優安藤昇に不可思議な空白期間があるのである。

そもそも安藤は、瑳峨の姿、形に惚れたわけではない。女優としての芸の深さと、女としての細やかな情感に心を惹かれたのだという。安藤がタバコを吸いたいなぁと思うと、その瞬間にスッとタバコを出してくれる。そんな男女の心の通い合い、つまり自分のことよりも、いつも相手に気を遣っている瑳峨の姿に打たれたのである。女心の優しさに男が応えるとしたら、それに倍する優しさでいたわるしかない。損得なんて、考えるべきじゃない。それが安藤昇の生き方であった。

瑳峨の肉体的な回復が伝えられたのは、昭和四十三年初夏。体重も増えた。なによりも、薬との絶縁が効果があったとも噂された。

安藤の篤い介護のおかげで、瑳峨は肉体的には立ち直りつつあった。そこで、安藤は、もう一度、女優として立ち直ってほしいと願った。

『週刊ポスト』昭和四十五年七月十七日号で安藤は、その気持ちを率直に語っている。

《口はばったいようだが、自分が手がけた作品を最後まで完成しよう、そんな気持ちでしたよ。そんなぼくの気持ちに、彼女も実によくこたえてくれたと思う。いろいろ巷間で噂される女ほど、実はそうではない、いい人間が多いんだ。彼女は典型的なそんなタイプの女ですよ。経済的にだって、ルーズなでためめな女じゃない。もし芸能界に入らず、からだも健康だったら、いい結婚をして、幸せな妻の座をつかんだ女だと思う。この三年半、ボクたちには将来を思うような余裕はなかったんですよ。必死に病魔と闘った彼女に、ボクは男の意地をかけてきた。意地で彼女の再起を手つだってきたんだ。それを愛と世間でいってくれるのなら、それもいい。しょせん、男の愛って、男の意地じゃないですか》

瑳峨の再起は、安藤の意地であった。

が、そのような二人にも破局がやってきた。当時、安藤は、京都祇園の芸妓「愛みつ」こと中村文柄とも関係を持っていた。

愛みつは、かつて歌舞伎役者・尾上菊之助（のち七代目尾上菊五郎）の恋人ともいわれた美貌の芸者であった。

安藤は、東映の京都撮影所での撮影が終わると、とあるバーにマネージャーと通うようになった。それは、愛みつの妹が経営するバーであった。そこに姉である愛みつが、ふらりとやって来て、安藤にひと目惚れしてしまう。

その後、愛みつは、しばしば安藤が京都に借りていたマンションにやって来るようになった。稽古用の三味線をマンションの安藤の部屋に置いたまま、芸者としてお座敷に向かうこともあった。

ある日、瑳峨三智子が、安藤には内緒で安藤の住むマンションにやって来た。

合い鍵を持たない瑳峨は、管理人に「瑳峨ですけど……」とでも言ったのであろう。管理人が、安藤と瑳峨との関係を勝手に察して、部屋の鍵を開けてしまったようだ。

瑳峨は、マンションの安藤の部屋に入ると、〝三味線〟を見つけて我を失ったに違いない。安藤に、芸者の恋人ができたことを悟った。瑳峨は、安藤に会うことなくそのまま東京にUターンした。

安藤は、そんなことは露知らず、帰宅した。そこで、切り刻まれた無残な三味線の残骸を見つけて驚愕《きょうがく》した。

〈サガミチだな……〉

本来ならば、クールな印象さえある瑳峨は、嫉妬に狂うようなタイプではなかったはずである。が、安藤との三年間が、瑳峨を変えていた。情が濃くなっていたのであろう。瑳峨は、もはや嫉妬からくる怒りが抑えられない女性になっていた。

その一件から、安藤は、瑳峨との関係を絶つ。

しかし、考えてみれば、安藤との三年半という月日は、恋愛サイクルの短い瑳峨にとっては異例の長さといえる。たとえば、最初の結婚相手の友田二郎《ともだじろう》とは一年。不幸な事故死を遂げる森美樹《もりみき》とは、半年。岡田真澄《おかだますみ》とは、婚約して二年一カ月を迎えて、瑳峨のほうから婚約を破棄している。実際に二人が同居した期間は、一年余だともいう。

そんな瑳峨が、男性と三年半付き合ったというのは、ほとんど奇跡ではなかったか。もちろん、安藤自身には、ほかに女性がいたものの、瑳峨にとって安藤の存在は、特別だったにちがいない。

その後、安藤は、愛みつとの関係を深めていく。愛みつは、住処《すみか》を失った安藤を自宅に誘った。

「こっちへ、いらっしゃい」

安藤は、京都のマンションを引き払い、愛みつの家に住み始めた。

建物一階はバー『愛みつ』、二階が住まいであった。二階には部屋が二、三あった。安藤は、二階の十畳ほどの部屋をあてがわれた。

隣の部屋では、年がら年中、芸者衆がペンペンペンと三味線の稽古をしている。粋な音色に聞き惚れながら、安藤は、祇園暮らしをつづけた。

〝歌手〟談義

安藤昇は、昭和四十六年、ふたたび年間七本の映画に出演する。

そのいっぽう、安藤は、歌手としても名曲を世に出している。昭和四十六年（一九七一年）にキャニオン（現・ポニーキャニオン）からリリースした『男が死んで行く時に』である。

もっとも、安藤は、俳優になった昭和四十年からすでに歌手活動をつづけていた。

昭和四十年には、ビクターからLP『日本侠客伝』。同じ年に、映画『やさぐれの掟』の挿入歌『新宿無情／夜の花』をEPで発売。昭和四十五年にはキャニオンから『男の哀歌』などなどである。

なお、『男が死んで行く時に』がとりわけ意義深いのは、昭和を代表する作詞家阿久悠《あくゆう》による作詞だったことである。なお、作曲は、森進一《もりしんいち》の大ヒット曲『銀座の女』も手がける曽根康明《そねこうめい》である。

この歌にはコーラスも入る。

♪やまとおのこの行く道は　赤き着物か　白き着物か

「赤き着物」は、かつて刑務所で囚人が着せられた。「白い着物」は、死装束《しにしょうぞく》である。

つまり、侠の行く道は、刑務所か死しかないという歌である。

まず、台詞《せりふ》がいい。雰囲気もいい。お袋に、「涙の種が消えていくんだよ！」という件《くだり》が堪らない。味がある。まさしく、安藤のために書かれた詞であった。

実際、レコード会社が安藤のイメージで、阿久悠に書いてもらったものだという。

役者は、みな声がいい。石原裕次郎、小林旭、渡哲也《わたりてつや》しかりである。安藤の声はまた、色気と渋味が同居する独特な声なのである。役者にとって、いかに声が大事かと再認識させられる一曲である。

そもそも安藤に阿久悠の詞を歌わせたいと思ったのは、レコード会社のキャニオンの人間だった。

レコーディングは、一発録りであった。安藤は、レコーディング後に、初めて阿久悠に会った。

安藤から見て、やはり阿久悠は当時からおもしろい男であった。

歌手といえば、旧安藤組にからんだ話もある。

昭和五十一年、矢島武信はとうとう、堀尾昌志からシマを譲られる。

矢島は、小金井一家新宿に入り、七年間耐えつづけた。

当初の約束では、矢島は、堀尾から小金井一家新宿のシマを丸々もらうはずだった。が、堀尾は、無理やり国鉄、いまのＪＲの線路をはさんで東側と西側にシマを分断して、東側だけを矢島に与えたのである。

矢島は、小金井一家新宿東の初代組長となる。

とはいえ、堀尾としても、矢島の力を無視できなくなっていたことも確かであろう。

というのも、矢島に、もしも実力が無ければ、あるいは堀尾がもっと強気だったならば、堀尾は、跡目話それ自体を反故《ほご》にすることもありえたはずである。

ところが、シマを二分割したとはいえ、どう考えても繁華街として圧倒的に利がある東側を矢島に譲っている。

それは、日本最大の歓楽街と言われる〝歌舞伎町〟をもふくんでいた。もっとも、矢島がかつて愚連隊の拠点としていたのも新宿駅東口側の要通りから新宿二丁目周辺だったことからも、矢島なら東口側に顔が利くという素地もあったのかもしれない。

矢島は、我慢に我慢を重ね、博徒小金井一家のいわば心臓部分をついに手に入れたのである。

そのころ、『第二期東興業』に加わっていた熊沢進は、細木数子が経営する港区赤坂のクラブ『艶歌』に矢島とともに呼び出された。

熊沢は頼まれた。

「堀尾を、男にしてよ」

堀尾と細木数子に転機が訪れる。歌手の島倉千代子《しまくらちよこ》を手に入れるのである。

島倉千代子は、昭和十三年三月三十日、東京は北品川生まれ。昭和三十年代には、アイドル的存在であり、戦後の歌謡界の代表的女性流行歌手である。ヒット曲には、『逢いたいなァ　あの人に』『からたち日記』『東京だョおっ母さん』『恋しているんだもん』『悲しみの宿』などがある。

細木の著書『女の履歴書』によれば、その発端は、島倉の愛人だった眼科医の裏切りによるものであったという。

島倉は、昭和三十七年に、公演中にファンが投げた紙テープが目に当たり、失明寸前にまでなったことがある。そのときの主治医が、問題の張本人である眼科医の守屋義人だった。

やがて、二人の間に愛が芽生えた。そして、このころから守屋は事業家への野心を燃やし始めた。折からの列島改造ブームに乗って、本格的に不動産売買に乗り出す。島倉は、その資金援助をするために、稼いだお金をどんどん守屋につぎ込むようになった。

ところが守屋の事業も、うまくいかなかった。結局、昭和四十八年の石油ショック以降、土地ブームが急速に冷める。大手はみな、事業を縮小していったのに、守屋だけはいわゆる武家の商法で、あいかわらず強気な商売をしていたらしい。

その結果、昭和五十二年に入って、いよいよにっちもさっちもいかなくなった。

それで、とうとう、二月二十四日、守屋が経営する五反田のビル管理会社の『守屋友健商事』が街の金融業者に振り出した手形を決済できずに、倒産してしまった。

島倉が裏書き保証をした手形の総額は、細木によると、なんと十三億円にも達していたという。ただし、この金額は、あくまで細木の言い分にすぎない。

そこで、堀尾はみんなに事情を話せば、三分の一にはなるのではないかと踏んだ。

堀尾は、細木に言った。

「三分の一なら、四億三千万円。四億円なら、なんとかなるだろう」

堀尾は、三億円を年三分の利息で借り、毎月五百万円ずつ返済することで了承してもらったという。

それでもまだ一億三千万円ほど足りない。結局、その分は細木が彼女の経営していたクラブ『艶歌』や、ディスコ『マンハッタン』の権利を担保に、銀行や高利の街金融から借りて、なんとか調達することができたという。

二月に、コロムビアに債権者が乗り込んで来た。彼らを集めて、コロムビアの大会議室で債権者会議を開いた。

このとき、倒産整理屋に立ったのが、小金井一家新宿東初代組長に就任して間もない矢島武信といわれている。堀尾のために暗躍したのであった。

細木によると、島倉を懇々と諭した。

「お千代さん、いいですか。四億三千万円の現金をつくったから、四億三千万円で話をつけなければいけないのよ。しかも、この話をつけるのに、堀尾が表に出ていくと、ヤクザに脅かされてどうしたこうしたという債権者が出てくる。そうなると、恐喝だのなんだのと、週刊誌だってうるさく書きたてるようになるでしょう。それに、最初から弁護士を立てたら、甘ったれるな、弁護士代が払えるんなら、その金を返済に充てろという者も出てくる。だから、いずれにしても、これはあたしとあんたの二人だけで話さなければいけないことなのよ」

そう言いきかせ、昭和五十二年三月十四日、港区赤坂の細木の経営するクラブ『艶歌』に債権者をあらためて集めたという。

その日、午後一時から始まった第一回債権者会議には、総勢百二十名が集まった。その大勢の債権者を前に、細木と島倉が正面に座ると、とたんに会場のあちこちから罵声《ばせい》が浴びせられた。

「島倉さんよ。この野郎、てめえが乳繰りあった男に金を貢いでおいて、おれたちには払えねぇとは、どういうことだよ」

「てめえ、少し古くなったけど、がまんするから、体で払え」

騒ぎが一段落してから、細木はやっと立ち上がって、挨拶した。

「あたしがこのたび、島倉千代子の代理人になりました細木数子でございます」

とたんにまた、会場がざわめいた。

「てめえ、女が、なにしゃしゃり出てくるんだ」

その声のするほうに向き直ると、ひと際声を高くした。

「代理人のあたしが女であることにご不満があるようですが、あたしたちも、ここに弁護士を座らせることは知っています。しかし、弁護士にかけるお金があったら、あなた方にお支払いしたいのです。そういうつもりで出てきましたので、まず話を聞いていただきたい」

この一言で、会場はとたんに静まった。

細木は、会場を見回しながら言った。

「ともかくご不満もございましょうけど、手形総額十三億円の三分の一、四億三千万円をここに現金で用意しました。これでよろしいとおっしゃる方には、即刻、この場でお支払いさせていただきます。みなさん、よくお考えください。十三億円というのは、けっして半端なお金ではありません。これから島倉が全額を返済し終わるには、十年や二十年ではきかないかもしれません。十年後に、彼女は五十歳、二十年後には、六十歳です。六十歳になってから『この世の花』でもないと思うんですけども、いかがなものでございましょうか」

この日集まった百二十名の債権者は、数子の迫力に圧倒されて、その提案に同意してくれたと細木は書いている。

が、ここに集まった債権者たちは、細木の背後に小金井一家八代目総長の堀尾が付いていることを知っていないはずがない。細木というより、堀尾の前に屈したのである。

当時、島倉のギャラは日建て五十万円であったという。島倉は昭和三十年に『この世の花』でデビューして以来、歌手生活もまる二十年以上を経過していたが、このころにはあまり目立ったヒット曲もなく、売れないタレントの仲間入りをしつつあった。ときには日建て四十万円で仕事を受けることもあった。

しかし、日建て五十万円では、島倉の肩代わりをした四億円の借金は、一生かかっても返済不可能だ。それどころか、借金には金利が付くから、元金を減らせないまま、金利だけが雪ダルマ式に増えて、堀尾と細木は借金のぬかるみの中で、のたうち回って死ななければならないかもしれない。借金を一日も早く返済してしまうためには、なによりも島倉の日建てのギャラをアップするしか方法はない。

そこで細木は、思い切って、日建て興行の仕事を三カ月間、いっさい取らないことにした。仕事を取るのはテレビだけ。それ以外の誘いには、まったく耳を貸さなかった。

そして、テレビに返り咲きさせたあと、日建ての興行ギャラを一気に二百五十万円に釣り上げた。

そうやってがんばった結果、島倉の舞台はしだいに評判を呼ぶようになり、三カ月目から、日建て二百五十万円のギャラの仕事が、一カ月間に十五、六本も入るようになった。

この時期、新宿コマ劇場に二十万人動員の記録をつくったり、NHKホールや名古屋の中日劇場、大阪の梅田コマへと、どんどん仕事を広げ、そのいずれもが大ヒットとなったという。

ダンディーな「優雅さ」とオスの色気「荒々しさ」

安藤は、東映の京都撮影所での仕事が終わり、東京に戻ることになった。いつしか愛みつも、安藤により添うように東京と京都の往復生活を始める。東京には安藤が、京都には自分の店があるからである。

安藤は、じつは、下北半島の所有地内に、洋風レストラン『ノースポイント』をこのころ開店させ、営業していた。店だけで、建坪が五十坪あった。

当時の下北半島の人々は、まだナイフとフォークを使う食事に慣れていなかったことから、安藤は、箸で食べられるようにした。

安藤はとりわけ、レストラン周辺の自然環境に惚れていた。店舗裏手には川が流れ、冬になると白鳥が飛来する。安藤が白鳥にパン屑をやると、白鳥はパクパク食べる。

風光明媚《ふうこうめいび》で料理も絶品。店はおおいに流行り、採算も取れた。

が、昭和四十年代に青山に開いたレストラン・バー『アスコット』と同じように、安藤がいれば客足が増え、いないと減るというのが、玉に瑕《きず》であった。

安藤は、住まいと一緒であった『ノースポイント』で、愛みつと過ごすことも多かった。

そんな愛みつとの関係が一年以上続いたころである。

安藤の妻昌子は、昭和四十六年十一月の別居後、子供を連れて下馬の家を出た。

昭和四十六年十一月、安藤は妻の昌子と正式に離婚する。安藤からすれば、離婚原因は、〝親を思いやる心の優しさ〟の有無というところだったようだ。

愛みつの優しさの裏側には、当然ながら安藤への激しい愛情があった。三年も付き合うと、その愛情の濃度はいっそう密になった。「愛」が密になれば、おうおうにして「嫉妬」に転じる。

彼女は、ついにノイローゼになってしまう。とはいえ、愛みつは、安藤の前では、挙動不審なところは微塵《みじん》も見せなかった。が、嫉妬心を垣間見せることはあった。

安藤が京都のキャバレーやバーにいるとき、どういうわけか、店に愛みつから電話がかかってくるのである。安藤が女の匂いのする場所にいれば、どこでも愛みつに筒抜けだった。愛みつが霊感師だったのか、CIA並の情報網をもっていたのか、マネージャーを買収していたのかわからぬが、安藤は、その調査能力に舌を巻いた。

安藤は、愛みつについて思っていた。

〈愛みつは、芸妓で、バーもやっているんだ。いわゆるシロウトじゃないんだ。もう少し寛容であっていいものを……〉

しかし、安藤と付き合う女性は、すべからく嫉妬は禁物。安藤は、あんまり強く嫉妬されると、面倒くさくなる性分なのである。

安藤は、ついに愛みつとも別れてしまう。愛みつは安藤と別れて五年後、肝臓を患い亡くなってしまう。

安藤にとって、女性とは、刺激で、艶《つや》を生むエネルギー源であるにちがいない。が、いわゆるドンファンにとっての女性とは違う。安藤にとって、女性は夢中になってしつこく追いかけまわす対象ではない。向こうからやってくるものなのである。

安藤独特の魅力は、ダンディーな「優雅さ」と、オスの色気である「荒々しさ」という一見相反する要素の同居にある。それを可能にしているのは、もしかすると特定の女性に対する妙な執着が無いところに秘訣があるのかもしれない。とはいえ、世の一般男性には、なかなか到達できない境地である。

いっぽう、安藤昇と別れた女優の瑳峨三智子は、糸の切れた凧《たこ》のようになっていた。

瑳峨は、昭和四十六年十月一日から、銀座のクラブでホステスになる。クラブとは、太平洋テレビの清水昭社長が経営する『あぽろン』である。

清水社長としては、女優として信用がなくなった瑳峨三智子をもう一度世の中に知らせてやろうとしていた。その準備段階としてのホステス業をやらせていた。

がしかし、その年の十一月十二日、瑳峨は、大借金を抱えたまま突然失踪してしまう。

清水社長は、十一月十八日、築地署に家出人捜索願を出した。

瑳峨は、『週刊女性』昭和四十六年十二月二十五日号に手記を寄せ、清水社長と手を切ると宣言。清水社長への不信感を吐露した。

いっぽうの清水社長も黙っていない。『週刊女性』昭和四十七年一月一日号で、反論した。もはや泥仕合であった。

瑳峨の失踪から四カ月。週刊誌は、瑳峨が岡山のクラブ『烏城《うじょう》』でホステスをしていると報じた。

その後、瑳峨は、本格的に女優カムバックを果たすのではと期待もされたが、ついにそれもかなわなかった……。

唐十郎《からじゅうろう》との「拳銃事件」譚《たん》

安藤昇は、異色作にも主演する。唐プロ、ATG製作で、当時の演劇界の風雲児だった劇団状況劇場の主宰者唐十郎《からじゅうろう》監督、昭和五十一年公開の映画『任俠外伝　玄界灘』だった。

しかし、この作品で安藤は、大きなトラブルに巻き込まれる。

そもそも映画の話を持ってきたのは、ATGプロデューサーの富沢幸男《とみざわゆきお》であった。

ある日、富沢プロデューサーは、安藤企画の事務所にやって来て、安藤を熱心に口説いた。ATG映画への出演は、東映作品と比べれば、ギャラは格安である。

しかし、安藤は、富沢の話がおもしろかったので、ギャラには頓着しなかった。

もっとも安藤は、唐十郎なる監督をよく知らなかった。ろくに脚本も読んでいない。ただし、アングラ劇団『紅《あか》テント』をやっている唐の経歴が、おもしろいことには目がない安藤を惹きつけた。

安藤が唐に興味を示したので、唐が脚本を持ってきた。

安藤は、石堂淑朗《いしどうとしろう》と唐の脚本が、難解でいまひとつよくわからなかった。が、脚本の巧拙よりも、当時、日の出の勢いだった新進気鋭の演出家である唐との仕事それ自体に、興味が湧いた。そこで、安藤は出演を決める。

このころ、唐十郎主宰の『状況劇場』に所属し、のち作家になり、『映画俳優　安藤昇』も著す山口猛《やまぐちたけし》は、一日中安藤のお供をしたことがあった。

そのとき、安藤の付き人から安藤の桁外れの金銭感覚を聞かされた。付き人が言うには、安藤は土曜と日曜は競馬場に行く。付き人も鞄持ちとしてお供をする。鞄の中身は、つねに現金で一千万円がギッシリ詰まっており、安藤はそれがなくなるまで賭けてしまう。翌週は、その鞄には現金が補充されていたという。

撮影終盤のことである。あるとき、唐が、安藤のもとに相談にやって来た。

「安藤さん、この映画には宣伝費がないんですが、どうしましょう。本物の銃でも撃って……」

安藤は、真剣に答えた。

「いいよ。だけど、それだとパクられてしまうぞ」

唐は、根性を据えて言い切った。

「かまわない」

安藤も、肚《はら》をくくった。

「じゃ、一発やるか」

二人による新手の宣伝手法は、ついに実行に移される。

唐は、真鶴《まなづる》沖の撮影にスポニチ（『スポーツニッポン』）記者だけを船に同乗させていた。一紙だけを選んだのは、宣伝効果を考えたからである。かりに、全メディアを呼んでしまえば、インパクトのある宣伝にはならない。〝一紙〟に〝大きく〟報じさせることにこそ意味があった。

昭和五十一年（一九七六年）四月十四日付けの『スポーツニッポン』一面は、大々的に《ロケで本物の拳銃発射》と題して報じた。丁寧にも《標的のバケツを撃つ安藤昇》とキャプションを付け、現場の写真も大きく掲載した。

《映画の撮影に本物の拳銃を使い、実弾をぶっ放す物騒なロケーションが行われた。状況劇場の主宰者、唐十郎（三六）＝本名大鶴義英さん、杉並区成田西二の一九の二一＝が初めて演出した『任俠外伝・玄海灘』（唐プロダクション・ATG提携作品）の撮影中にメキシコ製の拳銃を使用した。十二日、神奈川県真鶴沖合で行われたロケで唐と、主役の安藤昇（五〇）＝本名同じ、世田谷区下馬五の三の一四＝が実弾入りの拳銃を〝小道具〟として用い、発射したもので、唐は「百パーセントの実像を映画に捧げたかった」

としているが、法を犯してまでのリアリズム演出は、行き過ぎであり、所轄の神奈川県警、警視庁が捜査に乗出し、刑事事件に発展することは必至とみられる。……》

記事は、詳細に報じた。

《昭和五十一年四月十二日午後四時五分、真鶴半島最南端の三ッ石海岸約二百メートル沖合で〝パーン〟という乾いた拳銃の音が六回とどろいた。この日、映画『玄海灘』のロケ隊はそう烈な海上ロケをおこなった。主演の安藤昇が小さな漁船で密航中、韓国の巡視船に発見され、追跡されるくだりの撮影の後、唐のカバンから拳銃が取り出された。

細い銃身で長さは約三十センチ、色はいぶしたような黒。メキシコ製の単発銃だった。一発目は安藤が海に向けて発射、次いでカモメを狙ったが当たらなかった。唐が二発撃ってみたが、薬きょうが湿っていたのか一発は不発。安藤が再度拳銃を握り、海に浮く合成樹脂のバケツに向け発射すると貫通した。その後、もう一発不発があり〝本番〟の開始。水平線より三十度ほど上を安藤が二発撃った。最後に唐がバケツを貫通させた。結局、安藤が実弾五発、唐が一発発射し、二発が不発に終わった》

翌十五日の『スポーツニッポン』一面も、やはり真鶴半島での発砲事件であった。

この紙面で安藤は、こう語っている。

《本物かどうか知ってたかって？　そりゃあねえ、手にしてみればわかるよ。ズッシリとの手ごたえがあるし、発砲後の哨煙のにおいでわかるからねえ。こういっちゃなんだけど、ボクはかつて拳銃だけで二十二丁も警視庁にめしあげられているからねえ。警察とピストルとは、もう縁が切れたと思ったんだけど映画の撮影のためなのでね》

《唐さんとはこれまで面識がなかったね。今度はくどかれて出ることにしたんだよ。妙な事件になっちまったけどボクにも責任の一端はある。小道具さんにね、発砲後、赤く焼けた薬きょうが飛び出る拳銃を作ってほしいとたのんだんだ。これはむずかしい注文だったようだ。結局、本物をということになったんだ

ね。もっとも本物を持ってこいと言ったわけではないけどね》

《メキシコ製の二十二口径だった。あれは競技用ピストルじゃないの。五、六発撃ったけど、オモチャみたいなもんだよ。昔使ったブローニングとかベレッタなんかとは比較にならないほど、軽いものだったし、単発だろう。一発ごとに撃鉄をあげて弾ごめするめんどうなやつだった。殺傷能力は、もちろんあると思うけどね》

十五日午後六時四十分に安藤の事務所の家宅捜索が始まり、逮捕状が届くまでの間「これで安藤さん、本を書いたらまた売れますね」という刑事に、安藤は自著の『やくざと抗争』にサインをして、刑事に渡す一幕もあった。

事件の核心である使用したピストルに関して、それが本物であるが、撃つまで知らなかったという安藤は「一発ずつ(弾)入れる拳銃なんてあるのかね」と刑事にたずねると「安藤さんは、昔もっと性能のいいのをたくさんいじっていたから……」というやりとりがあるなど緊迫した雰囲気ではなかった。

安藤は、世田谷区下馬の自宅で、十五日午後八時十分、右腕に手錠がかけられた。

さて、唐と安藤の新手の広告手法に乗ったスポニチ記者は、結果的に事件をスッパ抜き、事件を詳細に報じることができたのである。が、もちろん記者自身も船上で何が起こるかは百も承知だった。特ダネをものにした記者は、その後スポニチ社内で表彰されたという。

しかし、宣伝のためとはいえ、留置場にぶちこまれるのは、安藤としてもたまったものではなかった。ギャラは、無いのと同じ。せめてもの救いは、留置が一週間ほどで終わったことであった。

一週間の退屈な勾留生活を経て、安藤と唐は罰金を支払い釈放された。

安藤昇が俳優として第一線から身を引いたのは、やはり昭和五十一年が一つの分岐点である。

振り返ってみると、安藤出演作品は、扱う題材がヤクザであることが多かった。が、実際の俳優やスタッフはカタギである。映画撮影で本物のヤクザとの揉《も》め事《ごと》は無かったという。

昭和四十年代半ばから五十年代にかけて東映京都撮影所製作でロケーションともなれば、三代目山口組時代の若頭の山本健一《やまもとけんいち》が面倒をみてくれたという。安藤も、山本若頭とはしばしばいっしょに飲む仲であった。

山本健一は、大正十四年三月五日に生まれた。広島県安芸郡熊野町出身といわれている。昭和二十四年に大阪電気学校（現・清風高等学校）を卒業した。横須賀海軍工廠に勤めたが、召集され昭和二十年一月に鳥取の部隊に入隊。終戦後、神戸に戻ったが家族の消息も摑めず、自暴自棄となって無頼の生活に入っていった。

昭和二十六年ころ、三代目山口組若頭の安原政雄《やすはらまさお》と出会い、安原の若衆となって山口組に傘下入りした。昭和二十八年一月には、有名な鶴田浩二襲撃事件に参加し逮捕される。なお、この事件は、三代目山口組組長の田岡一雄が、かわいがっていた美空ひばりと鶴田浩二のジョイント公演を提案して断られたことが発端といわれている。昭和三十二年、三代目山口組組長の田岡一雄から盃を受け、直参に昇格した。昭和三十六年に山健組を結成。

昭和三十八年、田岡の提案で設けられた執行部体制の下で若頭補佐役に就く。昭和四十三年の新体制で若頭補佐に就任。昭和四十六年七月、当時若頭の梶原清晴が大隅諸島の硫黄島で磯釣り中に溺死すると、その年の九月に後任若頭に就任した。「イケイケの山健」の異名を持ち、武闘派としても知られる。

さて、安藤が俳優を辞めた理由は、俳優をやっていてもおもしろくなくなってきたためだという。もちろん、東映に入ったころは映画の世界もおもしろかった。名優と呼ばれる俳優は、五十歳から年輪を刻むともいう。が、安藤は、そんなことにはそもそも関心がなかった。

辞めるには、こんな出来事も影響したという。

昭和四十八年十月二十七日公開の映画『現代任俠史』の撮影のときだった。

銀座で銃撃のロケーションがあった。リハーサルで拳銃を撃つシーンだった。リハーサルゆえ、口で「バーン、バーン」と言わなければならなかった。

銀座といえば、知り合いがたくさんいる。場所柄、安藤のよく知る女性たちも撮影を見ていた。

〈こんな連中を前に、五十近い、いい歳の大人がいくら録音のためとはいえ、口で「バーン、バーン」なんて言えるか。いくらなんでも恥ずかしいし、格好悪い……〉

それだけは勘弁してほしかった。

防災「ガスボーマスク」発明

安藤は、俳優の第一線から退いたころ、発明家の血を開花させることになる。

安藤の母方の姓は山田で、信州の上諏訪の出身である。曾祖父は、上諏訪の遊廓の一人娘と愛し合い、両親の許しが得られず東京へ駆け落ちして、安藤の祖父にあたる興松を生んだ。

興松は、渋沢栄一《しぶさわえいいち》と同窓の寺子屋に学んだ。

渋沢栄一は、幕末の幕臣、明治時代初期の大蔵省官僚を経て、実業家として活動した。第一国立銀行や王子製紙、日本郵船、東京証券取引所など多種多様な大企業の設立・経営に関わり、日本資本主義の父と呼ばれる。

興松は、学問もでき、好男子だったことにくわえて、さまざまなものを発明考案した。一つが「水中花」である。興松は、戦前台湾に自生するある植物の樹皮を薄く剝いて乾燥させ、これを水に入れると拡がる性質があることに目をつける。それが水中花の発明の原点であった。

水を入れたグラスに水中花を入れると膨張して、ちょうど花弁が開花するように見えて美しい。それを貝殻に仕込んだり、小さな万国旗を仕込み、売り出した。これが売れに売れた。興松は、財をなし、ついにニューヨークに支店まで出した。海外進出は、当時としては画期的であった。

これも血なのか、安藤自身も、それまで俳優業の傍らいくつか発明をしていた。その一つがマッチ箱の二カ所に横に細長い穴をあけ、上の穴に貯金した金額を表すと、下の穴に五年後の定期預金満期金額が表示される。いわば、〝インスタント・コンピュータ〟である。安藤は、この発明で特許を取っている。

昭和五十二年、安藤昇は、元通産省技官塩田洋三の協力も得て、「ガスボーマスク」という携帯用防災マスクの特許と正式な認可を取り、製品化した。

形状は、縦九センチ、横七センチ、重さ百グラム。マスク本体は、アルミ粉入り難燃性ビニール製、口の部分には天然鉱石デオライトが詰め込まれ、活性炭と同じ働きをして空気浄化剤としての効果を発揮する。銀色のビニールマスクを頭からスッポリかぶり、頭部のゴム紐を顎《あご》にかけると、顔が完全に密閉される。眼の部分は透明になっているので視界が遮られる心配はない。安藤は、火災における〝煙〟の危険性に着目したのである。

昭和四十七年の冬ごろ、安藤が家を増改築していたときのことである。庭には新建材の切れ端が山積みになっていた。ちょうど冬だったこともあり、それを燃やして、庭で焚《た》き火を始めた。順調に廃材処理が進んでいたが、急に風向きが変わった。煙は、安藤に向かって吹きつけ、安藤は眼と喉《のど》を痛め、その瞬間、これで人間《ひと》は死ぬ、と悟った。安藤は、新建材がそれまでの木材などとは違い、燃えると毒ガスに近い猛威を振るうことを体感したわけである。

当時の日本では、火事で一日平均四、五人が死んでいた。高層ビル火災の場合、一階から十階まで煙が吹き上げる時間はわずか数十秒。ほとんどが煙にやられていた。死因は、〝火〟よりも〝煙〟なのである。

安藤は、真剣に考えた。

〈煙を防いで逃げられるマスクができないものだろうか……〉

ふつうは、焚き火の煙が多少眼や喉を襲っても、そこまで深く考えない。ところが、安藤はちがった。思考段階にとどまらず、それを実行に移す。試行錯誤を繰り返し、マスクの試作品をコツコツ作ったのである。その成果が、「ガスボーマスク」となった。

しかし、ガスボーマスクは当初、販売が伸び悩んでいた。そこで安藤は、斬新な宣伝手法を採る。日本女子大学にできていた「安藤昇ファンクラブ」を活用したのである。

昭和五十一年のある日、日本女子大学社会福祉学科の五、六人の女子大生が、安藤の事務所に突然やって来た。女子大生らは、安藤にこう切り出した。

「ファンクラブをつくりたいので、よろしくお願いします」

安藤は、すぐさま断った。

「おれは、そんなのは嫌いだし、そんなものをつくってくれ、と言ったこともない」

が、彼女たちは、まったくめげない。

「とにかく、迷惑はかけませんから」

安藤はとまどった。

〈なんで、自分のファンクラブなぞつくりたいのか。銀座のクラブの女ならともかく、女子大生とは……〉

彼女たちは、お嬢さんゆえに、まわりで眼にすることのない安藤昇の不良性に惹かれたのか。

しかし、安藤の意に反して、ファンクラブは勝手に結成されてしまった。安藤は黙認した。日本女子大学、昭和五十一年入学組八十名の中に占める「安藤昇ファンクラブ」の人数はなんと三十人ほどにもなったと言われる。

じつは、日本女子大のファンクラブ設立前から、中央大学法科の女子学生も、安藤昇ファンクラブを結成していたようだ。この中央大の女学生たちは、頭脳明晰でいいとこの娘ばかり。親が医者、姉も兄も東大出というのもいた。日本女子大と中央大学の両ファンクラブは、どういうわけか折り合いが悪く、顔を合わせなかったという。

安藤は、彼女たちにマスク効果を実証する実験にも参加してもらった。消防署の立ち会いで、火災訓練の要領で煙を出し、ファンクラブの女学生がこの防煙マスクを着けたまま〝五分間〟ほどその煙の中に入ってもらった。その五分が鍵なのだ。

火災発生から、一分間、あるいは三十秒が生死の分かれ目である。マスクの効果が〝五分間〟持続することは、まことに画期的なことだった。

実験の結果、彼女たちは、噎《む》せ返ることもなく、平然としていた。それで防災マスクの対煙効果が実証され、大いに宣伝になった。

安藤は、海外販売も視野に入れ、さらには売上金の一部を社会還元しようとまで考えていた。ガスボーマスクで儲けようとは思っていない。大いに外貨を獲得して、儲かった金を福祉事務所に寄付して社会へ還元するつもりであった。

安藤は、この防災マスクを発明した昭和五十二年ごろ、役者を始めてから親交が生まれた三代目山口組の若頭の山本健一に、三代目山口組組長の田岡一雄のところにいっしょに行ってくれるよう頼んだ。山本若頭は快諾した。

二人が、神戸市灘区篠原本町にある田岡邸を訪れると、田岡組長と姐さんである文子夫人もいた。

安藤は、ガスボーマスクのサンプルを田岡組長に見せた。

田岡組長は、なかば感心しながらもこう言った。

「これは、たいしたものだ。だけど、発明したのが安藤さんではなく湯川秀樹《ゆかわひでき》さんが発明したとなったら、本当にすごいし、ものすごく売れる。だけど安藤さんだと、ちょっと……」

田岡組長は、結局、安藤にある人物を紹介した。その人物は、ガスボーマスクを数万個購入した。ガスボーマスクは、原価二百五十円で売値が九百八十円。利幅から見てもよい商財であった。安藤は、商品を全世界に大々的に販売するため、ガスボーマスクの製造販売をするにあたり、販売部隊を法人化した。

安藤は、その法人業務のすべてをビジネスパートナーである右翼の大物である西山幸輝と兄弟分の太田三吉に任せた。

ところが、ビジネスパートナーの太田三吉が曲者だった。こともあろうに、会社の金を四千万円も使い込み、ついには会社を倒産させてしまった。当時の四千万は、いまの八千万ほどだろうか。

その後、太田は、しょんぼりして安藤のところに謝りに来た。

「勘弁してくれ」

安藤は、太田を許してやった。

〈金が戻るわけでもない……〉

安藤は、当時をこう振り返る。

〈おれがもっと一生懸命に販売促進の努力をやればなんとかなったかもしれない。が、面倒くさいことが嫌いだったから、仕方ない〉

安藤自身は、ガスボーマスクのビジネスで損が無い程度に実入りはあった。太田三吉による四千万円という使い込みもたいしたことはない、という認識だった。

安藤は、この件に限らず、裏切られた場面では、その裏切った相手をあっけなく許すことが少なくない。

さて、ガスボーマスク販売促進に大いに貢献した日本女子大の「安藤昇ファンクラブ」だが、そもそもファンクラブ設立にかかわった女子大生たちは、遊び気分であった。

映画を観ても「高倉健や菅原文太よりも、安藤さん!」ということだった。

が、なんと昭和五十四年ごろには解散してしまう。設立も安藤の意志とは無関係だったが、解散もまたそうだった。

"ツキ場"の理論を明かす

安藤昇は、家相術でも活躍する。

安藤は、昭和五十六年（一九八一年）三月、世田谷区下馬の家の改築を決意し、六カ月後の九月に改築をすませた。理由は、それまでの家相の悪さに気づいたからだという。

当時、安藤は、「ツキ場」について深く考えていた。俳優になった昭和四十年ごろから、撮影の合間を縫っては、麻雀《マージャン》をしていた。ときには、昼夜ぶっ通しで二日も打つことさえあった。

麻雀に熱中した結果、ある考えに辿り着いた。

「人間の運、不運は、ツキ場によって決まる」

麻雀経験者なら、安藤の言うことがわからぬでもないだろう。勝負は、八割が「ツキ」に左右されるからである。さらに安藤は、「ツキ」は「場」に付いていると感じた。ついていない場に座れば、あっという間に稼いだ点数を取られる。

〈麻雀では、ツキ場に座りたいものだ〉

その後、安藤は、「麻雀」のみならず「人生」にもツキ場があるのではないかと思うようになる。そして、自分の数奇な人生も「場」の影響があったのではないかと思うようになった。

〈どうも、おれの人生は、あまりに激しすぎる……。こいつはどうも、持って生まれた素質だけではない、おれの家のもつ雰囲気に原因があるんじゃないか。おれという人間が、常に闘争の渦中にあることを好み、命のやりとりをするような修羅場にみずから飛び込んで行ったのは、おれの家のつくり出すある種の〝気〟のせいかもしれない……〉

結局、切った張ったの命のやりとりや、家庭内のゴタゴタから解放されるには、それまで住んでいた場を〝ツキ場〟に変えるしかない。そう気がついた安藤は、その日以来、方位学・家相学を熱心に勉強し始めた。ありとあらゆる文献を読みあさった。

そして、家相というものが、少しずつわかるにつれて、自分が、いままでどんなにひどい凶相の家に住んでいたか、思い知るようになった。

安藤は、昭和六十二年十一月二十日、ごま書房から『九門家相術』を出版した。

安藤が昭和五十六年におこなった自宅改築を期に、幸福が舞い込むことになったため、その幸運招来の極意を世に広めたかったのである。

世に家相術は数あるが、安藤のは「九門」である。九門とは、大雑把にいうと、こういうことである。

方位学で言えば、家の東西南北は、それぞれ「木」「金」「火」「水」を表わすという。

「木」の東側は、セックス運を意味する。

「金」の西側は、金銭運。

「火」の南側は、家族運。

「水」の北側は、健康運である。

四つの方位は、各々吉凶に分かれる。注目すべきは、家の外観が凹凸のいずれか、という点である。各方位に適度な出っ張りがあれば、吉。へっこみがあれば、凶である。ただ、凸が吉とはいえ、過度な出っ張りは良くないらしい。

安藤は、四方位の吉凶を各々、次のように名づけた。

『木生門』『木殺門』

『金生門』『金殺門』

『火生門』『火殺門』

『水生門』『水殺門』

なお、「生門」と「殺門」という用語は、安藤オリジナルである。

さらに、「生殺八門」以外に、北東方位の『表鬼門』、その反対の西南には『裏鬼門』もある。両者を併せて、いわゆる「鬼門」である。つまり、「生殺八門」に「鬼門」を加えて、「九門」というわけである。

安藤は、この本で、竹下登《たけしたのぼる》首相の家が短期政権を暗示していると指摘した。

第12章　終わりなく輝く「伝説」

散ってゆく第二期東興業の残照

『第二期東興業』の事務所には、住吉会から東亜会まで、さまざまな組織の人間が顔を出した。

しかし、第二期東興業のメンバーの矢島武信は小金井一家新宿五代目堀尾昌志のもとに行った。

大黒柱の花田も、三本杉一家の岸と縁を組んだ。

石井福造も、住吉会へ移籍し稲葉一利の舎弟になった。

やはり第二期東興業に参加していた千葉一弘も、兄貴分の志賀日出也と住吉一家に入っていた。

そもそも志賀日出也は、住吉傘下の小西保や稲葉一利と兄弟分であった。特に稲葉は、渋谷の幡ヶ谷生まれで、志賀との付き合いも古い。さらに住吉の事務局長だった佐藤吉郎なども、志賀の兄弟分だった。

ちなみに、小西保の小西組は、『小西政治経済研究所』という名称で、総会屋としても名を馳《は》せるのである。

堀政夫は、昭和四十二年（一九六七年）十二月に、住吉一家五代目を継承した。

住吉一家五代目の座についた堀総長は、昭和四十四年、かっての住吉会当時の同志を糾合して『住吉連合』に発展させ、みずから「代表」となった。

志賀は、舎弟である千葉に申し渡した。

「堀政夫が総長になっているんだ、縁をつくれよ」

そのような経緯で、志賀が住吉一家に入ることで、千葉も自動的に入ったというわけである。

三本菅は、安藤組の大先輩で、すでに住吉一家に入っていた千葉一弘にも、三本杉一家入りの件を相談した。千葉はうながした。

「三本杉一家に行ったたって、渋谷道玄坂の上下だから、いいじゃないか」

第二期東興業の事務所は、渋谷道玄坂の渋谷東急百貨店本店そば。かたや三本杉一家の事務所は、東急本店を少し上がったところにあった。二つの事務所は、徒歩三分で行き来ができる距離であった。

それに加えて、三本菅には安藤昇のアドバイスもあった。三本菅は、そのころも安藤昇を安藤組社長として尊敬していた。が、安藤がヤクザを引退してカタギの俳優になってからは、ある程度の距離を置いていた。

しかし、このときばかりは、三本菅も、安藤に時間を取ってもらった。

安藤と会い、安藤に訊いた。

「どうしたらいいでしょうか」

安藤は、言葉を慎重に選びながら言った。

「でも、おまえね、とにかく、しょうがないから……」

そして続けた。

「稲川さんのところに、行けよ」

安藤にとって、親分といえば稲川聖城しかいなかった。

三本菅は、昭和五十三年の初め、正式に稲川会三本杉一家に入った。

いっぽう、三本菅を受け入れる側の三本杉一家の岸総長らも、気が休まったにちがいない。もう、あの三本菅と喧嘩《けんか》をしなくていいのだ。

それまで三本菅は、もがき苦しみながらも渋谷にへばりつき、安藤組の小さな炎を灯しつづけていた。ひたすら喧嘩っ早くて、すぐにドスを振り回す狂犬さながらであった。その闘争心は、安藤組解散から十数年経ってもなお衰えを知らなかった。同じ渋谷を根城にする三本杉一家とすれば、三本菅はいつまでたっても目の上のタンコブだった。だが、いまや身内なのである。

かたや、三本菅も三本菅で、稲川会に入り、会の持つ組織づくりを意識したしたたかな戦略に内心舌を巻いていた。

〈稲川会は、組織としてあと先のことを考えている。喧嘩をするか、抱き寄せるか。この世界はどちらかだ。そういうことをきちんと考える人もいるんだな……〉

そのころ、三本杉一家の代貸だった村野昭南は、ことさら胸を撫《な》で下ろした。村野は、のち六代目三本杉一家総長になる人物で、かつて、バー『どん底』では、三本菅に顔を斬られた三本杉一家幹部であった。

安堵の理由は、昭和三十九年十一月七日にレストラン『外苑』で安藤組の西原健吾を殺害し、矢島武信に重傷を負わせたのは、村野の仲間であった。

当時服役していた中原隆らがシャバに帰ってくるまでに、安藤組の残党を自分の組織に取り込めば、彼らに顔向けができる、との思いがあったという。もし、中原らが出所した段階で、第二期東興業の狂犬と顔を突き合わせれば即、戦闘モードに再突入しかねなかった。

一致する修羅の親子と「筋道」

三本菅啓二は、昭和五十三年（一九七八年）初め、かつて敵として戦ってきた稲川会三本杉一家に入った。三本菅は、そのころ、すでに住吉一家に入っていた千葉一弘と、渋谷で発生するトラブルへの仲裁役にまわることが多くなった。

そもそも千葉や三本菅は、根っからの渋谷っ子であり、元安藤組である。もはや、組織同士のトラブルは皆無となったようだ。ゆえに、ドラマチックなトラブルも無くなった。記憶力のいい三本菅も、この時期の記憶だけは不思議なほど空白だという。

三本菅と住吉一家の間に培われたつながりもまた、渋谷の平和に貢献する。

三本菅は、住吉一家の親分衆とは第二期東興業時代から親しく、とりわけ住吉一家向後二代目総長で、のち六代目住吉会会長になる西口茂男には可愛がられた。

それは、安藤組解散時に、矢島武信一派の一部が西口総長に預かられたことをきっかけにさらに深まり、高円寺の西口総長のところに毎年年始の挨拶をするようになっており、それはいまでもつづいている。

愚連隊の安藤組は、いわゆるヤクザとは違う。しかし、元安藤組の千葉も三本菅も、安藤組解散後にヤクザの世界に飛び込んだ。二人は、愚連隊とヤクザとの違いと共通点を肌で感じた。

千葉は、住吉一家に入って気づいたことがある。いわゆる「ヤクザ」と愚連隊時代の「安藤組」の違いである。

まず、安藤組には、「破門」というしきたりはない。問題を起こしても、厳しく諭すことこそあれ、処分はしなかった。

また出入り自由である。去る者は追わず、来る者は拒まずという雰囲気だ。

いっぽう、ヤクザである住吉一家には、「破門」が明確だ。一度「破門」を言い渡されれば、この社会で生きていけない。少なくとも世間が狭くなる。

ヤクザになった千葉は、実感した。

〈新組織をつくるということは、難しい。できないな〉

それは、安藤組再生の難しさの裏返しである。

また安藤組の特徴は、指詰めの習慣がなかったことである。

安藤組にいた人間に、指詰めを強要された者はいない。

入れ墨もまた、安藤組には馴染《なじ》まなかった。安藤昇、花田瑛一、矢島武信、西原健吾、三本菅啓二、そして千葉も入れ墨はしていない。もともと安藤昇は、入れ墨を推奨しなかった。千葉の兄貴分である志賀日出也は、安藤に出会う前から落合一家と親しかったことが影響したのか、「般若《はんにゃ》」の入れ墨をしていた。

例外は、石井福造と瀬川康之だった。

「おまえが入れたんなら、おれも」

二人は競い合うように入れ墨を入れていた。当時は機械彫りが世に出てきたばかりの時代でもあった。

また安藤組では、安藤昇を「親分」ではなく「社長」と呼んでいた。もっとも安藤自身が「社長と呼べ」と命じていたわけではない。千葉が入ったころは、みな自然にそう呼んでいた。いわゆる『東興業株式会社』の「社長」が定着していたのだろう。

もっといえば、安藤自身が「親分」と呼ばれることを好まなかったのかもしれない。見方によっては、安藤には博徒的なるものやテキ屋的なるものに尊敬や憧憬《しょうけい》がなかったともいえる。

もっとも終戦後は、博徒の存在感は薄かった。マーケットでは、物流の担い手でもあるテキ屋の勢力が上回っていたほどだ。敗戦直後の博徒は、博打《ばくち》も打てなければ、カスリごともない。とはいえ博徒には、見栄もあるので、テキ屋のように商売もできない。

かたや安藤組は、宇田川町でビールを売ったり、乾きものを売ろうとしたりと、店舗を一件一件歩いたこともある。博徒にはできない、テキ屋顔負けの貪欲な動きを見せていたのである。

その優れたビジネス感覚からも、安藤は「社長」と呼ばれても、「親分」とは呼ばれたくなかったのかもしれない。

いっぽう三本菅は、まずヤクザの義理事の多さに驚いた。毎日のように冠婚葬祭や盃事《さかずきごと》がある。しかも、金をつくって、自分の体を現場に運ばなければならない。

ヤクザ世界でいう親子関係は、愚連隊時代の上下関係とはまったく違った。確かに安藤昇は、安藤流に安藤組の子分たちをかわいがった。花形敬は花形流に、花田瑛一は花田流に、志賀日出也は志賀流に子分たちを遇した。三本菅も、それには感謝している。

だが、ヤクザ世界の「親子関係」は、性質が違った。ヤクザでいう「親子」は、もちろん血縁でいう親子や兄弟関係とはちがう。だが、血縁が無いところに親子関係や兄弟関係をあらたにつくる。いわば修羅の親子であるがゆえに、特有の意味が生まれるわけである。

盃事などの儀式では、祭壇や鯛などを用意し、見届人を列席させ、恭《うやうや》しくこれをおこなう。目的は、組織を徹底した形にするためであり、世間にもそれを公表する。儀式は、あらゆる異論を退ける。

かりに、儀式が無ければ、後日こんな文句が出かねない。

「やっぱり、おれは、あいつが気に入らない。あいつの兄弟分になっていられないよ。おれは、もう兄弟分の盃は返す」

ところが、盃の儀式形式を世間に認めさせれば、誰も文句は言えない。文句を言えば、今度は、その人間が半端者となる。破門の対象にすらなる。安藤組には、その種の儀式は無かった。そもそも破門自体も無かったのである。

とはいえ、三本菅は、義理事以外の行動様式に、安藤組とヤクザに大きな違いは感じなかった。ひとえに「筋を通す」という姿勢はまったく同じである。

三本菅は、安藤組時代から「筋道」を厳しくと教えてもらったと自負している。だからこそ、ヤクザの世界に入っても違和感がなかったという。

客観的に見れば、衰退していた第二期東興業に最後の最後まで残っていた人間とは、一途に「筋道」を死守してきた武士《もののふ》だったといえよう。

三本菅が三本杉一家に入って半年後、稲川会の稲川聖城会長から、三本杉一家の岸悦郎総長に打診があった。

「安藤のところの若い衆が、いるらしいな。その若い衆を、部屋住みにさせたい」

それを受けて、岸総長は、三本杉一家事務所に戻り、三本菅に命じた。

「勉強にもなるから、稲川会長の部屋住みに行きなさい」

三本菅は、岸総長の命に従った。

右翼団体『大行社』の発会式は、昭和五十六年七月二十四日、港区芝公園《しばこうえん》の東京プリンスホテルでおこなわれた。三本菅は、稲川会長の命令で大行社に加わった。

安藤と横井の交わり続く光と影

「横井事件」後の昭和四十五年五月末、横井英樹が、なんとホテル『ニュージャパン』のオーナーとして登場した。

ホテルニュージャパンは、東京でも屈指の一等地、千代田区永田町にあった。敷地は、二千八百坪を超えた。

横井は、従業員を前に演説をぶった。

「おカネを払う者だったら、ゴロツキでもヤクザでもいい。客として取れ！」

「ストライキをやるなら、やったらどうだ。スト破りの人間を、外から連れてきてやる！　腕章やったら、もぎ取ってやる。赤旗を立てたら、茅ヶ崎の海岸へ持っていって、一枚一万円のフンドシにして売ってやる！」

「おれは、柔道五段、剣道の錬士だ。若い者の一人や二人、怖くはないんだ。おれは、ピストルの弾が、体に入っているんだ。おまえらは、アソコの玉が二つだろう！　おれは違う。おまえらより、一つ多いんだ！」

横井は、安藤昇の子分である千葉一弘に、ピストルで撃たれ、体の中にいまだに弾丸が残っている。そのことをうそぶいたのである。

そこに、昭和五十七年（一九八二年）二月八日未明、ホテルニュージャパン九階から火災が発生した。英国人が泊まっていた九三八号室から、火が出た。

横井は、眼の前のホテル敷地に、次々と高層ホテルから飛び降りた死者の血が流れ、館内の死者の収容作業が進んでいる最中、マイクを片手にテレビカメラに向かって奇言を吐いた。

「火災が九階、十階の一部にとどまったのは不幸中の幸いです。この火災については、わたしが一生を懸けて償いをいたします。みなさんに同情と声援をたまわり、早朝からおいでいただき、ありがとうございます」

まわりには、大勢の報道陣が囲む。新聞記者から、詰問調の質問が浴びせかけられた。

「横井社長！　防災設備が整っていなかったんじゃないですか！」

のちに横井の発した「幸いにも」というキーワードがマスコミから集中砲火を浴びることとなる。

火災は、ホテルの宿泊客を中心に死者三十三名、負傷者三十四名を出す大惨事となった。延焼範囲が広がった原因は、ホテルニュージャパン側にあった。

ホテルニュージャパンは、たび重なる消防当局の指導にもかかわらず、スプリンクラー等の消防設備を設置しなかった。さらに火災報知機の故障やホテル館内放送設備の故障と使用方法の誤りがあった。また、宿直ホテル従業員の少なさ、ホテル従業員の教育不足による初動対応の不備、客室内の防火環境不備といった複合的要素による火災との調査が発表された。

横井は、昭和五十七年十一月十八日午前八時十分、防火整備の不備などを理由に業務上過失致死で逮捕された。

が、九十五日後の昭和五十八年二月二十一日、五回目の保釈申請が認められ、東京拘置所を出所した。

保釈金は、業務上過失致死としては史上最高額の二億五千万円だった。裁判は長期化してゆく。横井は、東京地裁で業務上過失致死傷罪で禁錮三年の有罪判決を受け、平成五年に最高裁で確定した。

安藤昇は、ホテルニュージャパンの火災事件のあと、苦笑しながら筆者に語った。

「あのとき、いっそ撃ち殺しておけば、今回のように三十三人も殺す大惨事にならなくてすんだのに……と何人かが電話してきた。が、おれは、やつの社会的生命を奪うのが目的で、生命までは取る気はなかった。だから、かならず右腕を撃つよう命じた。ところが、左腕の骨に当たった弾がはね返り、心臓をかすめて、ぐるっと体の中を回ってしまって、体の中に弾が残ってしまったんだ」

それでは、いっぽうの安藤はどうだったろうか。

昭和六十三年（一九八八年）ごろには、任侠映画も沈滞気味になっていた。そのカンフル剤となったのが、安藤昇初プロデュース作品『疵《きず》』であった。

『疵』は、かつての子分・花形敬の半生を描いた本田《ほんだ》靖春《やすはる》のノンフィクション『疵』が原作である。花形をモデルにした作品は多かったが、実名で登場するのは、この作品が初めてとなった。安藤の後押しがあったからこそ可能になったわけである。

『疵』は、梶間俊一《かじましゅんいち》がメガホンをとり、陣内孝則《じんないたかのり》、ジョニー大倉《おおくら》、岩城《いわき》滉一《こういち》らが出演した東映映画である。

昭和六十三年九月三日の公開日と翌日は、立ち見が出るほどの盛況となった。同時期に公開された大ヒット作『極道の妻たち』に次ぐ配給六億円が見込まれたほどであった。

安藤は、同じ昭和六十三年六月十一日に公開された元安藤組の安部譲二の原作映画『極道渡世《やくざ》の素敵な面々』に神父役として登場した。九年ぶりの俳優復帰である。いわゆる特別出演であった。

昭和六十三年は、安藤の製作意欲はそうとう旺盛だったようで、さらに東映映画の『恋子の毎日』もプロデュースしている。

『恋子の毎日』は、ジョージ秋山《あきやま》の人気漫画だが、内容は新宿を舞台にしたヤクザものである。新宿ロケが中心になることから、どうしても在新宿ヤクザの撮影妨害をクリアする必要もある。東映側が、そのためにもプロデューサー安藤昇に白羽の矢を立てたともいわれる。

東映の場合、東京と京都に撮影所があるが、大作はほとんど京都で撮っている。その京都で、プロデュースを一手に引き受けているのが、関西にも広く顔が利くといわれた、ヤクザ映画の名プロデューサーとして知られた俊藤浩滋であった。

いっぽう東京では、昭和六十三年ごろから東映はあらたに〝ニューやくざ路線〟を狙っていた。そのためにも、今後はさらに安藤プロデュースの比重を高めたい意向があったともいう。

安藤昇は、夏は箱根、冬はハワイという生活を十五年ほど続けていたが、平成二年にハワイで倒れ、ハワイの病院に一月ほど入院した。

その直後、平成三年には入国カードに虚偽記載したとの理由で逮捕された。いわば言いがかりのような逮捕であった。安藤は、やむをえず即帰国した。

以後、安藤昇にアメリカはビザを出さなくなった。が、これは、平成になってもなお、米国当局にとっても安藤昇が要注意人物であることの証明であった。

瑳峨三智子は、平成四年（一九九二年）八月十九日、タイのバンコクで、くも膜下出血のため逝去した。享年五十六歳であった。

そのころ、瑳峨は、高血圧で体調がすぐれず、主治医からも旅行などは控えるように言われていたが、友人との約束だからと無理をしたのが命取りになったという。

安藤は、瑳峨の死を知り、奥歯を噛《か》みしめた。

〈かわいそうに……。だが、しょうがない。だけど、もったいないなぁ……〉

安藤は、もう一度〝女優瑳峨三智子〟のカムバックを見たかった。瑳峨には、独特の色気と魅力があり、母親の大女優山田五十鈴に負けない、演技派女優になる可能性も充分あった。しかし、もはや叶わぬ夢となってしまった。

安藤は、瑳峨との同棲生活をあらためて思い返した。当時、瑳峨には、大女優である母親の山田五十鈴と張り合っている雰囲気がそこはかとなく漂っていたという。言葉にこそ出さなかったが、言葉の端々やそれとない態度から、大女優である母親へのライバル心が垣間見えた。

つまり、安藤がより添った昭和四十年代前半の瑳峨は、病弱ながらも女優魂がメラメラと燃えていたのである。しかし、激しい意欲があっても、自分の体がついてこない。そんなジレンマに嵯峨は、懊悩《おうのう》していたのかもしれない……。

安藤昇は、平成四年、軽井沢に別荘を建てた。安藤自ら設計したアールデコ調の瀟洒《しょうしゃ》な別荘である。

そして、安藤昇の運命を狂わせた横井英樹は、高血圧を理由に平成六年五月から八王子医療刑務所で服役せざるを得なかった。

横井は、平成八年六月中旬に二年あまり服役していた八王子医療刑務所を出所し、飯田橋の警察病院に入院した。が、七月中旬に田園調布の自宅に戻った。

出所後の横井は、タクシーで東洋郵船の社屋や東京池上のボウリング場や東京碑文谷のダイエー碑文谷店などを見回る単調な毎日を過ごした。

なお、安藤昇は、偶然、横井とダイエー碑文谷店で鉢合わせた。

横井は、一瞬ギクッとした表情になり、それからつとめて笑顔になり、安藤に声をかけた。

「ここの家電製品は、安いですよ」

安藤は、いぶかしく思った。が、あとから聞けば、そのダイエー碑文谷店の土地建物の所有者が横井だったとわかったので合点した。

平成十年の初めごろ、安藤昇の事務所のスタッフが、ホテルニューオータニの喫茶店で、横井を見かけた。

横井は、なんと、コーヒーを運んできたウェイトレスの尻をさわろうとしていたという。

その話を聞いた安藤は、声をあげて笑った。

「ハハハッ。恍惚《こうこつ》状態だと聞いていたが、たいしたもんだ」

なお、横井英樹は、平成十年十一月三十日朝八時過ぎ、急に気分が悪くなった。午前九時過ぎ、昭和大学病院へ運ばれた。

その二時間後の午前十一時四十二分、虚血性心疾患により死亡した。八十五歳であった。

平成十年十二月十四日午後一時より、築地本願寺の第二聖堂にて、横井英樹の葬儀がおこなわれた。茶毘《だび》に付された横井の遺骨のそばには、なんと、トレードマークといわれた蝶ネクタイを留める金具と、弾丸一個が残っていたという。安藤組の千葉一弘の撃った弾丸は、横井が吹聴していたとおり、体の中に残ったままだったのである……。

安藤と稲川総裁再会の周辺

平成七年のある日、稲川会の稲川聖城総裁は、大行社の三本菅啓二理事長に訊いた。

「安藤は、どうしているんだ？」

稲川総裁は、安藤が平成二年にハワイで倒れたあと、回復して、またプロデューサー稼業もやっているとの噂を耳にしていたらしい。

三本菅は答えた。

「元気にやっています」

稲川総裁は、それとなく言った。

「どうだい、一度、連れて……」

三本菅は、かつて仕えた安藤昇への恩に報いようと願い出た。

「ぜひ、お願いします」

「そうか、じゃ一度会うかな。お茶でも飲むか」

三本菅は、深々と頭を下げた。

「わかりました」

そこで三本菅は、二人の間に入り一席設けた。

稲川総裁と安藤昇は、稲川総裁が事務所がわりに使っていた帝国ホテルの一室で顔を合わせた。

安藤が昭和三十九年九月十五日に出所した際、稲川聖城が出所祝いをして以来の両雄の顔合わせであった。

稲川聖城は、あいかわらず、安藤を「安ちゃん」と親しみをこめて呼んだ。

三本菅は、その席に最初の三十分間同席し、席を立ち、二人だけにした。

二人は、二時間くらい話をした。

稲川総裁は、安藤の帰り際、三本菅に安藤への二千万円の見舞金を預けた。

三本菅は、それを安藤に渡した。

その後、稲川総裁は、三本菅に言った。

「日のいいときに、安藤を連れて熱海に一度遊びに来てくれよ」

そこで、三本菅が、その席もセッティングすることとなった。

三本菅は、安藤昇とその次男の章を熱海の稲川邸に案内した。

三本菅は、稲川と安藤の再会の場は遠慮して席を外した。

稲川総裁は、安藤に邸内を案内し、二人並んだ写真も撮った。

語り合いは、その日も二時間はつづいた。

安藤の帰り際、稲川はまたもや三本菅に声をかけ、安藤へ一千万円の見舞金をそっと預けた。

もちろん三本菅は、帝国ホテルの二千万円と同様そのまま安藤に渡した。今回と前回、合わせて三千万円が安藤に渡ったことになる。

が、その裏では、なんと三本菅が同額の金を稲川総裁に戻していた。

「昔の親分に義理を立ててくださいまして、ありがとうございます」

という拝謝の印であった。

三本菅は、安藤には、そのような裏の動きは知らせなかった。


元安藤組で横井英樹襲撃事件の実行犯、のち住吉会石井会顧問の千葉一弘は、安藤組解散後も安藤昇とは交流がある。

かつての安藤組の者が集まる安藤の誕生会に参加もする。安藤から呼ばれれば、顔を出すという具合だ。千葉にとって安藤は、懐かしい親分というよりも、社会的に尊敬される人物という感覚だ。もっとも、千葉のほうから、安藤に会うことはない。お願いごとなどもない。

平成十七年（二〇〇五年）三月五日公開の映画『安藤昇自伝・渋谷物語』の公開に先立ち、原作者の安藤から千葉にこんな依頼があった。

「今度、こういうのを東映でやる。東急エージェンシーで宣伝するから、頼むよ」

そこで、東急と昔からつながりが深かった千葉は、東急エージェンシーの幹部を安藤に紹介した。

もっとも映画は東映製作であり、同じ東急系列の広告会社である東急エージェンシーの媒体に広告を打つのは自然の流れであったが、安藤はあえて千葉経由で東急エージェンシーの協力を再要請したのである。よりいっそう確かな広告宣伝活動をしたかったのであろう。

映画撮影については、ロケ地渋谷は、安藤にとっては庭のごとし。邪魔する者もいなかった。

もしも、それが安藤の映画でなければ、「うるさい。おれのシマで変なことするな」というクレームが出る可能性もないではない。しかし、安藤を知る大行社や三本杉一家は、むしろ逆に「じゃ切符のお金払いますよ」と映画の興行的成功に協力的だった。

その後、安藤側から千葉に、昔懐かしの「A」をあしらった東興業のバッジが贈られてきた。映画撮影用にあらためて作らせたものだった。


平成十七年ごろ、千葉の結核が再発した。結核菌は、五十年生きるといわれている。敵はしぶといのである。

千葉は、義理事などに出席して、他人様《ひとさま》の前で咳込んだり痰を吐いたりするのが嫌だった。住吉会の西口茂男総裁は、「じゃ、本部に行っとけよ」と千葉を気遣った。

そこで、千葉は、義理事に顔を出さずともすむようになった。

結核が再発した千葉は、半年間ほど入院し、治療した。

平成二十年現在、千葉の体から結核菌は出ていない。が、一カ月おきに定期検診している。かつて結核で骨を七本取り、胃を取り、果ては胆石が出たので胆管も取ったりと、まさに満身創痍《まんしんそうい》である。若いころは「人生五十年」と思っていた千葉も、ついに齢《よわい》七十三歳である。

いま千葉は、やり残した仕事があるとは思っていない。ただ、誘われれば、酒の席にはどんどん出て行くつもりだ。

千葉は、さらりと言う。

「仲間として後輩でも、一杯酒でも飲めればいいんじゃないかな……」

三本菅は、自分が安藤組で無鉄砲に暴れまわっていた二十歳のころを思っていた。

〈三十歳まで、はたして生きられるかな……〉

第二期安藤組時代の三十歳では、切実に思っていた。

〈あと、何年生きられるか……〉

そして、自分が大行社会長になってからも、その思いは変わらなかった。

〈いつなんどき、大行社の若い衆が間違いを起こしても不思議ではない。そうなれば、狙われるのはむろん、大行社のトップである自分だ。それはしょうがない。いや、むしろ、その覚悟がある。そのいっぽう、やはり、争い事が絶えないヤクザの世界でも、自分にできることがあるはずだ。殺し合いになる前に、少しでも話し合いができれば、和が保たれれば、殺し合いをしなくてもすむ。それが、自分の使命なのかもしれない〉

平成十九年（二〇〇七年）十二月二十二日午後四時十分ごろ、稲川会創設者の稲川聖城総裁が逝去した。

十二月二十六、二十七の両日、稲川総裁の通夜・告別式が横浜市内にある稲川会館で「稲川会会葬」として営まれた。全国から名だたる親分衆が参列した。

元安藤組組長で稲川総裁とも縁が深い安藤昇も、二十七日の告別式に参列した。

安藤は、稲川の葬儀に行き、棺《ひつぎ》の中をのぞいた。

安藤は、思った。

〈いい顔している。ほんとうに……〉

安藤は、あらためて稲川との関わりについて思い出し、胸を熱くした。

会えば、昔の話になった。昔話に花が咲いた。十年前に行ったときも、昔のことをなんでもよく覚えていた。安藤が七十過ぎになっても、呼び名は「安ちゃん」だし、安藤も昔からの呼び方で「貸元」と呼んだ。

いま安藤は、稲川をしみじみ語る。

「男らしい人だった。一番『俠』らしいというか、男気が超一流で、おれは、稲川さんが一番好きだった。一番好きな親分だね。それに、とにかく、いろんな面で世話になったしね」

「伝説のヤクザ」を慕う

そもそも現代ヤクザというものは、相互安全保障条約が効いているためか、揉《も》め事が少ない。

とりわけ渋谷は、平和である。

というのも、これまで住吉会系石井会と稲川会系三本杉一家と、國粋《こくすい》会系落合一家との間にはある種の均衡が保たれ大きなトラブルはなかったのである。安藤組の系譜が重石《おもし》となり、揉め事の芽を事前に摘み取ってきた面がある。

住吉会系石井会を率いる石井福造会長も、安藤組出身だ。もちろん厳密な意味では、落合一家のようにシマを持たないのだが、渋谷を押さえている。そして石井を補佐しているのが、これまた安藤組出身の千葉一弘顧問である。

もしも安藤組出身の二人がいなかったならば、住吉会が「石井会」のようなものを渋谷に新設することはできても、維持することは難しかったにちがいない。

石井会長は、かつて安藤組時代、稲川会の三本杉一家との小競り合いを演じた。

その後、石井は、住吉の看板を背負っておさめてもきた。たしかに石井は、住吉の看板こそ背負ったが、安藤組の流れを汲《く》んだ石井と千葉だったからこそ、周囲の者も暗黙裡《あんもくり》にその存在を認めるわけである。

石井会には、安藤組の威光が生きている。

と同時に、「安藤組→稲川会→大行社」と所属を移っていった三本菅啓二が、渋谷の平和に貢献する役割もまた大きい。

ヤクザである稲川会三本杉一家、國粋会落合一家、住吉会石井会という三団体以外に、三本菅の右翼団体・大行社が別枠として機能しているからである。

しかも、要石である三本菅は、渋谷内の全団体トップと顔が通じている。

三本菅と千葉は、そもそも安藤組からの仲間だ。二人は、國粋会本部長・九代目落合一家佐藤光男総長とも飲み仲間である。

千葉一弘の周囲には、安藤の悪口を言う人はいない。

人々の心には、もはや神話化された安藤昇像があるのであろう。同世代はもちろん若い世代にも、安藤に対する憧《あこが》れがある。安藤自身がカタギになって、ヤクザの世界にはいっさい介入していないことが、さらに伝説を伝説たらしめているようだ。

もちろん千葉の周囲にいる親分衆が、安藤を悪く言わないのは、千葉が安藤組出身者との配慮もある。が、安藤と直接利害関係があった親分や、当時やりあった人物が、もはや存命していないのもまた事実である。かりに利害関係があれば、遺恨が残り「こん畜生」という鬱憤《うっぷん》も残っていたはずだ。ところが、かつての宿敵たちは、恨み節もろともあの世に行ってしまった。

カタギになった安藤は、一時期、歌を唄っていた。

すると、千葉と兄弟分である立川連合の人間なども、安藤昇歌謡ショーのような興行を打ってくれたものだった。立川連合のなかには、安藤と確執があった人間もいただろうに、悪口一つ言わなかった。

千葉に対して、せいぜい「安藤さんは、元気か」と訊くだけだった。

安藤は、安藤組解散後も不思議な存在感を維持している。千葉は、住吉一家内ではあえて安藤組の話はしない。がしかし、若い衆たちはインターネットで調べるのであろう、安藤組の輝きをよく知っている。

その結果、千葉は尊敬を集めている。興味津々の研究家である若い衆は、「三本菅さんは、こうですよ」などと千葉の知らない情報まで調べ上げる始末である。

安藤組の生き残り組のなかでは、千葉はもちろんのこと、三本菅啓二と石井福造に対する評価は高い。

千葉にとって安藤組にいた意味を噛みしめるのは、周囲から高い評価を受ける瞬間である。住吉会でも、安藤組での経歴が自身の評価につながっていることはわかっている。またカタギ相手でも、「横井英樹襲撃事件の、あの千葉さん⁉」ということになる。カタギ衆から「安藤さんは伝説の人」などと言われれば、やはりうれしい。ただし千葉は、自身に対する世間の評価は評価として、己を普通人として律している。

もちろん千葉は、自他ともに認めるヤクザである。しかし、千葉側から、企業に強いことや嫌なことを言えば、当然ながら反発されることも重々承知している。また、時代の風潮からも、ヤクザといえども社会との折り合いが欠かせないのも事実だ。

そこで千葉は、「お願いごとは、あくまでもお願いごと」「頼みごとは、あくまでも頼みごと」と割り切っている。仲介こそすれ、その結果責任について云々することはしない。

「人を紹介するから、あとはそっちで」

というスタンスである。

かりに、紹介してのち依頼主の要望どおりの結果が得られなくても、千葉が躍り出て「なんで駄目なんだ！」と相手側に息巻くこともない。

純粋な「仲介者」と自身を位置づける千葉の周りには、自然と人の輪ができる。カタギがすすんで千葉に会う。平気で酒を飲む。千葉の背景を知りながら、あえて集う。

が、千葉はあくまで過去を捨て、いま現在の、純粋な一仲介者、あるいは一人間・千葉一弘として付き合いをするので、人間関係が長持ちするのである。

逆に、もし千葉が凶暴なヤクザそのものであれば、カタギ衆は千葉を毛嫌いして近づこうともしないはずだ。

カタギ衆からすれば、千葉の要望は、もはや御大《おんたい》のご要望という感覚である。

「ほかならぬ千葉さんの頼みだから、まあ、千葉さんの顔を立てましょう」

ということもある。

かって安藤組で暴れまわっていた組員たちは、安藤組解散後、流星のごとくさまざまに散っていき、さらなる修羅を生きざるを得なかった。が、いつまでも「伝説のヤクザ」としていまだ記憶されている安藤を慕いつづけている……。

永遠の「安藤昇伝説」へ

平成二十七年（二〇一五年）十二月十六日に亡くなった俳優で、元安藤組組長の安藤昇さんのお別れの会が平成二十八年二月二十八日、東京都港区の青山葬儀所で営まれた。発起人は、佐藤純彌《さとうじゅんや》、降旗康男《ふるはたやすお》、中島貞夫《なかじまさだお》、梅宮辰夫《うめみやたつお》、村上弘明《むらかみひろあき》、吉田達《よしだとおる》、三田佳子《みたよしこ》、岩城滉一、堀田眞三《ほったしんぞう》、梶間俊一《かじましゅんいち》の各氏。その他に北島三郎《きたじまさぶろう》さんら関係者ら約七百人が参列した。わたしも参列し、安藤さんとの取材、酒を通しての三十八年にもわたる交流を思い浮かべながら偲んだ。

黙禱《もくとう》ののち、安藤さんと二十年以上にわたり交流のあった実業家の海老澤信さんが、お別れの会の実行委員長として挨拶した。

「故人は七年ほど前に腎臓病を患い、透析生活をされていましたが、元気な日常を過ごしてまいりました。お誘いを受けると、歌舞伎町や日本橋まで足を運んでおりました。そんなときはとてもご機嫌で、少量ではありますが、ビールを口になさっておりました。

また、夏になりますと、暑い東京を離れ、大好きだった軽井沢の別荘でのんびり過ごされてまいりました。毎日、午後の涼しい時間になりますと、軽井沢銀座の若い女性が素通る喫茶店でコーヒーを飲むのが日課となっておりました。みなさまご承知のとおり、故人は若い女性が大好きでした。毎年五月二十四日のお誕生日になりますと、向島に繰り出し、芸者を上げて誕生日祝いを楽しんでまいりました。それは、つい四、五年前まで続いておりました。そんな悠々自適な日々を過ごしてまいりましたが、昨年暮れも押し迫った十二月に入りまして、体調をお崩しになり、十一日、ご自宅近所にある医療センターに検査入院。それでも、元気で『病院の飯なんて、まずくて食えないから、明日、すき焼きを作って持って来てくれ』とか、『千疋屋《せんびきや》のメロンを買ってきてくれ』とか、そんなご様子でした。ところが十六日午後になって肺炎を併発し、最善の医療の粋を尽くしましたが、午後六時五十七分、幽明境《ゆうめいさかい》を異《こと》にいたしました。すべてやり尽くした、悔いのない、満ち足りたお顔の最期でした。

安藤昇は涙することをとても嫌ったお方ですので、どうか、ご臨席のみなさまも一世紀に近いあの激動の人生を思い、笑顔で送っていただければ幸いです」

最初に弔辞を読んだのは、映画監督の中島貞夫さんだった。中島さんは、この日会場で上映された『安藤組外伝　人斬り舎弟』など安藤さんが出演した多くの映画のメガホンをとった。中島さんは、弔辞の中で、役者の枠を超えた安藤さんの存在感に圧倒されたことなどを振り返った。

「安藤さん、とうにあなたはお忘れでしょうが、四十五年前、初めて貴方にカメラを向けた日のことを、今でもわたしははっきりと覚えています。

あれは『まむしの兄弟』シリーズの第一作、菅原文太さんと川地《かわち》民夫《たみお》さんとのコンビが、それまでの東映の主流であった任侠映画の枠を破って、金バッジに象徴される組織や権威に徹底的に歯向かうという設定の作品でした。イキがって画面一杯、怖いもの知らずに暴れ回る二人。だが、ある日、その二人の前に、二人の価値観を決定的に覆す一人の男が現われる。それがあなたの役どころでした。

場所は浴場。当然、高価な衣装や金バッジは身につけず、素っ裸の姿ながら無言のまま二人に向ける一《いち》瞥《べつ》の、その眼光の鋭さに言葉を失うまむしの兄弟……。それまでほとんどお付き合いもない、役者のキャリアも浅い安藤さんが、この男をどう演じてくれるのか。

いよいよ貴方の出番となり、期待と不安のない交ぜる中で向けたカメラの先に、わたしは思わず息を飲みました。まずはその存在感、そしてジロリとくれる一瞥の異様なまでに鋭い眼光。射すくめられる、という表現がありますが、まむしの兄弟よりひと足早く、わたし自身が射すくめられてしまいました。

これが安藤昇なのか、あの戦後のすさまじい混乱期、飢えと戦いながら焼け跡の中を生き抜いてきた者のみが持つ、この圧倒的な存在感……。それは演技を超えたものでした。

そう、そして、安藤さんとのお付き合いは始まりました。

いっぽうで、長いお付き合いの中で見せた稚気あふれる安藤さんの一面も忘れることができません。

それは『安藤組外伝・人斬り舎弟』を東京の東映撮影所で撮影したおりのこと。ドラマの主役は菅原文太さんや梅宮辰夫さんでしたが、『安藤組外伝』というタイトルがつく以上、という気持ちからでしょう、あなたは脚本の執筆時はもちろんのこと、撮影時にもプロデューサー以上に気を遣い、撮影所に足を運んでくれてました。

そんなある日、撮影が定時に終わる日に、メーンスタッフを食事に招待したいと申してくれていたのですが、急にその日わたしを呼び出して、ニコニコと笑いながらこう切り出しました。

『監督、スタッフ全員を連れて行きたいんだが、ちょっと足りないんでね。確かな情報も入ったし、一発競馬に賭けようと思ってね』

『えっ?』。驚くわたしを尻目に、どうやらコトは進んでいたようで、あれよ、あれよ、という間にレースは始まり……。しかし、勝負の神はわれらには味方することなく、なけなしの資金は一夜の夢としてむなしく消えてしまいました。

しかし、それで済まぬのが安藤さんでした。すべての撮影が終わり、仕上げも済んで、わたしは次回作の準備のため、京都へ戻ったある日、あなたから『×月×日、熱海の旅館へ来るように』との知らせ。スタッフ全員を招いてあの日の約束を何としても果たしたい。泊まり込みの会は盛大でした。あのようなスタッフ、役者がほぼ全員そろっての豪華な打ち上げは、前にも後にも経験したことがありません。

安藤さん、一度でもあなたと現場を一緒にした者たちにとって、いや多分、あなたと接したファンの方々にとって、およそ、その枠を越えた役者らしからぬ、それでいて画面からは、確たる役者としての存在感を強烈な印象として漂わせた『安藤昇』という一人の役者、一人の男のことを、決して忘れることができないでしょう。私もその一人です。

お別れに際し、今はただ、ご冥福を祈るのみでございます」

続いての弔辞は、俳優の堀田眞三さん。お世話になりました。安藤さんとは数多くの作品で共演していたという。

「安藤昇さん。いや、オヤジさん。オヤジさんはわたしの人生の師です。昨年末十二月十六日、急な訃報に接し今も寂寥感と虚脱感に包まれています。

初めて共演させていただいたのは東映京都撮影所。加藤泰監督『懲役十八年』。若い衆役でした。声をかけてもらったときは、主役、安藤昇さんのオーラに包まれて体が硬直し、何をしゃべったのかまったく記憶に残っていません。

それから東映大泉撮影所。佐藤純彌監督『やくざと抗争』『実録　私設銀座警察』などに出演させていただきました。そして、オヤジさんプロデュースの梶間俊一監督作品『疵　血の黙示録』シリーズ、『安藤組外伝　掟』など、梶間組では若い衆から代貸、側近で支える役と、役の上でも成長させていただいた思い出深い作品・役柄ばかりです。

個人的にも、夏の軽井沢の別荘、五月の誕生日パーティー、忘年会にも毎年……。ある年の忘年会では新宿の帝王と言われた加納貢氏に『堀田君は俺の作品に一番多く出ているんだ』と紹介され、わたしを真ん中に記念写真を撮ってもらったときには天にも昇る心地でした。

赤坂の事務所にもよく立ち寄らせてもらいました。麻雀《マージャン》の手を休め、わたしの不作法で青臭い話も黙ってふんふんとうなずかれ、あの吸い込まれるような眼でニコッと笑って答えてくれました。

そういうときのオヤジさんの背には後光がさしているようで、もう神か仏に懺悔《ざんげ》したり願をかけたりしているような気持ちでした。

今もよく思い出す言葉に『信・義・耐』があります。信用の『信』、義理の『義』、そして忍耐の『耐』。信用の担保は決して金ではなく、契約書なんてくそくらえ。ただ、その人物が信用に値するかどうかということ。そして義理は恩返しのこと。そして忍耐は特に『攻めるときの忍耐』でした。

それはオヤジさんが国家の安泰のために予科練を志願し『特攻伏龍隊』という、まさにその身一つで海底に潜伏し、敵艦の底で機雷を爆破させるという訓練で培われた精神力ではなかったのかと思います。

男が最も大切にしなければならないのは『約束を守ることだ』と、よく教えられました。泰然自若、おしゃれでダンディー、凛《りん》としたお姿。寡黙なオヤジさんの一言一言が持つ説得力、醸し出す不思議なオーラ、不屈の精神力……。すべてが憧れでした。

あるとき、『男の顔は履歴書』の映画の話の際、『女の顔は請求書』とボソッとつぶやかれた言葉はいまも耳に残っています。

また、墨絵が描かれた色紙。一枚には『雀百まで　おどり忘れず』。もう一枚には『ぶらりひょうたん独り旅』。わたしの宝物です。思いは尽きません。

わたしが今も現役で戦えているのは、オヤジさんとの縁のおかげです。

もう少し戦わせていただきます。謹んで哀悼の意を表します。ありがとうございます」

安藤さんの戒名は、常然院義鑑道昇居士《じょうねんいんぎかんどうしょうこじ》。

著者略歴

一九四四年、広島県に生まれる。広島大学文学部仏文科を卒業。「週刊文春」記者をへて、作家として政財官界から芸能、犯罪まで幅広いジャンルで旺盛な創作活動をつづけている。

著書には『十三人のユダ　三越・男たちの野望と崩壊』（新潮文庫）、『昭和闇の支配者』シリーズ（全六巻、だいわ文庫）、『安倍官邸「権力」の正体』（角川新書）、『高倉健の背中　監督・降旗康男に遺した男の立ち姿』（朝日新聞出版）、『孫正義に学ぶ知恵』（東洋出版）、『落ちこぼれでも成功できる　ニトリの経営戦記』（徳間書店）、『逆襲弁護士　河合弘之』『専横のカリスマ　渡邉恒雄』『激闘！闇の帝王　安藤昇』『百円の男　ダイソー矢野博丈』『田中角栄　最後の激闘』『日本を揺るがした三巨頭』『政権奪取秘史』『スルガ銀行　かぼちゃの馬車事件』（以上、さくら舎）などがある。

安藤昇《あんどうのぼる》　侠気《きょうき》と弾丸《だんがん》の全生涯《ぜんしょうがい》

二〇二一年八月一二日　第一刷発行

著者　大下英治《おおしたえいじ》

発行者　古屋信吾

発行所　株式会社さくら舎　http://www.sakurasha.com

東京都千代田区富士見一-二-一一　〒一〇二-〇〇七一

電話　営業　〇三-五二一一-六五三三　ＦＡＸ　〇三-五二一一-六四八一

編集　〇三-五二一一-六四八〇　振替　〇〇一九〇-八-四〇二〇六〇

装丁　石間淳

印刷・製本　中央精版印刷株式会社

ISBN978-4-86581-308-1